EUROPA-FACHBUCHREIHE
für wirtschaftliche Bildung

Spedition und Logistik

Lehr- und Arbeitsbuch Band 3

Außenhandel • Export- und Importbearbeitung • Seefracht • Binnenschiffsverkehr • Luftfracht

3. Auflage

Das Heft entspricht dem bundeseinheitlichen Rahmenlehrplan für den Ausbildungsberuf **Kaufmann/Kauffrau für Spedition und Logistikdienstleistung** von 2004

VERLAG EUROPA-LEHRMITTEL
Nourney, Vollmer GmbH & Co. KG
Düsselberger Straße 23 · 42781 Haan-Gruiten

Europa-Nr.: 72655

Autoren:
Albrecht Hofmann, Ulm
Bettina Reschel-Reithmeier, Neumarkt

Mitarbeiter früherer Auflagen:
Friedrich Sackmann, Pfaffenhofen

3. Auflage 2013

Druck 5 4 3 2 1

Alle Drucke derselben Auflage sind parallel einsetzbar, da sie bis auf die Behebung von Druckfehlern untereinander unverändert sind.

ISBN 978-3-8085-7267-2

Umschlaggestaltung, Satz und Reproduktion: Meis satz&more, 59469 Ense/
Ruhrstadt Medien AG, 44579 Castrop-Rauxel
Umschlagfoto: © Jan Schuler – Fotolia.com
Druck: Medienhaus Plump, 53619 Rheinbreitbach

Vorwort zur 3. Auflage

Logistische Prozesse, insbesondere im Bereich der Transportlogistik und des *Supply-Chain-Managements* unterliegen mehr denn je einem ständigen Wandel und **neuen Entwicklungen**. Das vorliegende **Lehr- und Arbeitsbuch *Spedition und Logistik – Band 3*** konzentriert sich auf die wesentlichen berufsrelevanten Inhalte – mit aktuellen Zahlen und Übersichten für die Verkehrsträger Seeschifffahrt, Binnenschifffahrt sowie Luftverkehr. Die Darstellung der Abläufe und Prozesse im grenzüberschreitenden Warenverkehr wurden den veränderten internationalen und nationalen Vorschriften, Bedingungen und Regelungen angepasst und aktualisiert. In der dritten Auflage sind **die Vorschriften des Gesetzes zur Reform des Seehandelsrechts (HGB) per 25.04.2013 integriert.**

WER kann mit diesem Buch arbeiten?

Das Buch richtet sich an jeden, der sich erstmals über die Abwicklung von Logistikaufträgen mit einem Spediteur, Frachtführer und/oder Lagerhalter informieren möchte:

- Angehende **Kaufleute für Spedition und Logistikdienstleistung**
- Angehende **Kaufleute im Groß- und Außenhandel**
- Angehende **Industriekaufleute**, die ihre Kenntnisse auf diesem für sie immer wichtigeren Gebiet vertiefen wollen.
- **Studierende mit dem Schwerpunkt Logistik, Handel oder Industrie** an Berufsakademien, dualen Hochschulen, Fachhochschulen, Hochschulen und Universitäten, die sofort einsetzbare Detailkenntnisse in den Bereichen Supply-Chain-Management und Logistik erwerben wollen.
- Alle, die Detailwissen und Kompetenz in diesem für die Logistikabwicklung unverzichtbaren Bereich erwerben wollen.

WIE können Sie damit arbeiten?

Jedes Kapitel ist systematisch in **drei Teile** gegliedert:

Der Informationsteil – eine kurze, dennoch die wesentlichen (!) Details übersichtlich (!) und verständlich erläuternde Darstellung der Grundlagen des jeweiligen Lernfeldes

Die Fallstudien (Lernsituationen) – zusammenhängende, komplexe Aufgaben (Case Studies), bei deren selbstständiger Bearbeitung die Anwendung erforderlicher Kompetenzen praxisgerecht geübt wird.

Die Wiederholungsaufgaben – zur nachhaltigen Erschließung und Festigung wesentlicher Inhalte und Zusammenhänge

Die Symbole bei den Aufgaben enthalten methodische Empfehlungen.

Das Begleitheft mit den ausführlichen Lösungsvorschlägen zu allen Fallstudien und Vertiefungsfragen erleichtert Ihnen die Kontrolle der richtigen Anwendung.

Ihr Feedback ist uns wichtig.

Ihre Anmerkungen, Hinweise, Anregungen und Verbesserungsvorschläge zu diesem Buch nehmen wir gerne auf – schreiben Sie uns unter *lektorat@europa-lehrmittel.de*.

Verfasser und Verlag — Im Mai 2013

Inhaltsverzeichnis

Seite

1 Außenhandelsverträge gestalten

Der Außenhandel ist für die Wirtschaft der Bundesrepublik Deutschland von erheblicher Bedeutung. Spediteure sind in die Abwicklung der Vorgänge im Außenhandel mit eingebunden, indem sie Dienstleistungen für die Hauptakteure im Außenhandel – Verkäufer und Käufer – anbieten und erbringen. Im Laufe der Jahrhunderte haben sich weltweit Standards für die Abwicklung von Außenhandelsgeschäften entwickelt, auf die nachfolgend eingegangen werden soll.

Grundlage für die einzelnen Transaktionen ist eine Vereinbarung zwischen einem Verkäufer (Exporteur) und einem Käufer (Importeur), die als Kaufvertrag bezeichnet wird. Diese Vereinbarung kann man wie folgt strukturieren:

KAUFVERTRAG	
Warenbeschreibung	Beschreibung aller Eigenschaften der Waren oder Dienstleistungen Festlegung von Menge und Qualität
Lieferbedingungen	Beschreibung der Durchführung der Warenlieferung, z. B. Transportmittel, Frachtvertrag, Transportkosten, Risikoabsicherung, Risikotransfer, Dokumente
Zahlungsbedingungen	Beschreibung der Zahlungsmodalitäten (Vergütung an den Verkäufer)
Rechtliche Komponente	Regelung, welches Recht für die Vereinbarung zwischen Verkäufer und Käufer (Kaufvertrag) angewendet werden soll Erfüllungsort, Gerichtsstand, Schiedsgerichtsklausel

In der Praxis stellt sich heraus, dass die Vertragsparteien sich häufig bei Außenhandelsverträgen auf die Komponente Warenbeschreibung konzentrieren, aber Liefer- und Zahlungsbedingungen sowie Fragen des Risikomanagements und der Dokumente bei Außenhandelsgeschäften vernachlässigen.

Im Rahmen ihrer Beratungsfunktion und bei der Erbringung ihrer Dienstleistungen konzentrieren sich Spediteure jedoch bei Außenhandelsgeschäften hauptsächlich auf die Komponenten Liefer- und Zahlungsbedingungen sowie die mit der Transaktion zusammenhängenden Risiken und erforderlichen Dokumente.

1.1 Welche Risiken bestehen bei Außenhandelsgeschäften?

Beispiel:

Die Spedition EUROCARGO, Nürnberg, erhält von ihrem Kunden Vischer Paper AG, Nürnberg, den Auftrag, im Rahmen eines Logistikprojektes Module einer Maschine zur Papierherstellung von Nürnberg nach Dawang, Provinz Shandong, China, zu transportieren. Die Module der Maschine sind zerlegt und in Container verpackt.

Die Papiermaschine ist ca. 200 m lang, 20 m hoch und 10 m breit. Das Auftragsvolumen für eine solche Maschine beläuft sich auf 200 Mio. bis 300 Mio. EUR. Es dauert ungefähr 18 Monate von der Auftragsvergabe bis zur Fertigstellung. Dabei sind höchste logistische Ansprüche zu erfüllen. Der Export einer solchen Maschine ist mit erheblichen Risiken behaftet.

Im Außenhandel kann man Risiken in Gruppen einteilen:

Ökonomische Risiken		
Risiko	**Merkmale**	**Risikominderung**
Marktrisiko	• Neuerschließung von Märkten • Fehleinschätzung des Marktpotentials	Verbesserung der Marktforschung
Preisrisiko	Preisentwicklung in Beschaffungs- und Absatzmärkten	negative und positive Entwicklungen beobachten
Kreditrisiko	Zahlungsunwilligkeit, Zahlungsunfähigkeit, Zahlungsverzug des Abnehmers	• Zahlungssicherung durch Dokumentenakkreditiv • Kreditversicherung • Exportfactoring
Annahmerisiko	• Kunde verweigert Annahme. • Ungewöhnlich hohe Mängelrügen	• Informationsgewinnung über Kunden vor Vertragsabschluss • Zahlungssicherung durch Dokumentenakkreditiv
Kursrisiko	Verluste durch Wechselkursschwankungen	EUR als Währung im Kaufvertrag
Transportrisiko	Risiko des Verlusts oder der Beschädigung der Ware während des Transports	• Adäquate Verpackung und Ladungssicherung • Transportversicherung

Die politischen Risiken im weiteren Sinne kann man als Länderrisiken bezeichnen.

Länderrisiken		
Risiko	**Merkmale**	**Risikominderung**
Politisches Risiko im engeren Sinne	Krieg, Aufruhr, Beschlagnahme	Transportversicherung Informationsbeschaffung
Zahlungsverbotsrisiko	Staat verbietet zahlungswilligen Kunden Zahlung Gründe: • Schutz der eigenen Währung • Konflikte zwischen Staaten	Informationsbeschaffung
Transfer- und Konvertierungsrisiko	Ausländischer Staat verbietet Geldumtausch generell	Kompensationsgeschäfte
Rechtliches Risiko	Landesspezifische Regelungen, Zoll- und Steuerrecht	Entschärft durch internationale Organisationen wie WTO Informationsbeschaffung
Soziokulturelles Risiko	Unterschiedliches Bildungsniveau Kulturelle Unterschiede	Interkulturelles Management Interkulturelle Kompetenz erwerben

1.2 Welche Incoterms-2010®-Klauseln werden in nationalen und internationalen Kaufverträgen angewendet?

Beispiel:

Bei der Lieferung der Papiermaschine von Deutschland nach China müssen sich der Käufer in Dawang, Provinz Shandong, und der Verkäufer in Deutschland, die Vischer Paper AG, Nürnberg, darüber einigen, wer den Transport organisiert, die Frachtverträge abschließt und die Transportkosten trägt. Des Weiteren ist zu klären, wer die Zollabfertigung in den jeweiligen Ländern übernimmt. Außerdem wäre festzulegen, ab welchem Punkt der Verkäufer, Vischer Paper AG, seine Verpflichtung zu liefern erfüllt hat und an welchem Ort das Risiko, dass die Papiermaschine während des Transports beschädigt wird oder verloren geht, vom Verkäufer auf den Käufer übergeht.

1.2.1 Das Wesen der Incoterms

Handelsklauseln für Kaufverträge

Incoterms sind standardisierte Handelsklauseln für Kaufverträge. Verkäufer und Käufer können diese vorformulierten Vertragselemente durch ausdrückliche Vereinbarung in den Kaufvertrag übernehmen. Beide Vertragsparteien haben den Vorteil, dass langwierige, kostenintensive Verhandlungen mit Vertragspartnern, die eine fremde Sprache sprechen, deren Kultur und Rechtssystem man nicht kennt, nicht erforderlich werden. Durch die Einbeziehung von Incoterms in den Kaufvertrag sind die Verpflichtungen des Verkäufers und des Käufers vor allem hinsichtlich der Kosten und Risiken beim Transport, der Verpackung sowie der Besorgung von Dokumenten und der Verantwortlichkeit hinsichtlich der Zollformalitäten und der Bezahlung von Zöllen und Abgaben exakt festgelegt. Eventuelle Missverständnisse und Rechtsstreitigkeiten können durch entsprechende Vereinbarungen vermieden werden. Im Jahre 1936 hat die Internationale Handelskammer (ICC)[1] zum ersten Mal die Incoterms veröffentlicht. Inzwischen wurden die Incoterms mehrfach überarbeitet und an die wirtschaftliche, technische und politische Entwicklung angepasst. Die neueste Version sind die Incoterms 2010®.

In Kaufverträgen explizit vereinbart

Die Incoterms 2010® sind kein Gesetz. Sie werden rechtlich wirksam, wenn sie in Kaufverträgen explizit vereinbart werden, z. B. „FCA 4100 Longwu Road, Shanghai, Incoterms 2010®". Die Incoterms 2010® regeln die Rechte und die Pflichten eines Verkäufers und eines Käufers in den Teilen eines Kaufvertrags, die den Transport der Güter bestimmen. Speditions- und Frachtverträge bleiben davon unberührt. Für Dienstleistungen sind die Incoterms 2010® nicht geeignet. Es sind Waren von einem Versandort zu einem Bestimmungsort zu transportieren. Diese räumliche Diskrepanz lässt sich in zwei Strecken unterteilen, die sich an einem Übergabepunkt treffen. Diese Schnittstelle wird in den Incoterms 2010® als Lieferort bezeichnet. An diesem Ort hat der Verkäufer seine Verpflichtungen erbracht. Die Incoterms 2010® definieren, wo sich dieser Übergabepunkt jeweils befindet.

Lieferort

Hauptfunktionen

Die Incoterms 2010® üben folgende Hauptfunktionen aus:

- Die Verteilung der Kosten für den Transport und aller damit verbundenen Kosten auf Verkäufer und Käufer
- Die Aufteilung der Verpflichtungen der Vertragspartner für die o. a. Wegstrecken
- Die Abgrenzung des Risikobereichs (Gefahrenübergang) auf der Transportstrecke

Weiter regeln die Incoterms 2010®, wer die erforderlichen bzw. gewünschten Waren- und Transportdokumente beschafft und wer die Kosten hierfür trägt. Ein weiterer wichtiger Aspekt ist, die Ware für die jeweiligen Teilprozesse zu versichern und die Kosten dafür zu übernehmen. Ganz wesentliche Punkte für den reibungslosen Ablauf internationaler Transaktionen sind die Kommunikation und die Weitergabe von Information der Vertragspartner untereinander. Die Incoterms 2010® legen fest, welche Information durch welche Vertragspartei in welcher Form jeweils weitergegeben werden muss. Schließlich wären noch die Aspekte Warenprüfung (Durchführung und Bezahlung) sowie die Verpackung zu erwähnen.

[1] ICC International Chamber of Commerce, Internationale Handelskammer, größte weltweit tätige Wirtschaftsorganisation, Ziele: Förderung des grenzüberschreitenden Handels, Unterstützung von global tätigen Unternehmen, Mitglieder: Industrie- und Handelskammern, global agierende Unternehmen, Spitzen- und Fachverbände

Die Incoterms 2010® regeln keine Zahlungsbedingungen, rechtliche Gesichtspunkte, wie Gerichtsstand, Haftungsausschlüsse, Eigentumsübergang, Vertragsverstöße, Lieferungsverzug, Zahlungsverzug oder die Folgen von Verstößen gegen die Incoterms-2010®-Verpflichtungen. Diese Positionen müssen im Kaufvertrag separat definiert werden.

1.2.2 Die Incoterms 2010® im Überblick

Die International Chamber of Commerce (ICC) hat für die Einbindung in Kaufverträge folgende Incoterms-2010®-Regelungen geschaffen.[1] Insgesamt gibt es elf Incocterms-2010®-Klauseln, die nach dem Unterscheidungskriterium Transportart zwei Gruppen zugewiesen sind. Es gibt sieben Klauseln, die für alle Transportarten, auch multimodale Transporte, verwendet werden können. Die anderen vier Klauseln sind ausschließlich für den Transport der Waren mit See- oder Binnenschiffen anwendbar.

Incoterms 2010®			
Transportart	**Incoterm**	**Englische Bezeichnung**	**Deutsche Bezeichnung**
Klauseln für alle Transportarten, auch multimodale Transporte	EXW	Ex Works	Ab Werk
	FCA	Free Carrier	Frei Frachtführer
	CPT	Carriage Paid To	Frachtfrei
	CIP	Carriage, Insurance Paid To	Frachtfrei versichert
	DAT	Delivered at Terminal	Geliefert Terminal
	DAP	Delivered at Place	Geliefert benannter Ort
	DDP	Delivered Duty Paid	Geliefert verzollt
Klauseln für den See- und Binnenschiffstransport	FAS	Free Alongside Ship	Frei Längsseite Schiff
	FOB	Free On Board	Frei an Bord
	CFR	Cost and Freight	Kosten und Fracht
	CIF	Cost, Insurance and Freight	Kosten, Versicherung, Fracht

Allen elf Varianten der Incoterms 2010® legte die ICC das gleiche Strukturschema zu Grunde. Ausgehend von der E-Gruppe über die F-Gruppe und C-Gruppe zur D-Gruppe nehmen die Verpflichtungen des Verkäufers von der niedrigsten Pflichtenstufe, in der E-Gruppe, allmählich bis in die D-Gruppe zu, in der die Verpflichtungen des Verkäufers ihre Höchststufe erreichen. Entsprechend sind die Verpflichtungen des Käufers in der E-Gruppe besonders hoch, nehmen jedoch allmählich bis zu Minimalverpflichtungen in der D-Gruppe ab.

Die Einteilung der Incoterms 2010® in vier unterschiedlich gewichtete Verpflichtungspotentiale für Verkäufer und Käufer ermöglicht eine grobe Übersicht über die Intensität der Pflichtenbelastung für die jeweilige Vertragspartei.

E-KLAUSEL
ABHOLKLAUSEL

Bei der E-Klausel muss der Verkäufer die Ware an einem benannten Ort lediglich zur Abholung zur Verfügung stellen. Man spricht hier von der „Abholklausel", bei der die Kosten und die Gefahr zu einem frühen Zeitpunkt in der Lieferkette auf den Käufer übergehen.

F-KLAUSELN

In der Gruppe der F-Klauseln liegt der Kosten- und Gefahrenübergang immer noch nahe der Einflusssphäre des Verkäufers. Er muss lediglich die Ware an einen vom Käufer ausge-

[1] Vgl. International Chamber of Commerce (ICC); Incoterms 2010®, Berlin 2010

wählten und beauftragten Frachtführer übergeben, damit die Kosten und die Gefahren auf den Käufer übergehen.

Kennzeichnendes Merkmal für die C-Klauseln ist die räumliche und zeitliche Diskrepanz des Übergangs von Kosten und Gefahren auf den Käufer. Bei den C-Klauseln sind der Lieferort und der Ort des Gefahrenübergangs nicht identisch. Man nennt sie 2-Punkt-Klauseln. Der Verkäufer muss für den Hauptteil der Transportstrecke auf seine Kosten einen Beförderungsvertrag abschließen und wählt damit einen Frachtführer aus. Das Risiko geht auf den Käufer über, wenn der Verkäufer die Ware an den benannten Frachtführer übergibt.

C-KLAUSELN

2-PUNKT-KLAUSELN

Bei den D-Klauseln verbleiben sämtliche Kosten und Gefahren auf der Seite des Verkäufers. Sein Kosten- und Risikobereich endet, wenn die Ware einen definierten Bestimmungsort erreicht. Der Käufer trägt sowohl die Kosten als auch das Risiko bis zum benannten Bestimmungsort. Man bezeichnet diese Gruppe als „Ankunftsklauseln".

D-KLAUSELN

ANKUNFTS-KLAUSELN

E-Klausel EXW	F-Klauseln FCA, FAS, FOB	C-Klauseln CFR, CIF, CPT, CIP	D-Klauseln DAT, DAP, DDP
Abholklausel extremste Verpflichtungen des Käufers	Käufer organisiert und bezahlt Haupttransport	2-Punkt-Klauseln Verkäufer organisiert und bezahlt Haupttransport	Ankunftsklauseln zunehmende/ extremste Verpflichtungen des Verkäufers

Aufbau, Layout und Ordnung der einzelnen Klauseln

Jede Incoterms-2010®-Klausel ist von der ICC nach einem gleichen Strukturschema konzipiert. In der drucktechnischen Darstellung (Layout) der ICC-Publikation Incoterms 2010® führt die ICC auf gegenüberliegenden Seiten die Verpflichtungen des Verkäufers und des Käufers jeweils horizontal an gleicher Position auf. In vertikaler Richtung sind jeder Incoterms-2010®-Klausel für den Verkäufer und den Käufer jeweils zehn Merkmale (Verpflichtungen, Aufgaben) zugeordnet, deren Struktur in allen Incoterms 2010®-Klauseln identisch sind.

Verkürzt lässt sich der Aufbau und die Anordnung der Incoterms 2010® Klauseln wie folgt darstellen:

SCHEMATISCHER AUFBAU

Schematischer Aufbau der jeweiligen Icoterms 2010®-Klausel			
Verkäufer		Käufer	
A1	Allgemeine Verpflichtungen des Verkäufers	Allgemeine Verpflichtungen des Käufers	B1
A2	Lizenzen, Genehmigungen, Sicherheitsfreigaben und andere Formalitäten	Lizenzen, Genehmigungen, Sicherheitsfreigaben und andere Formalitäten	B2
A3	Beförderungs- und Versicherungsverträge	Beförderungs- und Versicherungsverträge	B3
A4	Lieferung	Übernahme	B4
A5	Gefahrenübergang	Gefahrenübergang	B5
A6	Kostenverteilung	Kostenverteilung	B6
A7	Benachrichtigung des Käufers	Benachrichtigung des Verkäufers	B7
A8	Liefernachweis, Transportdokument oder entsprechende elektronische Mitteilung	Liefernachweis	B8
A9	Prüfung – Verpackung – Kennzeichnung	Prüfung der Ware	B9
A10	Unterstützung bei Informationen und damit verbundene Kosten	Unterstützung bei Informationen und damit verbundene Kosten	B10

EXW Ex Works

EXW Ex Works – Ab Werk

Vereinbaren ein Verkäufer und ein Käufer in einem Kaufvertrag die EXW-Klausel, so hat der Verkäufer lediglich die Waren auf seinem Areal oder an einem anderen Lieferort (z. B. Werk, Lager, Produktionsstätte) bereitzustellen, sodass der Käufer die Waren übernehmen und auf ein Fahrzeug verladen kann. Der Käufer wird dabei – insbesondere bei internationalen Transaktionen nicht selbst beim Verkäufer erscheinen, sondern einen Logistikdienstleister mit der Ausführung seiner Verpflichtungen aus dem Kaufvertrag beauftragen. Die Waren sind dabei noch nicht zur Ausfuhr abgefertigt. Dies ist Aufgabe des Käufers. Sollte eine Ausfuhrgenehmigung erforderlich sein, muss sie der Käufer besorgen. Bei Anwendung der Klausel EXW hat der Verkäufer gegenüber dem Käufer eine Minimalverpflichtung. Auch der Käufer hat gegenüber dem Verkäufer nur eine eingeschränkte Verpflichtung, Informationen und Dokumente im Hinblick auf den Export der Waren zu übergeben. Wünschen beide Vertragsparteien, dass der Verkäufer die Kosten und Gefahren des Verladens der Ware auf das abholende Fahrzeug übernimmt, weil z. B. Gesetze oder Handelsbräuche dem Absender diese Aufgaben auferlegen, sollte dies durch einen entsprechenden ausdrücklichen Zusatzvermerk im Kaufvertrag festgeschrieben sein. Sollte der Käufer weder direkt noch indirekt in der Lage sein, die Ausfuhrabfertigung zu bewerkstelligen, wäre die Vereinbarung der FCA sinnvoller. EXW kann für jede Transportart vereinbart werden und eignet sich auch für multimodale Transporte.

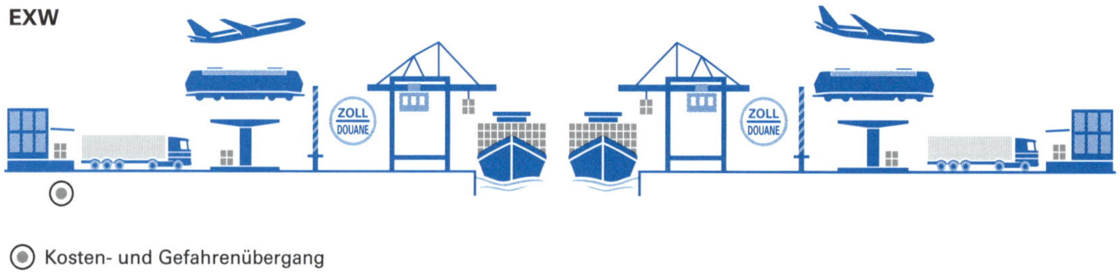

EXW	Der Verkäufer ...	Der Käufer ...	EXW
A1 EXW	**Allgemeine Verpflichtungen des Verkäufers** stellt die Ware an einem exakt definierten Lieferort bereit; stellt die Handelsrechnung bereit; kann elektronische Dokumente verwenden, falls vereinbart oder üblich.	**Allgemeine Verpflichtungen des Käufers** bezahlt den vereinbarten Preis; kann elektronische Dokumente verwenden, falls vereinbart oder üblich.	B1 EXW
A2 EXW	**Lizenzen, Genehmigungen, Sicherheitsfreigaben und andere Formalitäten** stellt auf Verlangen, Gefahr und Kosten des Käufers Informationen für die Sicherheitsfreigabe der Ware zur Verfügung.	**Lizenzen, Genehmigungen, Sicherheitsfreigaben und andere Formalitäten** beschafft auf eigene Gefahr und Kosten die Aus- und Einfuhrgenehmigung; erledigt die Zollformalitäten für die Ausfuhr.	B2 EXW
A3 EXW	**Beförderungs- und Versicherungsverträge** hat keine Verpflichtung gegenüber dem Käufer einen Beförderungs- oder Versicherungsvertrag abzuschließen; stellt Informationen für den Abschluss einer Versicherung zur Verfügung.	**Beförderungs- und Versicherungsverträge** hat keine Verpflichtung gegenüber dem Verkäufer einen Beförderungsvertrag oder Versicherungsvertrag abzuschließen.	B3 EXW

EXW

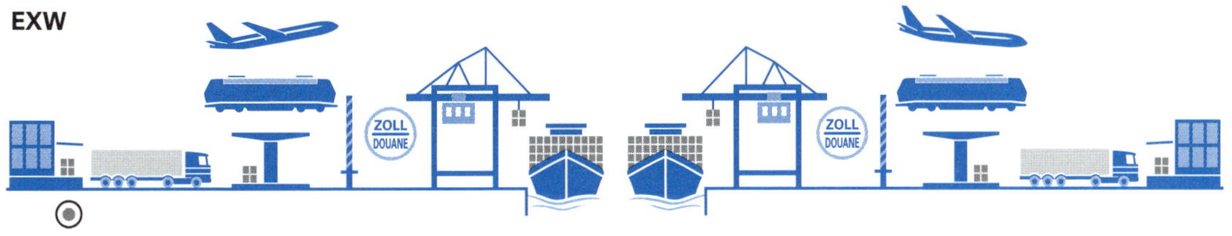

◉ Kosten- und Gefahrenübergang

EXW	Der Verkäufer ...	Der Käufer ...	EXW
A4 EXW	**Lieferung** stellt die Ware am vereinbarten Lieferort ohne Verladung auf das abholende Beförderungsmittel zur Verfügung.	**Lieferung** übernimmt die Ware.	B4 EXW
A5 EXW	**Gefahrenübergang** trägt die Gefahren des Verlustes oder der Beschädigung der Ware bis zum Lieferort.	**Gefahrenübergang** trägt die Gefahren des Verlustes oder der Beschädigung der Ware **ab Lieferort**.	B5 EXW
A6 EXW	**Kostenverteilung** trägt die Kosten bis Lieferung.	**Kostenverteilung** trägt die Kosten ab Lieferung; trägt die Kosten für Zölle, Steuern und andere Abgaben sowie Kosten für Zollformalitäten bei der Ausfuhr.	B6 EXW
A7 EXW	**Benachrichtigung an den Käufer** informiert den Käufer über alles Nötige, damit dieser die Ware übernehmen kann.	**Benachrichtigung an den Verkäufer** informiert den Verkäufer über die Modalitäten der Warenübernahme.	B7 EXW
A8 EXW	**Transportdokument** hat keine Verpflichtungen gegenüber dem Käufer im Hinblick auf Transportdokumente.	**Transportdokument** erbringt einen angemessenen Nachweis der Warenübernahme.	B8 EXW
A9 EXW	**Prüfung – Verpackung – Kennzeichnung** trägt Kosten für Qualitätsprüfung, Messen, Wiegen, Zählen; verpackt die Ware.	**Prüfung – Verpackung – Kennzeichnung** trägt die Kosten für jede vor der Verladung zwingende erforderliche Warenkontrolle (pre-shipment inspection), einschließlich behördlich angeordneter Kontrollen des Ausfuhrlandes.	B9 EXW
A10 EXW	**Unterstützung bei Informationen und damit verbundener Kosten** stellt Dokumente und Informationen, auch sicherheitsrelevante, auf Verlangen, Kosten und Gefahr des Käufers zur Verfügung.	**Unterstützung bei Informationen und damit verbundener Kosten** teilt dem Verkäufer rechtzeitig alle sicherheitsrelevanten Informationsanforderungen mit.	B10 EXW

FCA Free Carrier – Frei Frachtführer

FCA Free Carrier

Bei Vereinbarung der Klausel FCA muss der Verkäufer die für die Ausfuhr abgefertigten Waren an einen vom Käufer ausgewählten Frachtführer am Geschäftssitz des Verkäufers oder an einem anderen benannten Ort liefern. Die Auswahl des Ortes der Lieferung, der so präzise wie möglich im Kaufvertrag festgelegt werden sollte, wirkt sich auf die Verpflich-

LIEFERUNG IM BEREICH DES VERKÄUFERS

AUSSERHALB DES BEREICHS DES VERKÄUFERS

tung zur Be- und Entladung sowie für den Gefahrenübergang aus. FCA ist die einzige Incoterms-Klausel, bei der Verkäufer und Käufer Alternativen bei der Vereinbarung des Ortes der Lieferung haben. Findet die Lieferung im Bereich des Verkäufers statt, muss der Verkäufer die Ware auf das abholende Fahrzeug beladen und somit die Kosten und Risiken dafür tragen. Liegt der vereinbarte Lieferort außerhalb des Bereichs des Verkäufers, z. B. Containerterminal, Flughafen, Seehafen, dann hat der Verkäufer seine Lieferpflicht erfüllt, wenn er die Waren unentladen auf einem Fahrzeug bereitstellt. Entladen der Ware vom anliefernden Fahrzeug und Beladen auf das Transportmittel, mit dem der Weitertransport stattfindet, gehen zu Lasten (Kosten und Risiko) des Käufers. Im Hinblick auf den Export der Waren hat der Verkäufer die Ausfuhrabfertigung zu übernehmen, inklusive der Besorgung einer Ausfuhrgenehmigung, falls erforderlich.

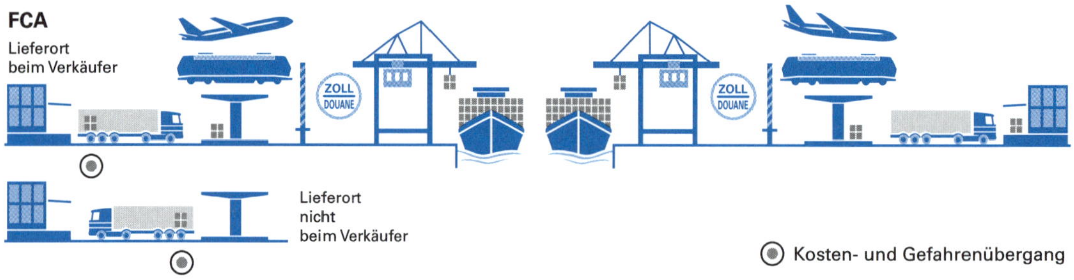

FCA	Der Verkäufer ...	Der Käufer ...	FCA
A1 FCA	**Allgemeine Verpflichtungen des Verkäufers** stellt die Ware an einem exakt definierten Lieferort bereit; stellt die Handelsrechnung bereit; kann elektronische Dokumente verwenden, falls vereinbart oder üblich.	**Allgemeine Verpflichtungen des Käufers** bezahlt den vereinbarten Preis; kann elektronische Dokumente verwenden, falls vereinbart oder üblich.	B1 FCA
A2 FCA	**Lizenzen, Genehmigungen, Sicherheitsfreigaben und andere Formalitäten** beschafft auf eigene Gefahr die Ausfuhrgenehmigung sowie andere behördliche Genehmigungen; erledigt alle Zollformalitäten für die Ausfuhr	**Lizenzen, Genehmigungen, Sicherheitsfreigaben und andere Formalitäten** beschafft auf eigene Gefahr und Kosten die Einfuhrgenehmigung; erledigt die Zollformalitäten für die Einfuhr/Durchfuhr.	B2 FCA
A3 FCA	**Beförderungs- und Versicherungsverträge** hat keine Verpflichtung gegenüber dem Käufer einen Beförderungs- oder Versicherungsvertrag abzuschließen; stellt Informationen für den Abschluss einer Versicherung zur Verfügung; kann auf Verlangen, Gefahr und Kosten des Käufers oder bei Handelspraxis den Beförderungsvertrag abschließen, stellt auf Verlangen, Gefahr und Kosten des Käufers Informationen für den Abschluss einer Versicherung zur Verfügung.	**Beförderungs- und Versicherungsverträge** schließt den Beförderungsvertrag ab; hat gegenüber dem Käufer keine Verpflichtung einen Versicherungsvertrag abzuschließen.	B3 FCA

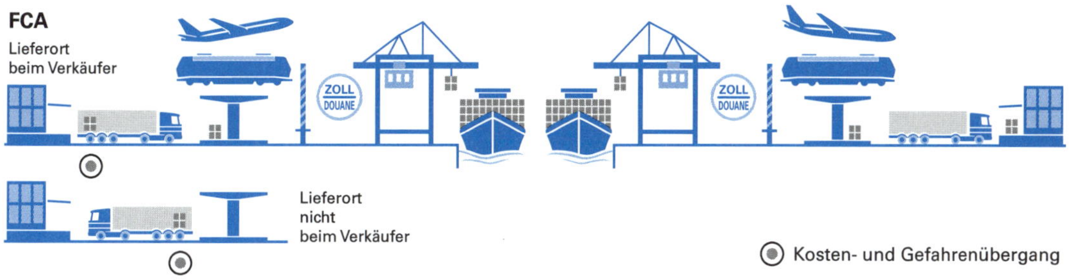

FCA	Der Verkäufer ...	Der Käufer ...	FCA
A4 FCA	**Lieferung** liefert die Ware an der gegebenenfalls vereinbarten Stelle am benannten Ort zum vereinbarten Zeit oder innerhalb des vereinbarten Zeitraums an den Lieferer; verlädt die Ware auf das vom Käufer bereitgestellte Beförderungsmittel, falls der benannte Ort beim Verkäufer liegt (Lieferung abgeschlossen); stellt in allen anderen Fällen die Ware dem Frachtführer auf dem Beförderungsmittel des Verkäufers entladebereit zur Verfügung (Lieferung abgeschlossen).	**Lieferung** übernimmt die Ware.	B4 FCA
A5 FCA	**Gefahrenübergang** trägt die Gefahren des Verlustes oder der Beschädigung der Ware bis zur Lieferung.	**Gefahrenübergang** trägt die Gefahren des Verlustes oder der Beschädigung der Ware ab **Lieferort.**	B5 FCA
A6 FCA	**Kostenverteilung** trägt die Kosten bis zur Lieferung; trägt die Kosten der für die Ausfuhr notwendigen Zollformalitäten sowie Zölle, Steuern und andere Ausfuhrabgaben.	**Kostenverteilung** trägt die Kosten ab Lieferung; trägt die Kosten für Zölle, Steuern und andere Abgaben sowie Kosten für Zollformalitäten bei der Einfuhr.	B6 FCA
A7 FCA	**Benachrichtigung an den Käufer** informiert den Käufer über die Lieferung oder Nichtübernahme der Ware durch den Frachtführer	**Benachrichtigung an den Verkäufer** informiert den Verkäufer über die Modalitäten der Warenübernahme.	B7 FCA
A8 FCA	**Transportdokument** erbringt dem Käufer den üblichen Liefernachweis; unterstützt den Käufer auf dessen Verlangen, Gefahr und Kosten bei der Beschaffung eines Transportdokuments.	**Transportdokument** erbringt einen angemessenen Nachweis der Warenübernahme	B8 FCA

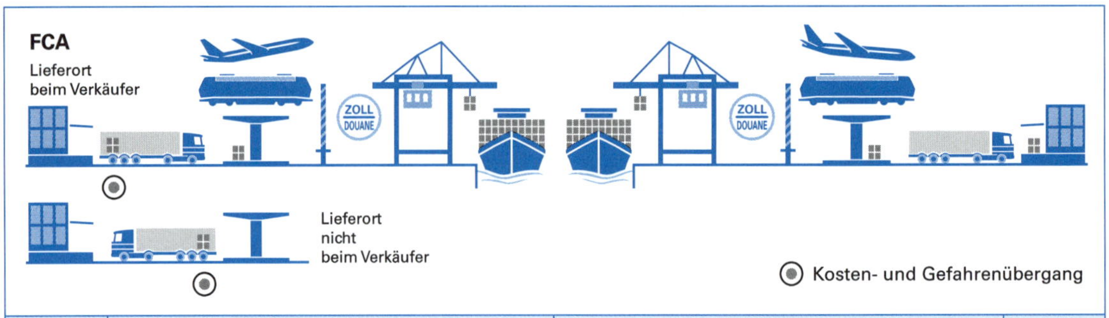

FCA	Der Verkäufer ...	Der Käufer ...	FCA
A9 FCA	**Prüfung – Verpackung – Kennzeichnung** trägt die Kosten der für die Lieferung notwendigen Prüfvorgänge (Qualitätsprüfung, Messen, Wiegen, Zählen) sowie alle von den Behörden des Ausfuhrlandes angeordneten Warenkontrollen vor der Verladung (pre-shipment inspection); hat die Ware auf eigene Kosten zu verpacken.	**Prüfung – Verpackung – Kennzeichnung** trägt die Kosten für jede vor der Verladung zwingende erforderliche Warenkontrolle (pre-shipment inspection), jedoch nicht für behördlich angeordneter Kontrollen des Ausfuhrlandes.	B9 FCA
A10 FCA	**Unterstützung bei Informationen und damit verbundener Kosten** stellt Dokumente und (sicherheitsrelevante) Informationen auf Verlangen, Kosten und Gefahr des Käufers zur Verfügung, die dieser für die Einfuhr der Ware und/oder deren Transport bis zum Bestimmungsort benötigt.	**Unterstützung bei Informationen und damit verbundener Kosten** teilt dem Verkäufer rechtzeitig alle sicherheitsrelevanten Informationsanforderungen mit.	B10 FCA

CPT CARRIAGE PAID TO

CPT Carriage paid to – Frachtfrei

Die Klausel CPT eignet sich für multimodale Transporte, bei denen der Verkäufer auf seine Kosten die Waren zu einem benannten Bestimmungsort transportiert, die Risiken aber bereits am Lieferort auf den Käufer übergehen. Der Verkäufer, der auf seine Kosten den Beförderungsvertrag abschließt, erfüllt seine Verpflichtung zu liefern, wenn er die Waren an einen Frachtführer übergibt, bei multimodalen Transporten an den ersten Frachtführer in der Transportkette. Bei der CPT-Klausel sowie bei den drei anderen C-Klauseln, liegen der Ort des Gefahrenübergangs und der Ort des Kostenübergangs auseinander, nicht am gleichen Ort und sind damit nicht identisch wie bei den Nicht-C-Klauseln. Diese beiden „kritischen" Punkte, nämlich der Lieferort und der Bestimmungsort, sollten im Kaufvertrag explizit und so präzise wie möglich angegeben werden. Erfolgt keine Präzisierung, kann der Verkäufer die Stelle am Lieferort oder Bestimmungsort auswählen, sofern sie sich nicht aus der Handelspraxis ergibt. Der Verkäufer hat die erforderlichen Dokumente und, falls erforderlich, Genehmigungen für die Ausfuhr sowie für die Durchfuhr durch Länder vor dem Lieferort zu besorgen.

CPT

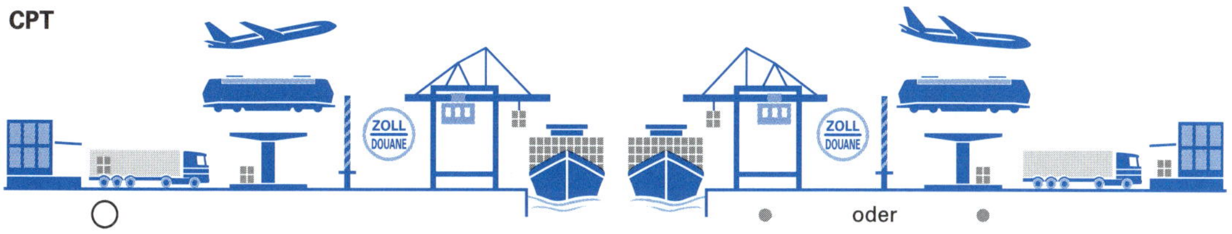

○ Gefahrenübergang ● Kostenübergang

CPT	Der Verkäufer ...	Der Käufer ...	CPT
A1 CPT	**Allgemeine Verpflichtungen des Verkäufers** stellt die Ware an einem exakt definierten Lieferort bereit; stellt die Handelsrechnung bereit; kann elektronische Dokumente verwenden, falls vereinbart oder üblich.	**Allgemeine Verpflichtungen des Käufers** bezahlt den vereinbarten Preis; kann elektronische Dokumente verwenden, falls vereinbart oder üblich.	B1 CPT
A2 CPT	**Lizenzen, Genehmigungen, Sicherheitsfreigaben und andere Formalitäten** beschafft auf eigene Gefahr die Ausfuhrgenehmigung sowie andere behördliche Genehmigungen; erledigt alle Zollformalitäten für die Ausfuhr.	**Lizenzen, Genehmigungen, Sicherheitsfreigaben und andere Formalitäten** beschafft auf eigene Gefahr und Kosten die Einfuhrgenehmigung; erledigt die Zollformalitäten für die Einfuhr und Durchfuhr.	B2 CPT
A3 CPT	**Beförderungs- und Versicherungsverträge** schließt einen **Beförderungsvertrag** über den Transport der Ware vom Lieferort bis zum benannten Bestimmungsort ab (übliche Bedingen, übliche Route, in der handelsüblichen Weise); stellt auf Verlangen, Gefahr und Kosten des Käufers Informationen zur Verfügung, die dieser für den Abschluss einer Versicherung benötigt.	**Beförderungs- und Versicherungsverträge** schließt keinen Beförderungsvertrag ab (keine Verpflichtung gegenüber Verkäufer); stellt dem Verkäufer die für einen Versicherungsabschluss notwendigen Informationen zur Verfügung.	B3 CPT
A4 CPT	**Lieferung** liefert die Ware, indem er sie an den (ersten) Frachtführer übergibt.	**Lieferung** übernimmt die Ware vom Frachtführer im benannten Bestimmungsort.	B4 CPT
A5 CPT	**Gefahrenübergang** trägt die Gefahren des Verlustes oder der Beschädigung der Ware bis zum Lieferort.	**Gefahrenübergang** trägt die Gefahren des Verlustes oder der Beschädigung der Ware ab Lieferort.	B5 CPT

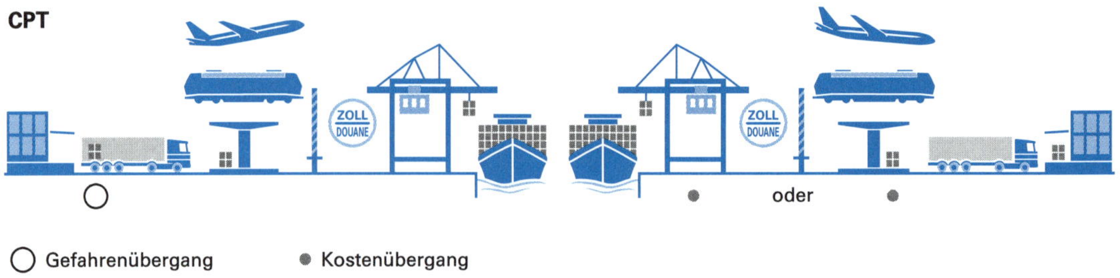

CPT	Der Verkäufer ...	Der Käufer ...	CPT
A6 CPT	**Kostenverteilung** trägt alle die Waren betreffenden Kosten bis zur Lieferung; trägt die Fracht und alle anderen aus dem Beförderungsvertrag entstehenden Kosten (Verladung, Entladung am Bestimmungsort, falls im Frachtvertrag vorgesehen); trägt die Kosten der für die Ausfuhr notwendigen Zollformalitäten sowie Zölle, Steuern und andere Ausfuhrabgaben sowie Kosten der Durchfuhr.	**Kostenverteilung** trägt die Kosten ab Lieferung; trägt alle die Ware betreffenden Kosten und Abgaben, die nach Beförderungsvertrag nicht vom Verkäufer zu tragen sind; trägt die Entladekosten, falls sie nach Beförderungsvertrag nicht vom Verkäufer zu übernehmen sind; trägt die Kosten für Zölle, Steuern und andere Abgaben sowie Kosten für Zollformalitäten bei der Einfuhr und der Durchfuhr.	B6 CPT
A7 CPT	**Benachrichtigung an den Käufer** benachrichtigt den Käufer und stellt ihm Käufer die notwendigen Informationen zur Verfügung, damit dieser die üblichen Maßnahmen zur Übernahme der Ware treffen kann.	**Benachrichtigung an den Verkäufer** teilt dem Verkäufer den Zeitpunkt für die Versendung und den Bestimmungsort mit, falls der Käufer dies bestimmen kann.	B7 CPT
A8 CPT	**Transportdokument** stellt dem Käufer das übliche Transportdokument für den vereinbarten Transport zur Verfügung; übergibt dem Käufer einen vollständigen Satz von Originaldokumenten, falls das Transportdokument begebbar ist und mehrere Originale ausgestellt wurden. Das Transportdokument muss über die verkaufte Ware lauten, ein innerhalb der für die Versendung vereinbarten Frist liegendes Datum tragen, den Käufer berechtigen, die Herausgabe der Ware im Bestimmungsort zu verlangen, es dem Käufer ermöglichen die Ware während des Transports durch Übergabe des Transportdokuments an einen nachfolgenden Käufer zu verkaufen.	**Transportdokument** nimmt Transportdokument an.	B8 CPT

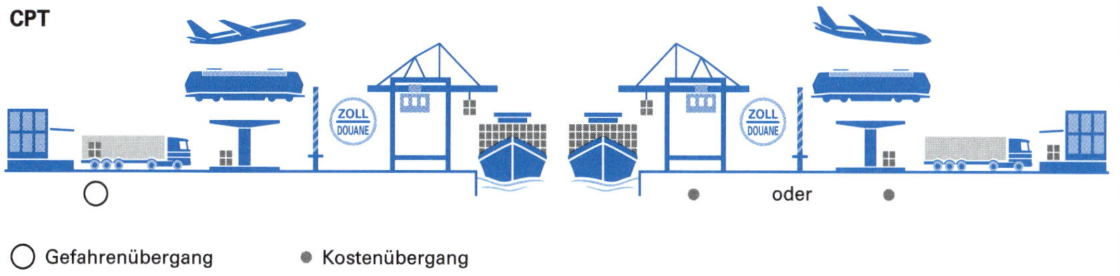

CPT	Der Verkäufer ...	Der Käufer ...	CPT
A9 CPT	**Prüfung – Verpackung – Kennzeichnung** trägt die Kosten der für die Lieferung notwendigen Prüfvorgänge (Qualitätsprüfung, Messen, Wiegen, Zählen) sowie alle von den Behörden des Ausfuhrlandes angeordneten Warenkontrollen vor der Verladung (pre-shipment inspection); hat die Ware auf eigene Kosten zu transportgerecht verpacken; kennzeichnet die Verpackung in geeigneter Weise.	**Prüfung – Verpackung – Kennzeichnung** trägt die Kosten für jede vor der Verladung zwingende erforderliche Warenkontrolle (pre-shipment inspection), jedoch nicht behördlich angeordnete Kontrollen des Ausfuhrlandes.	B9 CPT
A10 CPT	**Unterstützung bei Informationen und damit verbundener Kosten** stellt Dokumente und (sicherheitsrelevante) Informationen auf Verlangen, Kosten und Gefahr des Käufers zur Verfügung, die dieser für die Einfuhr der Ware und/oder deren Transport bis zum Bestimmungsort benötigt.	**Unterstützung bei Informationen und damit verbundener Kosten** teilt dem Verkäufer rechtzeitig alle sicherheitsrelevanten Informationsanforderungen mit; stellt dem Verkäufer die notwendigen Dokumente und Informationen für den Transport sowie für die Ausfuhr und Durchfuhr zu Verfügung.	B10 CPT

CIP Carriage and insurance paid to – Frachtfrei versichert

CIP Carriage and insurance paid to

Bei der CIP-Klausel haben der Verkäufer und der Käufer grundsätzlich die gleichen Verpflichtungen wie bei der CPT-Klausel. Zusätzlich verpflichtet die CIP-Klausel den Verkäufer, eine Transportversicherung auf seine Kosten abzuschließen, die Versicherungsschutz vom Lieferort bis mindestens zum Bestimmungsort bietet. Dabei sind gewisse Qualitätskriterien an die Versicherungspolice zu stellen, damit der Käufer, der das Risiko trägt, einen Mindestversicherungsschutz erhält. Die Transportversicherung muss wenigstens eine Mindestdeckung gemäß den Klauseln C der Institute Cargo Clauses (LMA/IUA)[1] bereitstellen. An den Versicherer wird das Qualitätskriterium einwandfreier Leumund gestellt. Außerdem wird vorausgesetzt, dass der Käufer oder andere Personen mit einem versicherbaren Interesse Ansprüche direkt an den Versicherer stellen können. Da bei der Mindestdeckung nach den Klauseln C der Institute Cargo Clauses (LMA/IUA) erhebliche Risiken, z. B. Diebstahl, Piraterie, Krieg, Streik, nicht abgedeckt sind, wünschen Vertragspartner bei internationalen Kaufverträgen eine höhere Deckung, wie sie in den Klauseln A und B der Institute Cargo Clauses, den Institute War Clauses und/oder der Institute Strike Clauses (LMA/IUA) vor-

[1] Lloyd's Market Association, International Underwriting Association; maßgebliche Institutionen für den Weltversicherungsmarkt mit Sitz in London

gesehen sind. Der Verkäufer muss nach CIP auf Verlangen, Kosten und Risiken des Käufers eine Transportversicherung abschließen, die solche Risiken abdeckt. Auch für die Versicherungssumme gibt es Qualitätsstandards. Sie muss mindestens den im Kaufvertrag genannten Preis und zusätzlich 10 Prozent, also 110 Prozent, decken sowie in derselben Währung abgeschlossen sein, auf deren Basis der Kaufvertrag abgeschlossen wurde. Der räumliche Bereich der Risikoabsicherung erstreckt sich vom Lieferort bis zum Bestimmungsort. Falls der Käufer zusätzlichen Versicherungsschutz benötigt, verpflichtet die Klausel CIP den Verkäufer die entsprechenden Informationen dem Käufer (auf dessen Verlangen, Risiko und Kosten) zur Verfügung zu stellen.

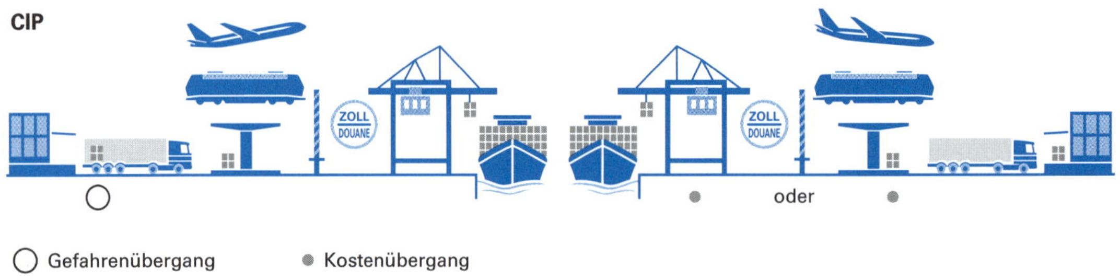

CIP	Der Verkäufer ...	Der Käufer ...	CIP
A1 CIP	**Allgemeine Verpflichtungen des Verkäufers** stellt die Ware an einem exakt definierten Lieferort bereit; stellt die Handelsrechnung bereit; kann elektronische Dokumente verwenden, falls vereinbart oder üblich.	**Allgemeine Verpflichtungen des Käufers** bezahlt den vereinbarten Preis; kann elektronische Dokumente verwenden, falls vereinbart oder üblich.	B1 CIP
A2 CIP	**Lizenzen, Genehmigungen, Sicherheitsfreigaben und andere Formalitäten** beschafft auf eigene Gefahr die Ausfuhrgenehmigung sowie andere behördliche Genehmigungen; erledigt alle Zollformalitäten für die Ausfuhr.	**Lizenzen, Genehmigungen, Sicherheitsfreigaben und andere Formalitäten** beschafft auf eigene Gefahr und Kosten die Einfuhrgenehmigung; erledigt die Zollformalitäten für die Einfuhr und Durchfuhr.	B2 CIP
A3 CIP	**Beförderungs- und Versicherungsverträge** schließt einen Beförderungsvertrag über den Transport der Ware vom Lieferort bis zum benannten Bestimmungsort ab (übliche Bedingen, übliche Route, in der handelsüblichen Weise); schließt auf eigene Kosten eine Transportversicherung ab die der Mindestdeckung gemäß den Klauseln (C) der Institute Cargo Clauses (LMA/IUA) entspricht (Einzelversicherer, Versicherungsgesellschaften mit einwandfreiem Leumund, Käufer muss Ansprüche direkt beim Versicherer geltend machen können).	**Beförderungs- und Versicherungsverträge** schließt keinen Beförderungsvertrag ab (keine Verpflichtung gegenüber Verkäufer); stellt dem Verkäufer die für einen Versicherungsabschluss notwendigen Informationen zur Verfügung.	B3 CIP

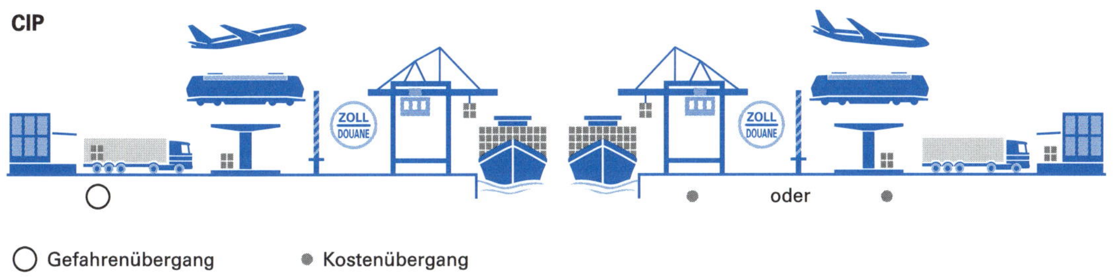

CIP	Der Verkäufer ...	Der Käufer ...	CIP
	Der Verkäufer beschafft zusätzliche Deckung (auf Verlangen und Kosten des Käufers, vorbehaltlich der vom Käufer zur Verfügung gestellten Informationen), z. B. entsprechend den Klauseln (A) und (B) der Institute Cargo Clauses (LMA/IUA) oder ähnlichen Klauseln und/oder der Institute War Clauses und/oder der Institute Strikes Clauses (LMA/IUA) oder ähnlichen Klauseln. Die Versicherungssumme muss mindestens den im Vertrag genannten Preis zuzüglich zehn Prozent (d. h. 110 %) abdecken und in der Währung des Vertrags ausgestellt sein.		
A4 CIP	**Lieferung** liefert die Ware, indem er sie an den (ersten) Frachtführer übergibt.	**Lieferung** übernimmt die Ware vom Frachtführer im benannten Bestimmungsort.	B4 CIP
A5 CIP	**Gefahrenübergang** trägt die Gefahren des Verlustes oder der Beschädigung der Ware bis zum Lieferort.	**Gefahrenübergang** trägt die Gefahren des Verlustes oder der Beschädigung der Ware ab Lieferort.	
A6 CIP	**Kostenverteilung** trägt alle die Waren betreffenden Kosten bis zur Lieferung; trägt die Fracht und alle anderen aus dem Beförderungsvertrag entstehenden Kosten (Verladung, Entladung am Bestimmungsort, falls im Frachtvertrag vorgesehen); trägt die Kosten der für die Ausfuhr notwendigen Zollformalitäten sowie Zölle, Steuern und andere Ausfuhrabgaben sowie Kosten der Durchfuhr.	**Kostenverteilung** trägt die Kosten ab Lieferung; trägt alle die Ware betreffenden Kosten und Abgaben, die nach Beförderungsvertrag nicht vom Verkäufer zu tragen sind; trägt die Entladekosten, falls sie nach Beförderungsvertrag nicht vom Verkäufer zu übernehmen sind; trägt die Kosten für Zölle, Steuern und andere Abgaben sowie Kosten für Zollformalitäten bei der Einfuhr und der Durchfuhr.	B5 CIP

CIP

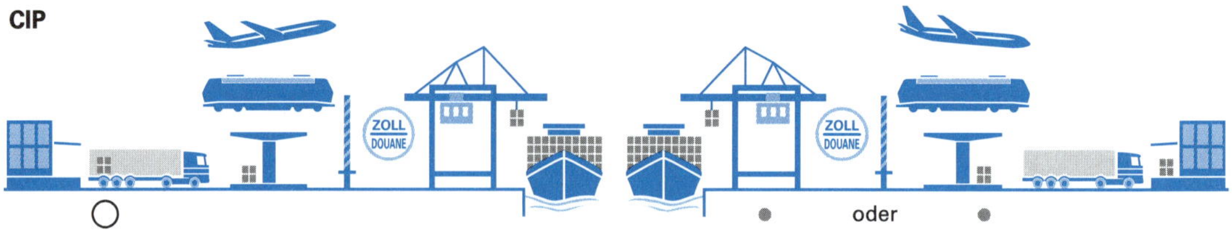

○ Gefahrenübergang ● Kostenübergang

CIP	Der Verkäufer ...	Der Käufer ...	CIP
A7 CIP	**Benachrichtigung an den Käufer** benachrichtigt den Käufer und stellt ihm Käufer die notwendigen Informationen zur Verfügung, damit dieser die üblichen Maßnahmen zur Übernahme der Ware treffen kann.	**Benachrichtigung an den Verkäufer** teilt dem Verkäufer den Zeitpunkt für die Versendung und den Bestimmungsort mit, falls der Käufer dies bestimmen kann.	B7 CIP
A8 CIP	**Transportdokument** stellt dem Käufer das übliche Transportdokument für den vereinbarten Transport zur Verfügung; übergibt dem Käufer einen vollständigen Satz von Originaldokumenten, falls das Transportdokument begebbar ist und mehrere Originale ausgestellt wurden. Das Transportdokument muss über die verkaufte Ware lauten, ein innerhalb der für die Versendung vereinbarten Frist liegendes Datum tragen, den Käufer berechtigen, die Herausgabe der Ware im Bestimmungsort zu verlangen, es dem Käufer ermöglichen die Ware während des Transports durch Übergabe des Transportdokuments an einen nachfolgenden Käufer zu verkaufen.	**Transportdokument** nimmt das Transportdokument an.	B8 CIP
A9 CIP	**Prüfung – Verpackung – Kennzeichnung** trägt die Kosten der für die Lieferung notwendigen Prüfvorgänge (Qualitätsprüfung, Messen, Wiegen, Zählen) sowie alle von den Behörden des Ausfuhrlandes angeordneten Warenkontrollen vor der Verladung (pre-shipment inspection); hat die Ware auf eigene Kosten zu transportgerecht verpacken; kennzeichnet die Verpackung in geeigneter Weise.	**Prüfung – Verpackung – Kennzeichnung** trägt die Kosten für jede vor der Verladung zwingende erforderliche Warenkontrolle (pre-shipment inspection), jedoch nicht behördlich angeordnete Kontrollen des Ausfuhrlandes.	B10 CIP

CIP

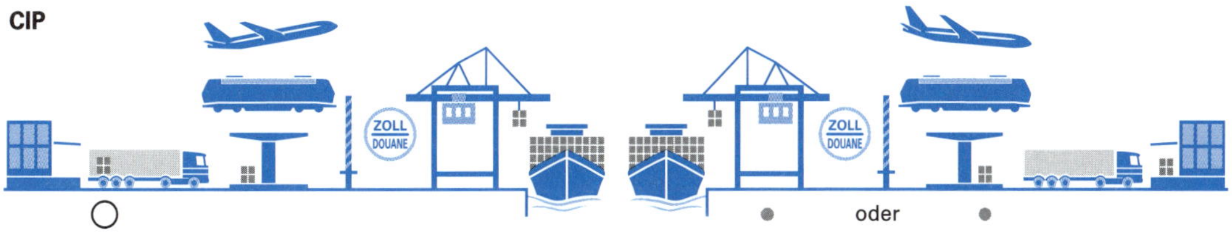

○ Gefahrenübergang ● Kostenübergang

CIP	Der Verkäufer ...	Der Käufer ...	CIP
A10 CIP	**Unterstützung bei Informationen und damit verbundener Kosten** stellt Dokumente und (sicherheitsrelevante) Informationen auf Verlangen, Kosten und Gefahr des Käufers zur Verfügung, die dieser für die Einfuhr der Ware und/oder deren Transport bis zum Bestimmungsort benötigt.	**Unterstützung bei Informationen und damit verbundener Kosten** teilt dem Verkäufer rechtzeitig alle sicherheitsrelevanten Informationsanforderungen mit; stellt dem Verkäufer die notwendigen Dokumente und Informationen für den Transport sowie für die Ausfuhr und Durchfuhr zu Verfügung.	B10 CIP

DAT Delivered at Terminal – geliefert Terminal

DAT Delivered at Terminal – geliefert Terminal

Die Incotermsklausel DAT kann unabhängig vom Transportmittel und für multimodale Transporte eingesetzt werden. Lieferort ist ein Terminal, z. B. in einem Seehafen, Binnenhafen, Flughafen, Containerumschlagsplatz, Güterverkehrszentrum oder in einer Speditionsumschlagshalle. Eine Überdachung des Lieferortes ist nicht notwendig. Die Lieferung erfolgt durch Bereitstellung der Ware an dem benannten Terminal nachdem sie von einem ankommenden Beförderungsmittel auf Kosten und Gefahr des Verkäufers entladen worden war. Die Übergabestelle im benannten Terminal sollte möglichst genau im Vertrag beschrieben und festgehalten werden. Der Verkäufer schließt den Beförderungsvertrag ab und wählt dabei ein Beförderungsmittel, das mit dem gewählten Terminal vereinbar ist. Der Verkäufer muss die Ausfuhrabfertigung (falls notwendig auch die Ausfuhrgenehmigung) besorgen sowie die Durchfuhr bis zum Lieferort, falls erforderlich.

durch Bereitstellung der Ware entladen

DAT

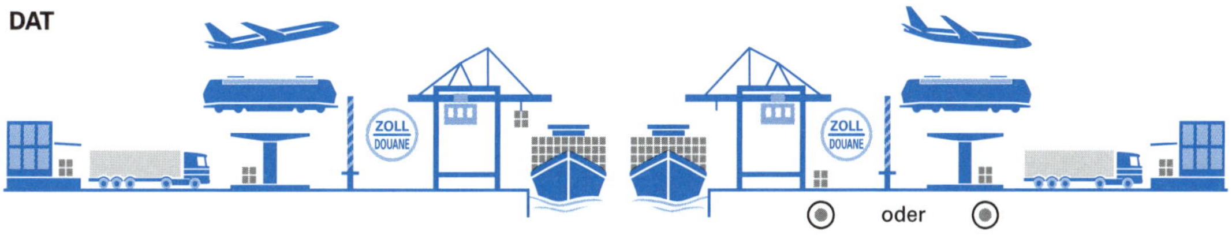

◉ Kosten- und Gefahrenübergang

DAT	Der Verkäufer ...	Der Käufer ...	DAT
A1 DAT	**Allgemeine Verpflichtungen des Verkäufers** stellt die Ware an einem exakt definierten Lieferort bereit; stellt die Handelsrechnung bereit; kann elektronische Dokumente verwenden, falls vereinbart oder üblich.	**Allgemeine Verpflichtungen des Käufers** bezahlt den vereinbarten Preis; kann elektronische Dokumente verwenden, falls vereinbart oder üblich.	B1 DAT

DAT

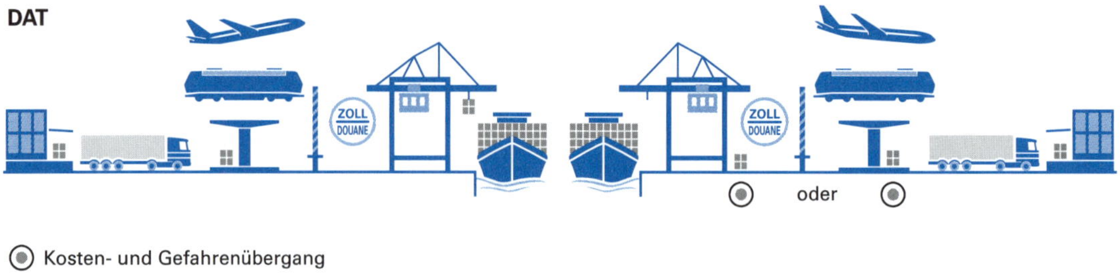

DAT	Der Verkäufer ...	Der Käufer ...	DAT
A2 DAT	**Lizenzen, Genehmigungen, Sicherheitsfreigaben und andere Formalitäten** beschafft auf eigene Gefahr die Ausfuhrgenehmigung sowie andere behördliche Genehmigungen; erledigt alle Zollformalitäten für die Ausfuhr.	**Lizenzen, Genehmigungen, Sicherheitsfreigaben und andere Formalitäten** beschafft auf eigene Gefahr und Kosten die Einfuhrgenehmigung; erledigt die Zollformalitäten für die Einfuhr.	B2 DAT
A3 DAT	**Beförderungs- und Versicherungsverträge** schließt einen **Beförderungsvertrag** bis zum benannten Terminal im vereinbarten Bestimmungshafen oder -ort ab; bestimmt Terminal, falls nicht vereinbart; hat gegenüber dem Käufer keine Verpflichtung einen Versicherungsvertrag abzuschließen; stellt auf Verlangen, Gefahr und Kosten des Käufers Informationen zur Verfügung, die dieser für den Abschluss einer Versicherung benötigt.	**Beförderungs- und Versicherungsverträge** schließt keinen Beförderungsvertrag ab (keine Verpflichtung gegenüber Verkäufer); hat gegenüber dem Verkäufer keine Verpflichtung einen Versicherungsvertrag abzuschließen; stellt dem Verkäufer die für einen Versicherungsabschluss notwendigen Informationen zur Verfügung.	B3 DAT
A4 DAT	**Lieferung** entlädt die Ware von dem ankommenden Beförderungsmittel. liefert die Ware, indem er die Ware dem Käufer an dem benannten Terminal zur Verfügung stellt.	**Lieferung** übernimmt die Ware vom Frachtführer im benannten Terminal.	B4 DAT
A5 DAT	**Gefahrenübergang** trägt die Gefahren des Verlustes oder der Beschädigung der Ware bis zur Lieferung.	**Gefahrenübergang** trägt die Gefahren des Verlustes oder der Beschädigung der Ware ab Lieferort.	B5 DAT
A6 DAT	**Kostenverteilung** trägt alle die Waren betreffenden Kosten bis zur Lieferung; trägt die Fracht und alle anderen aus dem Beförderungsvertrag entstehenden Kosten; trägt die Kosten der für die Ausfuhr notwendigen Zollformalitäten sowie Zölle, Steuern und andere Ausfuhrabgaben sowie Kosten der Durchfuhr.	**Kostenverteilung** trägt die Kosten ab Lieferung; trägt die Kosten für Zölle, Steuern und andere Abgaben sowie Kosten für Zollformalitäten bei der Einfuhr.	B6 DAT

DAT

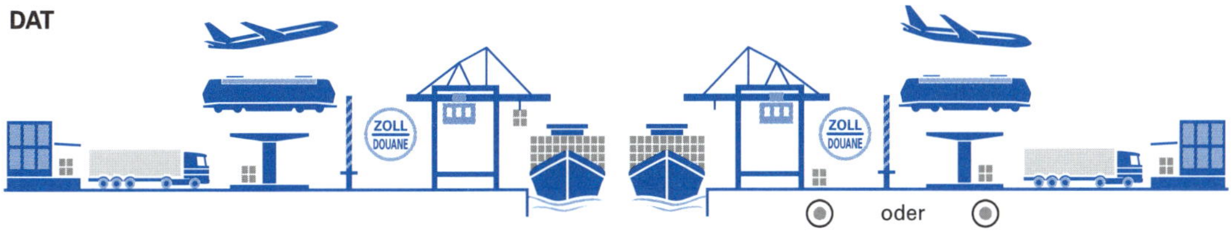

Kosten- und Gefahrenübergang

DAT	Der Verkäufer ...	Der Käufer ...	DAT
A7 DAT	**Benachrichtigung an den Käufer** benachrichtigt den Käufer und stellt ihm die notwendigen Informationen zur Verfügung, damit dieser die üblichen Maßnahmen zur Übernahme der Ware treffen kann.	**Benachrichtigung an den Verkäufer** teilt dem Verkäufer den Zeitpunkt und/oder die Stelle für die Warenübernahme im benannten Terminal mit, falls der Käufer diese bestimmen kann.	B7 DAT
A8 DAT	**Transportdokument** stellt dem Käufer ein Dokument zur Verfügung, damit dieser die Ware am benannten Terminal übernehmen kann.	**Transportdokument** nimmt das Transportdokument an.	B8 DAT
A9 DAT	**Prüfung – Verpackung – Kennzeichnung** trägt die Kosten der für die Lieferung notwendigen Prüfvorgänge (Qualitätsprüfung, Messen, Wiegen, Zählen) sowie alle von den Behörden des Ausfuhrlandes angeordneten Warenkontrollen vor der Verladung (pre-shipment inspection); verpackt die Ware transportgerecht (auf eigene Kosten); kennzeichnet die Verpackung in geeigneter Weise.	**Prüfung – Verpackung – Kennzeichnung** trägt die Kosten für jede vor der Verladung zwingende erforderliche Warenkontrolle (pre-shipment inspection), jedoch nicht behördlich angeordnete Kontrollen des Ausfuhrlandes.	B9 DAT
A10 DAT	**Unterstützung bei Informationen und damit verbundener Kosten** stellt Dokumente und (sicherheitsrelevante) Informationen auf Verlangen, Kosten und Gefahr des Käufers zur Verfügung, die dieser für die Einfuhr der Ware und/oder deren Transport bis zum Bestimmungsort benötigt.	**Unterstützung bei Informationen und damit verbundener Kosten** teilt dem Verkäufer rechtzeitig alle sicherheitsrelevanten Informationsanforderungen mit; stellt dem Verkäufer die notwendigen Dokumente und Informationen für den Transport sowie für die Ausfuhr und Durchfuhr zu Verfügung.	B10 DAT

DAP Delivered at Place – geliefert benannter Ort

DAP Delivered at Place – geliefert benannter Ort

Unentladen zur Verfügung gestellt

Die Klausel DAP kann für alle Transportmittel und für multimodale Transporte verwendet werden. Die Lieferung durch den Verkäufer erfolgt an einer benannten Stelle an einem benannten Ort. Dabei werden die Waren dem Käufer auf einem ankommenden Beförderungsmittel unentladen zur Verfügung gestellt. Der Käufer muss also auf seine Kosten und sein Risiko abladen und den Weitertransport zum endgültigen Bestimmungsort organisieren sowie Kosten und Risiken dafür tragen. Bei der Wahl des Transportmittels muss der Verkäufer den benannten Lieferort berücksichtigen. Fallen laut Beförderungsvertrag am Bestimmungsort noch Kosten für die Entladung an, die der Verkäufer bezahlen muss, kann er diese Entladekosten nicht vom Käufer zurückfordern, es sei denn, beide Vertragsparteien haben eine gegenteilige Vereinbarung getroffen. Die Ausfuhrabfertigung muss der Verkäufer organisieren und durchführen, ebenso eine erforderliche Durchfuhr. Falls eine Ausfuhrgenehmigung erforderlich sein sollte, muss er diese beschaffen. Jedoch hat der Verkäufer keine Verpflichtung, die Einfuhrverzollung zu übernehmen.

DAP

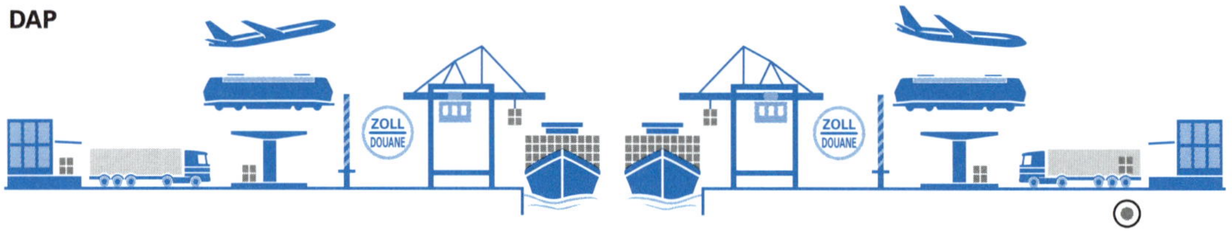

◉ Kosten- und Gefahrenübergang

DAP	Der Verkäufer ...	Der Käufer ...	DAP
A1 DAP	**Allgemeine Verpflichtungen des Verkäufers** stellt die Ware an einem exakt definierten Lieferort bereit; stellt die Handelsrechnung bereit; kann elektronische Dokumente verwenden, falls vereinbart oder üblich.	**Allgemeine Verpflichtungen des Käufers** bezahlt den vereinbarten Preis; kann elektronische Dokumente verwenden, falls vereinbart oder üblich.	B1 DAP
A2 DAP	**Lizenzen, Genehmigungen, Sicherheitsfreigaben und andere Formalitäten** beschafft auf eigene Gefahr die Ausfuhrgenehmigung sowie andere behördliche Genehmigungen; erledigt alle Zollformalitäten für die Ausfuhr und Durchfuhr durch jedes Landes vor Lieferung.	**Lizenzen, Genehmigungen, Sicherheitsfreigaben und andere Formalitäten** beschafft auf eigene Gefahr und Kosten die Einfuhrgenehmigung; erledigt die Zollformalitäten für die Einfuhr.	B2 DAP
A3 DAP	**Beförderungs- und Versicherungsverträge** schließt einen **Beförderungsvertrag** bis zum benannten Bestimmungsort oder bis zur vereinbarten Stelle im Bestimmungsort ab; wählt die am besten geeignete Stelle im Bestimmungsort, falls eine solche nicht vereinbart ist; hat gegenüber dem Käufer keine Verpflichtung einen Versicherungsvertrag abzuschließen; stellt auf Verlangen, Gefahr und Kosten des Käufers Informationen zur Verfügung, die dieser für den Abschluss einer Versicherung benötigt.	**Beförderungs- und Versicherungsverträge** schließt keinen Beförderungsvertrag ab (keine Verpflichtung gegenüber Verkäufer); hat gegenüber dem Verkäufer keine Verpflichtung einen Versicherungsvertrag abzuschließen; stellt dem Verkäufer die für einen Versicherungsabschluss notwendigen Informationen zur Verfügung.	B3 DAP
A4 DAP	**Lieferung** stellt die Ware entladebereit auf dem ankommenden Beförderungsmittel zur Verfügung.	**Lieferung** übernimmt die Ware unentladen am benannten Bestimmungsort vom ankommenden Beförderungsmittel.	B4 DAP

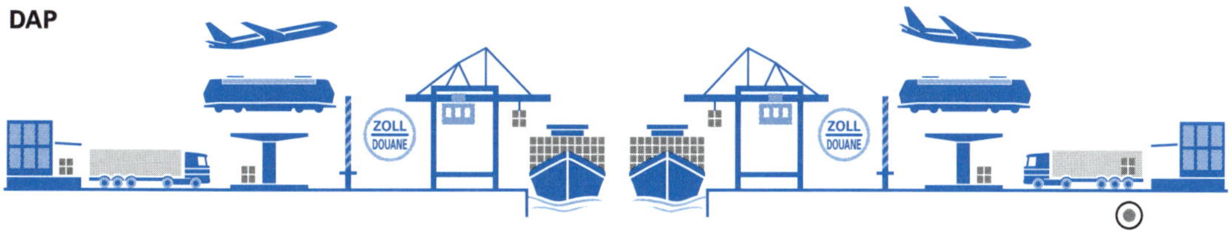

Kosten- und Gefahrenübergang

DAP	Der Verkäufer ...	Der Käufer ...	DAP
A5 DAP	**Gefahrenübergang** trägt die Gefahren des Verlustes oder der Beschädigung der Ware bis zur Lieferung gem. A4.	**Gefahrenübergang** trägt die Gefahren des Verlustes oder der Beschädigung der Ware ab Lieferort.	B5 DAP
A6 DAP	**Kostenverteilung** trägt alle die Waren betreffenden Kosten bis zur Lieferung; trägt die Fracht und alle anderen aus dem Beförderungsvertrag entstehenden Kosten; trägt alle Abgaben für die Beladung am Bestimmungsort, wenn diese nach Beförderungsvertrag vom Verkäufer zu tragen sind. trägt die Kosten der für die Ausfuhr notwendigen Zollformalitäten sowie Zölle, Steuern und andere Ausfuhrabgaben sowie Kosten der Durchfuhr.	**Kostenverteilung** trägt alle die Ware betreffenden Kosten ab Lieferung; trägt alle Entladekosten (falls laut Beförderungsvertrag nicht vom Verkäufer zu tragen); trägt die Kosten für Zölle, Steuern und andere Abgaben sowie Kosten für Zollformalitäten bei der Einfuhr.	B6 DAP
A7 DAP	**Benachrichtigung an den Käufer** Benachrichtigung über alles Nötige, um die üblicherweise notwendigen Maßnahmen zur Übernahme der Ware zu treffen.	**Benachrichtigung an den Verkäufer** teilt dem Verkäufer den Zeitpunkt und/oder die Stelle für die Warenübernahme im benannten Terminal mit, falls der Käufer diese bestimmen kann.	B7 DAP
A8 DAP	**Transportdokument** stellt dem Käufer ein Dokument zur Verfügung, damit dieser die Ware am benannten Bestimmungsort übernehmen kann.	**Transportdokument** nimmt das Transportdokument an.	B8 DAP
A9 DAP	**Prüfung – Verpackung – Kennzeichnung** trägt die Kosten der für die Lieferung notwendigen Prüfvorgänge (Qualitätsprüfung, Messen, Wiegen, Zählen) sowie alle von den Behörden des Ausfuhrlandes angeordneten Warenkontrollen vor der Verladung (pre-shipment inspection); verpackt die Ware transportgerecht (auf eigene Kosten); kennzeichnet die Verpackung in geeigneter Weise.	**Prüfung – Verpackung – Kennzeichnung** trägt die Kosten für jede **vor der Verladung** zwingende erforderliche Warenkontrolle (pre-shipment inspection), jedoch nicht behördlich angeordnete Kontrollen des Ausfuhrlandes.	B9 DAP

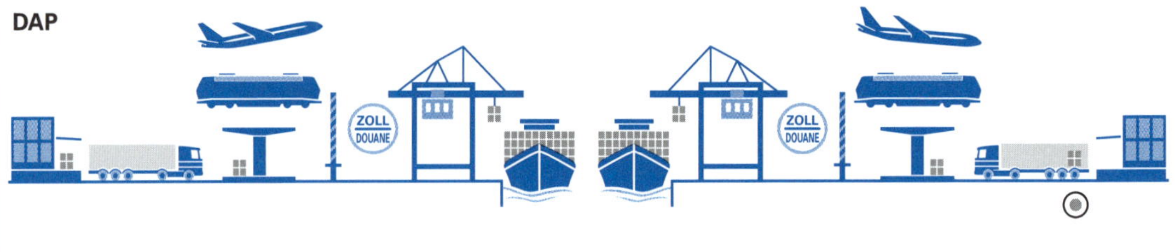

DAP	Der Verkäufer ...	Der Käufer ...	DAP
A10 DAP	**Unterstützung bei Informationen und damit verbundener Kosten** stellt Dokumente und (sicherheitsrelevante) Informationen auf Verlangen, Kosten und Gefahr des Käufers zur Verfügung, die dieser für die Einfuhr der Ware und/oder deren Transport bis zum Bestimmungsort benötigt.	**Unterstützung bei Informationen und damit verbundener Kosten** teilt dem Verkäufer rechtzeitig alle sicherheitsrelevanten Informationsanforderungen mit; stellt dem Verkäufer die notwendigen Dokumente und Informationen für den Transport sowie für die Ausfuhr und Durchfuhr zu Verfügung.	B10 DAP

DDP DELIVERED DUTY PAID – GELIEFERT VERZOLLT

AN EINEM BESTIMMUNGSORT ZUR VERFÜGUNG

DDP Delivered duty paid – geliefert verzollt

DDP überträgt dem Verkäufer unter allen Incotermsklauseln die umfangreichsten Pflichten und Aufgaben. Sie stellt damit ein Extrem in der Reihe der elf Incotermsklauseln dar. Diese Klausel kann für jede Form des Gütertransports vereinbart werden und ist auch für multimodale Transporte geeignet. Bei Vereinbarung dieser Klausel müssen Verkäufer und Käufer wollen, dass der Verkäufer auf seine Gefahr und Kosten die Ware an einem benannten Bestimmungsort zur Verfügung stellt, und zwar nicht entladen. Der Verkäufer muss alle Ausfuhr- und Einfuhrmodalitäten abwickeln sowie sämtliche Ausfuhr- und Einfuhrabgaben bezahlen, falls diese erhoben werden. Es gibt jedoch Beförderungsverträge, bei denen das Abladen mit zu den Pflichten im Rahmen eines Beförderungsvertrages gehört und der Verkäufer als Vertragspartner des Frachtführers die Kosten der Entladung zusammen mit den reinen Transportkosten übernehmen muss. Sie können nur dann an den Käufer weitergegeben werden, wenn eine solche Vereinbarung zusätzlich in den Kaufvertrag aufgenommen wurde. Problematisch dürfte die Beschaffung einer Einfuhrgenehmigung, falls notwendig, und die Einfuhrabfertigung für einen nicht gebietsansässigen Verkäufer sein. Neben der Entrichtung von Abgaben sind auch mögliche Erstattungen in Betracht zu ziehen, z. B. die Einfuhrumsatzsteuer, die ein Nichtgebietsansässiger unter Umständen nicht erhält. Verkäufer und Käufer sollten, falls die genannten Probleme bekannt sind, im Kaufvertrag zusätzliche Vereinbarungen treffen, damit das Geschäft abgewickelt werden kann.

DDP

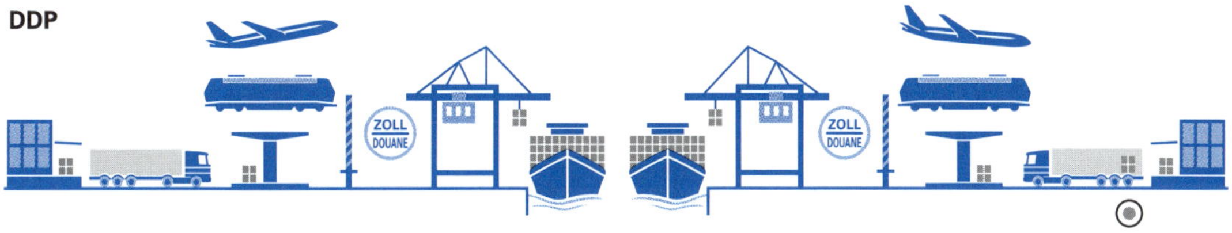

◉ Kosten- und Gefahrenübergang

DDP	Der Verkäufer ...	Der Käufer ...	DDP
A1 DDP	**Allgemeine Verpflichtungen des Verkäufers** stellt die Ware an einem exakt definierten Lieferort bereit; stellt die Handelsrechnung bereit; kann elektronische Dokumente verwenden, falls vereinbart oder üblich.	**Allgemeine Verpflichtungen des Käufers** bezahlt den vereinbarten Preis; kann elektronische Dokumente verwenden, falls vereinbart oder üblich.	B1 DDP
A2 DDP	**Lizenzen, Genehmigungen, Sicherheitsfreigaben und andere Formalitäten** beschafft auf eigene Gefahr die Ausfuhrgenehmigung sowie andere behördliche Genehmigungen; erledigt alle Zollformalitäten für die Ausfuhr und Durchfuhr durch jedes Landes vor Lieferung.	**Lizenzen, Genehmigungen, Sicherheitsfreigaben und andere Formalitäten** unterstützt den Verkäufer bei der Beschaffung der Einfuhrgenehmigung oder anderer behördlicher Genehmigungen für die Einfuhr der Ware.	B2 DDP
A3 DDP	**Beförderungs- und Versicherungsverträge** schließt einen Beförderungsvertrag bis zum benannten Bestimmungsort oder bis zur vereinbarten Stelle im Bestimmungsort ab; wählt die am besten geeignete Stelle im Bestimmungsort, falls eine solche nicht vereinbart ist; hat gegenüber dem Käufer keine Verpflichtung einen Versicherungsvertrag abzuschließen; stellt auf Verlangen, Gefahr und Kosten des Käufers Informationen zur Verfügung, die dieser für den Abschluss einer Versicherung benötigt.	**Beförderungs- und Versicherungsverträge** schließt keinen Beförderungsvertrag ab (keine Verpflichtung gegenüber Verkäufer); hat gegenüber dem Verkäufer keine Verpflichtung einen Versicherungsvertrag abzuschließen; stellt dem Verkäufer die für einen Versicherungsabschluss notwendigen Informationen zur Verfügung.	B3 DDP
A4 DDP	**Lieferung** stellt die Ware entladebereit auf dem ankommenden Beförderungsmittel am benannten Bestimmungsort an der vereinbarten Stelle zur Verfügung.	**Lieferung** übernimmt die Ware unentladen am benannten Bestimmungsort vom ankommenden Beförderungsmittel.	B4 DDP

DDP

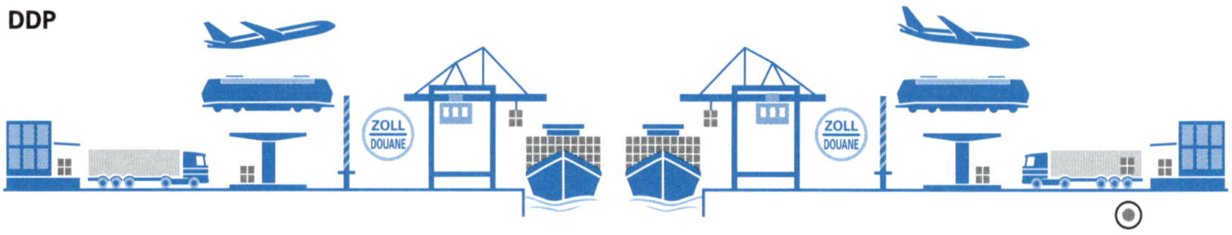

◉ Kosten- und Gefahrenübergang

DDP	Der Verkäufer ...	Der Käufer ...	DDP
A5 DDP	**Gefahrenübergang** trägt die Gefahren des Verlustes oder der Beschädigung der Ware bis zur Lieferung gem. A 4.	**Gefahrenübergang** trägt die Gefahren des Verlustes oder der Beschädigungg der Ware ab Lieferort.	B5 DDP
A6 DDP	**Kostenverteilung** trägt alle die Waren betreffenden Kosten bis zur Lieferung; trägt die Fracht und alle anderen aus dem Beförderungsvertrag entstehenden Kosten; trägt alle Abgaben für die Entladung am Bestimmungsort, wenn diese nach Beförderungsvertrag vom Verkäufer zu tragen sind. trägt die Kosten der für die Aus- und Einfuhr notwendigen Zollformalitäten sowie Zölle, Steuern und andere Abgaben, die bei der Aus- und Einfuhr der Ware erhoben werden sowie Kosten der Durchfuhr durch jedes Land vor Lieferung.	**Kostenverteilung** trägt alle die Ware betreffenden Kosten ab Lieferung; trägt alle Entladekosten (falls laut Beförderungsvertrag nicht vom Verkäufer zu tragen).	B6 DDP
A7 DDP	**Benachrichtigung an den Käufer** benachrichtigt den Käufer und stellt ihm die notwendigen Informationen zur Verfügung, damit dieser die üblichen Maßnahmen zur Übernahme der Ware treffen kann.	**Benachrichtigung an den Verkäufer** teilt dem Verkäufer den Zeitpunkt und/oder die Stelle für die Warenübernahme am benannten Bestimmungsort mit, falls der Käufer diese bestimmen kann.	B7 DDP
A8 DDP	**Transportdokument** stellt dem Käufer ein Dokument zur Verfügung, damit dieser die Ware am benannten Bestimmungsort übernehmen kann.	**Transportdokument** nimmt das in A8 vorgesehene Dokument (Liefernachweis) an.	B8 DDP

DDP

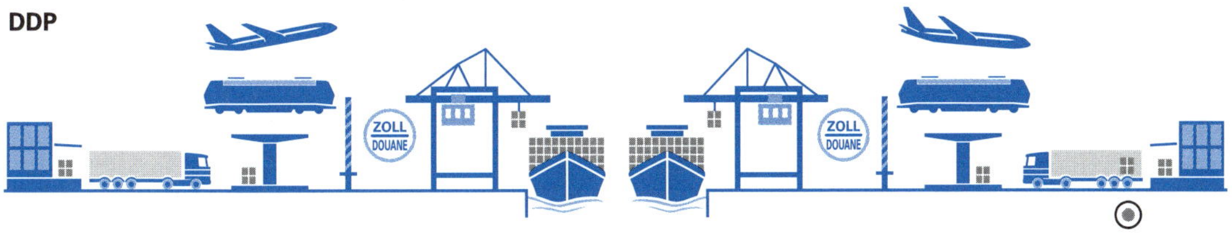

Kosten- und Gefahrenübergang

DDP	Der Verkäufer ...	Der Käufer ...	DDP
A9 DDP	**Prüfung – Verpackung – Kennzeichnung** trägt die Kosten der für die Lieferung notwendigen Prüfvorgänge (Qualitätsprüfung, Messen, Wiegen, Zählen) sowie alle von den Behörden des Aus- und Einfuhrlandes angeordneten Warenkontrollen vor der Verladung (pre-shipment inspection); verpackt die Ware transportgerecht (auf eigene Kosten); kennzeichnet die Verpackung in geeigneter Weise.	**Prüfung – Verpackung – Kennzeichnung** hat keine Verpflichtung die Kosten für von den Behörden des Aus- oder Einfuhrlandes angeordneten Warenkontrollen (pre-shipment inspection) zu tragen.	B9 DDP
A10 DDP	**Unterstützung bei Informationen und damit verbundener Kosten** stellt Dokumente und (sicherheitsrelevante) Informationen auf Verlangen, Kosten und Gefahr des Käufers zur Verfügung, die dieser für die Einfuhr der Ware und/oder deren Transport bis zum Bestimmungsort benötigt.	**Unterstützung bei Informationen und damit verbundener Kosten** teilt dem Verkäufer rechtzeitig alle sicherheitsrelevanten Informationsanforderungen mit; stellt dem Verkäufer die notwendigen Dokumente und Informationen für den Transport sowie für die Ausfuhr und Durchfuhr zur Verfügung.	B10 DDP

KLAUSELN FÜR SEE- UND BINNENSCHIFFSTRANSPORTE (BLAUE KLAUSELN)

Klauseln für See- und Binnenschiffstransport (Blaue Klauseln)

Die Internationale Handelskammer (ICC) hat in ihrer Darstellung der Incoterms 2010 vier Klauseln geschaffen, die nicht für alle Transportarten und nicht für multimodale Transporte geeignet sind, sondern ausschließlich bei See- oder Binnenschiffstransporten angewendet werden sollten. Zwei dieser Klauseln, FAS und FOB, gehören zur Kategorie der F-Klauseln. Die beiden anderen, CFR und CIF, gehören zur Gruppe der C-Klauseln. Ein Großteil der Güter, insbesondere hochwertige Handelsgüter, werden in Containern mit Seeschiffen oder Binnenschiffen befördert. Für Containertransporte sind die Incotermsklauseln FAS, FOB, CFR und CIF nicht geeignet, da bei diesen Incoterms der Verkäufer die Güter entweder längsseits des Schiffs abladen oder auf das Schiff verladen muss. Ein Verkäufer kann bei Containertransporten diese Verpflichtung selten erfüllen, da aus Sicherheitsgründen und organisatorischen Regelungen in den Seehäfen oder Binnenhäfen der Verkäufer keine Möglichkeiten hat, einen Container direkt an das Seeschiff zu liefern. In der Praxis werden die Container weit entfernt vom Schiff an einem Terminal abgeladen und in fremde Obhut (Terminal Operators, Reedereien, Hafenbetreiber, Kaibetriebe usw.) übergeben. Für Containertransporte mit einem See- oder Binnenschiff sollte die Klausel FCA vereinbart werden.

FAS Free Alongside Ship

FAS Free Alongside Ship – Frei Längsseite Schiff

Vereinbaren ein Verkäufer und ein Käufer im Kaufvertrag die Klausel FAS, dann muss der Verkäufer die Güter längsseits eines Transportschiffs anliefern. Dabei sind zwei Liefervarianten denkbar. Entweder der Verkäufer liefert auf Uferseite, z. B. an einem Kai, oder von Wasserseite durch ein Feederschiff oder ein anderes Zubringerschiff, z. B. Getreide-, Kohle, Schrotttransportschiff, das längsseits des zu beladenden Transportschiffs anlegt. Der Verkäufer liefert, indem er die Güter längsseits des Schiffs bereitstellt. Der Käufer muss dem Verkäufer die Ladestelle im Verschiffungshafen und den Namen des Schiffs mitteilen. Die Ausfuhrabfertigung hat der Verkäufer zu besorgen. Er muss die Ausfuhrabgaben bezahlen, falls diese anfallen. Das Transportrisiko geht an den Käufer mit der Lieferung längsseits des Schiffs im Verschiffungshafen über. Liegt ein Kaufvertrag, z. B. bei Massengut, im Rahmen einer Verkaufskette (string sales) vor, muss der Verkäufer eine gelieferte Ware beschaffen.

Die Klausel FAS ist auf Stückgüter und Massengüter ausgerichtet, die auf konventionellen Stückgutschiffen oder Massengutschiffen transportiert werden. Wird die Ware in einem Container geliefert, eignet sich die Klausel FAS nicht, da der Transport von Containern auf Containerschiffen so organsiert ist, dass die Übergabe der Container an den Frachtführer weit vom Anlegekai oder der Ankerposition des Schiffes entfernt erfolgt. Für Containertransporte sollte die FCA-Klausel verwendet werden.

FAS

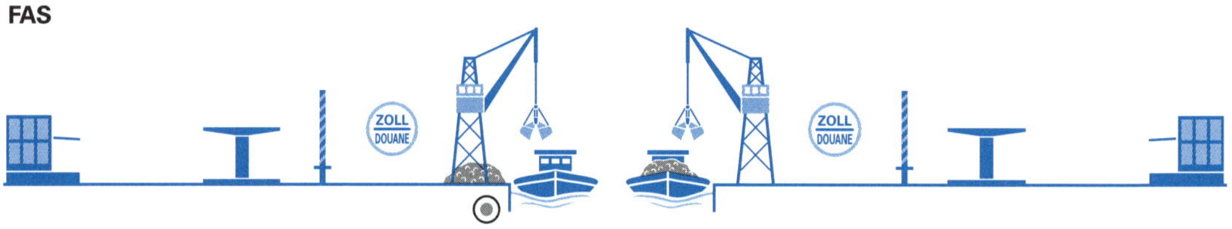

Kosten- und Gefahrenübergang

FAS	Der Verkäufer ...	Der Käufer ...	FAS
A1 FAS	**Allgemeine Verpflichtungen des Verkäufers** stellt die Ware an einem exakt definierten Lieferort bereit; stellt die Handelsrechnung bereit; kann elektronische Dokumente verwenden, falls vereinbart oder üblich.	**Allgemeine Verpflichtungen des Käufers** bezahlt den vereinbarten Preis; kann elektronische Dokumente verwenden, falls vereinbart oder üblich.	B1 FAS
A2 FAS	**Lizenzen, Genehmigungen, Sicherheitsfreigaben und andere Formalitäten** beschafft auf eigene Gefahr die Ausfuhrgenehmigung sowie andere behördliche Genehmigungen; erledigt alle Zollformalitäten für die Ausfuhr.	**Lizenzen, Genehmigungen, Sicherheitsfreigaben und andere Formalitäten** beschafft auf eigene Gefahr und Kosten die Einfuhrgenehmigung; erledigt die Zollformalitäten für die Einfuhr/Durchfuhr.	B2 FAS

FAS

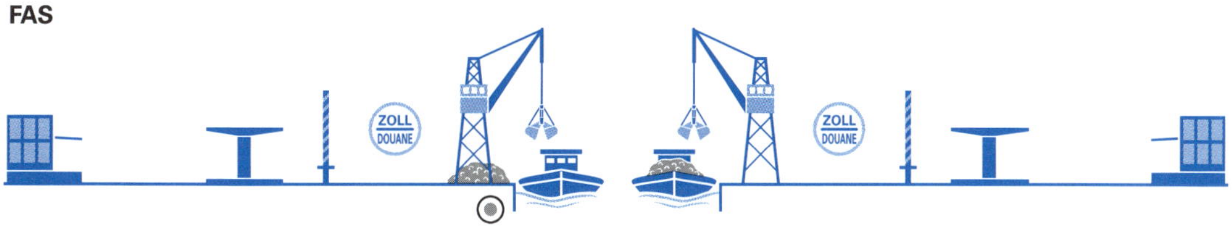

◉ Kosten- und Gefahrenübergang

FAS	Der Verkäufer ...	Der Käufer ...	FAS
A3 FAS	**Beförderungs- und Versicherungsverträge** hat keine Verpflichtung gegenüber dem Käufer einen Beförderungs- oder Versicherungsvertrag abzuschließen; stellt Informationen für den Abschluss einer Versicherung zur Verfügung; kann auf Verlangen, Gefahr und Kosten des Käufers oder bei Handelspraxis den Beförderungsvertrag abschließen, stellt auf Verlangen, Gefahr und Kosten des Käufers Informationen für den Abschluss einer Versicherung zur Verfügung.	**Beförderungs- und Versicherungsverträge** schließt den Vertrag über die Beförderung der Ware vom benannten Verschiffungshafen ab; hat gegenüber dem Käufer keine Verpflichtung einen Versicherungsvertrag abzuschließen.	B3 FAS
A4 FAS	**Lieferung** liefert die Ware durch Bereitstellung längsseits des Schiffs an der benannten Ladestelle im benannten Verschiffungshafen zum vereinbarten Zeitpunkt oder innerhalb des vereinbarten Zeitraums in der im Hafen üblichen Weise.	**Lieferung** übernimmt die Ware.	B4 FAS
A5 FAS	**Gefahrenübergang** trägt die Gefahren des Verlustes oder der Beschädigung der Ware **bis zur Lieferung**.	**Gefahrenübergang** trägt die Gefahren des Verlustes oder der Beschädigung der Ware **ab Lieferort**; trägt die Gefahren des Verlustes oder der Beschädigung der Ware ab dem vereinbarten Lieferzeitpunkt oder ab Ablauf des vereinbarten Lieferzeitraums, wenn der Käufer den Verkäufer nicht den Namen des Schiffs, die Ladestelle und die Lieferzeit innerhalb des vereinbarten Zeitraums mitteilt.	B5 FAS
A6 FAS	**Kostenverteilung** trägt die Kosten bis zur Lieferung; trägt die Kosten der für die Ausfuhr notwendigen Zollformalitäten sowie Zölle, Steuern und andere Ausfuhrabgaben.	**Kostenverteilung** trägt die Kosten ab Lieferung; trägt die Kosten für Zölle, Steuern und andere Abgaben sowie Kosten für Zollformalitäten bei der Einfuhr und der Durchfuhr.	B6 FAS

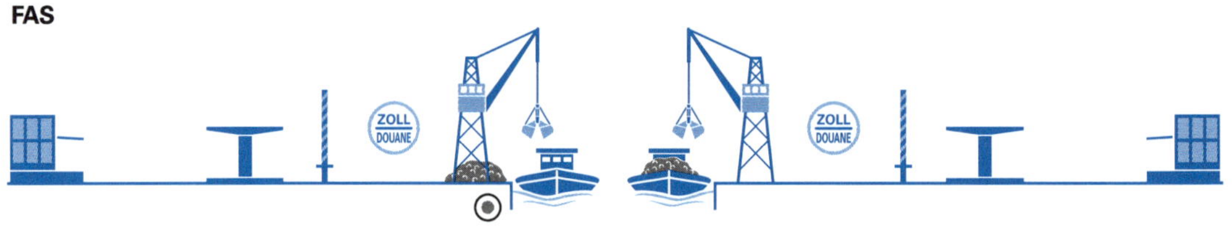

FAS	Der Verkäufer ...	Der Käufer ...	FAS
A7 FAS	**Benachrichtigung an den Käufer** informiert den Käufer über die Lieferung oder gegebenenfalls über die Nichtladung.	**Benachrichtigung an den Verkäufer** teilt dem Verkäufer den Namen des Schiffs, die Ladestelle und, falls erforderlich, die gewählte Lieferzeit innerhalb des vereinbarten Zeitraums mit.	B7 FAS
A8 FAS	**Transportdokument** erbringt dem Käufer den üblichen Liefernachweis; unterstützt den Käufer auf dessen Verlangen, Gefahr und Kosten bei der Beschaffung eines Transportdokuments, falls der Liefernachweis kein Transportdokument ist.	**Transportdokument** nimmt Liefernachweis an.	B8 FAS
A9 FAS	**Prüfung – Verpackung – Kennzeichnung** trägt die Kosten der für die Lieferung notwendigen Prüfvorgänge (Qualitätsprüfung, Messen, Wiegen, Zählen) sowie alle von den Behörden des Ausfuhrlandes angeordneten Warenkontrollen vor der Verladung (pre-shipment inspection); hat die Ware auf eigene Kosten zu verpacken.	**Prüfung – Verpackung – Kennzeichnung** trägt die Kosten für jede vor der Verladung zwingende erforderliche Warenkontrolle (pre-shipment inspection), einschließlich behördlich angeordneter Kontrollen des Ausfuhrlandes.	B9 FAS
A10 FAS	**Unterstützung bei Informationen und damit verbundener Kosten** stellt Dokumente und (sicherheitsrelevante) Informationen auf Verlangen, Kosten und Gefahr des Käufers zur Verfügung, die dieser für die Einfuhr der Ware und/oder deren Transport bis zum Bestimmungsort benötigt.	**Unterstützung bei Informationen und damit verbundener Kosten** teilt dem Verkäufer rechtzeitig alle sicherheitsrelevanten Informationsanforderungen mit.	B10 FAS

FOB FREE ON BOARD

FOB Free on board – Frei an Bord

Die Klausel FOB, eine der bekanntesten und am häufigsten verwendeten Klauseln, ist für See- und Binnenschiffstransporte geeignet. Für Containertransporte auf Schiffen, sollte vorzugsweise die Klausel FCA verwendet werden. Bei der Klausel FOB muss der Verkäufer die Ware zur Ausfuhr abfertigen und anfallende Ausfuhrabgaben, falls notwendig, entrichten. Der Verkäufer liefert die Ware, indem er die Güter an Bord des Schiffes verlädt. Der Transportgefahr sowie die Kosten gehen auf den Käufer über, sobald die Güter an Bord des Schiffes abgestellt wurden. Nach den Vorgaben der Klausel FOB hat der Käufer den Transportvertrag abzuschließen. Daraus ergibt sich die Pflicht, dem Verkäufer den Verschiffungshafen, die Ladestelle sowie den Namen und die Ankunftszeit des Schiffs mitzuteilen.

FOB

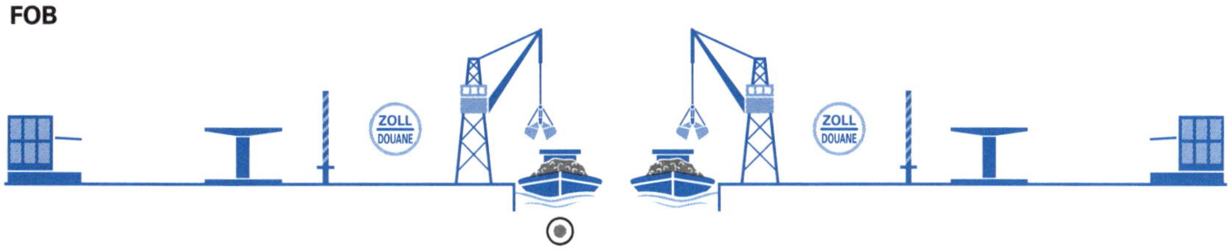

⊙ Kosten- und Gefahrenübergang

FOB	Verpflichtungen des Verkäufers	Verpflichtungen des Käufers	FOB
A1 FOB	**Allgemeine Verpflichtungen des Verkäufers** stellt die Ware an einem exakt definierten Lieferort bereit; erstellt die Handelsrechnung; kann elektronische Dokumente verwenden, falls vereinbart oder üblich.	**Allgemeine Verpflichtungen des Käufers** bezahlt den vereinbarten Preis; kann elektronische Dokumente verwenden, falls vereinbart oder üblich.	B1 FOB
A2 FOB	**Lizenzen, Genehmigungen, Sicherheitsfreigaben und andere Formalitäten** beschafft auf eigene Gefahr die Ausfuhrgenehmigung sowie andere behördliche Genehmigungen; erledigt alle Zollformalitäten für die Ausfuhr.	**Lizenzen, Genehmigungen, Sicherheitsfreigaben und andere Formalitäten** beschafft auf eigene Gefahr und Kosten die Einfuhrgenehmigung; erledigt die Zollformalitäten für die Einfuhr/Durchfuhr.	B2 FOB
A3 FOB	**Beförderungs- und Versicherungsverträge** hat keine Verpflichtung gegenüber dem Käufer einen Beförderungs- oder Versicherungsvertrag abzuschließen; kann auf Verlangen, Gefahr und Kosten des Käufers oder bei Handelspraxis den Beförderungsvertrag abschließen, stellt auf Verlangen, Gefahr und Kosten des Käufers Informationen für den Abschluss einer Versicherung zur Verfügung.	**Beförderungs- und Versicherungsverträge** schließt den Vertrag über die Beförderung der Ware vom benannten Verschiffungshafen ab; hat gegenüber dem Verkäufer keine Verpflichtung einen Versicherungsvertrag abzuschließen.	B3 FOB
A4 FOB	**Lieferung** verbringt die Ware an Bord des Schiffs an der benannten Ladestelle im benannten Verschiffungshafen zum vereinbarten Zeitpunkt oder innerhalb des vereinbarten Zeitraums in der im Hafen üblichen Weise (Lieferung); verschafft die Ware.	**Lieferung** übernimmt die Ware.	B4 FOB

FOB

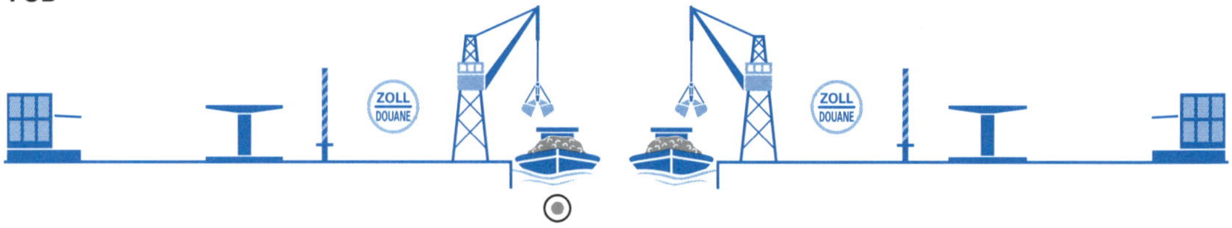

Kosten- und Gefahrenübergang

FOB	Verpflichtungen des Verkäufers	Verpflichtungen des Käufers	FOB
A5 FOB	**Gefahrenübergang** trägt die Gefahren des Verlustes oder der Beschädigung der Ware bis zur Lieferung.	**Gefahrenübergang** trägt die Gefahren des Verlustes oder der Beschädigung der Ware ab Lieferort; trägt die Gefahren des Verlustes oder der Beschädigung der Ware ab dem vereinbarten Lieferzeitpunkt oder ab Ablauf des vereinbarten Lieferzeitraums, wenn der Käufer den Verkäufer nicht den Namen des Schiffs, die Ladestelle und die Lieferzeit innerhalb des vereinbarten Zeitraums mitteilt.	B5 FOB
A6 FOB	**Kostenverteilung** trägt die Kosten bis zur Lieferung; trägt die Kosten der für die Ausfuhr notwendigen Zollformalitäten sowie Zölle, Steuern und andere Ausfuhrabgaben.	**Kostenverteilung** trägt die Kosten ab Lieferung; trägt zusätzliche Kosten, wenn dem Verkäufer der Name des Schiffs nicht mitgeteilt wurde, das Schiff nicht rechtzeitig eintrifft, die Ware nicht übernehmen kann oder vor der mitgeteilten Lieferzeit keine Ladung mehr annimmt; trägt die Kosten für Zölle, Steuern und andere Abgaben sowie Kosten für Zollformalitäten bei der Einfuhr und der Durchfuhr.	B6 FOB
A7 FOB	**Benachrichtigung an den Käufer** informiert den Käufer über die Lieferung oder gegebenenfalls über die Nichtladung.	**Benachrichtigung an den Verkäufer** teilt dem Verkäufer den Namen des Schiffs, die Ladestelle und, falls erforderlich, die gewählte Lieferzeit innerhalb des vereinbarten Zeitraums mit.	B7 FOB
A8 FOB	**Transportdokument** erbringt dem Käufer den üblichen Liefernachweis (Transportdokument); unterstützt den Käufer auf dessen Verlangen, Gefahr und Kosten bei der Beschaffung eines Transportdokuments, falls der Liefernachweis kein Transportdokument ist.	**Transportdokument** nimmt Liefernachweis an.	B4 FOB

FOB

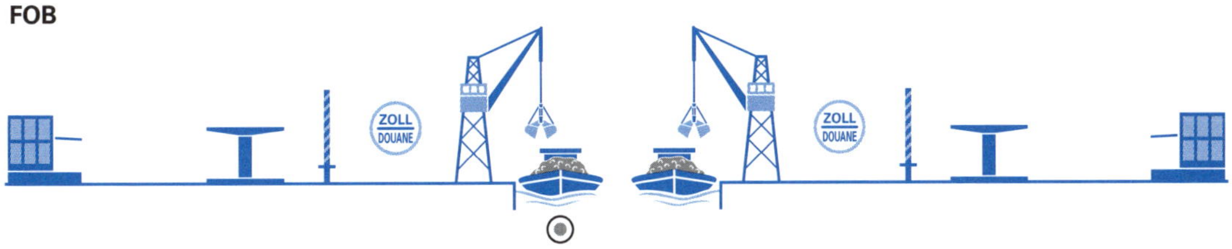

Kosten- und Gefahrenübergang

FOB	Verpflichtungen des Verkäufers	Verpflichtungen des Käufers	FOB
A9 FOB	**Prüfung – Verpackung – Kennzeichnung** trägt die Kosten der für die Lieferung notwendigen Prüfvorgänge (Qualitätsprüfung, Messen, Wiegen, Zählen) sowie alle von den Behörden des Ausfuhrlandes angeordneten Warenkontrollen vor der Verladung (pre-shipment inspection); hat die Ware auf eigene Kosten zu verpacken.	**Prüfung – Verpackung – Kennzeichnung** trägt die Kosten für jede vor der Verladung zwingende erforderliche Warenkontrolle (pre-shipment inspection), einschließlich behördlich angeordneter Kontrollen des Ausfuhrlandes.	B5 FOB
A10 FOB	**Unterstützung bei Informationen und damit verbundener Kosten** stellt Dokumente und (sicherheitsrelevante) Informationen auf Verlangen, Kosten und Gefahr des Käufers zur Verfügung, die dieser für die Einfuhr der Ware und/oder deren Transport bis zum Bestimmungsort benötigt.	**Unterstützung bei Informationen und damit verbundener Kosten** teilt dem Verkäufer rechtzeitig alle sicherheitsrelevanten Informationsanforderungen mit.	B10 FOB

CFR Cost and Freight – Kosten und Fracht

CFR COST AND FREIGHT

Diese Klausel ist für die Beförderung der Ware in Seeschiffen oder Binnenschiffen geeignet. Bei dieser Klausel hat der Verkäufer die Beförderung der Ware zum vereinbarten Bestimmungsort zu organisieren. Dabei hat er die Waren für die Beförderungsart angemessen zu verpacken, den Vorlauf zum Verschiffungshafen mit einem anderen Verkehrsträger zu organisieren und zu bezahlen, die Waren – falls erforderlich – zur Ausfuhr abzufertigen, Ausfuhrabgaben zu bezahlen sowie – wenn notwendig – die Durchfuhr bis zum Verschiffungshafen zolltechnisch zu besorgen. Zu seinen Aufgaben gehört auch, die Verladung der Ware an Bord des Schiffes. Mit dem Absetzen der Ware auf dem Schiffsboden geht die Gefahr des Verlustes oder der Beschädigung der Ware vom Verkäufer auf den Käufer über. Im Gegensatz zur FOB-Klausel wählt der Verkäufer den Frachtführer aus und schließt mit diesem den Frachtvertrag ab. Daraus ergibt sich für den Verkäufer die Verpflichtung, das Transportentgelt (See- oder Binnenschiffsfracht) bis zum benannten Bestimmungsort sowie die Kosten der Be- und Entladung in Abhängigkeit der Bestimmungen des Frachtvertrags (Liner Terms) zu bezahlen. Da der Käufer die Ware nach Ankunft im Bestimmungshafen nach den Vorgaben des Beförderungsvertrags entweder auf dem Schiff oder entladen übernehmen muss, benötigt er detaillierte Information seitens des Verkäufers über die Ankunftszeit des Schiffes sowie über die Stelle der Warenübernahme. Der Verkäufer ist verpflichtet, diese Informationen an den Käufer rechtzeitig weiterzugeben. Bei Schiffstransporten kommt den Dokumenten eine besondere Bedeutung zu. Erhält der Verkäufer vom Transporteur ein Konnossement, muss der Verkäufer dieses Dokument an den Käufer weiterreichen, da die Ware nur gegen Vorlage eines Konnossements ausgeliefert wird.

Bei CFR liegen – wie bei allen C-Klauseln – der Ort des Gefahrenübergangs und der Ort des Kostenübergangs an verschiedenen Stellen.

Für Containerverladungen, insbesondere im Seeschiffsbereich, sollte man besser die FCA-Klausel verwenden, da bei dieser Transportart nur in Ausnahmefällen die Prozesse der Containerübergabe und -übernahme gemäß der CFR-Klausel abgewickelt werden können. CFR kann insbesondere für den Transport von Stückgütern verwendet werden, die nicht in einen Container verladen werden können und nicht im LCL-Verkehr abgewickelt werden. Die Klausel CFR eignet sich für die zunehmend an Bedeutung gewinnenden Projekt- und Schwergutverladungen auf Stückgutschiffen die häufig mit eigenen Kränen ausgerüstet sind. Beim Einsatz von Ro-Ro-Schiffen eignet sich die Klausel CFR ebenfalls. Das gilt auch für Ladungen, die auf Rollen auf ein Ro-Ro-Schiff verladen werden. Allerdings kann es dabei zu Auslegungsproblemen hinsichtlich des Gefahrenübergangs kommen, wenn die Güter nicht eindeutig auf dem Boden des Schiffes abgesetzt werden.

CFR

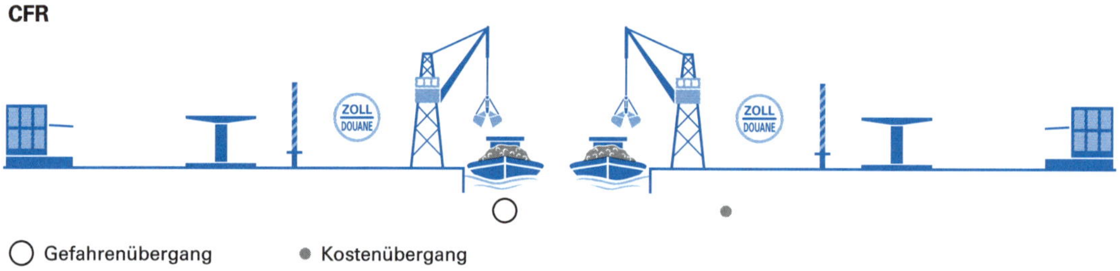

CFR	Der Verkäufer ...	Der Käufer ...	CFR
A1 CFR	**Allgemeine Verpflichtungen des Verkäufers** stellt die Ware an einem exakt definierten Lieferort bereit; stellt die Handelsrechnung bereit; kann elektronische Dokumente verwenden, falls vereinbart oder üblich.	**Allgemeine Verpflichtungen des Käufers** bezahlt den vereinbarten Preis; kann elektronische Dokumente verwenden, falls vereinbart oder üblich.	B1 CFR
A2 CFR	**Lizenzen, Genehmigungen, Sicherheitsfreigaben und andere Formalitäten** beschafft auf eigene Gefahr die Ausfuhrgenehmigung sowie andere behördliche Genehmigungen; erledigt alle Zollformalitäten für die Ausfuhr.	**Lizenzen, Genehmigungen, Sicherheitsfreigaben und andere Formalitäten** beschafft auf eigene Gefahr und Kosten die Einfuhrgenehmigung; erledigt die Zollformalitäten für die Einfuhr/Durchfuhr.	B2 CFR
A3 CFR	**Beförderungs- und Versicherungsverträge** schließt einen Beförderungsvertrag ab (übliche Route, Schiffstyp der normalerweise für den Transport der verkauften Warenart verwendet wird); stellt auf Verlangen, Gefahr und Kosten des Käufers Informationen für den Abschluss einer Versicherung zur Verfügung.	**Beförderungs- und Versicherungsverträge** schließt keinen Beförderungsvertrag ab, da keine Verpflichtung gegenüber Verkäufer; hat gegenüber dem Verkäufer keine Verpflichtung einen Versicherungsvertrag abzuschließen.	B2 CFR

CFR

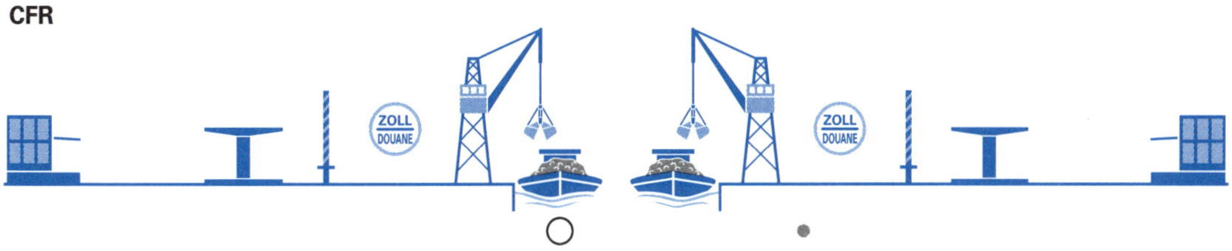

○ Gefahrenübergang ● Kostenübergang

CFR	Der Verkäufer ...	Der Käufer ...	CFR
A4 CFR	**Lieferung** verbringt die Ware an Bord des Schiffs an der benannten Ladestelle im benannten Verschiffungshafen zum vereinbarten Zeitpunkt oder innerhalb des vereinbarten Zeitraums in der im Hafen üblichen Weise (Lieferung); verschafft die Ware.	**Lieferung** übernimmt die Ware und nimmt sie vom Frachtführer im benannten Bestimmungshafen entgegen.	B4 CFR
A5 CFR	**Gefahrenübergang** trägt die Gefahren des Verlustes oder der Beschädigung der Ware bis zur Lieferung an Bord des Schiffes.	**Gefahrenübergang** trägt die Gefahren des Verlustes oder der Beschädigung der Ware ab Lieferort.	B5 CFR
A6 CFR	**Kostenverteilung** trägt die Kosten bis zur Lieferung; trägt die Fracht und alle anderen aus dem Beförderungsvertrag entstehenden Kosten (Verladung an Bord und Entladekosten im vereinbarten Entladehafen, die nach dem Beförderungsvertrag vom Verkäufer zu tragen sind); trägt die Kosten der für die Ausfuhr notwendigen Zollformalitäten sowie Zölle, Steuern und andere Ausfuhrabgaben.	**Kostenverteilung** trägt die Kosten ab Lieferung; trägt Entladekosten einschließlich Kaigebühren, die nach Beförderungsvertrag nicht vom Verkäufer zu tragen sind; trägt die Kosten für Zölle, Steuern und andere Abgaben sowie Kosten für Zollformalitäten bei der Einfuhr und der Durchfuhr.	B6 CFR
A7 CFR	**Benachrichtigung an den Käufer** stellt dem Käufer die notwendigen Informationen zur Verfügung, damit dieser die üblichen Maßnahmen zur Übernahme der Ware treffen kann.	**Benachrichtigung an den Verkäufer** teilt dem Verkäufer den Zeitpunkt für die Verschiffung der Ware und/oder die Stelle für die Entgegennahme der Ware innerhalb des benannten Bestimmungshafens mit, falls der Käufer dies bestimmen kann.	B7 CFR

CFR

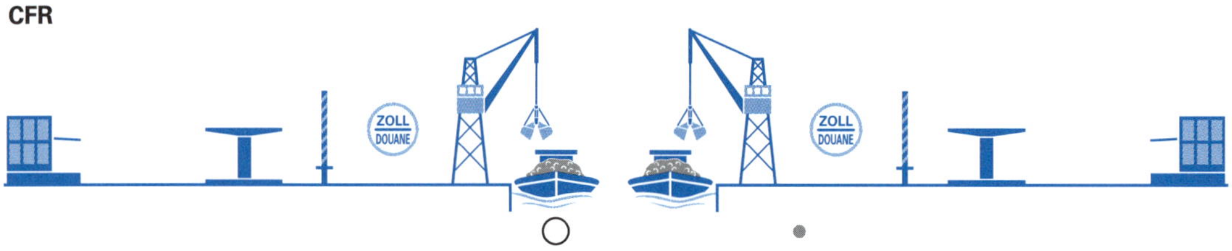

○ Gefahrenübergang ● Kostenübergang

CFR	Der Verkäufer ...	Der Käufer ...	CFR
A8 CFR	**Transportdokument** stellt dem Käufer das übliche Transportdokument für den vereinbarten Bestimmungshafen zur Verfügung; übergibt dem Käufer einen vollständigen Satz von Originaldokumenten, falls das Transportdokument begebbar ist und mehrere Originale ausgestellt wurden. Das Transportdokument muss über die verkaufte Ware lauten, ein innerhalb der für die Verschiffung vereinbarten Frist liegendes Datum tragen, den Käufer berechtigen, die Herausgabe der Ware im Bestimmungshafen zu verlangen, es dem Käufer ermöglichen die Ware während des Transports an einen nachfolgenden Käufer zu verkaufen.	**Transportdokument** nimmt Transportdokument an.	B8 CFR
A9 CFR	**Prüfung – Verpackung – Kennzeichnung** trägt die Kosten der für die Lieferung notwendigen Prüfvorgänge (Qualitätsprüfung, Messen, Wiegen, Zählen) sowie alle von den Behörden des Ausfuhrlandes angeordneten Warenkontrollen vor der Verladung (pre-shipment inspection); verpackt die Ware auf eigene Kosten.	**Prüfung – Verpackung – Kennzeichnung** trägt die Kosten für jede vor der Verladung zwingende erforderliche Warenkontrolle (pre-shipment inspection), jedoch nicht behördlich angeordnete Kontrollen des Ausfuhrlandes.	B9 CFR
A10 CFR	**Unterstützung bei Informationen und damit verbundener Kosten** stellt Dokumente und (sicherheitsrelevante) Informationen auf Verlangen, Kosten und Gefahr des Käufers zur Verfügung, die dieser für die Einfuhr der Ware und/oder deren Transport bis zum Bestimmungsort benötigt.	**Unterstützung bei Informationen und damit verbundener Kosten** teilt dem Verkäufer rechtzeitig alle sicherheitsrelevanten Informationsanforderungen mit.	B10 CFR

CIF Cost Insurance and Freight – Kosten, Versicherung, Fracht

CIF Cost Insurance and Freight

Die Incotermsklausel CIF eignet sich wie die Klauseln FOB und CRF für den Transport der Waren mit See- oder Binnenschiffen. Die Grundsätze der Klausel FOB werden dadurch erweitert, dass der Verkäufer zusätzlich die Transportkosten bis zu einem Bestimmungshafen – wie bei CFR – und die Kosten für eine Transportversicherung des Warentransports trägt. Allerdings handelt es sich – wie bei der Klausel CIP nur um einen minimalen Schutz gegen die Risiken Verlust und Beschädigung wie sie die Klauseln (C) der Institute Cargo Clauses (LMA/IUA) vorsehen. Der Versicherer (Einzelversicherer oder Versicherungsgesellschaft) muss einen einwandfreien Leumund aufweisen. Bei der Vertragsgestaltung ist dem Käufer oder einer anderen Person mit einem versicherbaren Interesse an der Ware das Recht auf direkte Ansprüche beim Versicherer einzuräumen. Wünscht ein Käufer höherwertigen Versicherungsschutz, z. B. nach den Klauseln (A) oder (B) der Institute Cargo Clauses (LMA/IUA) und/oder der Institute War Clauses und/oder der Institute Strike Clauses (LMA/IUA), muss er den Verkäufer dazu beauftragen und ihm die zusätzlich benötigten Informationen zukommen lassen und die Kosten für den zusätzlichen, höheren Versicherungsschutz tragen. Wenn der Käufer selbst zusätzlichen Versicherungsschutz besorgen möchte, muss ihm der Verkäufer die benötigten Informationen zur Verfügung stellen. Als Deckungssumme für die Versicherung soll der im Kaufvertrag vereinbarte Preis in der Währung des Kaufvertrags zuzüglich 10 % eingetragen werden. Damit beträgt die Deckungssumme für die Versicherung nach CIF 110 % des im Kaufvertrag vereinbarten Preises. Versicherungsschutz soll ab der Verladung auf dem Schiff (Lieferort) bis zum benannten Bestimmungshafen bestehen.

Wie bei jeder C-Klausel sind bei CIF der Ort des Gefahrenübergangs und der Ort des Kostenübergangs nicht identisch.

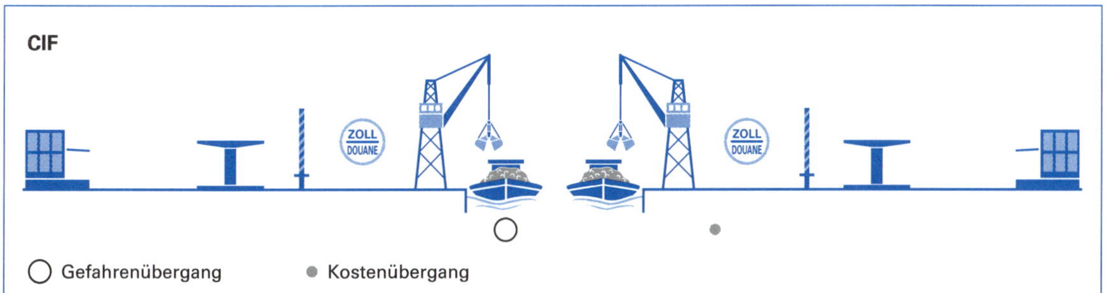

CIF	Der Verkäufer ...	Der Käufer ...	CIF
A1 CIF	**Allgemeine Verpflichtungen des Verkäufers** stellt die Ware an einem exakt definierten Lieferort bereit; stellt die Handelsrechnung bereit; verwendet elektronische Dokumente, falls vereinbart oder üblich.	**Allgemeine Verpflichtungen des Käufers** bezahlt den vereinbarten Preis; verwendet elektronische Dokumente, falls vereinbart oder üblich	B1 CIF
A2 CIF	**Lizenzen, Genehmigungen, Sicherheitsfreigaben und andere Formalitäten** beschafft auf eigene Gefahr die Ausfuhrgenehmigung sowie andere behördliche Genehmigungen; erledigt alle Zollformalitäten für die Ausfuhr.	**Lizenzen, Genehmigungen, Sicherheitsfreigaben und andere Formalitäten** beschafft auf eigene Gefahr und Kosten die Einfuhrgenehmigung; erledigt die Zollformalitäten für die Einfuhr/Durchfuhr.	B2 CIF

CIF

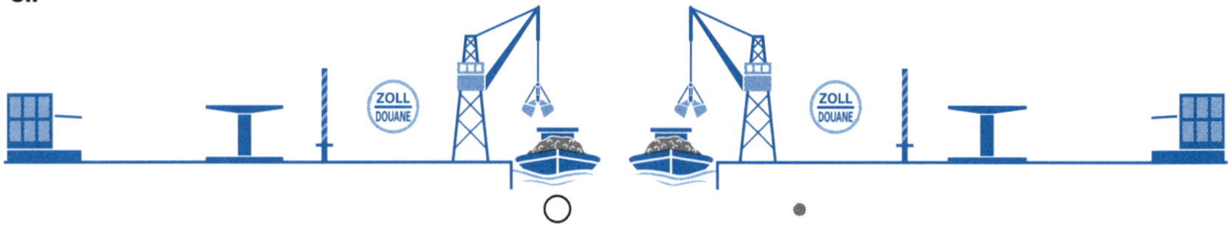

○ Gefahrenübergang ● Kostenübergang

CIF	Des Verkäufer ...	Der Käufer ...	CIF
A3 CIF	**Beförderungs- und Versicherungsverträge** schließt einen Beförderungsvertrag ab (übliche Route, Schiffstyp der normalerweise für den Transport der verkauften Warenart verwendet wird); schließt auf eigene Kosten eine Transportversicherung ab die der Mindestdeckung gemäß den Klauseln (C) der Institute Cargo Clauses (LMA/IUA) entspricht (Einzelversicherer, Versicherungsgesellschaften mit einwandfreiem Leumund, Käufer muss Ansprüche direkt beim Versicherer geltend machen können); beschafft zusätzliche Deckung (auf Verlangen und Kosten des Käufers, vorbehaltlich der vom Käufer zur Verfügung gestellten Informationen), z. B. entsprechend den Klauseln (A) und (B) der Institute Cargo Clauses (LMA/IUA) oder ähnlichen Klauseln und/oder der Institute War Clauses und/oder der Institute Strikes Clauses (LMA/IUA) oder ähnlichen Klauseln. Die Versicherungssumme muss mindestens den im Vertrag genannten Preis zuzüglich zehn Prozent (d. h. 110 %) abdecken und in der Währung des Vertrags ausgestellt sein.	**Beförderungs- und Versicherungsverträge** schließt keinen Beförderungsvertrag ab, da keine Verpflichtung gegenüber Verkäufer; hat gegenüber dem Verkäufer keine Verpflichtung einen Versicherungsvertrag abzuschließen; stellt dem Verkäufer Informationen über die Abdeckung von über die Mindestdeckung nach Institute Cargo Clauses (C) hinausgehenden Risiken zur Verfügung.	B3 CIF
A4 CIF	**Lieferung** verbringt die Ware an Bord des Schiffs an der benannten Ladestelle im benannten Verschiffungshafen zum vereinbarten Zeitpunkt oder innerhalb des vereinbarten Zeitraums in der im Hafen üblichen Weise (Lieferung).	**Lieferung** übernimmt die Ware und nimmt sie vom Frachtführer im benannten Bestimmungshafen entgegen.	B4 CIF

CIF

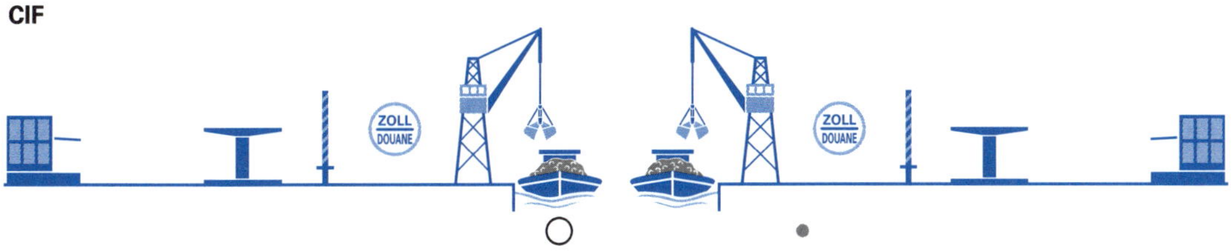

◯ Gefahrenübergang ● Kostenübergang

CIF	Der Verkäufer ...	Der Käufer ...	CIF
A5 CIF	**Gefahrenübergang** trägt die Gefahren des Verlustes oder der Beschädigung der Ware bis zur Lieferung an Bord des Schiffes.	**Gefahrenübergang** trägt die Gefahren des Verlustes oder der Beschädigung der Ware ab Lieferort.	B5 CIF
A6 CIF	**Kostenverteilung** trägt die Kosten bis zur Lieferung; trägt die Fracht und alle anderen aus dem Beförderungsvertrag entstehenden Kosten (Verladung an Bord und Entladekosten im vereinbarten Entladehafen, die nach dem Beförderungsvertrag vom Verkäufer zu tragen sind); trägt die Kosten der für die Ausfuhr notwendigen Zollformalitäten sowie Zölle, Steuern und andere Ausfuhrabgaben.	**Kostenverteilung** trägt die Kosten ab Lieferung; trägt Entladekosten einschließlich Kaigebühren, die nach Beförderungsvertrag nicht vom Verkäufer zu tragen sind; trägt die Kosten für Zölle, Steuern und andere Abgaben sowie Kosten für Zollformalitäten bei der Einfuhr und der Durchfuhr.	B6 CIF
A7 CIFR	**Benachrichtigung an den Käufer** stellt dem Käufer die notwendigen Informationen zur Verfügung, damit dieser die üblichen Maßnahmen zur Übernahme der Ware treffen kann.	**Benachrichtigung an den Verkäufer** teilt dem Verkäufer den Zeitpunkt für die Verschiffung der Ware und/ oder die Stelle für die Entgegennahme der Ware innerhalb des benannten Bestimmungshafens mit, falls der Käufer dies bestimmen kann.	B7 CIF
A8 CIF	**Transportdokument** stellt dem Käufer das übliche Transportdokument für den vereinbarten Bestimmungshafen zur Verfügung; übergibt dem Käufer einen vollständigen Satz von Originaldokumenten, falls das Transportdokument begebbar ist und mehrere Originale ausgestellt wurden. Das Transportdokument muss über die verkaufte Ware lauten, ein innerhalb der für die Verschiffung vereinbarten Frist liegendes Datum tragen, den Käufer berechtigen, die Herausgabe der Ware im Bestimmungshafen zu verlangen, es dem Käufer ermöglichen die Ware während des Transports an einen nachfolgenden Käufer zu verkaufen.	**Transportdokument** nimmt Transportdokument an.	B8 CIF

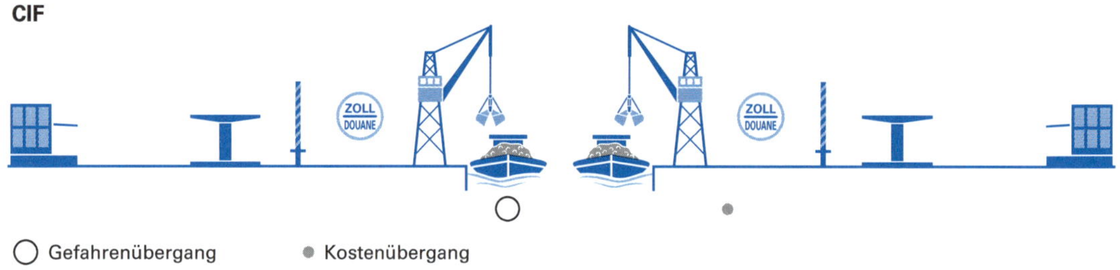

CIF	Der Verkäufer ...	Der Käufer ...	CIF
A9 CIF	**Prüfung – Verpackung – Kennzeichnung** trägt die Kosten der für die Lieferung notwendigen Prüfvorgänge (Qualitätsprüfung, Messen, Wiegen, Zählen) sowie alle von den Behörden des Ausfuhrlandes angeordneten Warenkontrollen vor der Verladung (pre-shipment inspection); hat die Ware auf eigene Kosten zu verpacken.	**Prüfung – Verpackung – Kennzeichnung** trägt die Kosten für jede vor der Verladung zwingende erforderliche Warenkontrolle (pre-shipment inspection), jedoch nicht behördlich angeordnete Kontrollen des Ausfuhrlandes.	B9 CIF
A10 CIF	**Unterstützung bei Informationen und damit verbundener Kosten** stellt Dokumente und (sicherheitsrelevante) Informationen auf Verlangen, Kosten und Gefahr des Käufers zur Verfügung, die dieser für die Einfuhr der Ware und/oder deren Transport bis zum Bestimmungsort benötigt.	**Unterstützung bei Informationen und damit verbundener Kosten** teilt dem Verkäufer rechtzeitig alle sicherheitsrelevanten Informationsanforderungen mit.	B10 CIF

1.2.3 Kriterien für die Wahl der geeigneten Incoterms-2010®-Klausel

Bei der Wahl der Incoterms 2010®-Klausel sollten die Vertragsparteien sorgfältig abwägen, welche der möglichen Klauseln einer reibungslosen und erfolgreichen Abwicklung des (internationalen) Warengeschäftes am besten dient. Viele Verkäufer gehen von der Vorstellung aus, dass eine Vereinbarung EXW für sie die vorteilhafteste Klausel wäre, weil ihnen damit die geringste Belastung mit Pflichten aus dieser Vereinbarung auferlegt würde. Auf Käuferseite herrscht die Vorstellung, DDP wäre die Klausel, die ihnen die meisten Vorteile brächte, da sie in diesem Fall nur ein Minimum an Verpflichtungen auf sich nehmen würden. Eine solche am geringsten Aufwand orientierte Betrachtungsweise ist oberflächlich und birgt das Risiko in sich, die falsche Incoterms 2010®-Klausel zu wählen, mit unter Umständen fatalen Folgen für die erfolgreiche Abwicklung des Warengeschäfts.

Folgende Kriterien sind für die Auswahl von Incoterms 2010®-Klauseln von besonderer Bedeutung.

ART DER WARE UND EINGESETZTES TRANSPORTMITTEL

Art der Ware und eingesetztes Transportmittel

Die Art der Ware, die von einem Verkäufer zu einem Käufer zu transportieren ist, bestimmt den Einsatz der möglichen Verkehrsmittel und damit die Auswahl einer geeigneten Incoterms 2010®-Klausel.

Ist der Transport der Ware ausschließlich mit dem Lkw, der Eisenbahn oder mit dem Flugzeug möglich, können sämtliche Klauseln verwendet werden, die den Begriff „Schiff" nicht beinhalten, also EXW, FCA, CPT, CIP, DAT, DAP und DDP. Wird die Ware für einen Schiffstransport oder im Rahmen eines multimodalen Transports in einen Seecontainer verpackt, können Incoterms-2010®-Klauseln, die vom Verkäufer die Lieferung der Ware unmittelbar an die Ladestelle im Seehafen (Kai) oder eine Verladung der Ware an Bord eines Seeschiffes verlangen, d. h. FAS, FOB, CFR und CIF, nicht verwendet werden, da ein Verkäufer aus organisatorischen oder sicherheitsrelevanten Gründen keinen Zugang an das zu beladende Schiff hat. Die Ware wird weit entfernt vom Kai von den Seehafenbetreibern übernommen.

Übernahme der Gefahr und der Kosten

Übernahme der Gefahr und der Kosten

Bei der Klausel EXW hat der Käufer nicht nur sämtliche Kosten und Risiken des Transports der Ware zu tragen, sondern, falls erforderlich, die Ausfuhr, Durchfuhr und Einfuhr der Waren zu organisieren und die damit verbundenen Abgaben und Kosten zu entrichten. Man sollte jedoch die Ausfuhrbestimmungen des Ausfuhrlandes genau prüfen. Üblicherweise ist der Käufer kein Staatsbürger des Landes, aus dem die Waren ausgeführt werden. Es gibt Staaten, z. B. die Vereinigten Staaten von Amerika, in denen die Möglichkeiten, Waren auszuführen für Nichtstaatsbürger stark reglementiert und erschwert sind. In solchen Fällen ist die Klausel FCA vorzuziehen. Bei innerstaatlichen oder innereuropäischen Transaktionen kann die Klausel im Allgemeinen ohne Einschränkungen verwendet werden.

Bei den Klauseln der F-Gruppe bestimmt der Käufer den Frachtführer für den Haupttransport und übernimmt das Risiko mit der Übergabe der Ware an den Frachtführer, häufig im Exportland. Der Käufer möchte beispielsweise bestimmte Transportmittel oder Frachtführer des Importlandes einsetzen, Preisvorteile oder Vorteile aus Devisenbestimmungen nutzen.

Möchte ein Verkäufer bestimmte Transportmittel oder Frachtführer des Exportlandes bevorzugen sowie Preisvorteile oder Vorteile aus Devisenbestimmungen nutzen, wird er zumindest versuchen, eine C-Klausel im Kaufvertrag durchzusetzen. Man sollte jedoch beachten, dass bei den C-Klauseln Kosten- und der Risikoübergang an der verschiedenen Orten liegen.

Stimmt ein Verkäufer einer D-Klausel zu, übernimmt er die gesamten Transportkosten sowie die Risiken des Transports bis zu einem bestimmten Ort (Terminal, benannter Ort). Bei DDP sollte man jedoch prüfen, ob der Verkäufer die Einfuhr in das Bestimmungsland aus rechtlichen Gründen überhaupt durchführen oder organisieren kann. Steuerrechtliche Betrachtungen sind ein weiterer Aspekt bei der Auswahl von DDP benannter Ort Incoterms 2010®. Übernimmt ein Exporteur aus einem nichteuropäischen Staat die Zölle und Abgaben bei der Einfuhr z. B. nach Deutschland, wird er die bezahlte Einfuhrumsatzsteuer nicht als Vorsteuer ansetzen können.

Risikoabsicherung

Risikoabsicherung

Lediglich in den Incoterms-2010®-Klauseln CIF und CIP wird der Verkäufer zum Abschluss einer Transportversicherung verpflichtet, obwohl er das Risiko gar nicht trägt. Die geforderte Qualität des Versicherungsschutzes ist nicht hoch, da nur die Mindestdeckung (C) nach Institute Cargo Clauses (LMA/IUA) verlangt wird. In den übrigen Fällen müssen Verkäufer und Käufer ihre Risiken genau prüfen und für eigenen Versicherungsschutz sorgen. Sollte ein Käufer sich auf eine Klausel CIF benannter Ort Incoterms 2010® oder CIP benannter Ort Incoterms 2010® einlassen, sollte er prüfen, ob der Versicherungsschutz, den der Verkäufer besorgt, zur Risikoabsicherung ausreicht. Das gilt insbesondere für hochwertige Güter.

Dokumente

Dokumente

Für jede Incoterms-2010®-Klausel ist geregelt, wer die jeweiligen Dokumente zur reibungslosen Transportabwicklung des Warengeschäfts beschaffen muss. Wenn im Kaufvertrag ein Dokumentenakkreditiv zur Zahlungssicherung vereinbart wurde, muss bei der Wahl der geeigneten Incotermsklausel genau geprüft werden, ob die jeweils geforderten Dokumente beschafft werden können.

Incoterms 2010® als Marketing-instrument

Incoterms 2010® als Marketinginstrument

Der entscheidende Faktor, auf welche Incoterms 2010®-Klausel sich ein Verkäufer und ein Käufer einigen, dürfte deren Marktmacht und Marktposition sein. Hat ein Verkäufer die stärkere Marktmacht, kann er leichter eine E- oder F-Klausel durchsetzen. In einem Käufermarkt wird es dem Käufer leichter fallen, Klauseln mit für ihn wenig organisatorischem Aufwand sowie relativ geringen Kosten und Risiken, z. B. die C- oder D-Klauseln, in den Kaufvertrag zu übernehmen. Muss ein Verkäufer, der in einem Käufermarkt um Aufträge ringt, die Transportkosten für den Hauptlauf übernehmen, wird er versuchen die Kosten für den Transport möglichst gering zu halten. Dies könnte dazu führen, dass er unzuverlässige Frachtführer auswählt und einsetzt. Der Verkäufer nutzt die Incoterms 2010® damit als Instrument für seine Preispolitik.

Incoterms 2010® als Instrument zur Qualitäts-sicherung

Incoterms 2010® als Instrument zur Qualitätssicherung

Drängt ein Käufer auf die Durchsetzung der C- oder D-Klauseln im Kaufvertrag, verzichtet er auf Gestaltungsmöglichkeiten im Rahmen der Transportkette. Ein solcher Käufer hat keinen Einfluss darauf, welcher Frachtführer (Carrier) den Haupttransport durchführt, welcher Spediteur auf dem Gelände des Empfängers auftaucht, um die bestellte Ware abzuliefern. Er kann die Qualität der Akteure in den Prozessabläufen der Supply Chain nicht beeinflussen. Unter Gesichtspunkten des Qualitätsmanagements im Rahmen der Lieferkette ist es für einen Käufer vorteilhafter, eine F-Klausel oder, wenn möglich, die E-Klausel, mit seinem Geschäftspartner zu vereinbaren. Wird ein Verkäufer im Rahmen einer C- oder D-Klausel verpflichtet den Haupttransport oder den Transport über die gesamte Strecke bis zum Empfänger zu organisieren, wählt er vermutlich nicht den qualitativ hochwertigsten Frachtführer aus, der einen hohen Preis für seine Dienstleistung verlangt. Ein solcher Verkäufer wird den preisgünstigsten Frachtführer wählen, der wegen des niedrigen Preises unter Umständen Qualitätsdefizite aufweist, die zu zusätzlichem Aufwand und Verzögerungen im Transportablauf führen können.

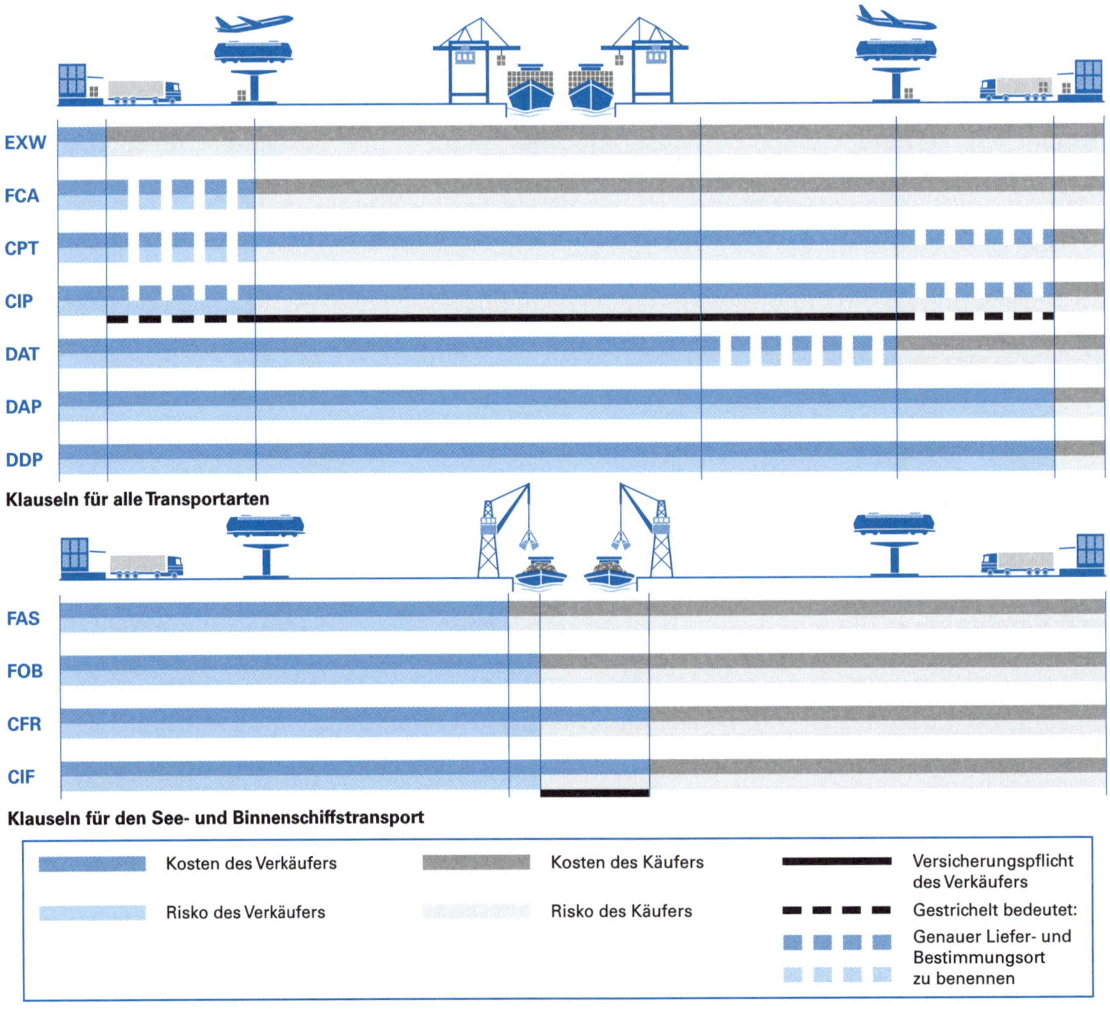

1.3 Wie können Zahlungs- und Lieferungsrisiken abgesichert werden?

In früheren Jahrhunderten reisten Händler mit Schiffen in fremde Länder, um dort ihre Waren gegen Gold oder Silber zu verkaufen. Diese Zeiten sind längst vorbei. Heutzutage sendet ein Unternehmen seine Ware in fremde Länder und hofft auf Gegenleistung. Die Vertragspartner sind ihm mehr oder weniger unbekannt. Daraus ergeben sich erhebliche Risiken (vgl. S. 10).

Beispiel:

Die Vischer Paper AG liefert eine Maschine im Wert von 80 Mio. EUR. Angenommen der Käufer zahlt nicht oder verweigert die Annahme der Maschine, entstehen der Vischer Paper AG hohe Kosten. Der Käufer möchte sichergehen, dass die in Auftrag gegebene Maschine tatsächlich geliefert wird, weil er seinen eigenen Lieferverpflichtungen nachkommen muss und er auch keine lukrativen Aufträge verlieren will.

Im Lauf der Jahrhunderte haben sich internationale Zahlungsbedingungen herausgebildet, um die Risiken internationaler Handelsgeschäfte beherrschbar zu machen. Ein Spediteur sollte diese internationalen Zahlungsbräuche kennen, damit er im Rahmen eines logistischen Dienstleistungsangebots seinen Kunden optimale Serviceleistungen anbieten kann.

1.3.1 Zahlungsmodalitäten im Außenhandel

Zahlungsmodalität	Erläuterung
Vorauszahlung	Zahlung des Betrags in voller Höhe vor Erhalt der Leistung ungewisse Bonität des Kunden, kritische Länder, Sonderaufträge, Investitionsgüter, die Vorfinanzierung erfordern
Anzahlung	Leistung eines Teilbetrags vor Erhalt der Ware Vorleistung ohne Gegenleistung Absicherung über Bankgarantie
Abschlagszahlung	Teilzahlungen, z. B. nach Leistungsfortschritt üblich bei längeren Herstellungszeiten Lieferrisiko aufseiten des Importeurs
Zahlung bei Lieferung (cash on delivery – COD)	Aushändigung der Ware gegen Zahlung, z. B. Nachnahme Zahlung: bar, Scheck oder Nachweis einer Überweisung
Dokumenteninkasso	Vgl. unten
Dokumentakkreditiv	Vgl. unten
Einfache Rechnung	Lieferung vor Bezahlung Zahlung nach Erhalt der Ware oder der Rechnung (Skontoausnutzung) Hohes Risiko für Lieferer Voraussetzung: sehr gute Geschäftsbeziehungen zwischen den Vertragsparteien

1.3.2 Das Dokumenteninkasso

Das Dokumenteninkasso stellt die einfachste Form der Zahlungssicherung durch Dokumente dar. Der eigentliche Zweck dieses Verfahrens besteht darin, das Risiko abzudecken, dass der Käufer in den Besitz der Ware gelangt, ohne dafür vorher bezahlt zu haben. Bei dieser Zahlungsbedingung versendet der Verkäufer zunächst die Ware. Am Ende des Transportweges wird die Ware nicht unmittelbar an der Käufer ausgeliefert, sondern verbleibt im Lager eines Spediteurs oder in einem Zolllager im Importland. Gegen Vorlage entsprechender Dokumente, z. B. eines Konnossements oder eines Lagerscheins, kann der Käufer die Ware übernehmen. Sie wird ihm jedoch nur gegen Zahlung (Zug um Zug) ausgehändigt, d. h. er kann die Ware erst auf Mängel überprüfen nachdem er bezahlt hat.

Dokumente gegen Zahlung – Documents against Payment (D/P)

Stufe	Ablauf
1	Der Verkäufer versendet die Ware und erhält die entsprechenden Transportdokumente.
2	Der Verkäufer reicht die mit dem Warengeschäft zusammenhängenden Dokumente (Transportdokumente, Ursprungsnachweis, Handelsrechnung, Versicherungszertifikat, Packliste usw.) bei seiner Bank (Einreicherbank/Exportbank) ein. Zusätzlich übergibt der Verkäufer ein Bankformular, den Inkassoauftrag, der festlegt, unter welchen Voraussetzungen die Importbank die Dokumente an der Käufer auszuhändigen sind.
3	Die Exportbank (Einreicherbank) leitet die Dokumente und den Inkassoauftrag an eine Bank (Importbank/Inkassobank/vorlegende Bank) im Land des Käufers weiter. Die Einreicherbank wählt, sofern zwischen Verkäufer und Käufer keine anderslautende Abmachung besteht, eine geeignet Inkassobank aus.
4	Die Inkassobank legt dem Käufer die Dokumente vor.
5	Akzeptiert der Käufer die Dokumente, werden sie ihm Zug um Zug gegen Zahlung des Kaufpreises ausgehändigt. Die Dokumente ermöglichen dem Käufer, die Ware auszulösen.
6	Die Inkassobank überweist den Zahlungsbetrag an die Einreicherbank, diese leitet ihn an den Verkäufer weiter.

Dokumente gegen Akzept – Documents against Acceptance (D/A)

Bei dieser Zahlungsbedingung wird dem Käufer ein Zahlungsziel eingeräumt, ansonsten entsprechen die ersten drei Schritte dem Verfahren D/P.

Stufe	1 – 3 nach Verfahren D/P
4	Die Inkassobank präsentiert dem Käufer einen noch nicht unterschriebenen Wechsel (Tratte).
5	Unterschreibt (akzeptiert) der Käufer die Tratte, erhält er die Dokumente und kann damit die Ware auslösen. Es kann auch vereinbart werden, dass die Tratte erst nach Eintreffen der Ware am Bestimmungsort vorgelegt und akzeptiert werden darf.
6	Die Inkassobank sendet den akzeptierten Wechsel über die Einreicherbank an den Verkäufer weiter oder das Akzept bleibt bis zur Fälligkeit bei der Inkassobank.

Das Dokumenteninkasso ist eine weitverbreitete Methode der Risikoabsicherung. Es wird hauptsächlich angewendet, wenn die Geschäftspartner in langjähriger und guter Geschäftsbeziehung miteinander stehen, da nur ein Teil der Risiken abgesichert wird. Keine der beteiligten Banken gibt ein Zahlungsversprechen ab. Außerdem kann der Käufer auch bei Vorlage ordnungsgemäßer Dokumente die Abnahme verweigern. Der Verkäufer muss dann einen neuen Abnehmer finden oder die Ware zurücktransportieren lassen. Das Dokumentinkasso wird hauptsächlich im Konsumgüterbereich als Mittel der Zahlungssicherung eingesetzt.

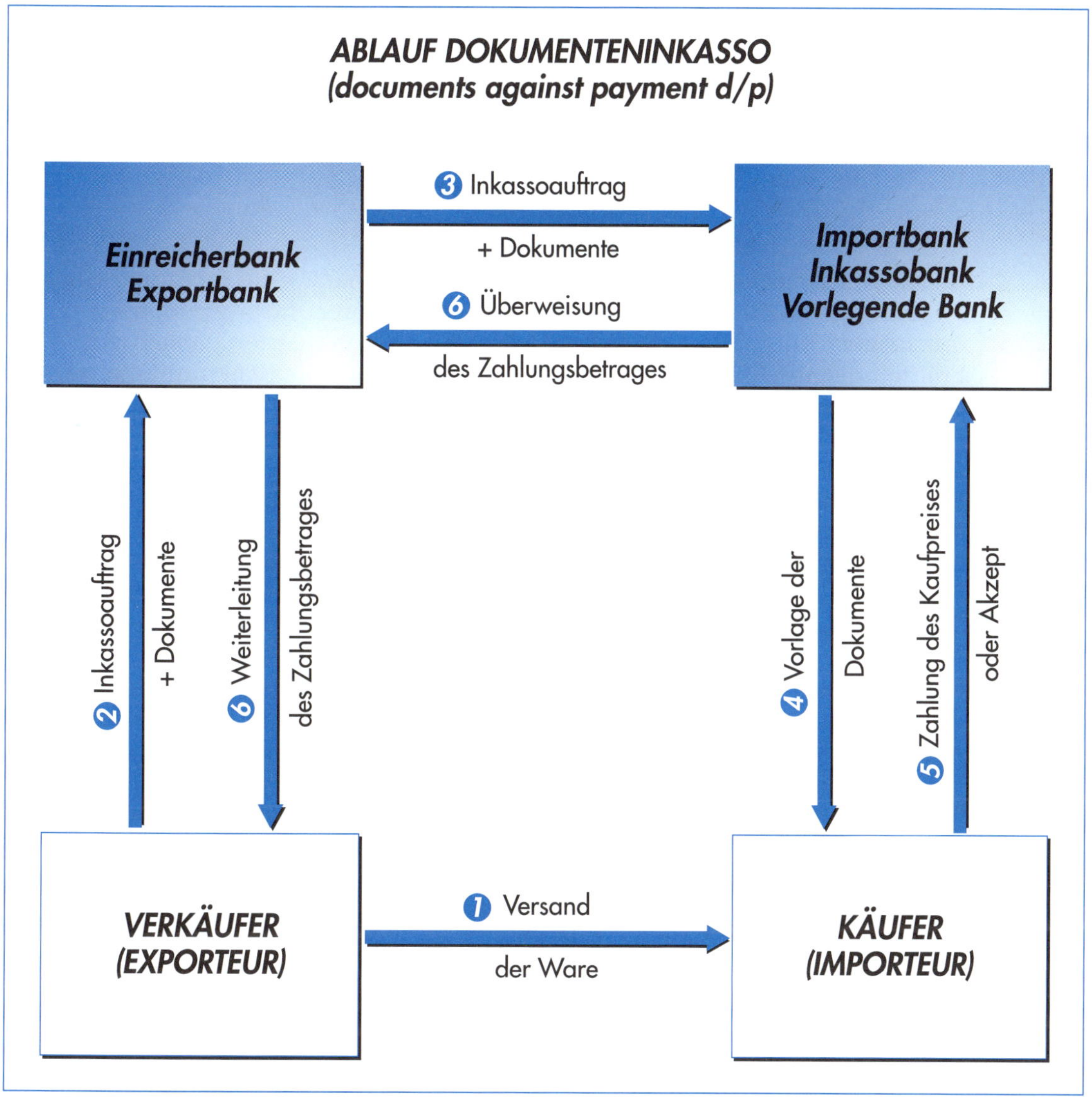

1.3.3 Das Dokumentenakkreditiv

Bei der Erstellung von Logistikdienstleistungen ist der Spediteur in die Erfüllung von Kaufverträgen seiner Auftraggeber eingebunden. Bei internationalen Geschäften wird im Kaufvertrag als Mittel zur Zahlungssicherung ein Dokumentenakkreditiv vereinbart. Es ist Aufgabe des Spediteurs im Rahmen der logistischen Abwicklung einer solchen internatonalen Transaktion, die im Dokumentenakkreditiv geforderten Dokumente entweder zu erstellen oder zu besorgen.

Ein Dokumentenakkreditiv dient also der Zahlungs- und Lieferungssicherung zwischen einem Verkäufer und einem Käufer. Rein rechtlich betrachtet ist das Akkreditiv ein abstraktes (vom Kaufvertrag losgelöstes) Schuldversprechen einer Bank gegenüber einem Begünstigten, beim Dokumentenakkreditiv gegenüber dem Verkäufer. Dieser hat nämlich ein herausragendes Interesse an der Bezahlung seiner gelieferten Ware, während der Käufer in erster Linie daran interessiert ist, die bestellte Ware ausgeliefert zu erhalten. Zum Ausgleich dieser Interessen beauftragt der Käufer eine Bank, die gegenüber dem Verkäufer zu dessen Gunsten ein Zahlungsversprechen abgibt unter der Bedingung, dass sämtliche im Dokumentenakkreditiv aufgeführten Vorgaben und Dokumente erfüllt bzw. besorgt wurden. Darüber hinaus wird im Land des Verkäufers eine Bank zur Abwicklung des Dokumentenakkreditivs eingeschaltet.

In einem Akkreditiv sind folgende Parteien beteiligt:

- Der Verkäufer als Begünstigter
- Der Käufer als Antragsteller

- Die eröffnende Bank (Akkreditivbank)
- Die avisierende Bank (Avisbank/Akkreditivstelle)

Ein Dokumentenakkreditiv läuft in der Regel nach folgendem Verfahren ab:

Stufe	Dokumentenakkreditiv
1	Der Käufer beantragt bei seiner Bank – Akkreditivbank – die Eröffnung eines Dokumentakkreditivs Häufig stellen die Banken dafür entsprechende Vordrucke zur Verfügung. Inzwischen kann man bei den meisten Banken die Eröffnung eines Akkreditivs auch online beantragen. Die Bank prüft die Details des Kaufvertrags sowie die Bonität des Antragstellers und legt im Akkreditiv die Bedingungen sowie die geforderten Dokumente fest.
2	Die Akkreditivbank eröffnet das Dokumentenakkreditiv und teilt einer Bank – Akkreditivstelle/Avisbank – im Land des Verkäufers mit, dass zu dessen Gunsten ein Dokumentakkreditiv eröffnet wurde. Häufig erfolgt diese Information per Telex im sogenannten Swift-Format. Eine andere Möglichkeit ist die Übersendung per Post oder Kurierdienst.
3	Die Akkreditivstelle/Avisbank informiert den Verkäufer, dass zu seinen Gunsten ein Dokumentenakkreditiv eröffnet wurde (Avisierung), indem sie ihm eine Kopie des Akkreditivs mit den einzelnen Akkreditivbedingungen zusendet.
4	Der Verkäufer prüft nun, ob die Vorgaben und Bedingungen des Dokumentenakkreditivs mit den Vereinbarungen im Kaufvertrag übereinstimmt. Falls Diskrepanzen vorhanden sind, sollte er sich sofort mit dem Käufer in Verbindung setzen und auf eine Änderung des Akkreditivs drängen, ansonsten kann er den Versand der Ware einleiten. Das Dokumentenakkreditiv funktioniert nur dann, wenn die geforderten Dokumente vollständig und in der verlangten Art (Aufmachung, Inhalt) beigebracht werden. Einen Teil der Dokumente wird der Verkäufer selber erstellen können, insbesondere jedoch die Transportdokumente wird er von einem Spediteur besorgen lassen, der eine Kopie des Dokumentakkreditivs erhält. Der Spediteur leitet den Versand der Ware ein und erstellt die verlangten Transportdokumente, die bis ins kleinste Detail den Akkreditivbedingungen entsprechen müssen. In der Regel erhält der Verkäufer die Dokumente.
5	Der Verkäufer übergibt nun die Dokumente der Akkreditivstelle/Avisbank. Dort prüft man die Vollständigkeit und die inhaltliche Übereinstimmung (Akkreditivkonformität). Insbesondere müssen die Dokumente in sich schlüssig sein. Kleinste Abweichungen in der Adresse oder Tippfehler in der Warenbezeichnung können zur Zahlungsverweigerung der Bank führen.
6	Nach Prüfung der Dokumente leitet die Akkreditivstelle/Avisbank die Dokumente an die Akkreditivbank weiter.
7	Diese prüft die Dokumente nochmals äußerst intensiv und überweist, falls ämtliche Bedingungen des Dokumentenakkreditivs erfüllt sind, den verauslagten Betrag an die Akkreditivstelle/Avisbank.
8	Diese überweist dem Verkäufer den Kaufpreis.
9	Die Akkreditivbank belastet das Konto des Käufers mit dem entsprechenden Akkreditivbetrag. Damit ist die Zahlung erfolgt.
10	Die Akkreditivbank überlässt dem Käufer die Dokumente, die er bei Auslieferung der Ware vorlegen muss.

Beispiel für ein Akkreditiv, Namen wurden verändert

```
S.W.I.F.T.-NACHRICHT MT700/N     ABS: 020110 1530 JONBJOAXAXXX 8826 282032
                                 EMP: 020110 1430 DEUTDEFFDXXX 5610 365188
DEUTSCHE BANK AG
FILIALE NÜRNBERG                            DATUM: 10/07/10 SEITE: 00001
                                            REF-NR: ILCS02500005
ABS: 06.07.10 15.30              EMP: 06.07.10 14.30

                                 ISSUE OF A DOCUMENTARY CREDIT
ISSUING BANK                   :
                                 JORDAN NATIONAL BANK PLC      316007
                                 P.O. BOX 791                     002
                                 AMMAN
                                 JORDANIEN
USER HEADER                      SERVICE CODE    103:
                                 BANK. PRIORITY  113:
                                 MSG USER REF.   108:
                                 INFO FROM CI    115:
SEQUENCE OF TOTAL        *27   : 1/1
FORM OF DOC. CREDIT      *40 A : IRREVOCABLE
DOC. CREDIT NUMBER       *20   : ILCS02500005
EXPIRY                   *31 D : DATE 100905 PLACE            GERMANY
APPLICANT                *50   : AL-SAMAMA TRADING GROUP
                                 P.O.BOX:941721, AMMAN 11194   JORDAN
                                 TEL: 5512457
                                 FAX: 5512459
BENEFICIARY              *59   : BÖHMER GMBH
                                 VIRCHOWSTR. 14
                                 90409 NÜRNBERG
                                 UST.-ID-NR.DE 146546156-GERMANY
AMOUNT                   *32 B : CURRENCY EUR AMOUNT 12.000,00
AVAILABLE WITH/BY        *41 A : DEUTDEFF
                                 DEUTSCHE BANK AG
                                 FILIALE NÜRNBERG
                                 90402 NÜRNBERG
                                 BY PAYMENT
PARTIAL SHIPMENT         43 P  : NOT PERMITTED
TRANSSHIPMENT            43 T  : NOT PERMITTED
LOADING ON BOARD/DISPATCH/TAKING IN CHARGE AT/FROM ...        44 A:
               ANY EUROPEAN AIRPORT
FOR TRANSPORT TO ...     44 B  :
       QUEEN ALIA INT'L. AIRPORT, AMMAN, JORDAN
LATEST DATE OF SHIP.     44 C  : 020415
DESCRIPTION OF GOODS AND/OR SERVICES       45 A :
       + 1 PC DIGITAL HARDNESS TESTER MODEL 713-SR-D
       + DELIVERY TERMS: CIF QUEEN ALIA INT'L AIRPORT AMMAN, JORDAN.
       + SHIPPING MARKS:
       "DESCRIPTION: DIGITAL HARDNESS TESTER
         GROSS AND NET WEIGHT".
       + FULL DESCRIPTION OF GOODS WILL BE FORWARDED BY THE ISSUING BANK
       TO THE NOMINATED IN A SEPARATE ENVELOPE VIA COURIER SERVICE.
       + AS PER BENEFICIARY'S PROFORMA INVOICE NO. 0298 DATED 02/07/2010.
 DOCUMENTS REQUIRED        46 A  :
       +
       (A) SIGNED COMMERCIAL INVOICE(S) IN SIX COPIES, ISSUED BY
       BENEFICIARY ON THEIR LETTER HEAD, INCORPORATING THE FOLLOWING
       CLAUSE:"WE CERTIFY THAT THIS INVOICE IS IN ALL RESPECTS CORRECT
```

```
S.W.I.F.T.-NACHRICHT MT700/N       ABS: 020110 1530 JONBJOAXAXXX 8826 282032
                                   EMP: 020110 1430 DEUTDEFFDXXX 5610 365188
DEUTSCHE BANK AG
FILIALE NÜRNBERG                                DATUM: 06/07/10 SEITE: 00002
                                                REF-NR: ILCS02500005

ABS: 06.07.10 15.30                EMP: 06.07.10 14.30   MRV: 06/07/10 15.04
       AND TRUE, AS REGARDS BOTH THE PRICES AND DESCRIPTION OF THE GOODS
       REFERED TO HEREIN, AND THAT THE COUNTRY OF ORIGIN OR THE
       MANUFACTURE OF THE GOODS IS FRANCE".
       .
       (B) CERTIFICATE OF ORIGIN IN DUPLICATE.
       .
       (C) DETAILED PACKING LIST IN 3 COPIES EVIDENCING THE COMPLETE
       INNER PACKING SPECIFICATIONS AND CONTENTS OF EACH PACKAGE.
       .
       (D) SHIPPER'S ORIGINAL COPY (ORIGINAL NO.3) OF AIR WAYBILL/
       CONSIGNMENT NOTE EVIDENCING JORDAN NATIONAL BANK PLC.,
       AMMAN, JORDAM AS CONSIGNEE, QUOTING THIS CREDIT NUMBER.
       MARKED FREIGHT PREPAID,
       AND NOTIFY APPLICANT AS MENTIONED IN THIS L/C.
       .
       THE SHIPPING MARKS MUST BE SHOWN ON THE AWB.
       .
       (E) CERTIFICATE OF GUARANTEE ISSUED BY BENEFICIARY, CERTIFYING
       THAT SHIPPING GOODS IS GUARANTEED AGAINST FAULTY MANUFACTURING.
       THIS GUARANTEE IS VALID FOR ONE YEAR FROM THE SHIPPING DATE.
       .
       (F) MAINTANCE AND INSTALLATION MANUAL OR CATALOGUE IN ENGLISH
       LANGUAGE MUST BE FORWARDED WITH THE REQUIRED DOCUMENTS.
       .
       (G) INSURANCE POLICY IN DUPLICATE FOR 110 PERCENT OF THE INVOICE
       VALUE COVERING GOODS FROM WAREHOUSE TO WAREHOUSE IN JORDAN,
       IRRESPECTIVE OF ANY DEDUCTIBLE EITHER VALUE OR PERCENTAGE,
       SHOWING THE NAME AND ADDRESS OF THE INSURANCE COMPANY'S AGENT
       IN JORDAN, MARKED "CLAIMS PAYABLE IN JORDAN". ISSUED/ENDORSED
       TO THE ORDER OF JORDAN NATIONAL BANK PLC., AMMAN, JORDAN COVERING
       I.C.C. (A), INSTITUTE STRIKE CLAUSES (AIR CARGO) AND INSTITUTE
       WAR CLAUSES (AIR CARGO).
       .
ADDITIONAL COND:         47 A  :
       1) DOCUMENTS CONTAINING DISCREPANCY (IES) MUST NOT BE NEGOTIATED
       PAID OR ACCEPTED EVEN UNDER RESREVE, INDEMNITY OR GUARANTEE. NOR
       SHOULD BE FORWARDED TO THE ISSUING BANK FOR PAYMENT, APPROVAL OR
       ACCEPTANCE WITHOUT OBTAINING OUR PRIOR CONSENT FOR THE WAIVER
       OF SUCH DISCREPANCY (IES) WELL IN ADVANCE BEFORE THE DESPATCH
       OF DOCUMENTS.
       2) DOCUMENTS DATED PRIOR TO DATE OF THE CREDITS ARE NOT
       ACCEPTABLE.
       3) ALL DOCUMENTS MUST BE MADE OUT IN ENGLISH LANGUAGE.
       4) THIRD PARTY TRANSPORT DOCUMENTS ARE NOT ACCEPTABLE UNLESS
       OTHERWISE AURHORIZED IN THE CREDIT.
       5) ORIGINAL AND DUPLICATE SETS OF DOCUMENTS ARE TO BE FORWARDED
       BY THE NOMINATED BANK DIRECTLY TO LETTER OF CREDIT DEPT., TRADE
       FINANCE DIVISION, JORDAN, NATIONAL BANK PLC.,
       GENERAL MANAGEMENT, JABAL AMMAN, P.O.BOX 1578, AMMAN 11118,
       JORDAN. TEL. 96264642391, FAX. 96264649522, TLX 23501
       IN ONE LOT BY DHL COURIER SERVICE UNDER REFERENCE TO THE NUMER
       AND DATE OF THIS CREDIT. COURIER SERVICE CHARGES ARE FOR
       BENEFICIARY'S A/C.
```

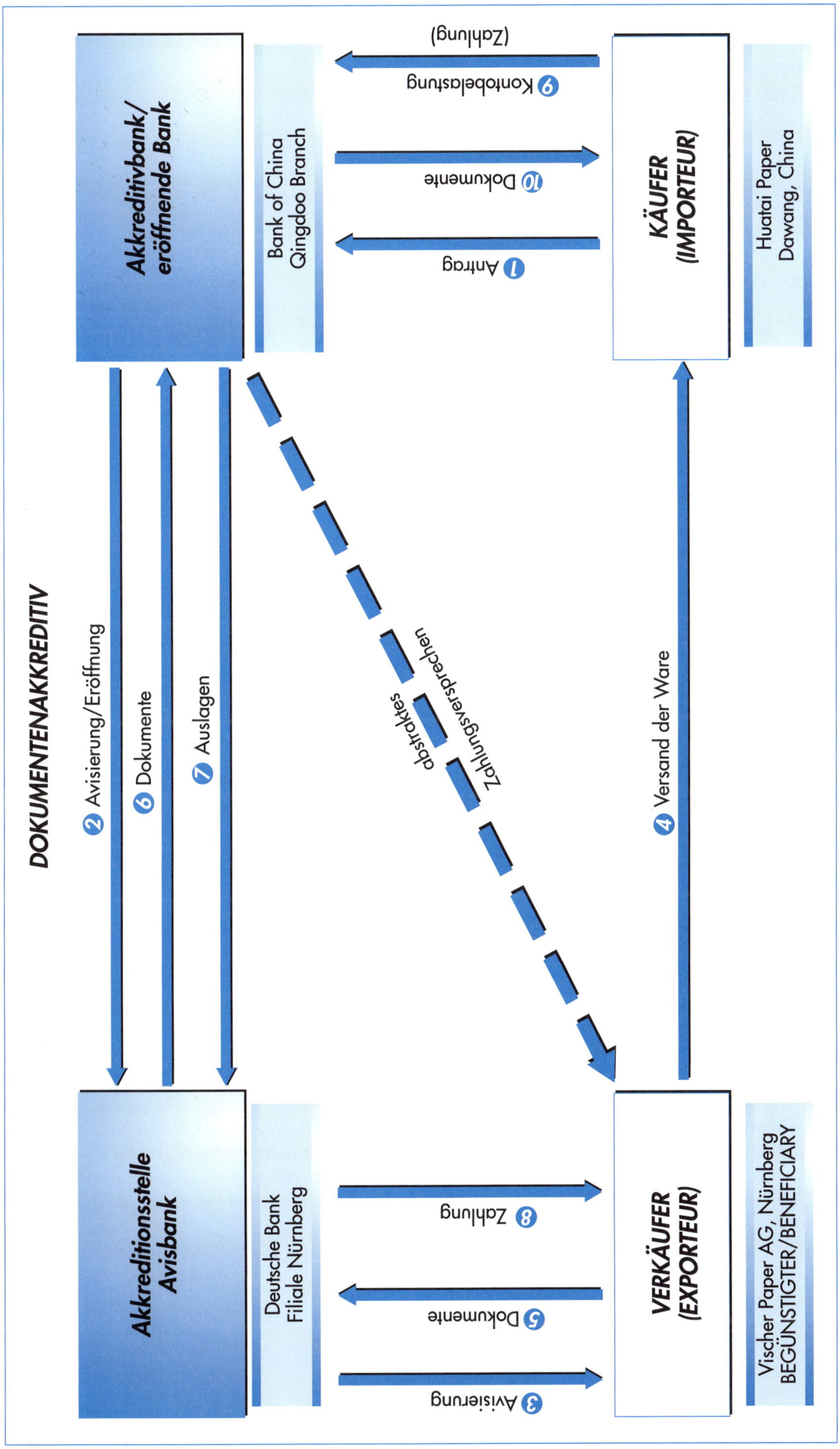
DOKUMENTENAKKREDITIV
Akkreditivbank/ eröffnende Bank
Bank of China Qingdoo Branch
Akkreditionsstelle Avisbank
Deutsche Bank Filiale Nürnberg
KÄUFER (IMPORTEUR)
Huatai Paper Dawang, China
VERKÄUFER (EXPORTEUR)
Vischer Paper AG, Nürnberg BEGÜNSTIGTER/BENEFICIARY
1 Antrag
2 Avisierung/Eröffnung
3 Avisierung
4 Versand der Ware
5 Dokumente
6 Dokumente
7 Auslagen
8 Zahlung
9 Kontobelastung (Zahlung)
10 Dokumente
abstraktes Zahlungsversprechen

Mögliche Dokumente in Dokumentenakkreditiven

Im Rahmen eines Dokumentenakkreditivs können folgende Dokumente von den Banken verlangt werden:[1]

1. Handelsrechnungen
2. Transportdokumente:

Verkehrsträger	Dokumente
Seeverkehr:	voller Satz reiner Bordkonnossemente (clean on board)
Luftverkehr:	3. Original des Air Waybills (AWB), (Sperrpapier)
Eisenbahnverkehr:	Frachtbriefdoppel CIM-Frachtbrief (Sperrpapier)
Güterkraftverkehr:	Kopie CMR-Frachtbrief, in Verbindung mit einer Spediteurübernahmebescheinigung (FCR)

3. Andere Dokumente:

- Versicherungszertifikate oder -policen
- Ursprungszeugnisse
- Qualitätszertifikate
- Gesundheitszeugnisse
- phytosanitäre Bescheinigungen
- Packlisten, Manifeste
- Warenverkehrsbescheinigungen
- weitere Dokumente

Ausführliche Bestimmungen über Dokumentenakkreditive können den „Einheitlichen Richtlinien und Gebräuche für Dokumentenakkreditive" (ERA 600) entnommen werden, einer Publikation der internationalen Handelskammer (ICC) in Paris. Die englischsprachige Version trägt die Bezeichnung UCP 600 (Uniform Customs and Practises). Zur Absicherung ihrer Risiken legen Banken die UCP 600/ERA 600 ihren Akkreditivgeschäften zu Grunde.

Akkreditivarten

Im Laufe der Zeit haben sich verschiedene Arten von Dokumentenakkreditiven entwickelt. Die wichtigsten davon sollen hier im Überblick dargestellt werden:

UNWIDERRUFLICHES (IRREVOCABLE) AKKREDITIV

Akkreditvarten	Kennzeichen
unwiderrufliches (irrevocable) Akkreditiv	Seit der Änderung der UCP 600/ERA 600 zum 01.07.2007 gibt es nur noch unwiderrufliche Akkreditive. Widerrufliche Akkreditive stellten für den Begünstigten keine Sicherheit dar. Man hat sie deswegen abgeschafft.

[1] Die Aufzählung erhebt keinen Anspruch auf Vollständigkeit.

Akkreditvarten	Kennzeichen
bestätigtes (confirmed) Akkreditiv	Das Akkreditiv bietet dem Begünstigten eine Absicherung hinsichtlich des Bonitäts- und Kreditrisikos seines Vertragspartners. Es bleibt jedoch das Risiko, dass die eröffnende Bank zahlungsunfähig wird. Außerdem besteht für bestimmte Regionen der Erde ein Länderrisiko (z. B. Krieg, politische Veränderungen, Konvertierungs- oder Transferbeschränkungen). Dieses Risiko lässt sich dadurch absichern, dass die Akkreditivstelle (Avisbank) im Land des Verkäufers (Exporteurs) das Akkreditiv bestätigt und damit ebenfalls ein Zahlungsversprechen gegenüber dem Begünstigten abgibt und in die Haftung eintritt. Die Avisbank berechnet für die Übernahme der Risiken aus der Bestätigung eines Akkreditivs eine Gebühr.
unbestätigtes (unconfirmed) Akkreditiv	Die Avisbank (Bank des Verkäufers/Exporteurs) gibt kein Zahlungsversprechen an diesen ab.
übertragbares (transferable) Akkreditiv	Rechte aus dem Akkreditiv sind an Dritte übertragbar.
nicht übertragbares (non transferable) Akkreditiv	Rechte aus dem Akkreditiv sind nicht übertragbar.

BESTÄTIGTES (CONFIRMED) AKKREDITIV

UNBESTÄTIGTES (UNCONFIRMED) AKKREDITIV

ÜBERTRAGBARES (TRANSFERABLE) AKKREDITIV

NICHT ÜBERTRAGBARES (NON TRANSFERABLE)

Kosten für ein Dokumentenakkreditiv

Die Gebühren für Dokumentenakkreditive sind sehr unterschiedlich. Sie hängen von den Risiken der beteiligten Länder und des Transports ab. Die Akkreditivgebühren bewegen sich zwischen 1 % und 5 % des Akkreditivbetrages. Sie können aber auch darüber liegen. Die Vertragsparteien einer internationalen Transaktion sollten sich frühzeitig mit ihrer Bank in Verbindung setzen, um Informationen über mögliche Kosten eines Akkreditivs einzuholen.

Vergleich Dokumentenakkreditiv – Dokumenteninkasso

Kriterium	Dokumentenakkreditiv	Dokumenteninkasso
Prüfung der Dokumente	Die beteiligten Banken prüfen die vorgelegten Dokumente sehr intensiv.	Es wird lediglich die Vollständigkeit der Dokumente festgestellt, ansonsten erfolgt keine Prüfung der Dokumente.
Auftragserteilung	Der Importeur (Käufer) stellt einen Akkreditivantrag bei seiner Bank.	Der Exporteur erteilt seiner Bank einen Inkassoauftrag.
Zahlungsversprechen	Die Akkreditivbank (Bank des Importeurs) gibt ein Zahlungsversprechen zu Gunsten des Exporteurs ab.	Es gibt keinerlei Zahlungsversprechen einer Bank.
Bedingungen	Die Akkreditivbank knüpft ihr Zahlungsversprechen an Bedingungen, die der Exporteur (Begünstigte) erfüllen muss.	Dem Exporteur werden keinerlei Bedingungen auferlegt.

Kriterium	Dokumentenakkreditiv	Dokumenteninkasso
Risiken	Die Risiken für Verkäufer und Käufer sind sehr gering oder überhaupt nicht vorhanden.	Der Verkäufer hat das Risiko, dass der Käufer die Ware nicht bezahlt oder nicht annimmt. Entweder man findet einen neuen Käufer oder die Ware muss zurücktransportiert werden. Außerdem können Lagerkosten entstehen.
Qualität der Ware	Der Käufer kann sicher sein, dass er die richtige Ware in entsprechender Qualität erhält.	Der Importeur kann nicht sicher sein, dass der Exporteur die richtige Ware liefert.

1.4 Welche Spediteurdokumente werden im Außenhandel verwendet?

Beim internationalen Transport von Gütern spielen die Beförderungsdokumente der Verkehrsträger eine wichtige Rolle. Daneben gibt es Spediteurdokumente, die für den Außenhandel ebenfalls erhebliche Bedeutung haben. In diesen Dokumenten bestätigt der Spediteur gegenüber seinen Auftraggebern die Übernahme der Sendung zum Transport mit unterschiedlicher Verantwortung bzw. Verpflichtung, in Abhängigkeit des für die Transportabwicklung ausgestellten Dokuments.

Die Spediteurdokumente wurden vom Spediteurweltverband FIATA entwickelt und dürfen nur über die nationalen Spediteurverbände ausgegeben werden. In Deutschland ist der Verein Hamburger Spediteure für die Ausgabe der von deutschen Spediteuren verwendeten Versanddokumente zuständig. Zu den bedeutenden Versanddokumenten, die zu den möglichen einzureichenden Dokumenten beim Dokumenten-Inkasso und Dokumenten-Akkreditiv gehören können, sind zu nennen:

- FCR — FIATA-FCR – Forwarder's Certificate of Receipt (grün)
- FCT — FIATA-FCT – Forwarder's Certificate of Transport (gelb)
- FBL — FBL – Negotiable FIATA Multimodal Transport Bill of Lading (blau)

Bei der Abwicklung von Dokumentenakkreditiven ist jedoch zu beachten, dass die Versanddokumente FIATA-FCR und FIATA-FCT von den Banken nur dann akzeptiert werden, wenn deren Verwendung im jeweiligen Dokumentenakkreditiv ausdrücklich vorgeschrieben ist.

Auch für das FBL gibt es bei der Verwendung im Rahmen von Dokumentenakkreditiven Restriktionen. In den ERA 600 ist es nicht explizit als zugelassenes Dokument aufgeführt. Es ist jedoch akkreditivfähig, wenn

- die Verwendung eines FBL ausdrücklich im Akkreditiv vorgeschrieben ist,
- im Akkreditiv ein multimodales Transportdokument nach ERA 600 gefordert wird.

Ferner sollte im FBL die Frachtführerfunktion des Spediteurs deutlich erkennbar sein.

1.4.1 FIATA-FCR

Forwarder's Certificate of Receipt: Spediteurübernahmebescheinigung

Im FCR bescheinigt der Spediteur, eine genau umschriebene Sendung erhalten zu haben mit dem unwiderruflichen Auftrag, diese an den im Dokument genannten Empfänger zu senden oder zu dessen Verfügung zu halten. Dieser Auftrag kann nur rückgängig gemacht werden, wenn das Original FCR an den Spediteur zurückgegeben wird, der es ausgestellt hat. Eine Annullierung ist nur möglich, wenn der Spediteur durch entsprechende Dispositionen den Auftrag rückgängig machen kann.

Häufig wird ein FIATA-FCR ausgestellt, wenn der Verkäufer bei EX Works (ab Werk) Transaktionen dem Käufer nachweisen muss, dass er seine Verpflichtungen aus dem Kaufvertrag erfüllt hat. Gibt der Verkäufer das FIATA-FCR aus der Hand, z. B. an eine Bank, so hat er keine Möglichkeit mehr, die Auslieferung der Sendung zu verhindern. Er ist damit aus dem Lieferprozess ausgesperrt. Das FIATA-FCR hat damit die Funktion eines Sperrpapiers. Das FIATA-FCR ist jedoch kein Wertpapier, da die Übergabe des Gutes an den Empfänger nicht von der Vorlage eines Originaldokumentes abhängt. Es ist damit nicht begebbar (not negotiable). SPERRPAPIER

Das FIATA-FCR weist auf seiner Rückseite auf die ADSp hin. Es kann nur von Spediteuren verwendet werden, die ihren Aktivitäten die ADSp zu Grunde legen. Bei der Ausstellung eines FIATA-FCRs handelt der Spediteur als Spediteur, er hat nicht die Rechte und Pflichten eines Frachtführers. Ein Spediteur sollte seine Haftung daraus durch eine Versicherung in Übereinstimmung mit den FIATA-FCR-Bedingungen abdecken.

1.4.2 FIATA-FCT

Forwarder's Certificate of Transport

Im Forwarder's Certificate of Transport bescheinigt der Spediteur

- eine genau bezeichnete Sendung zum Transport übernommen zu haben und
- sie nur gegen Vorlage des Originals an den bezeichneten Empfänger auszuhändigen.

Damit fungiert das FCT als Wertpapier. Rechtsgrundlage für die Ausstellung eines FCT's sind die ADSp. Der Spediteur haftet entsprechend, jedoch ist seine Haftung umfangreicher als in den ADSp vorgesehen, da er die Ablieferung der Sendung garantiert. Über die Speditionsversicherung können die damit verbundenen Risiken abgedeckt werden.

1.4.3 FIATA-FBL

Negotiable FIATA Multimodal Transport Bill of Lading

Im „Negotiable FIATA[1] Multimodal Transport Bill of Lading" übernimmt der Spediteur die Verpflichtung, die

- genau bezeichnete Sendung
- nur gegen Vorlage eines Originals
- an den bezeichneten Empfänger auszuliefern.

Damit hat das FBL die Funktion eines Wertpapiers und ist begebbar (negotiable). Das FBL wurde für Spediteure entwickelt, die als Multimodal Transport Operator (MTO) tätig sind und Verantwortung für die gesamte Transportstrecke (Through Document) als Frachtführer (Carrier) übernehmen. WERTPAPIER

[1] Internationaler Verband der Spediteure (Fédération Internationale des Associations, des Transitaires et Assimilés)

FIATA FCR

Lieferanten bzw. Auftraggeber des Spediteurs
Suppliers or Forwarders Principals

No DE

Forwarders
Certificate of Receipt
ORIGINAL Ref. No.

Empfänger
Consignee

Die Durchführung des Auftrages erfolgt aufgrund der umseitig abgedruckten Allgemeinen Bedingungen.
The goods and instructions are accepted and dealt with subject to the General Conditions printed overleaf.

Zeichen und Nummern; *Marks and numbers;*	Anzahl/Verpackungsart *Number and kind of packages*	Inhalt *Description of goods*	Bruttogewicht *Gross weight*	Maß *Measurement*

laut Angaben des Versenders
according to the declaration of the consignor

Wir bescheinigen hiermit die oben bezeichnete Sendung in äußerlich guter Beschaffenheit übernommen zu haben.

We certify having assumed control of the above mentioned consignment in external apparent good order and condition.

zur Verfügung des Empfängers ☐
at the disposal of the consignee ☐

mit der unwiderruflichen Weisung*
*with irrevocable instructions**

zum Versand an den Empfänger ☐
to be forwarded to the consignee

*Die Weisung zur Beförderung kann nur gegen Rückgabe der Original-Bescheinigung widerrufen oder abgeändert werden und nur so weit und so lange als der austellende Spediteur noch ein Verfügungsrecht über die bezeichnete Sendung besitzt.

Die Weisung zur Verfügungstellung an den angegebenen Dritten kann nur gegen Rückgabe der Original-Bescheinigung widerrufen oder abgeändert werden und nur so lange, wie die Verfügung des begünstigten Dritten noch nicht beim austellenden Spediteur eingegangen ist.

**Forwarding instructions can only be cancelled or altered if the original Certificate is surrendered to us, and than only provided we are still in a position to, comply with such cancellation or alteration.*

Instructions authorizing disposal by a third party can only be cancelled or altered if the original Certificate of Receipt is surrendered to us, and than only provided we have not yet received instructions under the original authority.

(falls erforderlich, Angaben über den Transportweg und Transportmittel)
Besondere Angaben
Special remarks

Ort und Datum/*Place and date of issue*

Frankatur- und Spesenvorschrift
Instructions as to freight and charges

Stempel und rechtsgültige Unterschrift
Stamp and authorized signature

FIATA REG. No. B 57486

Consignor

FBL | DE

NEGOTIABLE FIATA
MULTIMODAL TRANSPORT
BILL OF LADING
issued subject to UNCTAD/ICC Rules for Multimodal Transport Documents (ICC Publication 481).

Consigned to order of

€URO cargo
Speditions GmbH · 90317 Nürnberg · Hafenstraße 1

Notify address

Place of receipt

Ocean vessel | Port of loading

Port of discharge | Place of delivery

Marks and numbers	Number and kind of packages	Description of goods	Gross weight	Measurement

according to the declaration of the consignor

Declaration of Interest of the consignor in timely delivery (Clause 6.2.)

Declared value for ad valorem rate according to the declaration of the consignor (Clauses 7 and 8).

The goods and instructions are accepted and dealt with subject to the Standard Conditions printed overleaf.

Taken in charge in apparent good order and condition, unless otherwise noted herein, at the place of receipt for transport and delivery as mentioned above.

One of these Multimodal Transport Bills of Lading must be surrendered duly endorsed in exchange for the goods. In Witness whereof the original Multimodal Transport Bills of Lading all of this tenor and date have been signed in the number stated below, one of which being accomplished the other(s) to be void.

Freight amount	Freight payable at	Place and date of issue
Cargo Insurance through the undersigned ☐ not covered ☐ Covered according to attached Policy	Number of Original FBL's	Stamp and signature **EUROCARGO Speditions GmbH** as carrier
For delivery of goods please apply to:		

SID 007498

Standard Conditions
Haftung als MTO
Teilstreckenrecht (Network-Prinzip)

Rechtsgrundlage sind nicht die ADSp, sondern die von FIATA entwickelten Standard Conditions. Die Haftung als MTO (mulitmodal transport operator) nach den Standard Conditions entspricht dem Teilstreckenrecht (Network-Prinzip) wie es das HGB für multimodale Transporte vorsieht.

Schadensart			**Spediteur haftet maximal mit**
Güterschäden	Bekannter Schadensort: Haftung nach der Rechtsvorschrift, die für den Streckenabschnitt gilt.	Seestrecke	2 SZR/kg brutto oder 666,67 SZR je Packstück nach Wahl des Geschädigten gemäß Hague-/ Visby-Rules oder HGB
		Straße	8,33 SZR/kg brutto nach HGB oder CMR
		Flugstrecke	17 SZR/kg brutto nach Montrealer Übereinkommen (MÜ)
	Unbekannter Schadensort	Beförderungsvertrag schließt keine Seestrecke oder binnenländische Wasserstraße ein.	8,33 SZR/kg brutto
		Beförderungsvertrag schließt Seestrecke oder binnenländische Wasserstraße ein.	2 SZR/kg brutto oder 666,67 SZR je Packstück nach Wahl des Geschädigten
Lieferfristüberschreitung			Die doppelte Fracht

Ein Spediteur, der ein FBL ausstellt ist verpflichtet, seine Haftung abzusichern. Dies ist im Rahmen der Haftungsversicherung des Spediteurs möglich.

Fallstudie 1: Incoterms 2010®

Situation

Das Handelsunternehmen Müller Elektro GmbH in Nürnberg kauft 5.000 Kaffeeautomaten von Wang Electronics Shenzhen. Dabei entstehen folgende Transportkosten. Die unterschiedlichen Währungen, die in der Realität auch zu zahlen sind, wurden vom Spediteur aus Vereinfachungsgründen in EUR umgerechnet.

Art der Kosten	EUR
Vorlauf Shenzhen Factory – Shenzhen Hafen: EUR 120,00 x 4	480,00
Ausfuhrzollabfertigung in Shenzhen	55,00
Terminal Handling Charges (THC) Shenzhen: 78,00 x 4	312,00
Seefracht Shenzhen – Hamburg: 1.600,00 x 4	6.400,00
Terminal Handling Charges (THC) Hamburg: 165,00 x 4	660,00
Verzollung	65,00
Zoll + Einfuhrumsatzsteuer (EUSt)	5.800,00
Nachlauf Hamburg – Nürnberg 4 x 550,00	2.200,00
Speditionskosten	105,00
Gesamt	16.077,00

Die Produktionskosten belaufen sich für Wang Electronics auf umgerechnet 8,00 EUR/Stück. Die Kaffeeautomaten sollen in vier 40'-Standardcontainern in Kartons verpackt von Shenzhen nach Nürnberg befördert werden.

Aufgabe 1

Welchen Verkaufspreis wird Wang Electronics in Abhängigkeit von den in der Tabelle aufgeführten Incoterms 2010® kalkulieren?

Incoterms 2010®	Verkaufspreis	Ort des Kosten- und Risikoübergangs
EXW Shenzhen		
FCA Terminal Port Shenzhen		
CPT Nürnberg		
CIP Nürnberg		
DAT Hamburg		
DAP Nürnberg		
DDP Nürnberg		

Aufgabe 2

Tragen Sie den Ort in die Tabelle ein, ab welchem der Käufer jeweils die Kosten und das Risiko der Transaktion übernimmt.

Aufgabe 3

Welche Probleme könnten für die Müller Elektro GmbH auftreten, wenn EXW Shenzhen Incoterms 2010® im Kaufvertrag vereinbart wurde?

Aufgabe 4

Welche Information muss die Müller Elektro GmbH an Wang Electronics weitergeben, wenn sie sich auf FCA Shenzhen Incoterms 2010® geeinigt hätten?

Aufgabe 5

Wer muss bei CIP Nürnberg Incoterms 2010® die Transportversicherung in welchem Umfang abschließen?

Aufgabe 6

Wie hoch wäre die Prämie, wenn nach Institute Cargo Clauses (LMA/IUA) nur die Mindestdeckung (C) eingedeckt und die Prämie 2 Promille betragen würde?

Aufgabe 7

Welche Probleme/Nachteile könnten sich für Wang Electronics bei einer Vereinbarung DDP Nürnberg ergeben?

Fallstudie 2: Dokumentenakkreditiv im Swift[1]-Format:

Situation

Sie sind Mitarbeiter der Spedition EUROCARGO und erhalten folgendes Dokument zur Bearbeitung.

Basic Header	F 01		HYPODEMMAXXX 000 000000
Application Header	I 700		SCBKHKHHXXXX U 3
			*SHANGHAI COMMERCIAL BANK LIMITED
			*HONGKONG
Form of Doc. Credit	*40 A	:	IRREVOCABLE TRANSFERABLE
Doc: Credit Number	*20	:	A645AI96403360
Date of Issue	31 C	:	091025
Expiry	*31 0	:	091231 Place MUNICH
Applicant	*50	:	MAYER MODEN HAUPTSTR. 102,
			90453 NUERNBERG
Beneficiary	*59	:	/344-28-00095-6
			MONDIAL STANLEY GARMENT LTD.
			ROOM 501-2, TOWER B, HUNGHOM C
			HUNGHOM KOWLOON / HONGKONG
Amount	*32 8	:	Currency USD Amount 58.055,50 /
Pos. / Neg. tol. (%)	39 A	:	HYPODEMM<
			*HYPOVEREINSBANK AG*MUENCHEN
			BY PAYMENT
Partial Shipments	43 P	;	ALLOWED
Transshipment	43 T	:	ALLOWED
Loading in Charge	44 A	:	HONGKONG PORT/AIRPORT
For Transport to ….	44 B	:	HAMBURG/NUERNBERG
Latest Date of Ship.	44 C	:	041120
Descript. of Goods	45 A	:	SEE MT701
Documents required	46 A	:	1) SIGNED COMMERCIAL INVOICE; 3-FOLD
			2) DETAILED PACKING LIST, 3-FOLD
			3) EXPORT LICENCE, COPY, ISSUED FOR EACH CATEGORY, ISSUED BY A COMPETENT AUTHORITY
			4) CERTIFICATE OF ORIGIN, COPY, ISSUED FOR EACH SHIPMENT, ISSUED BY A CHAMBER OF COMMERCE OR ANY EQUAL PUBLIC AUTHORITY, DULY SIGNED
			5) INSPECTION CERTIFCATE SIGNED BY MRS. KRATZER
Details of Charges	71 B	:	ALL COMMISSION AND CHARGES OUTSIDE OF GERMANY AS WELL AS OUR DISCREPANCY COMMISSION OF EUR 50,00 OR EQUIVALENT, IF ANY, ARE FOR BENEFICIARY'S ACCOUNT
Presentation Period	48	:	20 DAYS
Basic Header	F 01	:	HYPODEMMAXXX 000 000000
Application Header	I 700	:	SCBKHHXXXX U 3
			*SHANGHAI COMMERCIAL BANK LIMITED
			*HONGKONG
riod Confirmation	*49	:	WITHOUT

1 SWIFT: Society for Worldwide Interbank Financial Telecommunication

Instructions	78	:	AFTER RECEIPT OF DOCUMENTS, WE SHALL REMIT PROCEEDS AT THEIR OPTION. DOCS HAVE TO BE SENT TO US IN TWO SEPARATE LOTS. OUR POSTAL ADDRESS: 80278 MUNICH FOR COURIER MAIL: ARABELLASTR. 12, D-81925 MUNICH
Documents required	46 B		6) CONFIRMATION, EVIDENCING THAT ORIGINAL EXPORT LICENCE AND ORIGINAL CERTIFICATE OF ORIGIN HAVE BEEN SENT BY COURIER SERVICE BEFORE SHIPMENT TO MAYER MODEN, HAUPTSTR. 102, 90453 NUERNBERG 7) IN CASE OF SEAFREIGHT: FULL SET OF CLEAN ON BOARD OCEAN BILL OF LADING, ISSUED TO ORDER, BLANK ENDORSED MARKED 'FREIGHT COLLECT' AND NOTIFY: MAYER MODEN, HAUPTSTRS. 102, 90453 NUERNBERG; PORT OF DESTINATION: HAMBURG IN CASE OF AIRFREIGHT (FOR DELAYED SHIPMENT): AIRWAY BILL, ISSUED BY FREIGHT EXPRESS INT'L LTD., CONSIGNED TO MAYER MODEN, HAUPTSTR. 102, 90453 NUERNBERG (ALSO NOTIFY), MARKED 'FREIGHT PREPAID', AIRPORT OF DESTINATION: NUERNBERG IN CASE OF SEA/AIRFREIGHT (FOR DELAYED SHIPMENT): FULL SET OF CLEAN ON BOARD MULTIMODAL TRANSORT BILL OF LADING, ISSUED TO ORDER, BLANK ENDORSED, MARKED 'FREIGHT PREPAID' AND NOTIFY: MAYER MODEN, HAUPTSTR: 102, 90453 NUERNBERG, AIRPORT OF DESTINATION: NUERNBERG 8) BENEFICIARY'S CONFIRMATION THAT GOODS SHIPPED UNDER THIS L/C DO NOT CONTAIN ANY AZO-COMPONENTS 9) SIGNED COPY OF SALES CONTRACT OF GOODS MENTIONED UNDER DESCRIPTION OF GOODS
additional Cond.	47 B	:	1) IF SHIPMENT WILL BE DELAYED UP TO 10 DAYS; SHIPMENT TERMS UNCHANGED. IF SHIPMENT WILL BE DELAYED 11 TO 20 DAYS, SHIPMENT MUST COME BY SEA/AIR. IF DELAYED MORE THAN 20 DAYS GOODS MUST BE SHIPPED FULLY BY AIR. DIFF. IN FREIGHT TO SEA FREIGHT CHARGES WILL BE FOR ACCOUNT OF BENEFICIARY AND TRANSPORT DOCUMENTS (MULTIMODAL TRANSPORT BILL OF LADING/AIRWAY BILL) MUST BE MARKED 'FREIGHT PREPAID' AND INVOICE MUST SHOW DELIVERY TERMS 'CPT NUERNBERG'
Description of Goods	45 B	:	NO. 1000-0 1.240 PCS., PA 340,

		VIVALDI 349-01, LADIES BLOUSE PRICE: USD 8,70 BY SEA NO. 1005-0 5.110 PCS., PA 342, LACH 038-02, LADIES BLOUSE PRICE: USD 9,25 BY SEA
Basic Header	F 01	HYPODEMMAXXX 000 000000
Application Header	I 700	SCBKHHXXXX U 3 *SHANGHAI COMMERCIAL BANK LIMITED *HONGKONG BLOUSE PRICE: USD 8,70 BY SEA NO. 1005-0 5.110 PCS., PA 342, LACH 038-02, LADIES BLOUSE PRICE: USD 9,25 BY SEA TERMS OF DELIVERY: FOB HONGKONG
Additional Cond.	47 B : 2)	L/C IS TRANSFERABLE BY SHANGHAI COMMERCIAL BANK LTD. IMMEDIATE INFORMATION MUST BE SENT TO US OF EACH TRANSFER OF THIS L/C.

Aufgabe 1

Wer hat dieses Dokument erstellt und wie wird es bezeichnet?

Aufgabe 2

Wer hat dieses Dokumentenakkreditiv beantragt?

Aufgabe 3

Wer ist Verkäufer?

Aufgabe 4

Wer ist Käufer?

Aufgabe 5

Welche Incoterms-2000®-Klausel wurde vereinbart?

Aufgabe 6

Bei welcher Bank hat der Käufer das Dokumentenakkreditiv beantragt?

Aufgabe 7

Wer hat dem Verkäufer mitgeteilt, dass zu seinen Gunsten ein Dokumentenakkreditiv eröffnet wurde?

Aufgabe 8

Wie lange ist dieses Dokumentenakkreditiv gültig?

Aufgabe 9

Welche Dokumente müssen vorgelegt werden?

Aufgabe 10

Mit welchem Verkehrsträger kann der Transport der Ware durchgeführt werden?

Aufgabe 11

Wen soll die geforderte Transportversicherung schützen?

Aufgabe 12

Sind Teilladungen erlaubt?

Aufgabe 13

Wem hat der Verkäufer die geforderten Dokumente vorzulegen?

Aufgabe 14

Wann erhält der Verkäufer sein Geld (Bezahlung)?

Aufgabe 15

Wann muss der Käufer bezahlen (Kontobelastung)?

Aufgabe 16

Welchen Vorteil hat dieses Dokumentenakkreditiv für den Käufer?

Aufgabe 17

Welchen Vorteil hat der Verkäufer aus diesem Dokumentenakkreditiv?

Fallstudie 3: Anwendung der Incoterms 2010®

Situation

Die Max Weiss GmbH in Erlangen, Hersteller von Brennern für Ölfeuerungsanlagen verhandelt mit den First Automotive Works (FAW), einem Autohersteller in Changchun, China, über den Verkauf von Ölbrennern nach Nordostchina. Der Transport der Ölbrenner soll in Containern mit dem Seeschiffen erfolgen. Die Max Weiss GmbH möchte gut vorbereitet in die Verkaufsverhandlungen mit dem Käufer gehen und bittet die Spedition EUROCARGO um kompetenten Rat. Ihr Abteilungsleiter hat Sie beauftragt, die Max Weiss GmbH in folgenden Fragen zu beraten.

Aufgabe 1

Welche Incoterms-2010®-Klauseln bleiben als Verhandlungsspielraum übrig, wenn die Max Weiss GmbH die Kosten sowie das Risiko für den Seetransport nicht übernehmen möchte?

Aufgabe 2

Der chinesische Vertragspartner wünscht, dass die Firma Max Weiss GmbH die Kosten für den Seetransport übernimmt. Das Transportrisiko würde das chinesische Unternehmen jedoch tragen. Welche Incoterms-Klausel 2010® wäre hierzu geeignet?

Aufgabe 3

Angenommen, das chinesische Unternehmen fordert in den Vertragsverhandlungen, die DDP Changchun Incoterms 2010® im Kaufvertrag festzuschreiben. Der Verhandlungsführer der Max Weiss GmbH bringt gegen diese Vereinbarung Bedenken vor. Welche Probleme könnten für die Max Weiss GmbH in diesem Fall entstehen?

Fallstudie 4: Speditionsauftrag Nürnberg – Los Angeles

Situation

Laut Speditionsauftrag an die EUROCARGO GmbH hat die Medicaid GmbH, Nürnberg, mit ihrem Vertragspartner Malibu Medical Care Inc. in Los Angeles (US) die Vereinbarung FCA Nuremberg Airport nach Incoterms 2010® abgeschlossen. Die Sendung soll im Luftfrachtverkehr abgewickelt werden.

Aufgabe 1

Wer hat die Güter zu verpacken?

Aufgabe 2

Wer hat den Frachtvertrag mit dem Carrier abzuschließen und die Transportkosten für die Luftfracht zu übernehmen?

Aufgabe 3

Wer schließt die Transportversicherung mit welchem Leistungsumfang ab, wer trägt die Kosten?

Aufgabe 4

Bis zu welchem Punkt trägt die Medicaid GmbH, Nürnberg, das Transportrisiko?

Aufgabe 5

Wann hat die Medicaid GmbH, Nürnberg, ihre Lieferverpflichtung erfüllt?

Aufgabe 6

Wer hat die Ausfuhrverzollung zu besorgen und zu bezahlen?

Aufgabe 7

Wer hat die Kosten für die Abfertigung der Luftfrachtsendung in Nürnberg zu tragen?

Aufgabe 8

Wer hat die Einfuhrabfertigung in Los Angeles durchzuführen und die Einfuhrabgaben dort zu bezahlen?

Fallstudie 5: Exportauftrag Seeverkehr Nürnberg – New York

Situation

Die Frankonia Packing GmbH, Nürnberg, erteilt der Spedition EUROCARGO den Auftrag, eine Maschine zur Verpackung von Süßigkeiten mit den Maßen 620 cm x 250 cm x 180 cm und einem Gewicht von 7,2 t von Nürnberg nach New York zu versenden. Im Speditionsauftrag steht, dass CIF New York Incoterms 2010® vereinbart wurde. EUROCARGO schließt mit der Reederei Henning GmbH, Bremen, im Auftrag der Frankonia Packing GmbH einen Seefrachtvertrag ab.

Aufgabe 1

Wer hat die Maschine seemäßig zu verpacken?

Aufgabe 2

Wer muss die Zollabfertigung für die Ausfuhr der Sendung in die Vereinigten Staaten von Amerika durchführen?

Aufgabe 3

Wer hat den Frachtvertrag mit der Reederei abzuschließen und die Transportkosten für die Seefracht zu übernehmen?

Aufgabe 4

Wer schließt die Transportversicherung mit welchem Leistungsumfang ab, wer trägt die Kosten?

Aufgabe 5

Wer muss das Konnossement beschaffen und die Kosten für das Papier tragen?

Aufgabe 6

Welche wesentlichen Informationen müssen zwischen der Frankonia Packing GmbH und dem Käufer in New York ausgetauscht werden?

Aufgabe 7

Bis zu welchem Punkt trägt die Frankonia Packing GmbH das Transportrisiko?

Aufgabe 8

Wann hat Frankonia Packing GmbH ihre Lieferverpflichtung erfüllt?

Aufgabe 9

Wer hat die Kosten der Entladung im Bestimmungshafen New York zu tragen?

Aufgabe 10

Wer hat die Einfuhrabfertigung in New York durchzuführen und wer muss anfallende Eingangsabgaben in den USA bezahlen?

Wiederholungsfragen Incoterms 2010®:

1 Was sind Incoterms 2010®?

2 Welche Vorteile haben Verkäufer und Käufer, wenn sie im Kaufvertrag die Incoterms 2010® vereinbaren?

3 Wie werden Incoterms 2010® Bestandteil eines Kaufvertrags?

4 Nach welchen Kriterien hat die ICC die Incoterms 2010® eingeteilt?

5 Zwischen einem Käufer in Denver, Colorado, und einem Verkäufer in Biberach/Riss wird EXW Biberach Incoterms 2010® vereinbart. Wer (Käufer/Verkäufer) muss die Ausfuhrabfertigung besorgen?

6 Ein Verkäufer in Hongkong und ein Käufer in Nürnberg haben für eine Exportsendung Textilien „CPT Nuremberg Airport Incoterms 2010®" vereinbart. Die Sendung wird per Flugzeug von Hongkong nach Nürnberg befördert. Wo geht das Risiko vom Verkäufer auf den Käufer über?

7 Bei welchen Klauseln der Incoterms 2010® sind Gefahrenübergang und Kostenübergang nicht identisch?

8 Bitte kreuzen Sie an.

<table>
<tr><td colspan="4">Risikoübergang vor dem Haupttransport</td></tr>
<tr><td colspan="3">Käufer schließt Frachtvertrag über Haupttransport ab</td><td rowspan="2"></td></tr>
<tr><td colspan="2">See- oder Binnenschiff ausschließlich</td><td></td></tr>
<tr><td>EXW</td><td></td><td></td><td></td></tr>
<tr><td>FCA</td><td></td><td></td><td></td></tr>
<tr><td>CPT</td><td></td><td></td><td></td></tr>
<tr><td>CIP</td><td></td><td></td><td></td></tr>
<tr><td>DAT</td><td></td><td></td><td></td></tr>
<tr><td>DAP</td><td></td><td></td><td></td></tr>
<tr><td>DDP</td><td></td><td></td><td></td></tr>
<tr><td>FAS</td><td></td><td></td><td></td></tr>
<tr><td>FOB</td><td></td><td></td><td></td></tr>
<tr><td>CFR</td><td></td><td></td><td></td></tr>
<tr><td>CIF</td><td></td><td></td><td></td></tr>
</table>

9 Der Absender eines Containers, der im Vorlauf per Lkw von München nach Hamburg und von dort per Seeschiff nach Shanghai und im Nachlauf wieder per Lkw zum Zielort in China transportiert werden soll, hat „CFR Shanghai Incoterms 2010®" vereinbart. Welche Kosten übernimmt der Käufer?

10 Bei welchen Incoterms-2010®-Klauseln geht das Risiko vom Verkäufer auf den Käufer über, wenn die Ware an Bord eines Schiffes geladen wurde?

11 Der Absender einer LKW-Ladung hat seinen Sitz in Ulm. Er möchte alle Kosten, die Versicherung und die Fracht bis zum Bestimmungsort Budapest zahlen, das Risiko jedoch nur bis zur Übergabe an den Frachtführer tragen. Welche Klausel vereinbart er?

12 Erläutern Sie den Unterschied zwischen DAT und DAP.

13 Worin besteht der Hauptunterschied zwischen DAP und DDP?

14 Kann „FOB London Heathrow Incoterms 2010®" in einem Kaufvertrag als zulässige Klausel vereinbart werden?

15 Worin unterscheiden sich EXW und FCA?

16 Auf dem Transport von Kassel nach Hamburg wird eine auszuführende Sendung beschädigt. Im Kaufvertrag wurde FOB Hamburg gemäß Incoterms 2010® vereinbart. Wer trägt das Beschädigungsrisiko und muss der Verkäufer nochmals liefern?

17 Ein namhafter deutscher Hersteller von Waschmitteln bei Verhandlungen mit ausländischen Lieferern chemischer Grundstoffe im Rahmen der Beschaffung nur noch Incoterms 2010® zu verwenden, die dem Waschmittelhersteller ermöglichen, den Warentransport zu steuern und die Frachtführer zu bestimmen. Welche Incoterms-2010®-Klauseln dürfen die Beschaffungsexperten bei internationalen Transaktionen vereinbaren?

18 Bitte kreuzen Sie an.

<table>
<tr><td colspan="4">Risikoübergang nach dem Haupttransport</td></tr>
<tr><td colspan="3">Käufer schließt Frachtvertrag über Haupttransport ab</td><td></td></tr>
<tr><td colspan="2">für alle Transportarten</td><td></td><td></td></tr>
<tr><td>EXW</td><td></td><td></td><td></td></tr>
<tr><td>FCA</td><td></td><td></td><td></td></tr>
<tr><td>CPT</td><td></td><td></td><td></td></tr>
<tr><td>CIP</td><td></td><td></td><td></td></tr>
<tr><td>DAT</td><td></td><td></td><td></td></tr>
<tr><td>DAP</td><td></td><td></td><td></td></tr>
<tr><td>DDP</td><td></td><td></td><td></td></tr>
<tr><td>FAS</td><td></td><td></td><td></td></tr>
<tr><td>FOB</td><td></td><td></td><td></td></tr>
<tr><td>CFR</td><td></td><td></td><td></td></tr>
<tr><td>CIF</td><td></td><td></td><td></td></tr>
</table>

19 Wer (Verkäufer/Käufer) hat für das Be- und Entladen der Ware während der Transportstrecke in Abhängigkeit vom jeweils gewählten Incoterm 2010® zu sorgen?

20 Worin unterscheiden sich CIP und CIF?

21 Ein Transformator, 52 t, wird „FOB Rotterdam Incoterms 2010®" nach Dubai verschifft. Im Hafen Rotterdam wird der schwere Transformator von einem Binnenschiff (Leichter) aus auf das Seeschiff verladen. Bei der Kranverladung ereignet sich ein Unfall und der Transformator fällt in das Wasser des Hafenbeckens. Wer trug das Risiko?

22 Kann ein Käufer aus Shanghai, P.R.C., bei der Vereinbarung „FCA Nürnberg, Kleestraße 4 Incoterms 2010®" den Verkäufer bitten, für ihn den Frachtvertrag für den Haupttransport abzuschließen?

23 Wo ist der Kosten- und Gefahrenübergang bei folgenden Incoterms-2010®-Klauseln? FCA, EXW, CPT, DAT, FOB, CFR

24 Welche Vertragsbestandteile, die in einem Kaufvertrag enthalten sein müssten, sind durch eine Incoterms 2010® Vereinbarung nicht geregelt?

25 Warum sollten Spediteure über Wesen, Art und Funktion der Incoterms 2010® gut informiert sein, obwohl Spediteure in der Regel keine internationalen Kaufverträge abschließen?

Wiederholungsfragen: Dokumentenakkreditiv/-inkasso:

1 Was ist ein Akkreditiv?

2 Welchen Vorteil hat ein Verkäufer, wenn im Kaufvertrag ein Dokumentenakkreditiv vereinbart ist?

3 Welchen Vorteil hat ein Käufer aus einem Dokumentenakkreditiv?

4 Wer muss ein Dokumentenakkreditiv beantragen?

5 Schildern Sie den Ablauf eines Dokumentenakkreditivs!

6 Welche Dokumente können in einem Dokumentenakkreditiv verlangt werden?

7 Warum sollte ein Akkreditiv unwiderruflich sein?

8 Was ist ein bestätigtes Akkreditiv?

9 Vergleichen Sie Dokumentakkreditiv und Dokumenteninkasso im Hinblick auf den Ablauf und die Risiken für die Beteiligten?

10 Welchen Zweck hat ein Dokumenteninkasso?

11 Welche beiden Formen des Dokumenteninkassos werden verwendet?

12 Schildern Sie den Ablauf eines Dokumenteninkassos, wenn d/p vereinbart ist!

13 Welche Risiken bleiben bei einem internationalen Warengeschäft für den Verkäufer und den Käufer, wenn als Zahlungs- und Lieferungssicherung Dokumenteninkasso vereinbart wurde?

Wiederholungsfragen: Spediteurdokumente:

1 Was bedeutet die Abkürzung FCR?

2 Was bestätigt ein Spediteur in einem FCR?

3 Welche Rechtsgrundlage gilt, wenn ein Spediteur ein FCR ausstellt?

4 Erläutern Sie die Funktion eines FCR!

5 Was bedeutet FBL?

6 Nennen Sie die Rechtsgrundlage für die Ausstellung eines FBL?

7 Was bestätigt ein Spediteur, wenn er ein FBL ausstellt?

8 Wie haftet ein Spediteur, wenn er ein FBL ausstellt?

9 Erläutern Sie den Wertpapiercharakter eines FBL!

10 Warum sollte ein Spediteur bei der Unterschrift eines FBL den Vermerk „as carrier" anbringen?

11 Welche Bedeutung hat das FBL im Rahmen eines Dokumentakkreditivs?

12 Warum wird ein Spediteur als MTO bezeichnet, wenn er ein FBL ausstellt?

13 Kann jeder Spediteur in Deutschland FBL's ausstellen?

2 Exportaufträge bearbeiten

2.1 Wie beschränken Staaten den Austausch von Waren und Dienstleistungen?

2.1.1 Wirtschaftspolitische Beschränkungen

Die wirtschaftlichen Beziehungen eines Staates zu anderen Staaten werden im Rahmen des Außenwirtschaftsrechts geregelt. Wie diese Beziehungen gestaltet sind, hängt von vielen Faktoren ab. Die wichtigsten dürften die wirtschaftspolitische Ausrichtung (z. B. Liberalismus) eines Staates sowie die ständig wechselnden politischen Veränderungen und Ereignisse sein. Damit ein Staat Handlungsspielraum im Hinblick auf wirtschaftliche Beziehungen zu anderen Staaten hat, wird ein solcher Staat seine wirtschaftlichen Außenbeziehungen nicht völlig liberalisieren. Er wird sich vielmehr einen Gestaltungsspielraum offen halten, innerhalb dessen er auf politische, wirtschaftliche und gesellschaftliche Ereignisse die Beziehungen zu anderen Staaten betreffend reagieren kann. Zur Steuerung des wirtschaftlichen Verkehrs für Waren, Dienstleistungen, Zahlungen und Kapital werden folgende Instrumente eingesetzt:[1]

Instrumente	Beispiele
Verbote	Embargo, z. B. kein Verkauf militärischer Güter an China
Genehmigungsvorbehalte	Ein- und Ausfuhr bestimmter Waren hängen von der Vorlage entsprechender Genehmigungsbescheide (Lizenzen) ab.
Sonstige Überwachungsmaßnahmen	Vorlage besonderer Warenbegleitpapiere, z. B. Ursprungszeugnisse bei Textilerzeugnissen

2.1.2 Zollrechtliche Handelshemmnisse

Neben rein außenwirtschaftlichen Beschränkungen existieren sogenannte tarifäre (zollrechtliche) Handelshemmnisse, auch als Verbote und Beschränkungen (VuB) bezeichnet, die darauf abzielen, die Natur, Gesundheit und öffentliche Ordnung zu schützen.[2] Verbote und Beschränkungen können dem Zolltarif entnommen werden.

2.1.3 Nicht tarifäre (zollrechtliche) Handelshemmnisse

Neben zollrechtlichen Instrumenten zur Steuerung des Außenhandels gibt es eine Vielzahl von nicht tarifären Handelshemmnissen. Als Beispiele sind zu nennen:

- Übermäßige Gesundheits- und Hygieneanforderungen
- Technische Standards
- Agrarpolitik der Europäischen Gemeinschaft

2.1.4 Ebenen der Reglementierungen und Einschränkungen

Es gibt nationale Reglementierungen und Einschränkungen des Warenverkehrs und solche auf europäischer Ebene. Aus der Sicht der Bundesrepublik Deutschland ist der Warenaustausch mit anderen Staaten wie folgt geregelt:

[1] vgl. www.zoll.de
[2] vgl. ebenda

Nationale Regelungen	Gemeinschaftsrechtliche Vorschriften	Andere Vorschriften
Außenwirtschaftsgesetz (AWG)	EG-Dual-Use-Verordnung	UN-Vorschriften
Außenwirtschaftsverordnung (AWVO)	Zollkodex	US-Regelungen
Einfuhrliste (Anlage zum AWG)		
Ausfuhrliste (Anlage zur AWVO)		
Überwachung der Einhaltung aller Vorschriften: Compliance		

Die Einhaltung aller Vorschriften kann nur mit Hilfe von Software-Paketen effektiv überwacht werden. Man spricht hier von Compliance Management, das auch für Speditionsunternehmen sehr wichtig ist.

2.1.5 Ausfuhrgenehmigungen

Bestimmte Waren dürfen nur mit einer Ausfuhrgenehmigung ausgeführt werden.

Ausfuhrgenehmigungspflicht besteht insbesondere für
• Kriegswaffen,
• militärisch verwendbare Erzeugnisse,
• bestimmte Chemikalien,
• Chemieanlagen,
• Waren, die militärisch genutzt werden könnten,
• Waren mit sicherheitsstrategischer Relevanz.

Anträge auf Ausfuhrgenehmigung können bei dem BAFA (Bundesamt für Wirtschaft und Ausfuhrkontrolle) gestellt werden, das dem Bundesministerium für Wirtschaft unterstellt ist.

BAFA (Bundesamt für Wirtschaft und Ausfuhrkontrolle)

Informationen über die Ausfuhr von Waren, insbesondere über die Dokumente, die ein Käufer im Bestimmungsland benötigt, kann man am besten den von der IHK Hamburg herausgegebenen „Konsulats- und Mustervorschriften" (K und M) entnehmen. Dieses Werk enthält umfassende Informationen zu den Importregelungen aller Staaten der Welt. Die K und M zeigen auf, welche Dokumente, in welcher Anzahl und ob unter Umständen eine Beglaubigung erforderlich sind.

„Konsulats- und Mustervorschriften" (K und M)

Grundsätzlich kann man davon ausgehen, dass der Export von Waren in Länder außerhalb der EU umsatzsteuerfrei sein wird, sofern nachgewiesen werden kann, dass die Ware die EU-Grenze tatsächlich überschritten hat. Als Nachweis dienen das mit einem Vermerk versehene Ausfuhrbegleitdokument (ABD), die (weiße) Spediteurbescheinigung, der Bahnfrachtbrief oder der Posteinlieferungsschein.

2.2 Wie können Waren und Dienstleistungen aus der Europäischen Union ausgeführt werden?

Da die in der Europäischen Union hergestellte Maschine das Zollgebiet der Gemeinschaft verlässt, ist sie in das Ausfuhrverfahren zu überführen. Ein Ausfuhrverfahren ist ein Zollverfahren nach dem Zollkodex. Grundsätzlich ist die Ausfuhr bei der zuständigen Zollstelle anzumelden. „Die Ausfuhranmeldung ist bei der Zollstelle abzugeben, die für den Ort zuständig ist, an dem der Ausführer ansässig ist oder die Waren zur Ausfuhr verpackt oder verladen werden." Ausführer ist im Allgemeinen die Person, für deren Rechnung die Ausfuhranmeldung abgegeben wird und die zum Zeitpunkt der Anmeldung Eigentümer der Ware ist oder eine ähnliche Verfügungsberechtigung besitzt. Bei Personen, die außerhalb des Gebiets der Gemeinschaft ansässig sind, handelt der in der Gemeinschaft ansässige Beteiligte des Rechtsgeschäftes als Ausführer.

Ausfuhrverfahren

Zollverfahren

Ausfuhranmeldung

Ausführer

2.2.1 Das Ausfuhrverfahren

Abgrenzung von Begriffen

Zum besseren Verständnis der nachfolgenden Ausführungen sollen zunächst wichtige Begriffe erläutert werden.

GEMEINSCHAFTSWAREN

„NICHTGEMEINSCHAFTSWARE“

Begriff	Erläuterung
Ausfuhr	Verbringen von Gemeinschaftswaren aus dem Zollgebiet der Gemeinschaft.
Gemeinschaftswaren	Waren, die im Zollgebiet der Gemeinschaft gewonnen oder hergestellt wurden. Waren, die nicht im Zollgebiet der Gemeinschaft gewonnen oder hergestellt wurden und das Zollverfahren „Überführung in den zollrechtlich freien Verkehr“ durchlaufen haben. Alle übrigen Waren haben den Status „Nichtgemeinschaftsware“.
Zollgebiet der Gemeinschaft	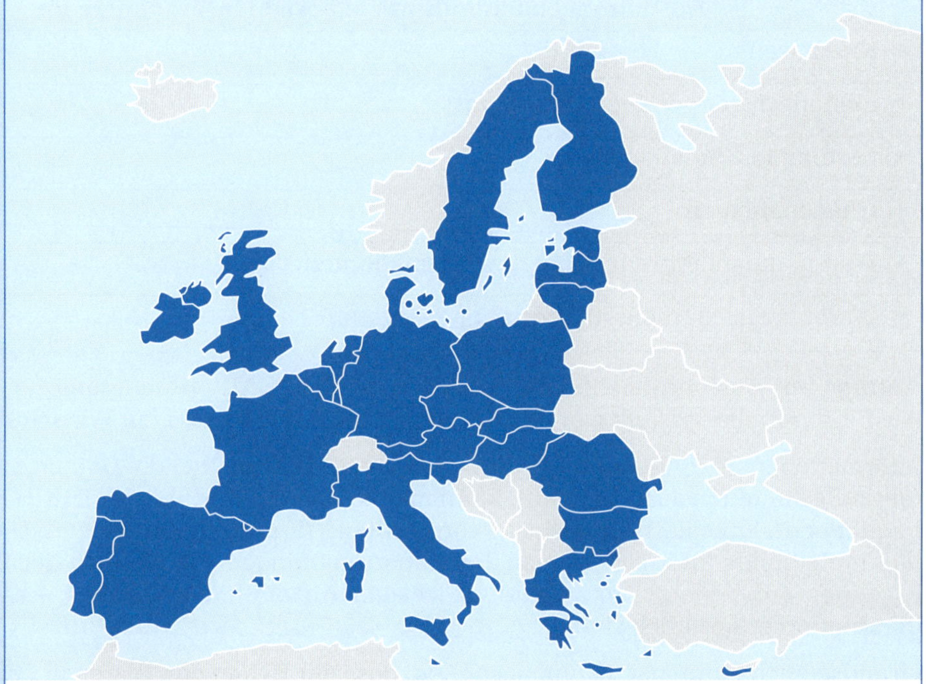 Das Zollgebiete der Gemeinschaft umfasst das Hoheitsgebiet der 27 EG-Staaten. Die Abgrenzung des geografischen Raumes, in dem das Zollrecht angewendet wird, entspricht grundsätzlich dem Hoheitsgebiet der Mitgliedsstaaten. Es gibt jedoch einige Abweichungen. So gehört zum Beispiel die Insel Helgoland nicht zum Zollgebiet der Europäischen Union. Zum Staatsgebiet von Dänemark gehört z. B. Grönland. Es zählt jedoch nicht zum Zollgebiet der Europäischen Union. Kleine Bereiche des deutschen Staatsgebietes bei Büsingen (Südbaden) gehören nicht zum Zollgebiet der Gemeinschaft, während ein kleiner Teil des Territoriums der Schweiz dem Zollgebiet der Europäischen Gemeinschaft zugeteilt wurde.[1]
Versendung	Verbringen von Waren (Gemeinschaftswaren oder Nichtgemeinschaftswaren) von einem Mitgliedstaat der Gemeinschaft in einen anderen

[1] Eine zusammenfassende Darstellung gibt es unter www.zoll.de

Begriff	Erläuterung
Ausführer	Person, für deren Rechnung die Ausfuhranmeldung abgegeben wird und die zum Zeitpunkt der Anmeldung entweder Eigentümer der Ware ist oder eine ähnliche Verfügungsberechtigung besitzt.
Ausfuhrzollstelle	Zollstelle, in deren Bezirk der Ausführer seinen Sitz hat oder in deren Bezirk die Ware verladen oder verpackt wird. Unter Verlade- bzw. Verpackungsort ist der Ort zu verstehen, an dem die Beförderung der Waren zur Ausfuhr beginnt.
Ausgangszollstelle	Grenzzollstelle an der EU-Grenze (z. B. Weil-am-Rhein-Autobahn oder Hamburg Waltershof), da hier der körperliche Ausgang der Waren bescheinigt werden kann.

Ablauf des zweistufigen Ausfuhrverfahrens

Das Ausfuhrverfahren läuft in zwei Phasen ab. In der ersten Stufe wird die Ware durch den Ausführer bei der Ausfuhrzollstelle eröffnet, in der zweiten Stufe wird das Ausfuhrverfahren an der Ausgangszollstelle beendet.

AUSFUHRZOLLSTELLE

AUSGANGSZOLLSTELLE

Stufe 1	Ausfuhrzollstelle
Gestellung	Der Ausführer muss der Zollbehörde anzeigen, dass die Ware, deren Ausfuhr er beabsichtigt, sich bei der Zollstelle befindet.
Ausfuhranmeldung	Der Ausführer gibt im Rahmen des IT-Verfahrens ATLAS (AES = Automated Export System) eine Ausfuhranmeldung ab. Bei der Anmeldung der Ausfuhr stehen folgende Alternativen zur Auswahl: 1. Eigene ATLAS Software Das Unternehmen kauft und installiert die ATLAS Software. Man benötigt eine Beteiligten-Identifikations-Nummer (BIN). 2. Online-Zugang über ein Rechenzentrum Das Unternehmen nutzt über einen kostenpflichtigen Online-Zugang die in einem Rechenzentrum installierte Software ATLAS. Schnittstellen zu internen Warenwirtschaftssystemen sind möglich. 3. Zollbüro, Zollagent, Spediteur Diese zollrechtlichen Vertreter erstellen nach den Vorgaben des exportierenden Unternehmens die Ausfuhranmeldung (vollständige Auslagerung der Zollabwicklung). Die rechtliche Verantwortung bleibt jedoch beim Exporteur. 4. Internetzollanmeldung (IAA)[1] Der Exporteur erstellt über eine kostenfrei zugängliche Internetseite eine elektronische Ausfuhranmeldung, druckt sie aus und gibt den unterschriebenen Ausdruck bei der zuständigen Zollstelle ab. 5. Internetzollanmeldung Plus (IAA Plus) Bei diesem Verfahren wird die eigenhändige Unterschrift des Anmelders durch ein elektronisches Zertifikat[2] ersetzt. Überlassung der Ware und Zustellung des Ausgangsvermerks erfolgen elektronisch. IAA und IAA Plus verfügen nicht über Schnittstellen zu Warenwirtschaftsprogrammen. Jede Ausfuhranmeldung muss manuell eingetragen werden. Beide Verfahren kommen nur für Unternehmen mit geringer Zahl von Ausfuhren in Betracht.

[1] Die Internetausfuhranmeldung steht seit 01.09.2011 nicht mehr zur Verfügung. Vgl. www.zoll.de

[2] ELSTER-Zertifikat; für Spediteure nicht geeignet

Prüfung	Die Ausfuhrzollstelle prüft die Ausfuhranmeldung auf Vollständigkeit und auf Zulässigkeit der Ausfuhr.
Beschau	Die Zollstelle kann die Ausfuhrsendung beschauen. Die Zollbeschau ist der Ausnahmefall.
Überlassung	Die Zollstelle gibt die Ware frei, wenn die Prüfung ergeben hat, dass die Ausfuhr zulässig ist. Ergibt die Prüfung der Ausfuhranmeldung durch die Ausfuhrzollstelle, dass die Ausfuhr zulässig ist, sendet sie dem Antragsteller auf elektronischem Weg ein Ausfuhrbegleitdokument (ABD), das der Ausführer ausdruckt. Das ABD muss die Sendung nicht begleiten, jedoch bei der Zollausgangsstelle vorgelegt werden. Auf dem ADB befindet die MRN (Movement Reference Number), mit der sich jeder Exportvorgang in allen EU-Staaten identifizieren lässt. Über die MRN kann man als Zollbeteiligter den Status seiner Exportsendung verfolgen (Intenet). Beispiel für eine MRN, die auch als Barcode ausgedruckt werden muss: 09DE420807608568E6.
Alternatives Verfahren	Der Ausführer kann beantragen die Sendung außerhalb des Amtsplatzes, z. B. auf seinem Firmengelände, zu gestellen. Diesen Antrag auf Gestellung außerhalb des Amtsplatzes muss er zusammen mit dem Ausfuhrantrag abgeben. Zeitpunkt und Ort der Verladung sind darin festzulegen und exakt einzuhalten. Damit die Ausfuhrzollstelle eine Zollbeschau durchführen kann, ist der Antrag spätestens zwei Stunden vor Dienstschluss am Tag des Verpackens oder Beladens abzugeben. Erfolgt keine Zollbeschau durch die Ausfuhrzollstelle, darf die Ware nach Ablauf einer bewilligten Wartezeit zur Ausgangszollstelle befördert werden.

Stufe 2	Ausgangszollstelle
Gestellung	Erneute Gestellung der Waren und Vorlage des ABD
Prüfung	Vergleich der Angaben im ABD mit den mitgelieferten Warendokumenten sowie der Ware selbst
Abweichungen	Beschaffenheit: keine Ausfuhr erlaubt Mehrmengen: nur die in der Ausfuhranmeldung angegebene Menge erlaubt, für den Rest Ausfuhranmeldung erforderlich Mindermengen: Erfassung der Abweichungen, Nachricht an Ausfuhrzollstelle über Unregelmäßigkeiten
Zulassung der Ausfuhr	Bescheinigung des Überschreitens der EU-Grenze durch Nachricht an Ausfuhrzollstelle

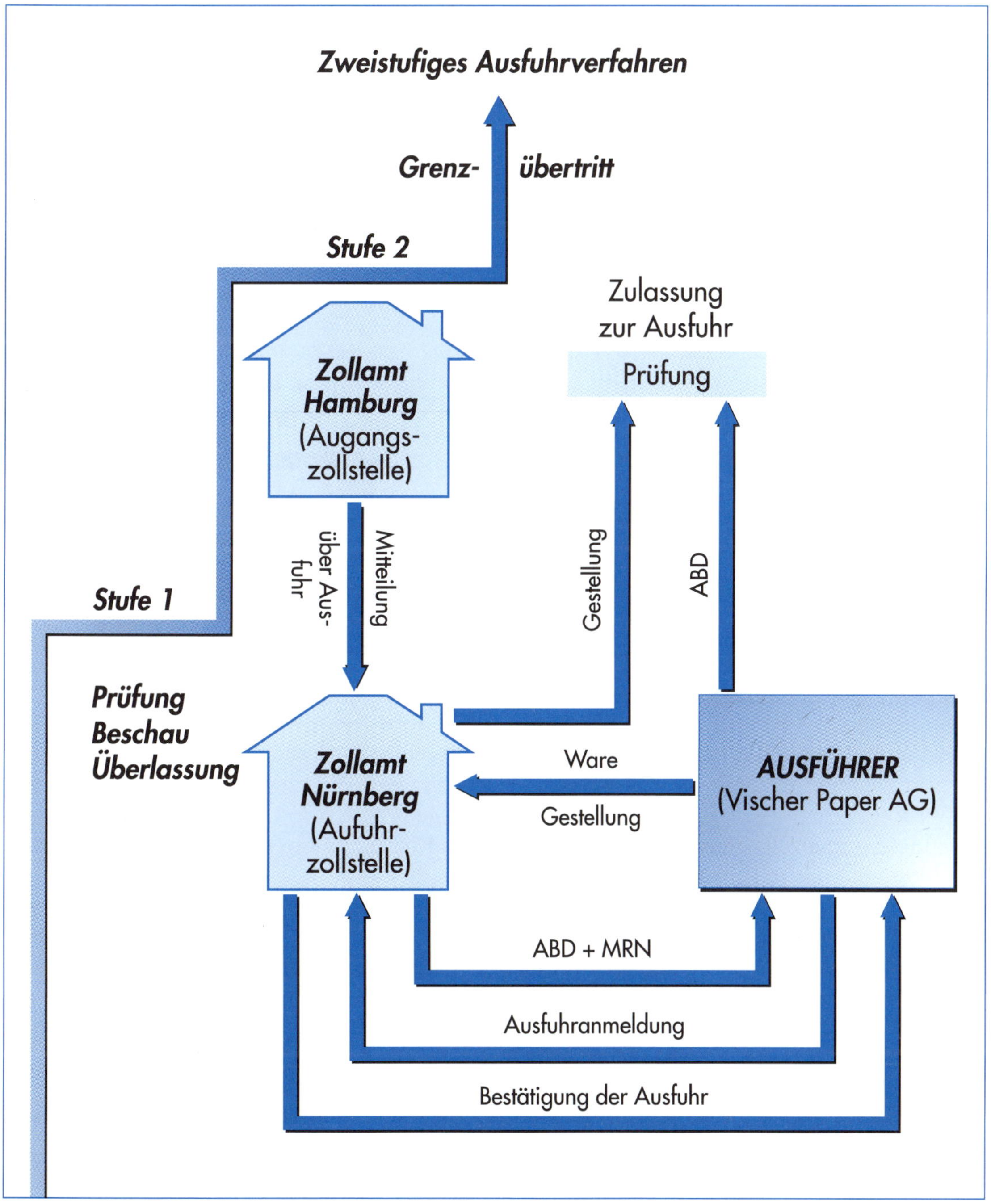

Vereinfachungsverfahren

Zur Beschleunigung und Entbürokratisierung der Warenausfuhr gibt es folgende Vereinfachungsverfahren.

KLEINSENDUNGEN

ZOLLANMELDUNG BEI DER AUSGANGSZOLLSTELLE

KEINE ELEKTRONISCHE ZOLLANMELDUNG

Kleinsendungen	
Warenwert bis 3.000 EUR	Bei einem Warenwert bis 3.000 EUR kann auf eine Zollabfertigung im Binnenland bei der Ausfuhrzollstelle verzichtet werden und es genügt, lediglich eine Zollanmeldung bei der Ausgangszollstelle abzugeben.
Warenwert bis 1.000 EUR	Liegt der Warenwert unter 1.000 EUR ist keine elektronische Zollanmeldung erforderlich. Die Zollanmeldung kann z. B. durch Vorlage einer Handelsrechnung oder durch mündliche Erklärung erfolgen.
Gewicht < 1000 kg	Bei Sendungen mit einem Gewicht ab 1.000 kg ist immer eine Vorabfertigung durch die Ausfuhrzollstelle im Binnenland erforderlich. Die oben genannten Vereinfachungen gelten also nur für Sendungen mit einem Gewicht unter 1.000 kg.

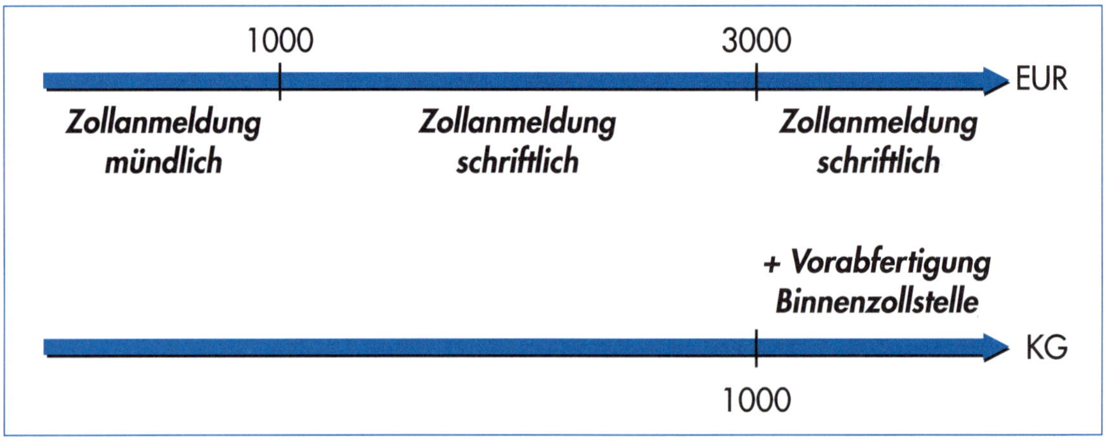

„UNVOLLSTÄNDIGE ANMELDUNG“

Als weiteres Vereinfachungsverfahren gilt die „unvollständige Anmeldung“.

GEWISSE ANGABEN ODER UNTERLAGEN FEHLEN

SCHUTZ DES AUSFÜHRERS

Unvollständige Anmeldung (UVA)
Abgabe einer Zollanmeldung, bei der gewisse Angaben oder Unterlagen fehlen
Bewilligung durch das zuständige Hauptzollamt nicht erforderlich
Grund: Die Lieferung erfolgt durch Subunternehmer. Die Komponenten stammen von anderen Lieferanten.
Subunternehmer: Versender, der auf Wunsch seines Kunden (des Ausführers) Waren nicht an diesen liefert, sondern direkt an dessen Kunden in einem Nicht-EU-Land.
Funktion: Schutz des Ausführers davor, dass der Subunternehmer Geschäftsgeheimnisse wie Preise, Lieferbedingungen usw. erfährt; Vereinfachung von Teilsendungen, da mehrere Teilsendungen auf einer endgültigen Ausfuhranmeldung zusammengefasst werden können

Zwei weitere vereinfachte Ausfuhrverfahren sind das Verfahren des „Zugelassenen Ausführers" und das einstufige Ausfuhrverfahren für den „Vertrauenswürdigen Ausführer". Die wesentlichen Unterschiede sind nachfolgend dargestellt:

Zugelassener Ausführer

Vertrauenswürdiger Ausführer

	Verfahren des Zugelassenen Ausführers	**Einstufiges Ausfuhrverfahren (Vertrauenswürdiger Ausführer)**
Wie erfolgt die Abwicklung des Verfahrens?	zweistufig	einstufig
Welche Zollstelle ist für die Annahme der Ausfuhranmeldung zuständig?	Ausfuhrzollstelle	Ausgangszollstelle
Ist eine Gestellung der Waren am Amtsplatz der Zollstelle zur Überführung in das Ausfuhrverfahren erforderlich?	nein	ja, Ausnahmen (z. B. im Teilnehmerverfahren bei der Überwachung im Luft-/Seeverkehr) sind jedoch möglich
Kann die Ausfuhranmeldung auch außerhalb der Öffnungszeiten von der Zollstelle angenommen werden?	ja, Ausnahmen (z. B. für sensible Waren) sind jedoch möglich	nein, i. d. R. gelten jedoch für Ausgangszollstellen längere Öffnungszeiten
Sind Wartezeiten bis zur Überlassung vorgesehen?	nein, Ausnahmen (z. B. für sensible Waren) sind jedoch möglich	ja
Besteht die Möglichkeit zur Abgabe einer Internetausfuhranmeldung?	ja	nein
Ist ein Wechsel der Ausgangszollstelle möglich?	ja	nein
Ist die Abwicklung bei einer Ausgangszollstelle in einem anderen Mitgliedstaat möglich?	ja	nein
Ist die Überführung in ein Versandverfahren (Artikel 793 b ZK-DVO) möglich?	ja	nein
Besteht die Möglichkeit zur Bewilligung im Status als		
• Ausführer (in eigenem Namen und auf eigene Rechnung)	ja	ja
• direkter Vertreter (Subunternehmer)	ja	nein
• indirekter Vertreter (Anmelder)	ja	nein

Quelle: www.zoll.de (Merkblatt zu den Unterschieden bei den vereinfachten Ausfuhrverfahren im Rahmen des IT-Verfahrens ATLAS-Ausfuhr)

Nachweis der Ausfuhr

Der Ausführer benötigt einen Nachweis der Ausfuhr, um von den Finanzbehörden eine Befreiung von der Umsatzsteuer zu erhalten.

WEISSE SPEDITEURBESCHEINIGUNG

Ausgangsbestätigung	Weiße Spediteurbescheinigung
Die Ausgangszollstelle sendet, wenn die Ware zur Ausfuhr die EU-Grenze überschritten hat, im Rahmen des IT-Verfahrens ATLAS eine Information über die erfolgte Ausfuhr an die Ausfuhrzollstelle. Diese wiederum sendet dem Ausführer per PDF-Datei eine Bestätigung der Ausfuhr.	Formloses Dokument, das ein Spediteur erstellt, um die tatsächliche Ausfuhr von Gemeinschaftswaren zu bestätigen (Ausfuhrbescheinigung für Umsatzsteuerzwecke).

Beispiel für „weiße Spediteurbescheinigung"

€UROcargo
Speditions GmbH · 90317 Nürnberg · Hafenstraße 1

Ausfuhrbescheinigung

Datum: 09.05.20...
Seite: 1

KUNDEN ID:	INTERNE REF.:	LADEORT:	SCHIFFSABFAHRT:	ABGANGSHAFEN:	SCHIFFSNAME:
DE 811 120 044	32/0394/046	NÜRNBERG	03.05.20...	BREMERHAVEN	LUDWIGS-HAFEN EXPRESS
AUFTRAG VOM:	**REFERENZ:**	**AUSLIEFERUNG**	**SCHIFFSANKUNFT:**	**BESTIMMUNGSHAFEN:**	**SCHIFFSKURS:**
25.04.20...	00502046		13.05.20...	NORFOLK	

ABSENDER:

EMPFÄNGER:
Eurogate Container Terminal, Senator Borttscheller Straße 1, Gatehouse 2, D-27568 Bremerhaven

Markierung	Anzahl	Verpackung	Inhalt	Gewicht
ACLU 961 965-4	1	40 H. C.	= 2 PACKAGES SPARE	1138,00 KG
SEAL 387908			PARTS FOR EXCAVATORS	
			(1 CARTON IMO 2)	
REEDEREI: ACL				
Anzahl gesamt	1		Gewicht gesamt	1138,00 KG

Ausfuhrbescheinigung für Umsatzsteuerzwecke
(Ausfuhr durch den Beauftragten eines inländischen oder ausländischen Auftraggebers)
(§ 10 Abs. 1 Nr. 2 UStDV)

ORIGINAL

Wir bestätigen hiermit, in Ihrem Auftrag obige Sendung erhalten und gemäß o.a. Daten in das umsatzsteuerliche Ausland verladen zu haben.

Wir versichern, dass wir die vorstehenden Angaben nach bestem Wissen und Gewissen auf Grund unserer Geschäftsunterlagen gemacht haben, die im Geltungsbereich der UStDV nachprüfbar sind.

2.2.2 Beispiel für eine Ausfuhranmeldung

Die Spedition EUROCARGO, Hafenstraße 1, 90137 Nürnberg, Zollnummer 2332742. erhält von der Vischer Paper AG, Nürnberg, den Auftrag, Module für eine Maschine zur Papierherstellung nach China zu transportieren und die Ausfuhr abzuwickeln. Für den Auftrag liegen folgende Informationen vor.

Versender	Vischer Paper AG, Ziegelsteinstraße 145, 90411 Nürnberg (Zollnummer 2463579)
Empfänger	Huatai Paper, Dawang, Shandong, China (PRC)
Ware	1 20′-Container, 1 40′-Container, 1 Flatrack-Container, Module für eine Maschine zur Papierherstellung
Beförderungsmittel Abgang	Lastkraftwagen
Beförderungsmittel grenzüberschreitend	Schiff Berlin Express
Ladeort	Hamburg
Ursprungsland	Bundesrepublik Deutschland
Bezugsnummer	Auftrag 6754/05
Incoterm	FCA Nürnberg
Warennummer	8439 20 00
Bruttogewicht	55 700 kg
Eigenmasse	49 500 kg
Wert lt. Handelsrechnung	1.580.000,00 EUR
Ausfuhrzollstelle	HH-Waltershof/BRD
Datum	31.07.20…

Auszug aus dem Merkblatt zu Zollanmeldungen, summarischen Anmeldungen und Wiederausfuhrmitteilungen (2013)

Feld 1		**Erstes Unterfeld**
	EU	Im Warenverkehr zwischen der Gemeinschaft und den EFTA-Ländern
	EX	Im Warenverkehr zwischen der Gemeinschaft und anderen Drittländern als den EFTA-Ländern für eine Anmeldung zur Ausfuhr von Gemeinschaftswaren aus dem Zollgebiet der Gemeinschaft nach einem anderen Drittland als einem EFTA-Land im Warenverkehr zwischen den Mitgliedsstaaten der Gemeinschaft für eine Anmeldung zur Versendung von Nichtgemeinschaftswaren
	CO	Im Warenverkehr zwischen Mitgliedstaaten der Gemeinschaft
		Zweites Unterfeld
	A	Für eine Ausfuhranmeldung
	B	Für eine unvollständige Ausfuhranmeldung
	C	Für eine vereinfachte Ausfuhranmeldung
	X	Für eine ergänzende Ausfuhranmeldung eines unter B definierten vereinfachten Verfahrens
	Y	Für eine ergänzende Ausfuhranmeldung eines unter C definierten vereinfachten Verfahrens
	Z	Für eine ergänzende Ausfuhranmeldung im Rahmen eines vereinfachten Verfahrens

		Drittes Unterfeld
	T1	Waren, die im externen gemeinschaftlichen Versandverfahren befördert werden sollen
	T2	Waren, die im internen gemeinschaftlichen Versandverfahren befördert werden sollen
Feld 2		Als Versender/Ausführer ist die Person anzugeben, für deren Rechnung die Versendungs-/Ausfuhranmeldung abgegeben wird und die zum Zeitpunkt der Abnahme dieser Anmeldung Eigentümer der Waren ist oder eine ähnliche Verfügungsberechtigung besitzt.
Feld 4		Anzahl der ggf. verwendeten und beigefügten Ladelisten
Feld 3		Lfd. Nummer in Verbindung mit der Gesamtzahl der verwendeten Vordrucksätze
Feld 5		Gesamtzahl der vom Anmelder auf allen verwendeten Vordrucken angemeldeten Warenpositionen
Feld 8		Empfänger
Feld 14		Name und Vorname bzw. Firma und vollständige Anschrift des Anmelders
Feld 15		Versendungs-/Ausfuhrland
Feld 17		Land, in dem Waren gebraucht oder verbraucht, bearbeitet oder verarbeitet werden sollen
Feld 17 a		Bestimmungsland nach dem ISO-alpha-2-Code für Länder (Anhang 1 A)
Feld 18		Anzugeben sind ggf. Kennzeichen oder Name des Beförderungsmittels auf dem die Waren bei ihrer Gestellung bei der Zollstelle, bei der die Versandförmlichkeiten erfüllt werden, unmittelbar verladen sind sowie die Staatszugehörigkeit dieses Beförderungsmittels mit dem ISO-alpha-2-Code für Länder (Anhang A).
Feld 19	0 1	Nicht in Containern beförderte Waren In Containern beförderte Waren
Feld 20		Anzugeben ist die Lieferbedingung entsprechend Anhang 2. Im ersten Unterfeld des Feldes wird der Incoterm-Code eingetragen, im zweiten Unterfeld der darauf bezogene Ort, das dritte Unterfeld bleibt frei.
Feld 21		Unterfeld Anzugeben ist die Art (Lastkraftwagen, Schiff, Waggon, Flugzeug) des aktiven Beförderungsmittels, das beim Überschreiten der Außengrenze der Gemeinschaft benutzt wird. Das Kennzeichen des mutmaßlichen Beförderungsmittels, das beim Überschreiten der Außengrenzen der Gemeinschaft benutzt wird, ist nur bei Beförderungen im Seeverkehr (Schiffsname) anzugeben. Unterfeld Staatszugehörigkeit des mutmaßlichen aktiven Beförderungsmittels, das beim Überschreiten der Außengrenze der Gemeinschaft benutzt wird nach ISO-alpha-2-Code für Länder (Anhang 1 A).
Feld 22		Währung (1. Unterfeld), auf die der Geschäftsvertrag lautet (ISO-alpha-3-Code nach Anhang 1 B), und der in Rechnung gestellte Betrag (2. Unterfeld); bei kostenloser Lieferung: Eintrag „unentgeltlich".
Feld 24		In diesem Feld ist die Art des Geschäfts (Angabe, aus der bestimmte Klauseln des Geschäftsvertrags wie z. B. Verkauf oder Kommission ersichtlich werden) mit der Schlüsselnummer entsprechend Anhang 3 anzugeben (z. B. endgültiger Kauf/Verkauf 11, Probesendungen 12).

Feld 25		Code für die Art des Verkehrszweiges entsprechend dem mutmaßlichen aktiven Beförderungsmittel, mit dem die Waren das Zollgebiet der Gemeinschaft verlassen (1 – Seeverkehr, 2 – Eisenbahnverkehr, 3 - Straßenverkehr, 4 – Luftverkehr, 5 – Postsendungen, 7 – fest installierte Transporteinrichtungen, 8 – Binnenschifffahrt, 9 – eigener Antrieb)
Feld 26		Code für die Art des Verkehrszweiges entsprechend dem Beförderungsmittel, auf dem Waren bei ihrer Gestellung bei der Zollstelle, bei der die Versendungs-/Ausfuhrförmlichkeiten erfüllt werden (Codes entsprechend Feld 25)
Feld 29		Ausgangszollstelle nach Schlüsselnummer gemäß Anhang 4 Vor die Schlüsselnummer ist der Zusatz „DE00" zu setzen.
Feld 31		Einzutragen sind Zeichen und Nummern, Anzahl und Art der Packstücke anhand der Verpackungscodes (Anhang 8). Die Warenbezeichnung muss so genau sein, dass die Einreihung der Ware in das „Warenverzeichnis für die Außenhandelsstatistik" möglich ist. Werden Waren in Containern befördert, so sind die Nummern der Container in diesem Feld anzugeben.
Feld 32		Auszufüllen wenn sich die Anmeldung auf mehr als eine Warenposition bezieht.
Feld 33		Anzugeben ist die Warennummer des „Warenverzeichnisses für die Außenhandelsstatistik" der zutreffenden Warenposition. Es ist nur das erste Unterfeld (kombinierte Nomenklatur) mit acht Stellen der Warennummer nach dem „Warenverzeichnis für die Außenhandelsstatistik" auszufüllen
Feld 34 a Feld 34 b		Nicht ausfüllen Schlüsselnummer des Ursprungsbundeslandes 01 – Schleswig-Holstein, 02 – Hamburg, 03 – Niedersachsen, 04 – Bremen, 05 – Nordrhein-Westfalen, 06 – Hessen, 07 – Rheinland-Pfalz, 08 – Baden-Württemberg, 09 – Bayern, 10 – Saarland, 11 – Berlin, 12 – Brandenburg, 13 – Mecklenburg-Vorpommern, 14 – Sachsen, 15 Sachsen-Anhalt, 16 - Thüringen
Feld 37		Anzugeben ist die zollrechtliche Bestimmung, zu der die Waren bei der Versendung/Ausfuhr angemeldet werden, unter Benutzung eines vierstelligen numerischen oder ggf. siebenstelligen alphanumerischen Codes entsprechend Anhang 6.
Feld 38		Anzugeben ist die Eigenmasse der im Feld 31 beschriebenen Ware, ausgedrückt in kg.
Feld 40		Bei der Ausfuhr sind nur dann Vorpapiere anzugeben, wenn es auch ein Vorverfahren gegeben hat.
Feld 41		Anzugeben ist für jede Position der Zahlenwert für die im „Warenverzeichnis für die Außenhandelsstatistik" vorgegebene besondere Maßeinheit, z. B. die Stückzahl.
Feld 44		Einzutragen sind die nach den jeweiligen Vorschriften, Zulassungen, Bewilligungen usw. erforderlichen Angaben sowie die Bezugsangaben aller mit der Anmeldung vorgelegten Unterlagen, z. B. RET-EXP – 30400, wenn man die Rückgabe des Exemplars Nr. 3 der Ausfuhranmeldung bei der Ausfuhrzollstelle wünscht. Bei passiver Veredelung sind z. B. die Bewilligung durch das Hauptzollamt sowie die vorgesehenen Veredelungsvorgänge
Feld 46		Anzugeben ist der Wert des Gutes bei Überschreiten der deutschen Grenze.
Feld 49		Nur bei der Versendung/Ausfuhr aus einem Zoll- oder Freilager auszufüllen.

Auszug aus dem Merkblatt zu Zollanmeldungen, summarischen Anmeldungen und Wiederausfuhrmitteilungen, Ausgabe 2013, S. 40

„Im Feld Nr. 44 sind insbesondere auch zu vermerken …

- alle für eine Anmeldung relevanten AEO-Zertifkate. Die Kennzeichnung jedes einzelnen Beteiligten, der ein AEO-Zertifikat besitzt, ist hier durch Verwendung des jeweiligen Codes aus Anhang 11 und der aus dem ISO-alpha-2-Code des erteilenden Mitgliedstaats, der des Zertifikats und der Bewilligungsnummer des erteilenden Mitgliedstaats bestehenden AEO-Zertifikatsnummer vorzunehmen:

Beispiel:
Y0231TAEOC1A2B3C4D5E6F7G

Y023	Art des AEO (hier: Empfänger)
IT	ISO-alpha-2-Code des erteilenden Mitgliedstaats (hier: Italien)
AEOC	Art des AEO-Zertifikats („C" für „Zollrechtliche Vereinfachungen", „S" für „Sicherheit" oder „F" für „Zollrechtliche Vereinfachungen/Sicherheit")
1A2B3C4D5E6F7G	Bewilligungsnummer (Code) des ausstellenden Mitgliedstaates

- der Name des betreffenden zwischenstaatlichen Gemeinschaftsprogramms (vgl. Feld Nr. 24),
- Nummer, Datum, Gültigkeitsdauer der Ausfuhrgenehmigung bzw. der Ausfuhrlizenz, bei Anwendung einer Allgemeinen Genehmigung deren Nummer und Datum. Sofern der in Feld 2 vermerkte Ausführer nicht identisch ist mit dem Inhaber der Ausfuhrgenehmigung, so ist zusätzlich noch der Name mit vollständiger Anschrift des Genehmigungsinhabers anzugeben,
- Namen und vollständige Anschrift der Überwachungszollstelle, wenn die Anmeldung von Waren zu Wiederausfuhr bei gleichzeitiger Beendigung eines Zolllagerverfahrens bei einer anderen als der Überwachungszollstelle abgegeben wird,
- Genehmigungen und Bescheinigungen nach den VuB-Vorschriften"

Anhang 1 A

Anhang 1 A – Länderverzeichnis für die Außenhandelsstatistik – ISO-alpha-2-Code für Länder

(Stand: Januar 2006)

Afghanistan	AF
Ägypten	EG
Albanien	AL
Algerien	DZ
Amerikanisch-Samoa	AS
Amerikanische Jungferninseln	VI
Amerikanische Überseeinseln, kleinere	UM
Andorra	AD
Angola	AO
Anguilla	AI
Antarktis	AQ
Antigua und Barbuda	AG
Äquatorialguinea	GQ
Arabische Republik Syrien	SY
Argentinien	AR
Armenien	AM
Aruba	AW
Aserbaidschan	AZ
Äthiopien	ET
Australien	AU
Bahamas	BS
Bahrain	BH
Bangladesch	BD
Barbados	BB
Belarus	BY
Belgien	BE
Belize	BZ
Benin	BJ
Bermuda	BM
Besetzte palästinensische Gebiete	PS
Bhutan	BT
Bolivien	BO
Bosnien und Herzegowina	BA
Botsuana	BW
Bouvetinsel	BV
Brasilien	BR
Britische Jungferninseln	VG
Britisches Territorium im Indischen Ozean	IO
Brunei Darussalam	BN
Bulgarien	BG
Burkina Faso	BF
Burundi	BI
Ceuta	XC
Chile	CL
Cookinseln	CK
Costa Rica	CR
Côte d'Ivoire	CI
Dänemark	DK
Demokratische Republik Kongo	CD
Demokratische Volksrepublik Korea	KP
Demokratische Volksrepublik Laos	LA
Deutschland	DE
Dominica	DM
Dominikanische Republik	DO
Dschibuti	DJ
Ecuador	EC
Ehemalige Jugoslawische Republik Mazedonien	MK
El Salvador	SV
Eritrea	ER
Estland	EE
Falklandinseln	FK
Färöer	FO
Fidschi	FJ
Finnland	FI
Föderierte Staaten von Mikronesien	FM
Frankreich	FR
Französisch-Polynesien	PF
Französische Südgebiete	TF
Gabun	GA
Gambia	GM
Georgien	GE
Ghana	GH
Gibraltar	GI
Grenada	GD
Griechenland	GR
Grönland	GL
Guam	GU
Guatemala	GT
Guinea	GN
Guinea-Bissau	GW
Guyana	GY
Haiti	HT
Heard und McDonaldinseln	HM
Honduras	HN
Hongkong	HK
Indien	IN
Indonesien	ID
Irak	IQ
Irland	IE
Islamische Republik Iran	IR
Island	IS
Israel	IL
Italien	IT
Jamaika	JM
Japan	JP
Jemen	YE
Jordanien	JO
Kaimaninseln	KY
Kambodscha	KH
Kamerun	CM
Kanada	CA
Kap Verde	CV
Kasachstan	KZ
Katar	QA
Kenia	KE
Kirgisistan	KG
Kiribati	KI
Kokosinseln (Keelinginseln)	CC
Kolumbien	CO
Komoren	KM
Kosovo	XK
Kroatien	HR
Kuba	CU
Kuwait	KW
Lesotho	LS
Lettland	LV
Libanon	LB
Liberia	LR
Libysch-Arabische Dschamahirija	LY
Liechtenstein	LI
Litauen	LT
Luxemburg	LU
Macau	MO
Madagaskar	MG
Malawi	MW
Malaysia	MY
Malediven	MV
Mali	ML
Malta	MT
Marokko	MA
Marshallinseln	MH
Mauretanien	MR
Mauritius	MU
Mayotte	YT
Melilla	XL
Mexiko	MX
Mongolei	MN
Montenegro	XM
Montserrat	MS
Mosambik	MZ
Myanmar	MM
Namibia	NA
Nauru	NR
Nepal	NP
Neukaledonien	NC
Neuseeland	NZ
Nicaragua	NI
Niederlande	NL
Niederländische Antillen	AN
Niger	NE
Nigeria	NG
Niue	NU
Nördliche Marianen	MP
Norfolkinsel	NF
Norwegen	NO
Oman	OM
Österreich	AT

noch **Anhang 1 A**

noch – **Länderverzeichnis für die Außenhandelsstatistik – ISO-alpha-2-code für Länder**

Pakistan	PK
Palau	PW
Panama	PA
Papua-Neuguinea	PG
Paraguay	PY
Peru	PE
Philippinen	PH
Pitcairn-Inseln	PN
Polen	PL
Portugal	PT
Republik Kongo	CG
Republik Korea	KR
Republik Moldau	MD
Ruanda	RW
Rumänien	RO
Russische Föderation	RU
Salomonen	SB
Sambia	ZM
Samoa	WS
San Marino	SM
São Tomé und Príncipe	ST
Saudi-Arabien	SA
Schiffs- und Luftfahrzeugbedarf (Einfuhr auf deutsche und Ausfuhr bzw. Durchfuhr auf fremde Seeschiffe und Luftfahrzeuge	QQ
Schweden	SE
Schweiz	CH
Senegal	SN
Serbien	XS
Seychellen	SC
Sierra Leone	SL
Simbabwe	ZW
Singapur	SG
Slowakei	SK
Slowenien	SI
Somalia	SO
Spanien	ES
Siri Lanka	LK
St. Helena	SH
St. Kitts und Nevis	KN
St. Lucia	LC
St. Pierre und Miquelon	PM
St. Vincent und die Grenadinen	VC
Südafrika	ZA
Sudan	SD
Südgeorgien und die Südlichen Sandwichinseln	GS
Suriname	SR
Swasiland	SZ
Tadschikistan	TJ
Taiwan	TW
Thailand	TH
Timor-Leste	TL
Togo	TG
Tokelau	TK
Tonga	TO
Trinidad und Tobago	TT
Tschad	TD
Tschechische Republik	CZ
Tunesien	TN
Türkei	TR
Turkmenistan	TM
Turks- und Caicosinseln	TC
Tuvalu	TV
Uganda	UG
Ukraine	UA
Ungarn	HU
Uruguay	UY
Usbekistan	UZ
Vanuatu	VU
Vatikanstadt	VA
Venezuela	VE
Vereinigte Arabische Emirate	AE
Vereinigte Republik Tansania	TZ
Vereinigtes Königreich	GB
Vereinigte Staaten	US
Vietnam	VN
Volksrepublik China	CN
Wallis und Futuna	WF
Weihnachtsinsel	CX
Zentralafrikanische Republik	CF
Zypern	CY

Bundesländer der Bundesrepublik Deutschland

01 Schleswig-Holstein
02 Hamburg
03 Niedersachsen
04 Bremen
05 Nordrhein-Westfalen
06 Hessen
07 Rheinland-Pfalz
08 Baden-Württemberg
09 Bayern
10 Saarland
11 Berlin
12 Brandenburg
13 Mecklenburg-Vorpommern
14 Sachsen
15 Sachsen-Anhalt
16 Thüringen

Das Länderverzeichnis dient nur statistischen Zwecken. Aus den Bezeichnungen kann keine Bestätigung oder Anerkennung des politischen Status eines Landes oder der Grenzen seines Gebietes abgeleitet werden.

Anhang 2

Anhang 2 – Zu Feld Nr. 20: Lieferbedingung

Erstes Unterfeld	Bedeutung	Zweites Unterfeld
Incoterm-Code	**Incoterm – CCI/ECE, Genf**	**Anzugebender Ort**
EXW	AB WERK	Standort des Werks
FCA	FRANCO SPEDITEUR	... vereinbarter Ort
FAS	FRANCO LÄNGSSEITS SCHIFF	vereinbarter Verladehafen
FOB	FRANCO BORD	vereinbarter verladehafen
CFR	KOSTEN UND FRACHT (C & F)	vereinbarter Bestimmungshafen
CIF	KOSTEN, VERSICHERUNG, FRACHT	vereinbarter Bestimmungshafen
CPT	FRACHT, PORTO BEZAHLT BIS	vereinbarter Bestimmungshafen
CIP	FRACHT, PORTO BEZAHLT BIS, EINSCHLIESSLICH VERSICHERUNG BIS	vereinbarter Bestimmungshafen
DAF	FREI GRENZE	vereinbarter Lieferort an der Grenze
DAP	GELIEFERT BENANNTER ORT	vereinbarter Ort
DAT	GELIEFERT TERMINAL	verinbarter Ort
DES	FREI „ex ship“	vereinbarter Bestimmungshafen
DEQ	FREI KAI	verzollt ... vereinbarter Hafen
DDU	FREI UNVERZOLLT	vereinbarter Bestimmungsort im Einfuhrland
DDP	VERZOLLT	vereinbarter Lieferort im Einfuhrland
XXX	ANDERE LIEFERBEDINGUNGEN ALS VORSTEHEND ANGEGEBEN	genaue Angabe der im Vertrag enthaltenen Bestimmungen

Das **dritte Unterfeld** ist in Deutschland nicht auszufüllen.

* Die in den Incoterms 2010 entfallenen Klauseln DAF, DES, DEQ und DDU können weiterhin angemeldet werden. Diese sehen vor, dass die Klauseln FAS, FOB, CFR und CIF nur für den See- und Binnenschiffsverkehr anwendbar sind. Für Altverträge hat es jedoch keine Auswirkungen.

Anhang 3 – Zu Feld Nr. 24: Art des Geschäfts

Art des Geschäfts	Schlüsselnummer
Geschäfte mit Eigentumsübertragung (tatsächlich oder beabsichtigt) und mit Gegenleistung (finanziell oder anderweitig), Ausnahme:	
Die unter den Schlüsselnummern 21 – 23, 71, 72 und 81 zu erfassenden Geschäfte[a] [b] [c].	
– Endgültiger Kauf/Verkauf[b]	11
– Ansichts- oder Probesendungen, Sendungen mit Rückgaberecht und Kommissionsgeschäfte (einschließlich Konsignationslager)	12
– Kompensationsgeschäfte (Tauschhandel)	13
– Verkauf an ausländische Reisende für deren persönlichen Bedarf	14
– Finanzierungsleasing (Mietkauf)[c]	15
Rücksendung von Waren, die bereits unter den Schlüsselnummern 11 bis 15 erfasst wurden[d]; Ersatzlieferungen ohne Entgelt[d]	
– Rücksendung von Waren	21
– Ersatz für zurückgesandte Waren	22
– Ersatz (z.B. wegen Garantie) für nicht zurückgesandte Waren	23
Geschäfte (nicht vorübergehender Art) mit Eigentumsübertragung, jedoch ohne Gegenleistung (finanziell oder anderweitig)	
– Warenlieferungen im Rahmen von durch die Europäische Gemeinschaft ganz oder teilweise finanzierten Hilfsprogrammen	31
– andere Hilfslieferungen öffentlicher Stellen	32
– sonstige Hilfslieferungen (von privaten oder von nicht öffentlichen Stellen)	33
– sonstige Geschäfte	34
Warensendung zur Lohnveredelung[e]; ausgenommen die unter den Schlüsselnummern 71 und 72 zu erfassenden Warensendungen	41
Warensendung nach Lohnveredelung[e]; ausgenommen die unter den Schlüsselnummern 71 und 72 zu erfassenden Warensendungen	51
Vorübergehende Warenverkehre (für nationale Zwecke); ausgenommen die unter Schlüsselnummer 93 zu erfassende Warensendungen[f]	
– Warensendung zur Reparatur und Wartung gegen Entgelt	63
– Warensendung zur Reparatur und Wartung ohne Entgelt	64
– Warensendung nach Reparatur und Wartung gegen Entgelt	65
– Warensendung nach Reparatur und Wartung ohne Entgelt	66
– sonstige vorübergehende Warenverkehre bis einschließlich 24 Monaten[g]	69

Anhang 4

Anhang 4 – Zu Feld Nr. 29: Ausgangszollstelle/Eingangszollstelle – Verzeichnis der anzugebenden Schlüsselnummern –

A. Verzeichnis deutscher Zollstellen bei der Aus- und Einfuhr über die Landgrenze zwischen Deutschland und der Schweiz

Vor die Schlüsselzahl (Spalte 3) ist jeweils der Zusatz „DE00" zu setzen.

Zu Spalte 1: DZA = Deutsches Zollamt
ZA = Zollamt
AbfSt = Abfertigungsstelle

Zu Spalte 4: L = Landstraße
E = Eisenbahn
Bi = Binnenschifffahrt
RL = Rohrleitungen

1	2	3	4
Deutsch-schweizerische Grenze			
ZA	Bad Säckingen	4209	L
DZA	Basel	4058	E
AbfSt	Basel-Bad. Güterbahnhof	4081	E
ZA	Bietingen	4101	L
ZA	Bühl	4214	L
AbfSt	Bühl-Altenburg-Rheinbrücke	4232	L
AbfSt	Bühl-Jestetten-Bahnhof	4233	E
ZA	Büßlingen	4109	L
ZA	Erzingen	4201	L
AbfSt	Friedrichshafen-Fähre	9420	Bi
ZA	Friedrichshafen	9402	Bi
ZA	Gailingen	4112	L
AbfSt	Gailingen-West	4185	L
ZA	Grenzacherhorn	4051	L
ZA	Günzgen	4217	L
ZA	Inzlingen	4060	L
ZA	Jestetten	4203	L
ZA	Konstanz-Autobahn	4005	L
ZA	Konstanz-Emmishofer Tor	4001	L
ZA	Konstanz-Güterbahnhof	4002	E
ZA	Konstanz-Kreuzlinger Tor	4003	L
ZA	Konstanz-Paradieser Tor	4010	L
AbfSt	Konstanz Personenbhf.	4032	E
AbfSt	Langenargen	9423	Bi
ZA	Laufenburg	4204	L
ZA	Lottstetten	4205	L
AbfSt	Meersburg	9422	Bi
ZA	Neuhaus (Randen)	4102	L
ZA	Öhningen	4117	L
AbfSt	Randegg	4187	L
ZA	Rheinfelden	4054	L
ZA	Rheinheim	4222	L
ZA	Rielasingen	4103	L
ZA	Rötteln	4223	L

noch **Anhang 4**

noch **A. Verzeichnis deutscher Zollstellen bei der Aus- und Einfuhr über die Landgrenze zwischen Deutschland und der Schweiz**

Vor die Schlüsselzahl (Spalte 3) ist jeweils der Zusatz „DE00" zu setzen.

Zu Spalte 1: DZA = Deutsches Zollamt
ZA = Zollamt
AbfSt = Abfertigungsstelle

Zu Spalte 4: L = Landstraße
E = Eisenbahn
Bi = Binnenschifffahrt
RL = Rohrleitungen

1	2	3	4
ZA	Singen-Bahnhof	4105	E
AbfSt	Singen-Personenbahnhof	4181	E
ZA	Stetten	4053	L
AbfSt	Stetten Wiesenuferweg	4082	L
ZA	Stühlingen	4206	L
AbfSt	Thayngen	4183	E
AbfSt	Waldshut-Personenbahnhof	4241	E
ZA	Waldshut	4208	L
ZA	Weil am Rhein-Autobahn	4055	L
ZA	Weil am Rhein-Friedlingen	4056	L
ZA	Weil am Rhein-Ost	4061	L
ZA	Weil am Rhein-Otterbach	4057	L

Rohrleitungen

GVS Rheintalleitung (Gas)	9963	RL
Lottstetten (Erdgas)	9962	RL
GVS Oberschwabenleitung (Gas)	9984	RL
Trinkwasser	9982	RL

noch **Anhang 4**

B. Verzeichnis deutscher Zollstellen im Luftverkehr

Vor die Schlüsselzahl (Spalte 3) ist jeweils der Zusatz „DE00" zu setzen.

Zu Spalte 1: ZA = Zollamt
AbfSt = Abfertigungsstelle

1	2	3
AbfSt	Augsburg-Flughafen	7430
AbfSt	Baden-Airport	5881
ZA	Berlin-Schönefeld-Flughafen	2102
ZA	Berlin-Tegel-Flughafen	2105
ZA	Bremen-Flughafen	2301
AbfSt	Dortmund-Flughafen	8131
ZA	Flughafen Dresden	5552
ZA	Düsseldorf-Flughafen	2601
AbfSt	Erfurt-Luftverkehr	3030
ZA	Frankfurt a. M.-Flughafen – Fracht	3302
ZA	Frankfurt a. M.-Flughafen – Reise	3303
ZA	Frankfurt a. M. – Flughafenüberwachung	3301
AbfSt	Friedrichshafen-Flughafen	9421
ZA	Hahn-Flughafen	6756
ZA	Hamburg-Flughafen	4701
ZA	Hannover-Flughafen	5103
AbfSt	Verkehrslandeplatz Hof-Plauen	8730
ZA	Flughafen Köln/Bonn	7154
AbfSt	Mönchengladbach-Flughafen	2931
ZA	Laage	9120
ZA	Flughafen Leipzig	5604
ZA	München-Flughafen	7650
ZA	Münster-Flughafen	8306
ZA	Nürnberg-Flughafen	8755
ZA	Flughafen Paderborn	8380
ZA	Saarbrücken-Flughafen	9304
ZA	Stuttgart-Flughafen	9555

noch **Anhang 4**

C. Verzeichnis deutscher Zollstellen im Seeverkehr

Vor die Schlüsselzahl (Spalte 3) ist jeweils der Zusatz „DE00“ zu setzen.

Zu Spalte 1: HZA = Hauptzollamt
ZA = Zollamt

1	2	3
Zollstellen an der Ostsee		
AbfSt	Flensburg-Hafen	6132
ZA	Heiligenhafen	6302
AbfSt	Kiel-Norwegenkai	6231
ZA	Kiel-Wik	6203
AbfSt	Lübeck-Hafen	6332
ZA	Mukran	9154
ZA	Rendsburg	6206
ZA	Rostock	9104
AbfSt	Stralsund (HZA)	9180
ZA	Wismar	9103
ZA	Wolgast	9152
Zollstellen an der Nordsee außer Bremen, Bremerhaven und Hamburg		
ZA	Brake	5301
ZA	Brunsbüttel	6151
ZA	Cuxhaven	4501
ZA	Emden	5004
ZA	Helgoland	4506
ZA	Husum	6155
AbfSt	Lemwerder	5332
ZA	Papenburg	5008
ZA	Stade	5203
ZA	Wilhelmshaven	5310
Eldfisk (Erdgas)-Rohrleitung		9964

noch **Anhang 4**

noch **C. Verzeichnis deutscher Zollstellen im Seeverkehr**

Vor die Schlüsselzahl (Spalte 3) ist jeweils der Zusatz „DE00" zu setzen.

Zu Spalte 1: ZA = Zollamt
AbfSt = Abfertigungsstelle

1	2	3
Zollstellen in Hamburg		
ZA	Hamburg-Waltershof	4851
Zollstellen in Bremen einschließlich Bremerhaven		
ZA	Bremen-Überseestadt	2302
ZA	Bremen-Industriehafen	2306
ZA	Bremen-Neustädter Hafen	2304
ZA	Bremerhaven	2452

D. Sonstige

Vor die Schlüsselzahl (Spalte 3) ist jeweils der Zusatz „DE00" zu setzen.

1	2	3
Förderbänder		9903
Post		9901
Werksbahn		9902

Anhang 8 - Zu Feld Nr. 31: Art der Packstücke

Die folgenden Codes sind zu verwenden.
(UN/ECE-Empfehlung Nr. 21/Rev. 4 vom Mai 2002)

Verpackungscodes	
Aerosol (Sprüh- oder Spraydose)	AE
Ampulle, geschützt	AP
Ampulle, ungeschützt	AM
Balken	GI
Balken, im Bündel/Bund	GZ
Ballen, gepresst	BL
Ballen, nicht gepresst	BN
Ballon, geschützt	BP
Ballon, ungeschützt	BF
Bandspule	SO
Barren	IN
Barren, im Bündel/Bund	IZ
Becher	CU
Behälter	BI
Behältnis, eingeschweißt in Kunststoff	MW
Behältnis, Glas	GR
Behältnis, Holz	AD
Behältnis, Holzfaser	AB
Behältnis, Kunststoff	PR
Behältnis, Metall	MR
Behältnis, Papier	AC
Beutel, flexibel	FX
Beutel, gewebter Kunststoff	5H
Beutel, gewebter Kunststoff, ohne Innenfutter/Auskleidung	XA
Beutel, gewebter Kunststoff, undurchlässig	XB
Beutel, gewebter Kunststoff, wasserresistent	XC
Beutel, groß	ZB
Beutel, klein	SH
Beutel, Kunststoff	EC
Beutel, Kunststofffilm	XD
Beutel, Massengut	43
Beutel, mehrlagig, Tüte	MB
Beutel, Papier	5M
Beutel, Papier, mehrlagig	XJ
Beutel, Papier, mehrwandig, wasserresistent	XK
Beutel, Tasche	PO
Beutel, Textil	5L
Beutel, Textil, ohne Innenfutter/Auskleidung	XF
Beutel, Textil, undurchlässig	XG

noch Anhang 8 – Zu Feld Nr. 31: Art der Packstücke

Beutel, Textil, wasserresistent	XH
Beutel, Tüte	BG
Bierkasten	CB
Blech	SM
Bohle	PN
Bohlen, im Bündel/Bund	PZ
Bottich	VA
Bottich, mit Deckel	TL
Bottich, Wanne, Kübel, Zuber, Bütte, Fass	TB
Boxpalette	PB
Brett	BD
Bretter, im Bündel/Bund	BY
Bund	BH
Bündel	BE
Container, nicht anders als Beförderungsausrüstung angegeben	CN
Deckelkorb	HR
Dose, rechteckig	CA
Dose, zylindrisch	CX
Eimer	BJ
Einmachglas	JR
Einzelabpackung	ZZ
Fass	BA
kleines Fass, ca. 40 l	FI
kleines Fass, Fässchen	KG
Fass, Holz	2C
Fass, Holz, abnehmbares Oberteil	QJ
Fass, Holz, Spundart	QH
Fass, Tonne	CK
Fass, Trommel, Aluminium	1B
Fass, Trommel, Aluminium, abnehmbares Oberteil	QD
Fass, Trommel, Aluminium, nicht abnehmbares Oberteil	QC
Fass, Trommel, Eisen	DI
Fass, Trommel, Holz	1W
Fass, Trommel, Holzfaser	1G
Fass, Trommel, Kunststoff	IH
Fass, Trommel, Kunststoff, abnehmbares Oberteil	QG
Fass, Trommel, Kunststoff, nicht abnehmbares Oberteil	QF
Fass, Trommel, Sperrholz	1D
Fass, Trommel, Stahl	1A
Fass, Trommel, Stahl, abnehmbares Oberteil	QB
Fass, Trommel, Stahl, nicht abnehmbares Oberteil	QA
Feldkiste	FO
Filmpack	FP
Flasche, geschützt, bauchig	BV
Flasche, geschützt, zylindrisch	BQ
Flasche, ungeschützt, bauchig	BS
Flasche, ungeschützt, zylindrisch	BO

noch Anhang 8 – Zu Feld Nr. 31: Art der Packstücke

Flaschenkasten/Flaschengestell	BC
Garnitur	SX
Gasflasche	GB
Gestell	RK
Gestell, Garderobenstange	RJ
Glasballon, geschützt	DP
Glasballon, ungeschützt	DJ
Glaskolben	FL
Glasröhrchen	VI
Halbschale	AI
Handkoffer	SU
Haspel, Spule	RL
Henkelkrug	PH
Hülle, Deckel, Überzug	CV
Hülle, Stahl	SV
Hülse	SY
Jutesack	JT
Käfig	CG
Käfig, Commonwealth Handling Equipment Pool (CHEP)	DG
Käfig, Rolle	CW
Kanister	CI
Kanister, Kunststoff	3H
Kanister, Kunststoff, abnehmbares Oberteil	QN
Kanister, Kunststoff, nicht abnehmbares Oberteil	QM
Kanister, rechteckig	JC
Kanister, Stahl	3A
Kanister, Stahl, abnehmbares Oberteil	QL
Kanister, Stahl, nicht abnehmbares Oberteil	QK
Kanister, zylindrisch	JY
Kanne, mit Henkel und Ausguss	CD
Kapsel/Patrone	AV
Karton	CT
Kasten	BX
Kasten, Aluminium	4B
Kasten, Commonwealth Handling Equipment Pool (CHEP), Eurobox	DH
Kasten, für Flüssigkeiten	BW
Kasten, Holz, Naturholz, gewöhnliches	QP
Kasten, Holz, Naturholz, mit undurchlässigen Wänden	QQ
Kasten, Holzfaserplatten	4G
Kasten, Kunststoff	4H
Kasten, Kunststoff, ausdehnungsfähig	QR
Kasten, Kunststoff, fest	QS
Kasten, Naturholz	4C
Kasten, Sperrholz	4D
Kasten, Stahl	4A
Kasten, wiederverwendbares Holz	4F
Kegel	AJ

noch Anhang 8 – Zu Feld Nr. 31: Art der Packstücke

Kistchen	CS
Kiste	CH
Kiste, Display, Karton	IB
Kiste, isothermisch	EI
Kiste, Massengut, Holz	DM
Kiste, Massengut, Karton	DK
Kiste, Massengut, Kunststoff	DL
Kiste, mehrlagig, Holz	DB
Kiste, mehrlagig, Karton	DC
Kiste, mehrlagig, Kunststoff	DA
Kiste, mit Palette	ED
Kiste, mit Palette, Holz	EE
Kiste, mit Palette, Karton	EF
Kiste, mit Palette, Kunststoff	EG
Kiste, mit Palette, Metall	EH
Kiste, Stahl	SS
Koffer	TR
Kolben	BU
Konservendose	TN
Korb	BK
Korb, mit Henkel, Holz	HB
Korb, mit Henkel, Karton	HC
Korb, mit Henkel, Kunststoff	HA
Körbchen	PJ
Korbflasche	WB
Korbflasche, geschützt	CP
Korbflasche, ungeschützt	CO
Krug	JG
Kübel	PL
Kufenbrett	SL
Lattenkiste	CR
Lebensmittelbehälter	FT
Los	LT
Massengut, fest, feine Teilchen („Pulver“)	VY
Massengut, fest, große Teilchen („Knollen“)	VO
Massengut, fest, körnige Teilchen („Körner“)	VR
Massengut, flüssig	VL
Massengut, Flüssiggas (bei anormaler Temperatur/anormalem Druck)	VQ
Massengut, Gas (bei 1031 mbar und 15 °C)	VG
Massengutbehälter, mittelgroß	WA
Massengutbehälter, mittelgroß, Aluminium	WD
Massengutbehälter, mittelgroß, Aluminium, beaufschlagt mit mehr als 10 kpa	WH
Massengutbehälter, mittelgroß, Aluminium, Flüssigkeit	WL
Massengutbehälter, mittelgroß, flexibel	ZU
Massengutbehälter, mittelgroß, gewebter Kunststoff, beschichtet	WP
Massengutbehälter, mittelgroß, gewebter Kunststoff, beschichtet, mit Umhüllung	WR
Massengutbehälter, mittelgroß, gewebter Kunststoff, mit Umhüllung	WQ

noch Anhang 8 – Zu Feld Nr. 31: Art der Packstücke

Massengutbehälter, mittelgroß, gewebter Kunststoff, ohne Umhüllung	WN
Massengutbehälter, mittelgroß, Holzfaser	ZT
Massengutbehälter, mittelgroß, Kunststofffolie	WS
Massengutbehälter, mittelgroß, Metall	WF
Massengutbehälter, mittelgroß, Metall, beaufschlagt mit > 10 kpa	WJ
Massengutbehälter, mittelgroß, Metall, Flüssigkeit	WM
Massengutbehälter, mittelgroß, Metall, kein Stahl	ZV
Massengutbehälter, mittelgroß, Naturholz	ZW
Massengutbehälter, mittelgroß, Naturholz, mit Auskleidung	WU
Massengutbehälter, mittelgroß, Papier, mehrlagig	ZA
Massengutbehälter, mittelgroß, Papier, mehrlagig, wasserresistent	ZC
Massengutbehälter, mittelgroß, Sperrholz	ZX
Massengutbehälter, mittelgroß, Sperrholz, mit Auskleidung	WY
Massengutbehälter, mittelgroß, Stahl	WC
Massengutbehälter, mittelgroß, Stahl, beaufschlagt mit mehr als 10 kpa	WG
Massengutbehälter, mittelgroß, Stahl, Flüssigkeit	WK
Massengutbehälter, mittelgroß, starrer Kunststoff	AA
Massengutbehälter, mittelgroß, starrer Kunststoff, frei stehend, Feststoffe	ZF
Massengutbehälter, mittelgroß, starrer Kunststoff, frei stehend, Flüssigkeiten	ZK
Massengutbehälter, mittelgroß, starrer Kunststoff, frei stehend, mit Druck beaufschlagt	ZH
Massengutbehälter, mittelgroß, starrer Kunststoff, statische Struktur, Feststoffe	ZD
Massengutbehälter, mittelgroß, starrer Kunststoff, statische Struktur, Flüssigkeiten	ZJ
Massengutbehälter, mittelgroß, starrer Kunststoff, statische Struktur, mit Druck beaufschlagt	ZG
Massengutbehälter, mittelgroß, Textil, beschichtet	WV
Massengutbehälter, mittelgroß, Textil, beschichtet und Umhüllung	WX
Massengutbehälter, mittelgroß, Textil, mit äußerer Umhüllung	WT
Massengutbehälter, mittelgroß, Textil, mit Umhüllung	WW
Massengutbehälter, mittelgroß, Verbundmaterial	ZS
Massengutbehälter, mittelgroß, Verbundmaterial, flexibler Kunststoff, Feststoffe	ZM
Massengutbehälter, mittelgroß, Verbundmaterial, flexibler Kunststoff, Flüssigkeiten	ZR
Massengutbehälter, mittelgroß, Verbundmaterial, flexibler Kunststoff, mit Druck beaufschlagt	ZP
Massengutbehälter, mittelgroß, Verbundmaterial, starrer Kunststoff, Feststoffe	ZL
Massengutbehälter, mittelgroß, Verbundmaterial, starrer Kunststoff, Flüssigkeiten	ZQ
Massengutbehälter, mittelgroß, Verbundmaterial, starrer Kunststoff, mit Druck beaufschlagt	ZN
Massengutbehälter, mittelgroß, wiederverwertetes Holz	ZY
Massengutbehälter, mittelgroß, wiederverwertetes Holz, mit Auskleidung	WZ
Matte	MT
Milchkanne	CC
Milchkasten	MC
Netz	NT
Netz, schlauchförmig, Kunststoff	NU
Netz, schlauchförmig, Textil	NV
Nicht verfügbar	NA
Nicht verpackt oder nicht abgepackt	NE
Nicht verpackt oder nicht abgepackt, eine Einheit	NF
Nicht verpackt oder nicht abgepackt, mehrere Einheiten	NG
Obststeige	FC

noch Anhang 8 – Zu Feld Nr. 31: Art der Packstücke

Ohne Käfig	UC
Oxhoft	HG
Päckchen	PA
Packung, Display, Holz	IA
Packung, Display, Kunststoff	IC
Packung, Display, Metall	ID
Packung, Karton, mit Greiflöchern für Flaschen	IK
Packung, Papierumhüllung	IG
Packung, Präsentation	IE
Packung, Schlauch	IF
Packung/Packstück	PK
Paket	PC
Palette	PX
Palette, 100 cm x 110 cm	AH
Palette, eingeschweißt	AG
Palette, modular, Manschette 80 cm x 100 cm	PD
Palette, modular, Manschette 80 cm x 120 cm	PE
Palette, modular, Manschette 80 cm x 60 cm	AF
Patrone	CQ
Platte	PG
Platten, im Bündel/Bund	PY
Quetschtube	TD
Rahmen	FR
Ring	RG
Rohr	PI
Rohre, im Bündel/Bund	PV
Rolle	RO
Rotnetz	RT
Sack	SA
Sack, mehrlagig	MS
Sarg	CJ
Schachtel	NS
Schale	BM
Schlauch, Röhrchen	TU
Schläuche, Röhrchen, im Bündel/Bund	TZ
Schrumpfverpackt	SW
Seekiste	SE
Segeltuch	CZ
Sparren	TS
Spender	DN
Spindel	SD
(Garn-) Spule, Rolle	BB
Spule, Spirale	CL
Stab	BR
Stab, Stange	RD
Stäbe, im Bündel/Bund	BZ
Stäbe, Stangen, im Bündel/Bund	RZ

noch Anhang 8 – Zu Feld Nr. 31: Art der Packstücke

Stamm	LG
Stämme, im Bündel/Bund	LZ
Steige, auch umschlossen	FD
Steige, niedrig	SC
Streichholzschachtel	MX
Stufe, Etage	TI
Tafel, Bogen, Platte	ST
Tafel, Bogen, Platte, eingeschweißt in Kunststoff	SP
Tafel, Bögen, Platten, im Bündel/Bund	SZ
Tafel, Scheibe	SB
Tank, rechteckig	TK
Tank, zylindrisch	TY
Teekiste	TC
Tiertransportbox	PF
Tonne	TO
Topf	PT
Trägerpappe	CM
Transporthilfe	SI
Tray-Packung (Trog, Tablett, Schale, Mulde)	PU
Tray-Packung, einlagig, ohne Deckel, Holz	DT
Tray-Packung, einlagig, ohne Deckel, Karton	DV
Tray-Packung, einlagig, ohne Deckel, Kunststoff	DS
Tray-Packung, einlagig, ohne Deckel, Styropor	DU
Tray-Packung, zweilagig, ohne Deckel, Holz	DX
Tray-Packung, zweilagig, ohne Deckel, Karton	DY
Tray-Packung, zweilagig, ohne Deckel, Kunststoff	DW
Trommel, Fass	DR
Truhe	CF
Tube, mit Düse	TV
Umschlag	EN
Umzugskasten	LV
Vakuumverpackt	VP
Vanpack	VK
Verschlag	SK
Weidenkorb	CE
Wickel	BT
Zerstäuber	AT
Zusammengesetzte Verpackung, Glasbehälter	6P
Zusammengesetzte Verpackung, Glasbehälter im Weidenkorb	YV
Zusammengesetzte Verpackung, Glasbehälter in Aluminiumkiste	YR
Zusammengesetzte Verpackung, Glasbehälter in Aluminiumtrommel	YQ
Zusammengesetzte Verpackung, Glasbehälter in dehnungsfähigem Kunststoffgebinde	YY
Zusammengesetzte Verpackung, Glasbehälter in festem Kunststoffgebinde	YZ
Zusammengesetzte Verpackung, Glasbehälter in Holzfaserkiste	YX
Zusammengesetzte Verpackung, Glasbehälter in Holzfasertrommel	YW
Zusammengesetzte Verpackung, Glasbehälter in Holzkiste	YS
Zusammengesetzte Verpackung, Glasbehälter in Sperrholzkiste	YT

noch Anhang 8 – Zu Feld Nr. 31: Art der Packstücke

Zusammengesetzte Verpackung, Glasbehälter in Stahlkiste	YP
Zusammengesetzte Verpackung, Glasbehälter in Stahltrommel	YN
Zusammengesetzte Verpackung, Kunststoffbehälter	6H
Zusammengesetzte Verpackung, Kunststoffbehälter in Aluminiumkiste	YD
Zusammengesetzte Verpackung, Kunststoffbehälter in Aluminiumtrommel	YC
Zusammengesetzte Verpackung, Kunststoffbehälter in fester Kunststoffkiste	YM
Zusammengesetzte Verpackung, Kunststoffbehälter in Holzfaserkiste	YK
Zusammengesetzte Verpackung, Kunststoffbehälter in Holzfasertrommel	YJ
Zusammengesetzte Verpackung, Kunststoffbehälter in Holzkiste	YF
Zusammengesetzte Verpackung, Kunststoffbehälter in Kunststofftrommel	YL
Zusammengesetzte Verpackung, Kunststoffbehälter in Sperrholzkiste	YH
Zusammengesetzte Verpackung, Kunststoffbehälter in Sperrholztrommel	YG
Zusammengesetzte Verpackung, Kunststoffbehälter in Stahlkiste	YB
Zusammengesetzte Verpackung, Kunststoffbehälter in Stahltrommel	YA
Zylinder	CY

EUROPÄISCHE GEMEINSCHAFT Nr. T 0504725

A VERSENDUNGS-/AUSFUHRZOLLSTELLE

1 ANMELDUNG XXXXX

Exemplar für das Versendungs-/Ausfuhrland 1

2 Versender/*Ausführer* Nr.

3 Vordrucke

4 Ladelisten XXXXX

5 Positionen

6 Packst. insgesamt XXXXXXX

7 Bezugsnummer

8 Empfänger Nr.

9 Verantwortlicher für den Zahlungsverkehr Nr. XXXXXXXXXXXXXXXXXXXXXXXXXXXXXXXXXXX

10 *Erstes Best. Land* XXX

11 *Handelsland*

13 *G. L. P.* XXXXX

14 Anmelder/Vertreter Nr.

15 Versendungs-/*Ausfuhrland* XXXXXXXXXXXXXXXXX

15 Vers./*Ausf.L.Code* a XXX b XX

17 Bestimm.L.Code a b XX

16 Ursprungsland

17 Bestimmungsland

18 Kennzeichen und Staatszugehörigkeit des Beförderungsmittels beim Abgang XXXXXXXXXXXXXXXXXXXXXXXXXXX XXX

19 Ctr.

20 Lieferbedingung XX

21 Kennzeichen und Staatszugehörigkeit des grenzüberschreitenden aktiven Beförderungsmittels

22 Währung u. in Rechn. gestellter Gesamtbetr.

23 Umrechnungskurs XXXXXXXX

24 Art des Geschäfts

25 Verkehrszweig an der Grenze

26 Inländischer Verkehrszweig

27 Ladeort XXXXXXXXXXXXX XXX

28 Finanz- und Bankangaben XXXXXXXXXXXXXXXXXXXXXXXXXXXXXXXXXXX

29 Ausgangszollstelle

30 Warenort XXXXXXXXXXXXXXXXX

XXXXXXXXXXXXXXXXXXXXXXXXXXXXXXXXXXX

31 Packstücke und Warenbezeichnung — Zeichen und Nummern - Container Nr. - Anzahl und Art

32 Positions Nr.

33 Warennummer XXXX

34 Urspr.land Code a b

35 Rohmasse (kg)

37 VERFAHREN

38 Eigenmasse (kg)

39 *Kontingent* XXXXX

40 Summarische Anmeldung/Vorpapier

41 Besondere Maßeinheit

44 Besondere Vermerke/Vorgelegte Unterlagen/Bescheinigungen u. Genehmigungen

Ausgeführt mit unvollständiger/vereinfachter Ausfuhranmeldung Nr. vom

Ausfuhrgenehmigung vom Nr. Gültig bis

Code B.V. XXX

46 Statistischer Wert

47 Abgabenberechnung

Art	Bemessungsgrundlage	Satz	Betrag	ZA
XXX	XXXXXXXXXXX	XXXXXXXXXX	XXXXXXXXXXX	X
	Summe:			

48 Zahlungsaufschub XXXXXXXXXXXXXXXXX

49 Bezeichnung des Lagers

B ANGABEN FÜR VERBUCHUNGSZWECKE

Ausfuhranmeldung

Zollstelle der ergänzenden Anmeldung
Bezeichnung:
Anschrift:

50 Hauptverpflichteter Nr. Unterschrift:

vertreten durch
Ort und Datum:

C ABGANGSSTELLE

51 Vorgesehene Durchgangszollstellen (und Land)

XXXXXXXXXXX XXXXXXXXXXX XXXXXXXXXXX XXXXXXXXXXX XXXXXXXXXXX XXXXXXXXXXX

52 Sicherheit nicht gültig für XXXXXXXXXXXXXXXXXXXXXXXXXXXXXXXXXXXXXXXXXXXXXX

Code XX

53 Bestimmungsstelle (und Land) XXXXXXXXXXXXXXXXXXXXXXXXXX

D PRÜFUNG DURCH DIE ABGANGSSTELLE Stempel:

Ergebnis:
Angebrachte Verschlüsse: Anzahl:
Zeichen:
Frist (letzter Tag):
Unterschrift:

54 Ort und Datum:

Unterschrift und Name des Anmelders/Vertreters:

0733 Einheitspapier (Versendung/Ausfuhr) - III B 1

Formularverlag CW Niemeyer GmbH & Co KG

2.2.3 Beispiel für eine unvollständige/vereinfachte Ausfuhranmeldung

Beispiel:

Sie sind Mitarbeiter/-in der Spedition EUROCARGO, Hafenstraße 1, 90137 Nürnberg (Zollnummer 2332724). Ihr Auftraggeber, die Mobilplay Spielzeug GmbH, Zollhausstraße 99, 90137 Nürnberg (Zollnummer 987 6543), hat 100 Robbycar Spielzeugfahrzeuge (Gewicht 250 kg, Verpackung 60 kg) in Kartons an die Spielwaren Ulm GmbH, Römerstraße 42, 89077 Ulm, verkauft. Diese wünscht, dass die Spielwaren direkt an deren Kunden Heidi's-Spielzeug-Lädle, Winterthurer Straße 27, CH-1500 Zürich, frei Haus in die Schweiz per Lkw über den Grenzübergang Konstanz Autobahn geliefert werden. Die Rechnung und die Warenverkehrsbescheinigung EUR 1 Nr. V672 853 werden per Post an den Empfänger übersandt.

Die Ablösung der unvollständigen Ausfuhranmeldung Nr. YY 7463246 wird bei dem für den Ausführer zuständigen Zollamt Ulm Donautal, Daimlerstraße 15, 89079 Ulm durch den Ausführer erstellt.

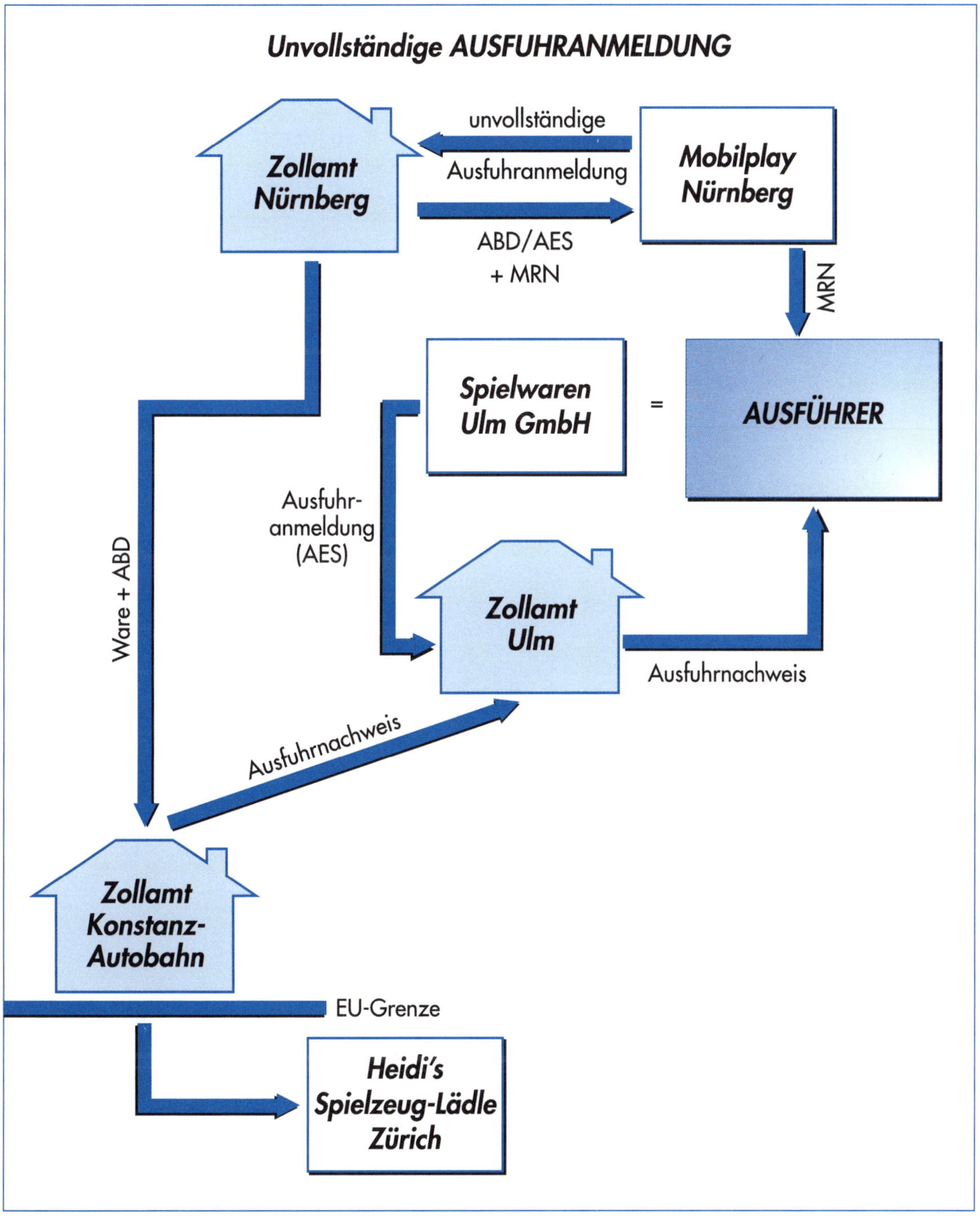

EUROPÄISCHE GEMEINSCHAFT Nr. T 1085918

1 Exemplar für das Versendungs-/Ausfuhrland **1**

A VERSENDUNGS-/AUSFUHRZOLLSTELLE

1 ANMELDUNG — XXXXX

2 Versender/*Ausführer* Nr.

3 Vordrucke

4 Ladelisten — XXXXX

5 Positionen

6 Packst. insgesamt — XXXXXXX

7 Bezugsnummer — XXXXXXXXXXXXXXXXXXXX

8 Empfänger Nr. — XXXXXXXXXXXXXXXXXXXXXXXXXXXXXXXX

9 Verantwortlicher für den Zahlungsverkehr Nr. — XXXXXXXXXXXXXXXXXXXXXXXXXXXXXXX

10 *Erstes Best. Land* — XXX

11 *Handels-land* — XXX

13 *G. L. P.* — XXXXX

14 Anmelder/Vertreter Nr.

15 Versendungs-/*Ausfuhrland* — XXXXXXXXXXXXXXXX

15 Vers./*Ausf.L.Code* — a XXX b XX

17 Bestimm.L.Code — a b XX

16 Ursprungsland

17 Bestimmungsland

18 Kennzeichen und Staatszugehörigkeit des Beförderungsmittels beim Abgang — XXXXXXXXXXXXXXXXXXXXXXXXX XXX

19 Ctr.

20 Lieferbedingung — XXX XXXXXXXXXXXXXXXXXXXXXXXXXX XX

21 Kennzeichen und Staatszugehörigkeit des grenzüberschreitenden aktiven Beförderungsmittels

22 Währung u. in Rechn. gestellter Gesamtbetr. — XXX XXXXXXXXXXXX

23 Umrechnungskurs — XXXXXXXX

24 Art des Geschäfts — X X

25 Verkehrszweig an der Grenze

26 Inländischer Verkehrszweig — XX

27 Ladeort — XXXXXXXXXXXX XXX

28 Finanz- und Bankangaben — XXXXXXXXXXXXXXXXXXXXXXXXXXXXXXX

29 Ausgangszollstelle

30 Warenort — XXXXXXXXXXXXXXX

XXXXXXXXXXXXXXXXXXXXXXXXXXXXXXX

31 Packstücke und Warenbezeichnung — Zeichen und Nummern - Container Nr. - Anzahl und Art

32 Positions Nr.

33 Warennummer — XXXX

34 Urspr.land Code — a b

35 Rohmasse (kg)

37 VERFAHREN

38 Eigenmasse (kg)

39 *Kontingent* — XXXXX

40 Summarische Anmeldung/Vorpapier

41 Besondere Maßeinheit

44 Besondere Vermerke/Vorgelegte Unterlagen/Bescheinigungen u. Genehmigungen — **Vereinfachte Ausfuhr**
Ausfuhrgenehmigung vom **Nr.** **Gültig bis**

Code B.V. — XXX

46 Statistischer Wert — XXXXXXXXXXXXX

47 Abgabenberechnung

Art	Bemessungsgrundlage	Satz	Betrag	ZA
XXX	XXXXXXXXXX	XXXXXXXXXX	XXXXXXXXXX	X
		Summe:		

48 Zahlungsaufschub — XXXXXXXXXXXXXXXX

49 Bezeichnung des Lagers

B ANGABEN FÜR VERBUCHUNGSZWECKE

Unvollständige/Vereinfachte Ausfuhranmeldung

Zollstelle der ergänzenden Anmeldung
Bezeichnung:
Anschrift:

50 Hauptverpflichteter Nr. Unterschrift: — XXXXXXXXXXXXXXXXXXXXXXXXXXXXXXXXXXXXXXXXXXXXXXXXXXX

vertreten durch
Ort und Datum:

C ABGANGSSTELLE

51 Vorgesehene Durchgangszollstellen (und Land) — XXXXXXXXXXX | XXXXXXXXXXX | XXXXXXXXXXX | XXXXXXXXXXX | XXXXXXXXXXX | XXXXXXXXXXX

52 Sicherheit nicht gültig für — XXXXXXXXXXXXXXXXXXXXXXXXXXXXXXXXXXXXXXXXXXXXXXXXXX

Code — XX

53 Bestimmungsstelle (und Land) — XXXXXXXXXXXXXXXXXXXXXXXX

D PRÜFUNG DURCH DIE ABGANGSSTELLE Stempel:
Ergebnis:
Angebrachte Verschlüsse: Anzahl:
Zeichen:
Frist (letzter Tag):
Unterschrift:

54 Ort und Datum:
Unterschrift und Name des Anmelders/Vertreters:

0761 Einheitspapier (Versendung/Ausfuhr – unvollständige/vereinfachte Anmeldung) - III B 1

Formularverlag CW Niemeyer GmbH & Co KG

EUROPÄISCHE GEMEINSCHAFT Nr. T 0504725

A VERSENDUNGS-/AUSFUHRZOLLSTELLE

Exemplar für das Versendungs-/Ausfuhrland

1

2 Versender/*Ausführer* Nr.

1 ANMELDUNG — XXXXX

3 Vordrucke | 4 Ladelisten XXXXX

5 Positionen | 6 Packst. insgesamt XXXXXXX | 7 Bezugsnummer

8 Empfänger Nr.

9 Verantwortlicher für den Zahlungsverkehr Nr.
XXXXXXXXXXXXXXXXXXXXXXXXXXXXXXXXXXXX

10 *Erstes Best. Land* XXX | 11 *Handelsland* | 13 *G. L. P.* XXXXX

14 Anmelder/Vertreter Nr.

15 Versendungs-/*Ausfuhrland* XXXXXXXXXXXXXXXXX | 15 Vers./*Ausf.* L.Code a XXX b XX | 17 Bestimm.L.Code a b XX

16 Ursprungsland | 17 Bestimmungsland

18 Kennzeichen und Staatszugehörigkeit des Beförderungsmittels beim Abgang XXXXXXXXXXXXXXXXXXXXXXXXXXXXX XXX | 19 Ctr. | 20 Lieferbedingung XX

21 Kennzeichen und Staatszugehörigkeit des grenzüberschreitenden aktiven Beförderungsmittels | 22 Währung u. in Rechn. gestellter Gesamtbetr. | 23 Umrechnungskurs XXXXXXXX | 24 Art des Geschäfts

25 Verkehrszweig an der Grenze | 26 Inländischer Verkehrszweig | 27 Ladeort XXXXXXXXXXXXX XXX | 28 Finanz- und Bankangaben XXXXXXXXXXXXXXXXXXXXXXXXXXXXXXXXXXXX

1

29 Ausgangszollstelle | 30 Warenort XXXXXXXXXXXXXXXXX | XXXXXXXXXXXXXXXXXXXXXXXXXXXXXXXXXXXX

31 Packstücke und Warenbezeichnung — Zeichen und Nummern - Container Nr. - Anzahl und Art | 32 Positions Nr. | 33 Warennummer XXXX

34 Urspr.land Code a b | 35 Rohmasse (kg)

37 VERFAHREN | 38 Eigenmasse (kg) | 39 *Kontingent* XXXXX

40 Summarische Anmeldung/Vorpapier

41 Besondere Maßeinheit

44 Besondere Vermerke/ Vorgelegte Unterlagen/ Bescheinigungen u. Genehmigungen

Ausgeführt mit unvollständiger/vereinfachter Ausfuhranmeldung Nr. vom
Ausfuhrgenehmigung vom Nr. Gültig bis

Code B.V. XXX

46 Statistischer Wert

47 Abgabenberechnung

Art	Bemessungsgrundlage	Satz	Betrag	ZA
XXX	XXXXXXXXXXX	XXXXXXXXXX	XXXXXXXXXX	X
		Summe:		

48 Zahlungsaufschub XXXXXXXXXXXXXXXXX | 49 Bezeichnung des Lagers

B ANGABEN FÜR VERBUCHUNGSZWECKE

Ausfuhranmeldung

Zollstelle der ergänzenden Anmeldung
Bezeichnung:
Anschrift:

50 Hauptverpflichteter Nr. Unterschrift:

C ABGANGSSTELLE

51 Vorgesehene Durchgangszollstellen (und Land)

vertreten durch
Ort und Datum:

XXXXXXXXXXX | XXXXXXXXXXX | XXXXXXXXXXX | XXXXXXXXXXX | XXXXXXXXXXX | XXXXXXXXXXX

52 Sicherheit nicht gültig für XXXXXXXXXXXXXXXXXXXXXXXXXXXXXXXXXXXXXXXXXXXXXXXX | Code XX | 53 Bestimmungsstelle (und Land) XXXXXXXXXXXXXXXXXXXXXXX

D PRÜFUNG DURCH DIE ABGANGSSTELLE Stempel:
Ergebnis:
Angebrachte Verschlüsse: Anzahl:
Zeichen:
Frist (letzter Tag):
Unterschrift:

54 Ort und Datum:

Unterschrift und Name des Anmelders/Vertreters:

0733 Einheitspapier (Versendung/Ausfuhr) - III B 1

Formularverlag CW Niemeyer GmbH & Co KG

2.3 Wie werden innergemeinschaftliche Lieferungen erfasst?

Mit der Einführung des EU-Binnenmarktes wurden die Überwachung und die statistische Erfassung bei der Ausfuhr von Gemeinschaftswaren und der Einfuhr von Nichtgemeinschaftswaren an die EU-Außengrenze verlagert. Innergemeinschaftliche Lieferungen (Intrahandel) müssen durch ein anderes System erfasst werden. Nach der „Verordnung (EWG) Nr. 3330/91", auch Intrastat-Verordnung genannt, sind innergemeinschaftliche steuerpflichtige Lieferungen anzumelden. Dabei ist sowohl im Abgangsland als auch im Bestimmungsland eine statistische Meldung an die jeweils zuständige staatliche Behörde erforderlich. Die Meldung kann auf Vordrucken oder Datenträgern (z. B. Disketten) bzw. online monatlich an das Statistische Bundesamt weitergeleitet werden. Liegt der jährliche Warenumsatz unter 500.000 EUR, ist eine Intrastat-Meldung nicht erforderlich, wobei diese Schwelle für Umsätze je Verkehrsrichtung gilt.

Bei der Ausfuhr von Waren in ein EU-Land ist der Vordruck „Versendung" auszufüllen, während bei der Einfuhr von Waren aus einem EU-Staat der Vordruck „Eingang" zu verwenden ist.

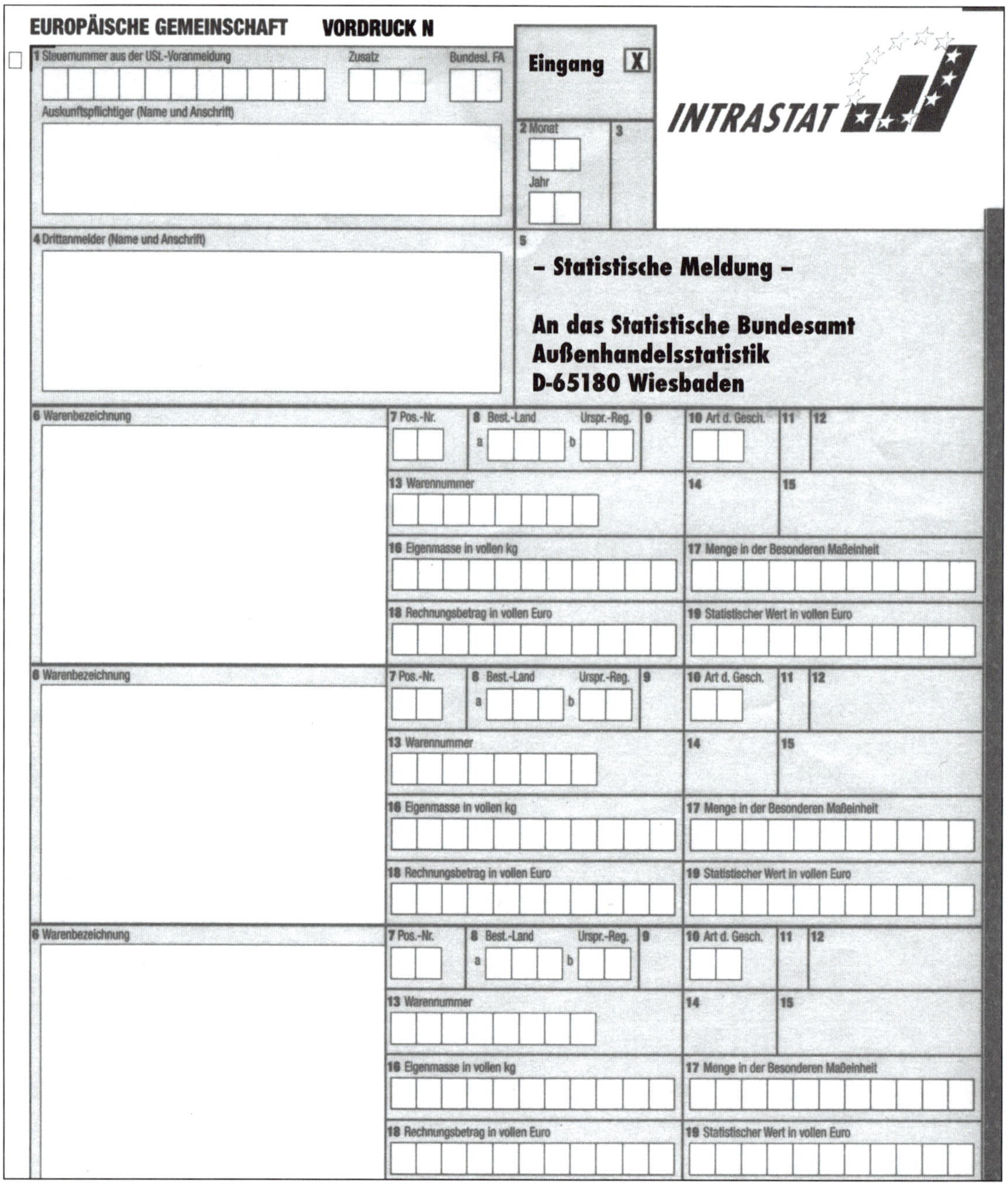
EUROPÄISCHE GEMEINSCHAFT VORDRUCK N
1 Steuernummer aus der USt.-Voranmeldung Zusatz Bundesl. FA
Auskunftspflichtiger (Name und Anschrift)
Eingang X
2 Monat
Jahr
3
INTRASTAT
4 Drittanmelder (Name und Anschrift)
5
– Statistische Meldung –
An das Statistische Bundesamt
Außenhandelsstatistik
D-65180 Wiesbaden
6 Warenbezeichnung
7 Pos.-Nr. 8 Best.-Land a Urspr.-Reg. b 9 10 Art d. Gesch. 11 12
13 Warennummer 14 15
16 Eigenmasse in vollen kg 17 Menge in der Besonderen Maßeinheit
18 Rechnungsbetrag in vollen Euro 19 Statistischer Wert in vollen Euro
6 Warenbezeichnung
7 Pos.-Nr. 8 Best.-Land a Urspr.-Reg. b 9 10 Art d. Gesch. 11 12
13 Warennummer 14 15
16 Eigenmasse in vollen kg 17 Menge in der Besonderen Maßeinheit
18 Rechnungsbetrag in vollen Euro 19 Statistischer Wert in vollen Euro
6 Warenbezeichnung
7 Pos.-Nr. 8 Best.-Land a Urspr.-Reg. b 9 10 Art d. Gesch. 11 12
13 Warennummer 14 15
16 Eigenmasse in vollen kg 17 Menge in der Besonderen Maßeinheit
18 Rechnungsbetrag in vollen Euro 19 Statistischer Wert in vollen Euro

Formular-Verlag Purschke + Hensel GmbH

Beispiel für eine Intrastat-Meldung „Versendung"

EUROPÄISCHE GEMEINSCHAFT **VORDRUCK N**

Versendung X

INTRASTAT

X **1** Steuernummer aus der USt.-Voranmeldung: 1 2 3 4 5 6 7 8 9 0 | Zusatz: | Bundesl. FA: 0 6

Auskunftspflichtiger (Name und Anschrift):
Fa. Mustermann GmbH
Bahnhofstraße 13

2 Monat: 0 1 | Jahr: 0 4 | **3**

4 Drittanmelder (Name und Anschrift):

5
– Statistische Meldung –

An das Statistische Bundesamt
Außenhandelsstatistik
D-65180 Wiesbaden

6 Warenbezeichnung	7 Pos.-Nr.	8a Best.-Land	8b Urspr.-Reg.	9	10 Art d. Gesch.	11	12	13 Warennummer	14	15	16 Eigenmasse in vollen kg	17 Menge in der Besonderen Maßeinheit	18 Rechnungsbetrag in vollen Euro	19 Statistischer Wert in vollen Euro
neuer Kleinbus mit 12 Sitzplätzen und Dieselmotor mit 3.000 cm³ Hubraum	01	GB	05		11			87021011			1800	1	25300	
Gefriertruhe mit einem Inhalt von 300 Litern	02	GR	06		51			84183091			1000	10		4700
Haushaltsstaubsauger von 110 V	03	IE	16		41			85091010			1025	150		18000
nicht nachfüllbare Taschenfeuerzeuge für Gas	04	BE	99		11			96131000			50	10000	750	

Erläuterungen:
Feld 8a: Bestimmungsmitgliedstaat
8b: Ursprungsregion (Bundesland)
10: Art des Geschäfts

20 Ort/Datum/Unterschrift des Auskunftspflichtigen/Drittanmelders:
Im Auftrag
Maier, Herbert
H. Maier
Abt.-Leiter Versand

Formular-Verlag Purschke + Hensel GmbH

„VERSENDUNG"
„EINGANG"

Liefert ein Unternehmen aus Deutschland an ein in einem anderen EU-Land ansässiges Unternehmen, ist diese Lieferung grundsätzlich umsatzsteuerfrei, wenn man nachweisen kann, dass die gelieferten Waren tatsächlich in das EU-Ausland gelangt sind. Ab 01. Oktober 2013 kann man dafür insbesondere eine "Gelangensbestätigung" vorlegen oder alternativ einen Frachtbrief, eine Handelsrechnung oder eine Spediteurbescheinigung.

Fallstudie 1: Erstellen einer Ausfuhranmeldung

Situation

Die EUROCARGO SpeditionsGmbH, Hafenstraße 1, 90137 Nürnberg, (Zollnummer 2332742) erhält den Auftrag, die Ausfuhrabfertigung für eine Sendung Dekor-Mais zu übernehmen.

Versender	Franken-Mühle, Rangaustraße 66, 91522 Ansbach
Empfänger	Shen Bian Shui, Taipei City, Taiwan R.O.C.
Ware	144 Kartons zu je 4 kg „Dekor Mais", Erzeugnisse aus Mais
Beförderungsmittel Abgang	Lastkraftwagen
Beförderungsmittel grenzüberschreitend	Schiff EVER RACER
Ladeort	Hamburg
Ursprungsland	Tschechische Republik
Bezugsnummer	Auftrag 798886
Incoterm	CIF Keelung, Taiwan
Warennummer	11022090
Bruttogewicht	593 kg
Eigenmasse	576 kg
Wert lt. Handelsrechnung	817,92 EUR
Ausfuhrzollstelle	HH-Waltershof/BRD
Datum	31.01.20...

Aufgabe

Bitte erstellen Sie eine Ausfuhranmeldung für diese Sendung. Verwenden Sie den Vordruck 0733 des Einheitspapiers sowie die o. a. Auszüge des Merkblatts zu Zollanmeldungen, summarischen Anmeldungen und Wiederausfuhrmitteilungen.

EUROPÄISCHE GEMEINSCHAFT Nr. T 0504725

1 ANMELDUNG XXXXX

A VERSENDUNGS-/AUSFUHRZOLLSTELLE

1

Exemplar für das Versendungs-/Ausfuhrland

2 Versender/Ausführer Nr.

3 Vordrucke | 4 Ladelisten XXXXX

5 Positionen | 6 Packst. insgesamt XXXXXXX | 7 Bezugsnummer

8 Empfänger Nr.

9 Verantwortlicher für den Zahlungsverkehr Nr. XXXXXXXXXXXXXXXXXXXXXXXXXXXXXXXXXX

10 Erstes Best. Land XXX | 11 Handels-land | 13 G. L. P. XXXXX

14 Anmelder/Vertreter Nr.

15 Versendungs-/Ausfuhrland XXXXXXXXXXXXXXXX | 15 Vers./Ausf.L.Code a XXX b XX | 17 Bestimm.L.Code a b XX

16 Ursprungsland | 17 Bestimmungsland

18 Kennzeichen und Staatszugehörigkeit des Beförderungsmittels beim Abgang XXXXXXXXXXXXXXXXXXXXXXXXXX XXX | 19 Ctr.

20 Lieferbedingung XX

21 Kennzeichen und Staatszugehörigkeit des grenzüberschreitenden aktiven Beförderungsmittels

22 Währung u. in Rechn. gestellter Gesamtbetr. | 23 Umrechnungskurs XXXXXXXX | 24 Art des Geschäfts

25 Verkehrszweig an der Grenze | 26 Inländischer Verkehrszweig | 27 Ladeort XXXXXXXXXXXX XXX

28 Finanz- und Bankangaben XXXXXXXXXXXXXXXXXXXXXXXXXXXXXXXXXX

1

29 Ausgangszollstelle | 30 Warenort XXXXXXXXXXXXXXXXX | XXXXXXXXXXXXXXXXXXXXXXXXXXXXXXXXXX

31 Packstücke und Warenbezeichnung — Zeichen und Nummern - Container Nr. - Anzahl und Art

32 Positions Nr. | 33 Warennummer XXXX

34 Urspr.land Code a b | 35 Rohmasse (kg)

37 VERFAHREN | 38 Eigenmasse (kg) | 39 Kontingent XXXXX

40 Summarische Anmeldung/Vorpapier

41 Besondere Maßeinheit

44 Besondere Vermerke/ Vorgelegte Unterlagen/ Bescheinigungen u. Genehmigungen

Ausgeführt mit unvollständiger/vereinfachter Ausfuhranmeldung Nr. vom

Ausfuhrgenehmigung vom Nr. Gültig bis

Code B.V. XXX

46 Statistischer Wert

47 Abgabenberechnung

Art	Bemessungsgrundlage	Satz	Betrag	ZA
XXX	XXXXXXXXXXX	XXXXXXXXXX	XXXXXXXXXXX	X
		Summe:		

48 Zahlungsaufschub XXXXXXXXXXXXXXXX | 49 Bezeichnung des Lagers

B ANGABEN FÜR VERBUCHUNGSZWECKE

Ausfuhranmeldung

Zollstelle der ergänzenden Anmeldung
Bezeichnung:
Anschrift:

50 Hauptverpflichteter Nr. Unterschrift:

vertreten durch
Ort und Datum:

C ABGANGSSTELLE

51 Vorgesehene Durchgangszollstellen (und Land) XXXXXXXXXXX | XXXXXXXXXXX | XXXXXXXXXXX | XXXXXXXXXX | XXXXXXXXXXX | XXXXXXXXXX

52 Sicherheit nicht gültig für XXXXXXXXXXXXXXXXXXXXXXXXXXXXXXXXXXXXXXXX | Code XX | 53 Bestimmungsstelle (und Land) XXXXXXXXXXXXXXXXXXXXXX

D PRÜFUNG DURCH DIE ABGANGSSTELLE Stempel:

Ergebnis:
Angebrachte Verschlüsse: Anzahl:
Zeichen:
Frist (letzter Tag):
Unterschrift:

54 Ort und Datum:

Unterschrift und Name des Anmelders/Vertreters:

0733 Einheitspapier (Versendung/Ausfuhr) - III B 1

Formularverlag CW Niemeyer GmbH & Co KG

Fallstudie 2: Export einer Schneidemaschine in die Türkei

Situation

Die Gerd Dennerlein GmbH, Hersteller von Spezialmaschinen in 91154 Roth/Mfr., Nürnberger Straße 40, verkauft eine Spann-und-Schneidemaschine an die EUROTÜRK Tekstil San. Ltd. Sti., Aegean Free Zone, Ege Sebest Bölgesi, TR – 35410 Izmir/Gaziemir. Der Wert der Maschine EXW Roth beläuft sich auf 120.000,00 EUR. Als zuständiger Sachbearbeiter/-in bei der Spedition EUROCARGO sind Sie unter anderem für die Ausfuhrabfertigung dieser Maschine zuständig.

Aufgabe 1

Beschreiben und begründen Sie detailliert die einzelnen Schritte für die Ausfuhrabfertigung dieser Maschine und gehen Sie dabei auf die Dokumentation ein.

Aufgabe 2

Die Maschine soll per LKW von Roth/Mfr. nach Izmir transportiert werden. Welche Route würden Sie wählen, wenn Sie diesen Lkw-Transport disponieren sollten? Bitte begründen Sie Ihre Entscheidung.

Wiederholungsfragen

1 Warum ist der Warenverkehr mit anderen Staaten in Deutschland nicht völlig liberalisiert?

2 Nennen Sie Waren, deren Export verboten ist oder die nur mit einer besonderen Genehmigung ausgeführt werden dürfen.

3 Welche Behörde entscheidet in Deutschland über Ausfuhrgenehmigungen?

4 Welche weiteren Instrumente hat der Staat, um den Warenverkehr zu überwachen und zu steuern?

5 Wie wird über das Zollrecht die Warenausfuhr kontrolliert?

6 Welches Territorium umfasst das Zollgebiet der Gemeinschaft?

7 Was ist der Unterschied zwischen Ausfuhr und Versendung?

8 Grenzen Sie ab: Ausfuhrzollstelle und Ausgangszollstelle.

9 Erläutern Sie das 2-stufige Ausfuhrverfahren.

10 Wird für folgende Exporte eines Nürnberger Unternehmens eine Ausfuhranmeldung benötigt? Begründen Sie jeweils Ihre Antwort.

a) Waren im Wert von 5.000,00 EUR werden nach Basel verkauft.

b) Export von Waren für 600,00 EUR nach Oslo

c) Verkauf von Waren im Wert von 1.650,00 EUR nach Istanbul

d) Eine Exportsendung im Wert von 4.000,00 wird nach Riga transportiert.

11 Ist für Nichtgemeinschaftswaren ebenfalls ein Ausfuhrverfahren erforderlich, wenn sie aus dem Gebiet der Gemeinschaft verbracht werden?

12 Wie kann ein Ausführer gegenüber den Finanzbehörden nachweisen, dass die Ware das Zollgebiet der EU verlassen hat?

13 In welchen Fällen kann eine Zollanmeldung an der Ausfuhrzollstelle unterbleiben?

14 Welchen Zweck hat eine unvollständige Ausfuhrerklärung?

15 Worin unterscheiden sich eine unvollständige Ausfuhrerklärung und die vereinfachte Anmeldung?

16 Wer kann im Anschreibeverfahren Ausfuhrerklärungen abgeben?

17 Warum sind Intrastat-Meldungen abzugeben?

18 Wer muss eine Intrastat-Meldung abgeben?

19 An welche Stelle (Institution) ist die Intrastat-Meldung zu senden?

20 In welcher Form können Intrastat-Meldungen versandt werden?

3 Frachtverträge in der Seeschifffahrt bearbeiten

3.1 Welche Bedeutung hat der Transport von Gütern mit dem Seeschiff?

Die Seeschifffahrt befördert 90 % aller Güter weltweit. Ohne Seeschifffahrt wären internationaler Handel, der Massentransport von Rohstoffen und der Export oder Import von Nahrungsmitteln und Gebrauchsgütern zu erschwinglichen Preisen einfach nicht möglich. Die Globalisierung hätte sich ohne Seeschifffahrt nie in dem Maße entwickelt, wie sie heute auftritt.

Seeschiffe sind technisch hoch entwickelte Wertanlagen (größere moderne Schiffe kosten mehr als US-$ 150.000.000) und erwirtschaften Frachteinnahmen von jährlich mehr als 380 Milliarden USD, das entspricht etwa 5 % der Weltwirtschaft.

3.2. Welche Vor- und Nachteile hat der Transport von Gütern mit Seeschiffen?

In Heft 1 dieser Reihe[1] wurden Kriterien für die Auswahl von Verkehrsmitteln festgelegt. Anhand dieser Kriterien sollen nachfolgend die Vor- und Nachteile des Verkehrsmittels „Seeschiff" untersucht werden.

Kriterien	Vorteil Seeschiff	Nachteil Seeschiff
Transportkosten/ Preis	Der Transport von Gütern mit dem Seeschiff ist sehr preisgünstig. Ohne Seeschiffe wären an vielen Orten der Erde eine große Anzahl von Gütern zu einem erschwinglichen Preis nicht verfügbar.	
Nebenkosten	Bei Verwendungen von Containern spart man Verpackung.	Güter sind seemäßig zu verpacken, um sie vor Transportgefahren zu schützen. In den meisten Fällen ist ein Vor- oder Nachlauf zum/vom Seehafen erforderlich. In manchen Fällen sind die Vor-/Nachlaufkosten so hoch wie oder sogar höher als die eigentliche Seefracht. Zur Abdeckung der Risiken und zum Ausgleich der beschränkten Haftung von Reedereien ist eine Transportversicherung im Seeverkehr unerlässlich.

[1] vgl. Heft 1

Kriterien	Vorteil Seeschiff	Nachteil Seeschiff
Ladekapazität	Die Ladekapazität von Seeschiffen ist sehr hoch. Die neueste Generation von Containerschiffen kann die Lademenge von 10.000 Lkws befördern. Die größten Massengutschiffe können bis zu 200.000 t Getreide transportieren, genug um eine halbe Million Menschen ein Jahr lang zu ernähren.	
Schadensanfälligkeit		Güter unterliegen beim Transport mit Seeschiffen vielfältigen Belastungen. Schiffe durchfahren unterschiedliche Klimazonen, hohe Luftfeuchtigkeit und Salzwasser können die Güter angreifen. Häufiges Umladen und Umschlagen der Güter birgt weitere Transportrisiken.
Zuverlässigkeit	Seeschiffe gelten als zuverlässig. Im Containerverkehr liegt die Pünklichkeitsrate bei 80 %.	
Pünktlichkeit	Wegen der großen Entfernungen und der entsprechend langen Transportdauer können die Abfahrts-/Ankunftszeiten nicht minutengenau angegeben werden. In der Containerschifffahrt werden die von den Reedereien angegebenen Abfahrts- und Ankunftszeiten weitgehend eingehalten, schon um hohe Kosten zu vermeiden.	
Regelmäßigkeit	Die Linienschifffahrt bietet regelmäßige Dienste zu den verschiedenen Fahrtgebieten der Welt an.	Im Trampverkehr[1] gibt es keine regelmäßigen Schiffsverkehre, da hier Transporte nach Bedarf durchgeführt werden.
Häufigkeit Frequenz	Durch Allianzen wird die Häufigkeit/Frequenz von Schiffsabfahrten erheblich erhöht. Nach Ostasien oder der Ostküste der USA gibt es von Europa aus sehr viele Schiffsabfahrten.	Die Häufigkeit/Frequenz der Schiffsabfahrten hängt vom Fahrtgebiet ab. Während nach Shanghai mehrere Schiffe täglich von Europa aus abfahren, gibt es z. B. nach Luanda/Angola sehr wenige Abfahrten.
Beweglichkeit		Seeschiffe können Güter nur zwischen Seehäfen befördern. Vor- und Nachläufe sind erforderlich. Der Einsatz ständig größerer Schiffe erfordert eine entsprechende Infrastruktur in den Seehäfen und eine Konzentration des Containerverkehrs auf wenige große Häfen in der Welt. Es werden Feeder-Dienste[2] notwendig, um entlegene Orte zu bedienen. Dadurch wird die Flexibilität des Verkehrsmittels „Seeschiff“ eingeschränkt.

1 Hauptsächlicher Einsatz von Massengutschiffen ohne festen Fahrplan, Fahrten nach Bedarf.
2 Einsatz von kleineren Schiffen, die als Zubringer dienen

Kriterien	Vorteil Seeschiff	Nachteil Seeschiff
Abwicklungsvorschriften	Es gibt weltweit gültige Gefahrgutvorschriften, die dem Schutz und der Sicherheit des Seeverkehrs dienen.	Verschärfte Sicherheitsanforderungen, insbesondere im Zusammenhang mit der Terrorismusbekämpfung, haben zu Behinderungen und bürokratischen/administrativen Hemmnissen bei der Abwicklung von Seetransporten geführt.
Witterungsabhängigkeit	Die Seeschifffahrt ist von Ausnahmen abgesehen relativ unabhängig von Witterungseinflüssen.	Stürme in bestimmten Regionen der Weltmeere sowie Eis können die Seeschifffahrt beeinträchtigen. Nebel kann in Gebieten mit dichtem Schiffsverkehr, z. B. Ärmelkanal, zum Problem werden.
Kapitalbindungskosten		Wegen langer Transportzeiten sind die Güter auf dem Seeschiff lange nicht nutzbar. Das in einer Maschine gebundene Kapital erbringt während einer langen Seereise keine Erträge.
Umweltverträglichkeit	Der CO_2-Ausstoß ist beim Transport mit dem Seeschiff im Vergleich mit allen anderen Verkehrsmitteln am niedrigsten.	Durch Schiffsunfälle und den Einsatz nicht sicherer Seeschiffe kann es zu Umweltkatastrophen in den Weltmeeren kommen. Unzulässiges Reinigen von Öltanks auf hoher See führt zu Verunreinigung des Meerwassers.

3.3 Welche Schiffe werden für den Frachtverkehr eingesetzt?

BRUTTORAUMZAHL
NETTORAUMZAHL

Die frühere Messzahl für die Größe von Schiffen, die Bruttoregistertonne, wurde durch die **Bruttoraumzahl**[1] (BRZ) und **Nettoraumzahl**[2] (NRZ) ersetzt. Hierbei handelt es sich nicht um gängige Volumen- oder Gewichtseinheiten, sondern um eine künstliche Messzahl ohne Benennung. Nach der Brutto- oder Nettoraumzahl werden Gebühren berechnet, z. B. Hafengebühren, Lotsengebühren. Außerdem werden Schiffe nach der NRZ besteuert.

TOTAL DEAD WEIGHT

Die Tragfähigkeit als Maß für die Zuladefähigkeit von Handelsschiffen wird durch die Maßgröße tdw = **total dead weight** angegeben. Als Maßeinheit dienen entweder metrische Tonnen (1 metric ton = 1000 kg) oder englische long tons (1 long ton = 1016 kg).

3.3.1 Schiffstypen

Seeschiffe lassen sich in folgende Schiffstypen einteilen:

SCHIFFSTYP
DRY-BULK-CARRIER
TANKER

Schiffstyp		Beschreibung
Massengutschiffe (Bulk Carrier)	**Dry-Bulk-Carrier (Trockenfrachter)**	Befördern hauptsächlich trockene Schüttgüter, wie z. B. Getreide, Erze, Kohle
	Tanker	Tanker, die flüssige, staubförmige oder gasförmige Güter transportieren, z. B. Öl, Gas, Fruchtsaft, chemische Stoffe

NRZ

1 BRZ= Maß für die Gesamtgröße von Schiffen, dimensionslose Vergleichszahl, berechnet nach dem gesamten umbauten Raum, multipliziert mit einem zwischen 0,22 und 0,32 liegenden Faktor je nach Schiffstyp
2 NRZ = Maßeinheit für die Transportkapazität eines Schiffes

Schiffstyp		Beschreibung
Stückgutschiffe	**Break-Bulk-Carrier (General Cargo Vessel)**	Befördern Sendungen, die nicht in einen Container verladen wurden oder verladen werden können. Die Größe der Sendungsteile variiert von kleineren Stücken bis zu schweren Lasten. Häufig sind diese Packstücke durch eine Holzverpackung ummantelt, um die Güter vor den Gefahren des Transports zu schützen.
	Containerschiffe	Auf diesen Schiffen werden nur Container transportiert. vgl. unten
Spezialschiffe	**Ro-Ro-Schiffe**	vgl. unten
	Mischformen	vgl. unten
	Küstenmotorschiffe (Kümo)	Kleinere Schiffe, die von Binnenhäfen, z. B. ab Duisburg, entlang der Küste bis in das Schwarze Meer oder zu Häfen in Nordafrika fahren

3.3.2 Containerschiffe

Der Außenhandel hätte sich nie in dem Maße entwickeln können, wenn es nicht die Containerschiffe gäbe. Sie gelten als die Lastesel des Schiffstransports. Seit Mitte der Sechzigerjahre des letzten Jahrhunderts hat sich die Containerschifffahrt rasant entwickelt. Der Containerumschlag im Hafen Hamburg spiegelt diese Entwicklung wieder.

Containerumschlag im Hafen Hamburg 2008 – 2012

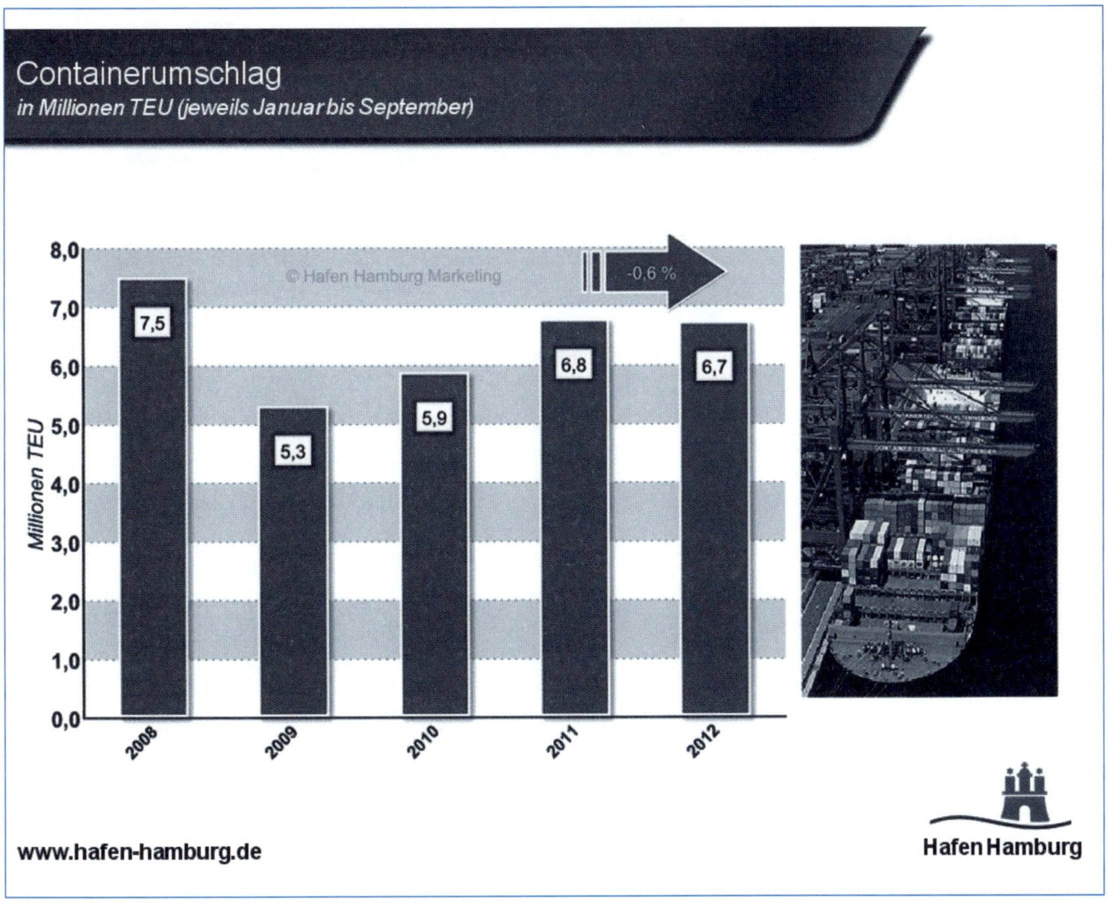

Quelle: Hafen Hamburg

Die Größe von Containerschiffen hängt von deren Ladekapazität ab, die in TEU (twenty foot equivalent unit) gemessen wird. 1 TEU bezieht sich auf einen 20'-Container. Es gibt Containerschiffe mit einer Kapazität von beispielsweise 80 TEU. Die größten heute[1] eingesetzten Schiffe können mehr als 15 000 TEU tragen. Die Entwicklung der großen Containerschiffe ist noch nicht abgeschlossen. Sie soll im Folgenden dargestellt werden.

Ab 1960: erste Generation mit 1 000 TEU
Ab 1970: zweite Generation mit 2 000 TEU
Ab 1972: dritte und vierte Generation (Panamax-Klasse) mit 3 000 bzw. 4 000 TEU.
Ab 1992: Postpanamax-Klasse mit 5 000 bis 6 000 TEU.
Ab 2001: „Hamburg Express" (Hapag-Lloyd) 7 506 TEU
Ab 2004: „Colombo Express" (Hapag-Lloyd) 8 750 TEU
Ab 2006: "Cosco Guangzhou" 9 500 TEU
Ab 2006: „Emma Maersk" 11 000 bis 14 000 TEU
Ab 2010: „Christophe Colomb" (CMA CGM) 13 880 TEU
Ab 2012: „Marco Polo" (CMA CGM) 16 020 TEU

In Planung:
Malacca-max-Klasse mit mehr als 18 000 TEU

Marco Polo Hafen Hamburg Hasenpusch, Quelle: © HHM

Feeder-Dienste

Die großen Containerschiffe können nicht jeden Hafen anlaufen, sondern nur Häfen, die entsprechende Anlagen aufweisen, z. B. ein tiefes Hafenbecken sowie Umschlageinrichtungen mit hoher Kapazität. Die kleineren Häfen werden durch sogenannte Feeder-Dienste bedient, d. h. es werden kleinere Containerschiffe als Zubringer eingesetzt.

Containerbrücken (gantry cranes)

Damit die Containerschiffe rationell und zeitsparend be- oder entladen werden können, sind spezielle Umschlageinrichtungen im Hafen erforderlich. Diese Containerbrücken sind Spezialkräne (gantry cranes) mit klappbarem Ausleger. Sie haben eine Tragfähigkeit von mehr als 50 t. Für die rationelle Be- und Entladung von großen Containerschiffen stehen mehrere Containerbrücken gleichzeitig im Einsatz zur Verfügung.

Straddle Carriers (Van Carriers)

Reach Stackers

Containerstapler

Fahrerloses Transportsystem

Um Container auf dem Kai bewegen zu können, setzt man Straddle Carriers (Van Carriers) ein, Spezialfahrzeuge, mit denen man 3 Lagen von Containern übereinanderstapeln kann. Ein weiteres Gerät zu Beförderung von Containern in Seehäfen sind Reach Stackers, überdimensionale Stapler, die Container greifen und transportieren können. Containerstapler können Container in vertikaler Richtung bis in eine Höhe von 15 m stapeln. In modernen Containerterminals, wie z. B. in Hamburg-Altenwerder, setzt man ein fahrerloses Transportsystem ein, um Container auf dem Kaigelände rationell zu bewegen.

[1] Stand: 2011

Fahrerloses Transportsystem im Hafen Rotterdam
Quelle: Gottwald Port Technology GmbH

Einsatz fahrerloser Transportfahrzeuge im Hafen Hamburg-Altenwerder zwischen Containerbrücken und Containerzwischenlager
Quelle: Gottwald Port Technology GmbH

Beladung eines Containerschiffes im Hafen Hamburg

Quelle:
Hafen Hamburg/Hettchen

Quelle: Hafen Hamburg/Hasenpusch

Colombo Express, Quelle: Hapag-Lloyd AG

Daten zum Containerschiff MARCO POLO:

Name:	Marco Polo
Größe:	175 343 BRZ
Baujahr:	2012
Länge über alles:	394,40 m
Breite:	53,60 m
Tiefgang:	16 m
Geschwindigkeit:	24,1 kn
Typ:	Container
Kapazität:	16 020 TEU
Flagge:	United Kingdom
Eigner:	CMA CGM Head Office
Bauwerft:	DMSE Daewoo Shipbuilding and Marine Engineering, Okpo, Korea
Klasse:	BV Clean Ship, Green Passport

Hafen Hamburg/Hasenpusch, Quelle: © HHM

3.3.3 Roll-On/Roll-Off-Schiffe (Ro-Ro-Schiffe)

RO-RO-SCHIFFE

Kennzeichnend für diesen Schiffstyp ist, dass der Umschlag nicht vertikal, wie beim Container, sondern in horizontaler Richtung erfolgt. Die Ladung rollt selbst auf das Schiff oder wird mittels Straßen- oder Schienenfahrzeugen, Trailern (Mafi)[1] usw. auf das Schiff gerollt. Ein weiteres Kennzeichen ist, dass die Ladeebenen (Decks) nicht unterteilt sind und sich über die gesamte Länge des Schiffs erstrecken.

Insbesondere bei Autotransporten, Baumaschinen (Bagger, Kräne) und beim Transport besonders schwerer Güter (Transformatoren, Großkessel usw.), wird diese Form des Umschlags gewählt.

3.3.4 Kombination Stückgut-Container

Ein gewöhnliches Stückgutfrachtschiff kann auch Container an Bord nehmen. Ebenso ist es möglich Container auf Ro/Ro-Schiffen zu transportieren. Dabei wurde das ConRo-Schiff als

CONRO-SCHIFF

[1] Rolltrailer

Mischform entwickelt, eine Kombination aus Container- und Ro-Ro-Schiff. Beispielsweise setzt die Reederei Grimaldi solche Schiffe ein.[1]

3.3.5 Spezialschiffe

KÜHLSCHIFFE

AUTOTRANS-PORTER

Abhängig von der Besonderheit der zu befördernden Ware oder vom Einsatzzweck werden immer zahlreichere Typen von Spezialschiffen entwickelt und gebaut. Die wichtigsten wären Kühlschiffe, reine Autotransporter, Bergungsschlepper, LNG-Carrier[2], Versorgungsschiffe usw.

Autocarrier
Quelle: AUTO-BANNER

LNG-Carrier Northwest Shearwater
Quelle: Deutsche BP AG

1 vgl. www.grimaldi.co.uk
2 LNG = liquified natural gas; Tankschiffe, die Flüssiggas transportieren

Stückgutschiff „Rickmers Tokyo nach dem Auslaufen aus Genua".
Foto: Rickmers Line

3.3.6 Klassifikation von Seeschiffen

Seeschiffe werden nach ihren technischen Merkmalen einer bestimmten Schiffsklasse zugeordnet, aus der sich das Risiko für die Versicherungsgesellschaft ablesen lässt. **SCHIFFSKLASSE**

Die Zuordnung eines Seeschiffes zu einer bestimmten Schiffsklasse wird von Klassifikationsgesellschaften durchgeführt, die nach einheitlichen Beurteilungsmerkmalen ein Klassenzertifikat ausstellen, das internationale Anerkennung findet. **KLASSIFIKATIONSGESELLSCHAFTEN** **KLASSENZERTIFIKAT**

Die berühmteste Klassifikationsgesellschaft ist Lloyd's Register in London, die seit 1760 unter Lloyd's Register of British and Foreign Shipping (LR) Schiffsklassifikationen vornimmt. In Deutschland gibt es den Germanischer Lloyd (GL) seit 1867. Zu den bekannten Klassifikationsgesellschaften gehört auch Bureau Veritas (BV), 1828 in Antwerpen gegründet und seit 1832 in Paris ansässig.

3.3.7 Schiffsregister und Schiffsflaggen

Jedes Schiff fährt unter der Flagge des Landes, in dem es registriert ist. Die Flagge ist äußeres Zeichen der Nationalität eines Schiffes, die davon abhängt, in welchem Staat das Schiff registriert ist. Mit der Eintragung eines Schiffes in das Schiffsregister unterliegt das Schiff der Rechtsordnung sowie dem diplomatischen Schutz des registrierenden Staats. **FLAGGE** **RECHTSORDNUNG** **DIPLOMATISCHEN SCHUTZ**

Man kann die Funktion des Schiffsregisters mit dem Grundbuch im Liegenschaftsrecht vergleichen. Das Schiffsregister wird beim Registergericht geführt und hat drei Abteilungen: **SCHIFFSREGISTER** **REGISTERGERICHT**

- Beschreibung des Schiffes
- Eigentumsverhältnisse
- Belastungen (Schiffshypotheken)

Das Registergericht stellt ein Schiffszertifikat aus, das an Bord ständig mitgeführt werden muss. **SCHIFFSZERTIFIKAT**

Die Voraussetzungen für die Eintragung in das nationale Schiffsregister legt der jeweilige Staat fest. Kriterien können beispielsweise die Nationalität der Eigentümer oder der Besatzung sein, die Besatzungsstärke, Sozialvorschriften, Arbeitsschutzvorschriften oder Abgabenregelungen. Es gibt Staaten mit sehr niedrigen Voraussetzungen für die Eintragung in das Schiffsregister (offene Register), z. B. Liberia, Panama, Singapur, Zypern. Viele Staaten, darunter auch Deutschland, haben sogenannte Zweitregister mit niedrigeren Anforderungen für die Eintragung eingeführt, um die Ausflaggung[1] einzudämmen. Um Kosten einzusparen, ist es dann z. B. möglich, Besatzungsmitglieder zu den günstigeren Bedingungen ihrer Herkunftsländer anzuheuern.

OFFENE REGISTER

3.4 Welche Fahrtgebiete gibt es in der Seeschifffahrt?

Die Hauptrouten des internationalen Schiffsverkehrs spiegeln die Struktur der Welthandelsströme wider. Die größte Menge der mit Seeschiffen beförderten Güter wird mit Containerschiffen transportiert. Bereits in den späten Sechziger- und frühen Siebzigerjahren des letzten Jahrhunderts wurden die traditionellen Fahrtgebiete der Linienschifffahrt zwischen den Industriezentren der Welt durch Containerschiffe bedient. Das erste Containerschiff in Deutschland legte im Jahr 1966 in Bremen aus den Vereinigten Staaten kommend an.

SEEWEG ZWISCHEN EUROPA UND NORDAMERIKA

Der Seeweg zwischen Europa und Nordamerika (USA, Kanada) stellt eine große Magistrale des Weltcontainerverkehrs dar. Die beiden anderen Magistralen sind der Seeweg von Europa nach Ostasien und die Route Ostasien an die Westküste Nordamerikas.

VON EUROPA NACH OSTASIEN

ROUTE OSTASIEN AN DIE WESTKÜSTE NORDAMERIKAS

Diese drei Hauptrouten des Weltcontainerverkehrs sollen anhand von Fahrtplänen der Reederei OOCL[2] dargestellt werden. Auf der Route Europa-Asien dauert die Schiffsreise nach Tokyo 28 Tage, wobei nur der Hafen Singapur als Zwischenstopp angelaufen wird. Das Seeschiff beginnt seine Reise in Hamburg und fährt von der Nordsee durch die Meerenge des Ärmelkanals über den Atlantik nach Süden, bis es südlich von Portugal in die Straße von Gibraltar einbiegt, das Mittelmeer durchfährt bis zur ägyptischen Hafenstadt Port Said. Dort befindet sich der Eingang in den Suezkanal und das Schiff erreicht bei Suez das Rote Meer, das es nach der Meerenge von Bab El Mandeb verlässt, um durch den Golf von Aden am Horn von Afrika und an der Südspitze Indiens vorbei Richtung Singapur zu fahren. Dabei muss das Schiff die Meerenge zwischen der malaysischen Halbinsel und der indonesischen Insel Sumatra, die Straße von Malakka, durchfahren. Von Singapur aus begibt sich das Schiff in nordöstlicher Richtung durch das Südchinesische Meer, durchquert die Taiwanstraße zwischen der Insel Taiwan und dem chinesischen Festland, um durch das Ostchinesische Meer südlich von Südkorea nach Japan zu fahren.

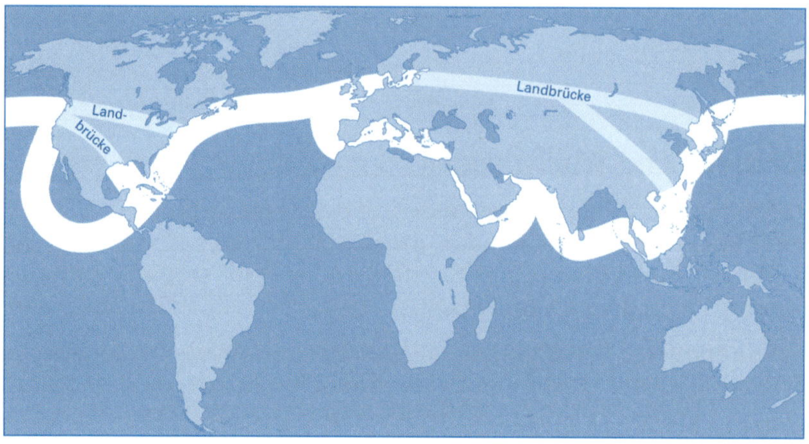

[1] Registrierung eines Schiffes in einem anderen Land

[2] OOCL = Orient Overseas Container Line, setzte 1972 als erste Reederei ein Containerschiff auf der Route Ostasien-Europa ein.

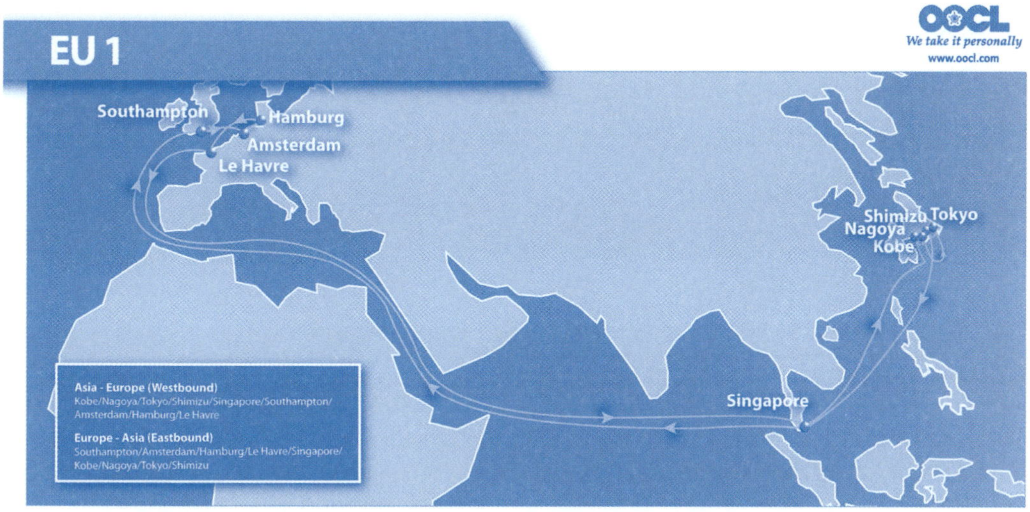

Transit Time (Days)

Asia to Europe (Westbound)

From / To (Depart/Arrive)	Southampton (Sat)	Amsterdam (Mon)	Hamburg (Wed)	Le Havre (Fri)
Kobe (Tue)	25	27	29	31
Nagoya (Wed)	24	26	28	30
Tokyo (Fri)	22	24	26	28
Shimizu (Sat)	21	23	25	27
Singapore (Fri)	15	17	19	21

Transit Time (Days)

Europe to Asia (Eastbound)

From / To (Depart/Arrive)	Singapore (Tue)	Kobe (Mon)	Nagoya (Tue)	Tokyo (Thur)	Shimizu (Sat)
Southampton (Sun)	23	29	30	32	34
Amsterdam (Tue)	21	27	28	30	32
Hamburg (Thur)	19	25	26	28	30
Le Havre (Sat)	17	23	24	26	28

Quelle: Orient Overseas Container Line Limited (OOCL), Hongkong

Auf dem Rundkurs EU 3 fahren die Schiffe von OOCL z. B. von Hamburg nach Shanghai in 27 Tagen, wobei die Schiffe vorher im malaysischen Hafen Port Kelang und in Singapur sowie in den südchinesischen Häfen Shekou, Hongkong und Ningbo angelegt haben.

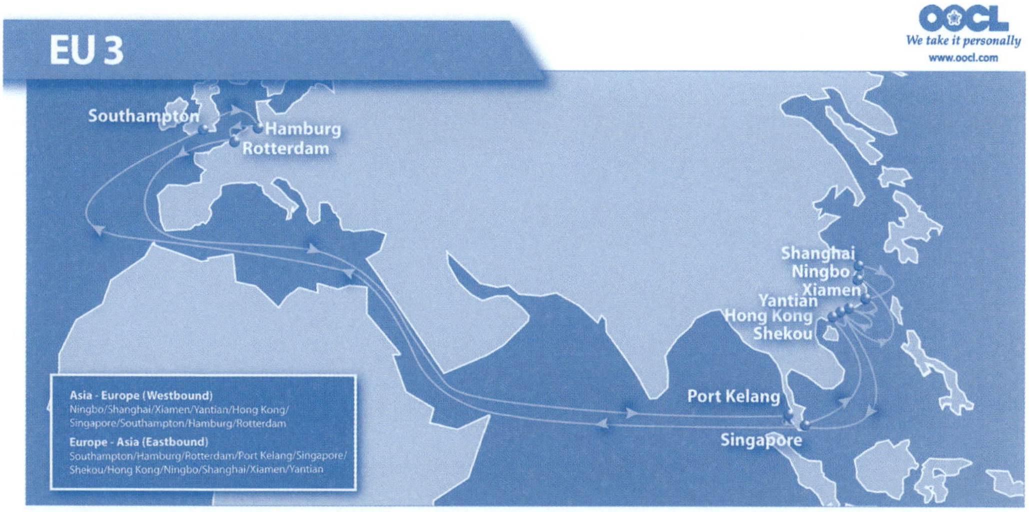

Transit Time (Days)

Asia to Europe (Westbound)

From / To (Depart/Arrive)	Southampton (Tue)	Hamburg (Thur)	Rotterdam (Sun)
Ningbo (Sat)	24	26	29
Shanghai (Sun)	23	25	28
Xiamen (Tue)	21	23	26
Yantian (Wed)	20	22	25
Hong Kong (Thur)	19	21	24
Singapore (Mon)	15	17	20

Transit Time (Days)

Europe to Asia (Eastbound)

From / To (Depart/Arrive)	Port Kelang (Fri)	Singapore (Sat)	Shekou (Tue)	Hong Kong (Wed)	Ningbo (Fri)	Shanghai (Sat)	Xiamen (Tue)	Yantian (Wed)
Southampton (Wed)	23	24	27	28	30	31	34	35
Hamburg (Sun)	19	20	23	24	26	27	30	31
Rotterdam (Tue)	17	18	21	22	24	25	28	29

Quelle: Orient Overseas Container Line Limited (OOCL), Hongkong

Die Containerschiffe von OOCL von Hamburg nach New York sind 11 Tage unterwegs.

OOCL
We take it personally
www.oocl.com

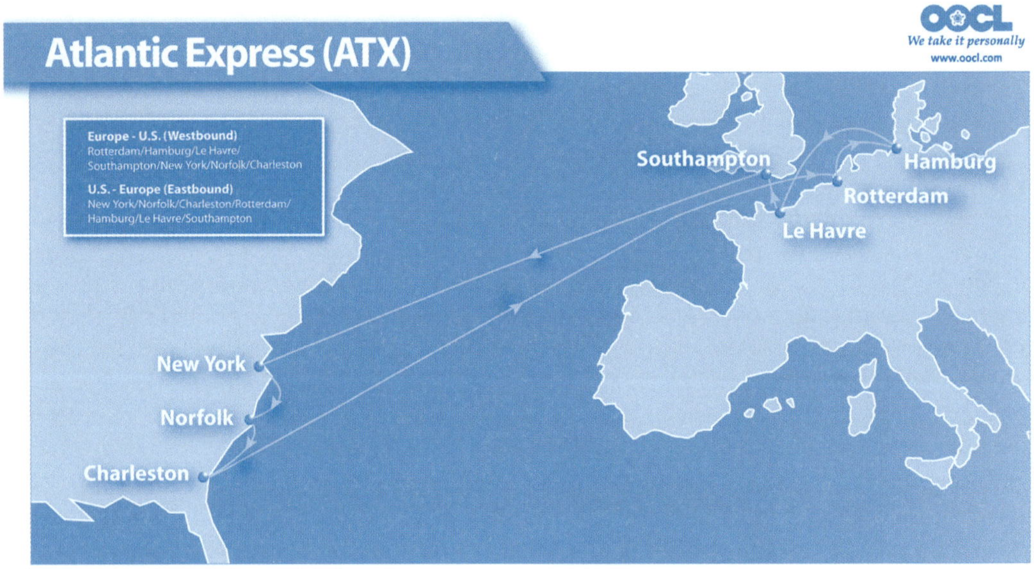

Transit Time (Days)

Europe to U.S. (Westbound)			
From / To (Depart/Arrive)	New York (Mon)	Norfolk (Wed)	Charleston (Fri)
Rotterdam (Tue)	13	15	17
Hamburg (Wed)	11	13	15
Le Havre (Sat)	9	11	13
Southampton (Sun)	8	10	12

Transit Time (Days)

U.S. to Europe (Eastbound)				
From / To (Depart/Arrive)	Rotterdam (Mon)	Hamburg (Wed)	Le Havre (Fri)	Southampton (Sat)
New York (Tue)	13	15	17	18
Norfolk (Thur)	11	13	15	16
Charleston (Fri)	10	12	14	15

Quelle: Orient Overseas Container Line Limited (OOCL), Hongkong

Auf der Route Fernost – Nordamerika Westküste sind Containerschiffe z. B. von Shanghai nach Los Angeles 11 Tage unterwegs.

OOCL
We take it personally
www.oocl.com

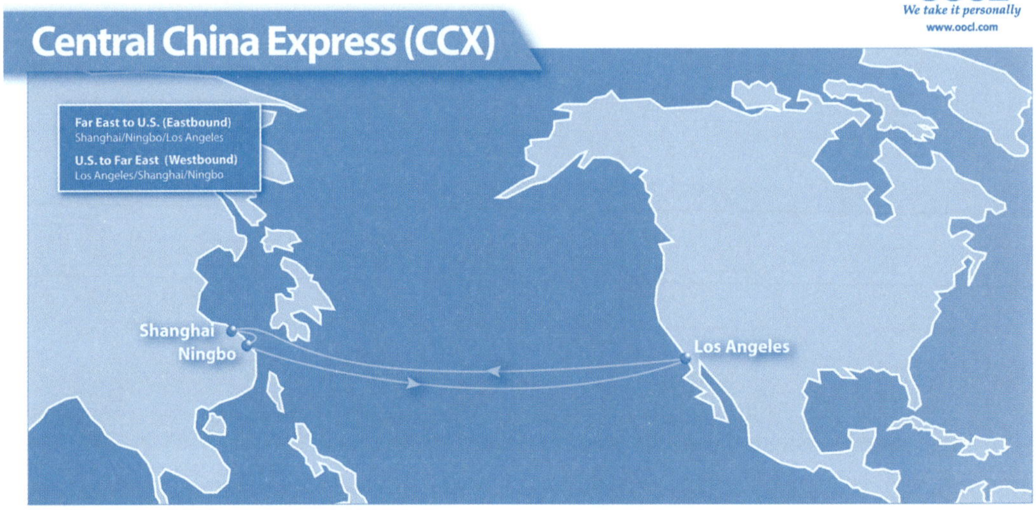

Transit Time (Days)

Far East to U.S. (Eastbound)	
From / To (Depart/Arrive)	Los Angeles (Wed)
Ningbo (Sun)	10
Shanghai (Sat)	11

Transit Time (Days)

U.S. to Far East (Westbound)		
From / To (Depart/Arrive)	Shanghai (Thur)	Ningbo (Sat)
Los Angeles (Sat)	12	14

Quelle: Orient Overseas Container Line Limited (OOCL), Hongkong

Daneben sind folgende Relationen von Bedeutung:

- Europa - Südamerika Ostküste
- Europa - Südamerika Westküste
- Europa - Karibik
- Nordamerika - Südamerika Ostküste
- Nordamerika - Südamerika Westküste
- Amerika - Australien/Neuseeland
- Europa - südliches Afrika
- Europa - Indischer Ozean/Ostafrika
- Europa - Australien/Neuseeland
- Europa – Levante

Während bis in die frühen Achtzigerjahre des vorigen Jahrhunderts die jeweiligen Fahrtgebiete als unabhängige Märkte angesehen werden konnten, hat sich dies mit den „Round-the-world"-Diensten geändert. Wegen der zunehmenden Größe der Containerschiffe und den schnelleren Transitzeiten, laufen die Reedereien nur noch wenige große Häfen an, die sie als Hubs benutzen. Die Verteilung und das Sammeln der Container in der Region erfolgt durch Feeder-Schiffe[1]. Es hat sich ein Hub-and-Spoke-System ähnlich wie im Lkw-Sammelgutverkehr entwickelt.

Seehäfen

Seehäfen sind Schnittstellen zwischen Land- und Seetransport sowie zwischen Export- und Importströmen. Außerdem sind sie Knotenpunkte von Güter- und Informationsströmen. Die 20 größten Containerhäfen der Welt (Stand 2012) sind in nachfolgender Übersicht aufgeführt. Maßeinheit für den Containerumschlag sind Mio. TEU.[2] SCHNITTSTELLEN

Platz (2011)	Hafen	2011	2010	2009	2008	2007	2006
1.	Shanghai (VR China)	31.500.000	29.069.000	25.002.000	29.918.200	27.932.000	24.792.400
2.	Singapur (Republik Singapur)	29.937.700	28.430.800	25.866.000	27.980.000	26.168.000	21.710.000
3.	Hongkong (VR China)	24.404.000	23.532.000	20.983.000	24.248.000	23.881.000	23.234.000
4.	Shenzhen (VR China)	22.569.800	22.509.000	18.250.000	21.413.888	21.099.000	18.468.900
5.	Busan (Südkorea)	16.175.307	14.157.300	11.954.850	13.425.000	13.270.000	12.030.000
6.	Ningbo (VR China)	14.686.200	13.144.000	10.502.800	11.226.000	9.349.000	7.068.000
7.	Guangzhou (VR China)	14.400.000	12.550.000	11.190.000	11.001.300	9.200.000	6.600.000
8.	Qingdao (VR China)	13.020.000	12.012.000	10.260.000	10.320.000	9.462.000	7.702.000
9.	Dubai (VAE)	13.000.000	11.600.000	11.124.100	11.827.299	10.653.026	8.923.465
10.	Rotterdam (Niederlande)	11.876.920	11.145.800	9.743.300	10.783.825	10.790.604	9.690.052
11.	Tianjin (VR China)	11.500.000	10.080.000	8.700.000	8.500.000	7.103.000	5.900.000
12.	Kaohsiung (Taiwan)	9.636.289	8.871.745	8.581.300	9.676.554	10.256.829	9.774.670
13.	Port Klang (Malaysia)	9.604.000	8.870.000	7.309.780	7.970.000	7.120.000	6.320.000
14.	Hamburg (Deutschland)	9.014.165	7.895.736	7.007.704	9.737.110	9.889.792	8.861.804
15.	Antwerpen (Belgien)	8.664.243	8.468.475	7.309.639	8.662.890	8.175.951	7.018.799
16.	Los Angeles (USA)	7.940.511	7.831.900	6.749.000	7.849.985	8.355.039	8.469.853
17.	Tanjung Pelepas (Malaysia)	7.500.000	6.530.000	6.016.500	5.600.000	5.500.000	4.770.000
18.	Xiamen (VR China)	6.460.700	5.820.000	4.680.300	–	–	–
19.	Dalian (VR China)	6.400.000	5.242.000	4.576.500	–	–	–
20.	Long Beach (USA)	6.061.085	6.263.500	5.067.600	6.487.816	7.312.465	7.290.365

1 Containerschiffe mit geringer Ladekapazität, z. B. 800 TEU, die im Short-Sea-Verkehr eingesetzt werden.
2 Wikipedia: Containerterminal, abgerufen 27.03.2013

Zu den „TOP 20"-Häfen in 2011 gehören 14 asiatische, 1 vorderasiatischer, 2 amerikanische und 3 europäische Häfen. Der Seehafen Bremen befindet sich nicht unter den ersten 20 Containerhäfen der Welt. Zusammen mit den Häfen Hamburg, Rotterdam und Antwerpen gehört er zu den sogenannten „North Range"-Häfen (Nordrange). In diesen Nordrange-Häfen werden ca. 50 % aller Containerumschläge in Europa abgewickelt. Ein ähnliches Bild zeigt sich in Nordamerika. Dort entfallen auf die drei größten Containerhäfen Los Angeles, Long Beach und New York ebenfalls ca. 50 % aller Containerumschläge.

Containerhafen Hamburg-Altenwerder
Quelle: Hafen Hamburg

3.5 Welche Organisationsformen gibt es in der Seeschifffahrt?

3.5.1 Linienschifffahrt – Trampschifffahrt

LINIENSCHIFFFAHRT

In der internationalen Seeschifffahrt wird zwischen Linienschifffahrt und Trampschifffahrt unterschieden.

In Rahmen der internationalen **Linienschifffahrt** fahren die Seeschiffe

- nach einem definierten Fahrplan,
- zu festgelegten Terminen,
- zwischen festgelegten Häfen,
- an festgelegte Lade- und Liegeplätze,
- mit einer sehr hohen Wahrscheinlichkeit der Fahrt.

In der Linienschifffahrt kommen hauptsächlich Containerschiffe zum Einsatz.

Bei der **Trampschifffahrt** richtet sich der Schiffseinsatz nach dem Transportbedarf vorwiegend im Massengutmarkt. So erfolgt der Transport von Kohle, Erzen, Düngemitteln, Getreide, Zement, Bauxit usw. fast ausschließlich nach Angebot und Nachfrage auf dem Markt für Massengutfracht (Bulk Carrier). In der Tankerfahrt werden hauptsächlich Rohölprodukte, Melasse, pflanzliche Öle und leichte Chemikalien transportiert. Feste Fahrpläne und feste Routen gibt es nicht. Es hängt vom Markt ab, wann welches Schiff wo beladen wird und wohin es fährt. Reedereien setzen im Rahmen der Trampschifffahrt in der Regel keine Containerschiffe ein.

TRAMPSCHIFFFAHRT
MASSENGUTFRACHT
MARKT
KEINE CONTAINERSCHIFFE

3.5.2 Kooperationssysteme in der Seeschifffahrt

Seeschifffahrt ist ein äußerst kapitalintensives Unternehmen. Zur Kosteneinsparung und besseren Nutzung der Ressourcen gibt es horizontale und vertikale Kooperationen im Bereich der Seeschifffahrt.

Schifffahrtskonferenzen

SCHIFFFAHRTSKONFERENZEN

Die Aktivitäten der Linienreedereien unterliegen dem EU-Wettbewerbsrecht. Bis zum 18.10.2008 galt die Gruppenfreistellungsverordnung 4056/86, die es Linienreedereien ermöglichte, Frachtraten und Zuschläge durch Preisabsprachen zu regeln. Reedereien, die ihre Frachtraten für bestimmte Fahrtgebiete untereinander absprachen, waren Mitglieder einer sogenannten Schifffahrtskonferenz. Seit Oktober 2008 müssen Reedereien ihre Frachtraten, Zuschläge und Rabatte mit den Kunden individuell und direkt verhandeln, ohne Kontakt zu Mitbewerbern. Diese Regelung gilt jedoch ausschließlich für Linienverkehre von und nach Europa. Reedereien, deren Frachtschiffe ausschließlich außereuropäische Häfen anlaufen, könnten immer noch legal mit anderen Reedereien Preise für ihre Dienstleistungen im Rahmen von Schifffahrtskonferenzen absprechen.

Outsider

OUTSIDER

Linienreedereien, die in keiner Schifffahrtskonferenz Mitglied sind, werden als „Outsider" bezeichnet. Sie haben sich keiner Konferenz oder keinem Pool angeschlossen, sondern treten als deren Konkurrenz auf. Da die Outsider in der Regel nicht die Abfahrtsdichte und den Service einer Konferenz bieten können, sind sie in der Lage den Befrachtern meist günstigere Frachtraten zu offerieren. Bei Outsider-Linien besteht immer das große Risiko, dass Schiffe verspätet eintreffen bzw. abfahren. Dies resultiert hauptsächlich daraus, dass sich Outsider vermehrt nach Aufkommen und Nachfrage richten und auch zwischendurch den Fahrplan entsprechend anpassen. In der Regel sind Outsider-Linien bei den Frachtraten günstiger, jedoch meist nicht so zuverlässig wie Konferenz- bzw. Pool-Linien. Darüber hinaus bieten Outsider nicht den hohen Servicegrad wie die Konferenz-Reedereien.

Pools

POOLS

Pools sind spezielle Kooperationsformen im Bereich der Trampschifffahrt mit dem Ziel, den Konkurrenzkampf zwischen den Reedereien einzudämmen oder gänzlich auszuschließen.

Eine für die Bereederung der einzelnen Schiffe zuständige Reederei fasst technisch baugleiche Schiffe anderer Reedereien in einem Pool zusammen und koordiniert den Einsatz der Schiffe auf dem internationalen Markt. Durch diese gemeinsame Vermarktung wird man wettbewerbsfähiger und flexibler. Es gibt Ladungspools, in welchen sich die Kooperationspartner das Ladungsaufkommen eines Fahrtgebietes aufteilen. In einem Frachtenpool werden darüber hinaus auch die Frachteinnahmen der Poolmitglieder aufgeteilt.

LADUNGSPOOLS
FRACHTENPOOL

Allianzen

ALLIANZEN

Mitte der Neunzigerjahre haben sich in der Wirtschaftswelt Allianzen in unterschiedlichen Branchen herausgebildet. So gibt es im Luftfahrtbereich Allianzen zwischen Fluggesellschaften. Beispielsweise ist die Lufthansa Mitglied in der Star Alliance. Auch in der Seeschifffahrt haben sich zahlreiche Allianzen entwickelt. In der Schifffahrtsbranche bedeutet eine Allianz eine horizontale Kooperation mit Unternehmen der gleichen Branche, also anderen Reedereien, um Ziele zu erreichen, die durch individuelle Aktivitäten der einzelnen Reederei nicht zu verwirklichen wären. Hierzu zählen:

HORIZONTALE KOOPERATION

Vorteile	Ursachen
Zeitvorteile	Höhere Abfahrtsfrequenzen in den jeweiligen Fahrtgebieten
Kostenvorteile	Verteilung der Kosten für den Aufbau ausreichender Flotten geringere Kosten für Terminalnutzung und Containerdisposition
Know-how-Vorteile und Kompetenzgewinn	Teilen und Ausgleich von Informationen und Kompetenz
Skalenvorteile	Höhere Auslastung der Containerschiffe durch „Economies of Scale" Fixkostendegression, niedrigere Transportkosten pro TEU
Risikominderung	Verteilung des Investitionsrisikos/Ausfallrisikos auf mehrer Parteien
Marktzutritt	Erleichterter Zugang zu bestimmten Fahrtgebieten, in denen Partnerreedereien ihren Heimatmarkt haben

Zu den wichtigsten Allianzen im Seeschifffahrtsbereich gehören:

Allianz	Mitglieder
Grand Alliance	Hapag-Lloyd, NYK, OOCL
New World Alliance	NOL-APL, HMM, MOL
G6 Alliance	Mitglieder aus Grand Alliance und New World Alliance (Hapag Lloyd, APL, HMM, MOL, NYK, OOCL)
CKYH-the Green Alliance	COSCO, K-Line, Yang Ming Line, Hanjin Shipping
United Alliance	DSR-Senator, Cho Yang, UASC

FUSIONEN
SKALENVORTEILE
SYNERGIEEFFEKTE
MERGER

Fusionen

Um Kostenvorteile, Economies of Scale (Skalenvorteile) und Synergieeffekte auszunutzen, schließen sich bestehende Linienreedereien zu einem neuen, größeren Unternehmen zusammen (Merger). So hat beispielsweise die dänische Reederei Maersk die amerikanische Linienreederei Sealand übernommen. Im Jahr 1996 haben sich die niederländische Reederei Nedlloyd und das britische Unternehmen P & O zu P & O Nedlloyd zusammengeschlossen. Im August 2005 kam es zur Mega-Fusion zwischen Maersk-Sealand und P & O Nedlloyd. Dabei entstand die größte Linienreederei der Welt. Ebenfalls in 2005 ging die zum TUI-Konzern gehörende Reederei Hapag-Lloyd eine Fusion mit der kanadischen CP-Ships zur fünftgrößten Reederei der Welt ein. Eine geplante Fusion der Reedereien Hapag Lloyd und Hamburg Süd ist 2013 vorerst gescheitert.

Vertikale Kooperationen

VERTIKALE KOOPERATIONEN

Neben horizontalen Kooperationen gehen Linienreedereien auch vertikale Kooperationen mit Unternehmen ein, die nicht der gleichen Branche angehören. Als Beispiel wäre das Joint Venture zwischen der Linienreederei Hapag-Lloyd und der HHLA (Hamburger Hafen und Logistik AG) zu nennen, die den neuen Containerhafen und das -terminal in Hamburg-Altenwerder im Rahmen eines Joint Venture errichtet haben und betreiben. Die chinesische Reederei COSCO hat den griechischen Hafen Piräus (Athen) gepachtet und plant durch massive Investitionen dort ein zweites Rotterdam zu errichten.

3.6 Wie werden Frachtverträge in der Seeschifffahrt abgeschlossen?

3.6.1 Rechtsgrundlagen

Das Seerecht ist im 5. Buch des HGB festgesetzt und basiert auf dem internationalen Recht für den Seeverkehr, den Haager Regeln (Hague Rules), die durch die Hague-Visby Rules modifiziert wurden. Diese Regelungen wurden in nationales Recht im HGB umgesetzt und 2013 durch das „Gesetz zur Reform des Seehandelsrechts" modernisiert und aktuellen Entwicklungen angepasst.

5. BUCH DES HGB
HAGUE RULES
HAGUE-VISBY RULES

Nationales Seerecht	Internationales Seerecht
5. Buch „Seehandel" HGB	Haager Regeln (Hague Rules)
	Hague-Visby Rules
	York-Antwerp Rules
	Hamburg Rules
	Rotterdam Rules

Die York-Antwerp Rules werden insbesondere für die Abwicklung von Havarie-grosse-Schäden[1] herangezogen. Die Hamburg Rules sollten die Haftung für Frachtführer in der Seeschifffahrt verschärfen. Sie wurden allerdings nur von wenigen – für die Seeschifffahrt unbedeutenden – Nationen ratifiziert und haben sich damit international nicht durchgesetzt.

Seit einigen Jahren versucht man unter Federführung der Vereinten Nationen ein neues internationales Seerecht zu schaffen, um der technischen Entwicklung, der Globalisierung und dem Internet Rechnung zu tragen. Ziel dieser Bestrebungen ist, die hinsichtlich technischer, wirtschaftlicher und gesellschaftlicher Entwicklungen veralteten Regelungen, wie Hague Rules, Hague-Visby-Rules und Hamburg Rules, abzulösen. Die neuen Vorschriften sind in den Rotterdam Rules zusammengefasst, die von 16 Nationen – darunter die Vereinigten Staaten von Amerika – unterzeichnet wurden. Nur Spanien und Togo haben bisher (Stand März 2013) die Rotterdam Rules ratifiziert. Es müssen 20 Staaten die Ratifizierungsurkunde bei der UNO hinterlegen. Ein Jahr später kann das Abkommen in Kraft treten. Die Bundesregierung hat die Rotterdam Rules nicht unterzeichnet. Mit dem Gesetz zur Reform des Seehandelsrechts wurde 2013 das fünfte Buch des HGB (Seehandel) an die veränderten technischen, wirtschaftlichen und gesellschaftlichen Entwicklungen angepasst.

3.6.2 Beteiligte am Seefrachtvertrag

Beispiel:

Die Bauma GmbH, Nürnberg, stellt Baumaschinen (Bagger) her und verkauft diese an Kunden vor allem in Asien und Nordamerika. Sie beauftragt die Spedition Eurocargo, Nürnberg, 15 t Ersatzteile für Baumaschinen nach New York zu versenden. Die Ersatzteile werden in einen Container verladen und per Seeschiff via Bremen nach New York transportiert. Empfänger ist das Unternehmen American Construct in New York. Die Spedition EUROCARGO bucht im Auftrag ihres Kunden auf dem Schiff „Bremen Express" der Reederei Hapag-Lloyd einen Stellplatz für den Container.

[1] vgl. Seite 146 ff.

York-Antwerp Rules

Hamburg Rules

Welche Vertragsbeziehungen bestehen zwischen den Beteiligten?

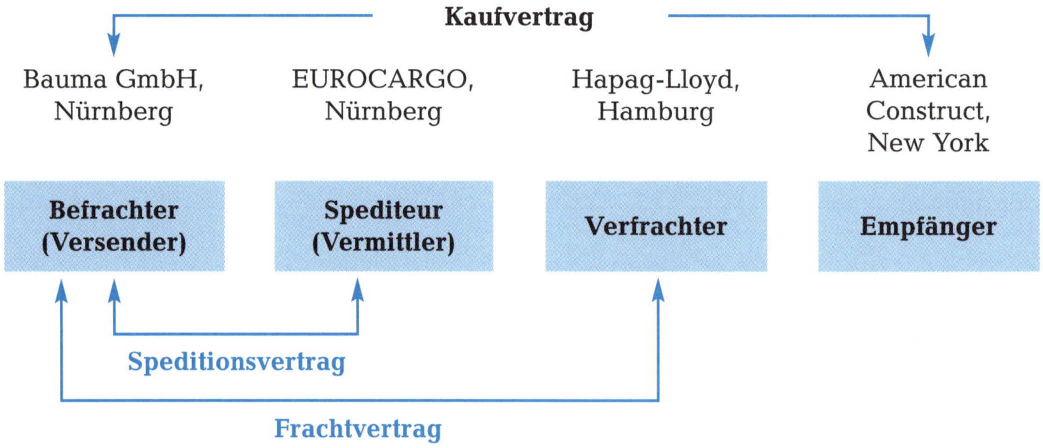

Befrachter

Verfrachter

Der Befrachter ist der Vertragspartner des Verfrachters aus dem Seefrachtvertrag und schuldet die Fracht. Im Stückgut- bzw. Containerverkehr ist der Befrachter häufig ein Spediteur, der in eigenem Namen für die Rechnung anderer den Seefrachtvertrag abschließt. Große Industrie- und Handelsunternehmen bedienen sich nicht immer der Dienstleistung eines Spediteurs, sondern schließen mit dem Verfrachter (Reeder) direkt und unmittelbar einen Frachtvertrag und werden damit zu Befrachtern. Der Verfrachter verpflichtet sich zur Beförderung der Güter über See und führt die Beförderung in eigenem Namen aus. Er muss nicht notwendigerweise Reeder sein.

Reeder

Charterer

Ablader

Ausrüster

NVOCC

Als Befrachter treten auf	Als Verfrachter treten auf
Exporteur (Produzent, Händler)	Reeder / Owner (eigenes Schiff)
Spediteur (Seehafenspediteur)	Charterer (Einsatz eines Charterschiffes)
Ablader[2]	Ausrüster (Schiff auf „Bare Boat"[3] gechartert)
	NVOCC (non vessel operating common carrier), ein Unternehmen, das keinen eigenen Schiffsraum besitzt und Stellplätze auf Containerschiffen einkauft, z. B. Saco oder Spediteure wie DB Schenker oder Kühne & Nagel

Ablader

Die seemäßige Transportabwicklung wird vor Ort in vielen Fällen einem Seehafenspediteur überlassen, der als fachkundiger Experte gilt. Es ist seine Aufgabe, die Güter an den Verfrachter zu übergeben. In dieser Funktion wird der Spediteur als Ablader tätig. Der Begriff Ablader existiert nur im deutschen, jedoch nicht im internationalen Seerecht.

Beispiel:

Die Stahlgroßhandlung Frenzel, Nürnberg, beauftragt die Spedition EUROCARGO, Nürnberg, den Transport von 50 t Stahlröhren nach Malaysia zu organisieren, die nicht in einem Container verladen werden können. EUROCARGO bucht bei der Reederei Rickmers, Hamburg. Die Stahlröhren werden auf einem Stückgutschiff von Hamburg nach Port Kelang befördert. EUROCARGO beauftragt die Seehafenspedition Lippert in Hamburg die Stahlröhren an die Reederei Rickmers in Hamburg zu übergeben und das Bill of Lading in Empfang zu nehmen.

1 vgl. Seite 129 ff.
2 Person, die das Gut dem Verfrachter übergibt (Den Ablader gibt es nur im deutschen Seerecht.)
3 Bare-Boat Charter: Chartern eines Schiffes ohne Besatzung

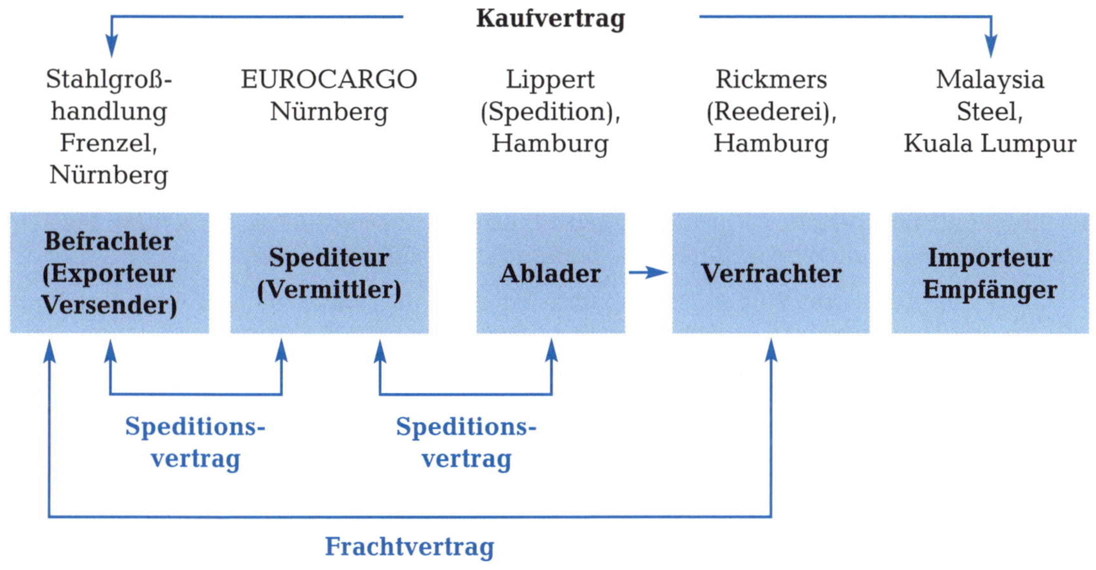

Die obige Grafik zeigt, dass der Kunde des Spediteurs mit diesem zunächst einen Speditionsvertrag abschließt. Der Spediteur tritt nicht unmittelbar als Befrachter in den Seefrachtvertrag ein, sondern tritt lediglich als Vermittler auf und nicht selbst, sondern der Exporteur als Befrachter den Frachtvertrag im Seeverkehr abschließt.

Häufig kommt es auch vor, dass der Frachtvertrag im Seeverkehr direkt zwischen dem Absender (Exporteur) und dem Verfrachter (Reederei/Carrier) abgeschlossen wird. Der Spediteur bleibt außen vor. Davon wurde der weitaus größte Teil direkt von den Industrie- und Handelsunternehmen in Auftrag gegeben. Die Spediteure haben einen Marktanteil von ca. 15,5 Prozent.

3.6.3 Vertragsarten im Seefrachtverkehr

Es gibt zwei grundsätzliche Vertragstypen:

- Raumfrachtvertrag (Chartervertrag)
- Stückgutfrachtvertrag

RAUMFRACHTVERTRAG (CHARTERVERTRAG)

Kennzeichnend für den Chartervertrag ist, dass entweder ein gesamtes Schiff oder ein Teil eines Schiffes, z. B. Containerstellplätze, gemietet wird. Dabei können alle Arten von Schiffen, auch Containerschiffe, gechartert werden.

Art des Raumfracht-/ Chartervertrags	Erläuterung
Reise-Charter	Das Schiff wird für ein oder mehrere Reisen gechartert. Diese Vertragsform ist in der Trampschifffahrt vorherrschend, bei der ein Schiff keine im Voraus festgelegte Fahrtroute bedient, sondern je nach Auftragslage verschiedene Häfen anfährt.
Zeit-Charter	Das Schiff wird auf Zeit überlassen. Eines der größten Containerschiffe der Welt, die COSCO Guangzhou, ist von der Reederei Cosco gechartert, Eigentümerin ist eine griechische Reederei. Ein anderes Beispiel sind die über Schiffsfonds finanzierten Containerschiffe, die Finanzinvestoren gehören und von Reedereien gechartert werden.
Slot-Charterpartie	Es werden Containerstellgelegenheiten überlassen, wobei nicht ein präzise bestimmter, sondern irgendein Containerstellplatz zur Verfügung gestellt wird. Diese Art von Chartervertrag wird von NVOCCs angewendet, die Containerstellplätze auf Containerschiffen benötigen.

Bare-Boat-Charter	Bei dieser Vertragsart wird nur das Schiff, ohne Besatzung, gemietet. Ansonsten stellt das Charterunternehmen ein Schiff mit einsatzfähiger Besatzung.

Abschluss des Stückgutfrachtvertrags

STÜCKGUTFRACHTVERTRAG

„BOOKING NOTE"

KONNOSSEMENTSBEDINGUNGEN ALS AGBS

Der Stückgutfrachtvertrag ist grundsätzlich formfrei. Zur schriftlichen Fixierung des Vertragsabschlusses kann eine sogenannte „booking note" erstellt werden.

Wegen der Vielzahl von Stückguttransporten ist es in der Praxis nicht üblich, Stückgutfrachtverträge individuell abzuschließen. Die Reedereien und Konferenzen legen sogenannte Konnossementsbedingungen als AGBs vor (Terms and Conditions of Carriage).

In der Praxis läuft es meist so ab, dass der Spediteur (Befrachter) bei einer Reederei anruft und den benötigten Laderaum auf einem bestimmten Schiff bucht. Er kann auch in den Schiffslisten, die als Beilage in der DVZ für Transporte von den Häfen Hamburg und Bremen erscheinen, eine geeignete Schiffsabfahrt heraussuchen. Alle Reedereien veröffentlichen auf ihren Websites die Segellisten für ihre Schiffe mit den entsprechenden Abfahrts- (ETS/ETD)[1] und Ankunftszeiten (ETA)[2].

ETS	Schiff Typ ETA	Liegepl.	Reeder	Makler, Telefon
7. 5.	Chicago Exp. F	CTA	MIS[3]	Pott & Körner, 25 455-02
8. 5.	OOCL New York F	CTA	MIS	Pott & Körner, 25 455-02
10. 5.	Bangkok Express F	CTA	MIS	Pott & Körner, 25 455-02
11. 5.	NYK Lodestar F	CTA	MIS	Pott & Körner, 25 455-02
14. 5.	Houston Express F	CTA	MIS	Pott & Körner, 25 455-02
15. 5.	OOCL Malaysia F	CTA	MIS	Pott & Körner, 25 455-02

Auszug aus der Hamburger Schiffsliste für Schiffe von Hamburg nach Shanghai.

FEST ODER KONDITIONELL

Die Buchung ist entweder fest oder konditionell.

KONDITIONELLE BUCHUNG

FESTE BUCHUNG

Konditionelle Buchung	Bei der konditionellen Buchung kann sich der Befrachter für einen bestimmten Zeitraum (laufender Monat plus zwei Folgemonate) eine bestimmte Frachtrate sichern, wobei der genaue Abladetermin noch nicht bekannt ist. Teilt der Befrachter den Abladetermin mit, kommt ein Frachtvertrag zustande und es kann eine entsprechende Buchungsnote erstellt werden.
Feste Buchung	Der Schiffsraum wird für einen bestimmten Termin auf einem bestimmten Schiff bei der Reederei oder deren Repräsentanten fest gebucht.

1 ETS = estimated time of sailing, ETD = estimated time of departure
2 ETA = estimated time of arrival
3 MIS = Malaysian International Shipping Corporation

Die Buchung kann entweder bei der Reederei direkt erfolgen oder bei deren Beauftragten.

Beauftragte der Reedereien	Beschreibung
Reedereikontore	Niederlassungen der Reederei in Großstädten im Binnenland
Reedereiagenten	Repräsentanten einer Reederei mit Agenturvertrag (häufig im Ausland)
Schiffsmakler	Selbstständiger Kaufmann (Makler), der für mehrere Reedereien tätig ist

Reedereiagenten und Schiffsmakler werden nicht nur bei der Buchung von Frachtraum aktiv, sondern organisieren für die Reederei auch die Abfertigung der Schiffe im Seehafen, z. B. Liegeplatz, Wasser und Proviant, Einsatz von Stauereiunternehmen (stevedores), z. B. HHLA (Hamburger Hafen und Logistik AG).

Hamburger Schiffsliste

Postfach 10 16 09, 20010 Hamburg
Tel. 040/23714-131, Fax 23714-255
E-mail: anzeigen@dvz.de

SHA SHANGHAI (V.R. China)

4.5. Chipolbrok Sun S 8.6.	080	CPJ	Bange, 37605-0
4.5. YM Green 31.5.	PCH	SAR	LCL/Saco, 311706-0
4.5. YM Green F 31.5.	TCT	HJS	Hanjin Ship., 37685-0
4.5. YM Green F 1.6.	TCT	COC	COSCO, 3769080
5.5. Chipolbrok Sun 8.6.	080	CPJ	Glässel, 37607-01
5.5. Ever Conquest F 4.6.	BK9	ITM	Wiking, 37679-250
5.5. Ever Conquest F 6.6.	BK9	HTM	Evergreen, 237080
5.5. Ever Conquest F 6.6.	BK9	EVL	Evergreen, 237080
5.5. Wan He F 3.6.	EIH	SISG	Senator Sped, 50028440
5.5. Wan He F 3.6.	PCH	SAR	LCL/Saco, 311706-0
5.5. Wan He F 3.6.	EUR	COC	COSCO, 3769080
5.5. Wan He F 3.6.	EUR	HJS	Hanjin Ship., 37685-0
5.5. Wan He F 3.6.	EUR	DSE	Senator L., 36133-0
5.5. Xin Fu Zhou F 8.6.	EUR	CCG	CMA/CGM, 23530-0
6.5. Ever Unity F 3.6.	BK9	HTM	Evergreen, 237080
6.5. Ever Unity F 3.6.	BK9	EVL	Evergreen, 237080
6.5. Ever Unity F 9.6.	BK9	ITM	Wiking, 37679-250
6.5. Xin Pu Dong F 6.6.	EUR	ZIM	ZIM Germ., 878870
6.5. Xin Pu Dong F 11.6.	EUR	CIPR	China Ship., 360920
6.5. YM Green F 31.5.	TCT	DSR	Senator L., 36133-0
7.5. APL Spain F 31.5.	EUR	HMM	Hyundai, 36954-0
7.5. APL Spain F 31.5.	PCH	SAR	LCL/Saco. 311706-0
7.5. Chicago Expr. F 2.6.	CTA	MIS	Pott & Körner, 25455-02
7.5. Chicago Expr. F 3.6.	CTA	HMM	Hyundai, 36954-0
7.5. Kota Kaya 2.6.	TCT	WAA	Glässel, 37607-01
7.5. Kota Kaya F 3.6.	TCT	PIL	Lampke, 361520
7.5. TBN F 3.6.	EIH	SMP	LCL/Sea M. 3201040
7.5. Xin Fu Zhou F 8.6.	EUR	CIPR	China Ship., 360920

Beispiel:

Das Seeschiff Xin Pu Dong der Reederei China Shipping fährt am 6.5. von Hamburg nach Shanghai und wird dort voraussichtlich am 11.06. eintreffen.

Beispiel einer Buchungsbestätigung:

BUCHUNGSBESTÄTIGUNG

Sehr geehrte (r) Frau Klein,

im Namen der von uns als Agent vertretenden ZIM Integrated Shipping Services Ltd., Haifa bestätigen wir dankend Ihre Buchung vom 07.11. zu den nachfolgenden Konditionen:

Buchungs-Ref.	:	HAMHAM 33882
Warenmenge/-art	:	1x40 flat mit 2 Kisten 485x262x310 13,9 tons, 1x20 dv, 1.932 kgs

Bei Verladung von Flatracks kann keine unter Deck-Stauung garantiert werden. Sollten aus stautechnischen Gründen Flat-Container an Deck verladen werden, muss folgende Klausel ins B/L:
LOADED ON DECK AT SHIPPERS RISK AND RESPONSIBILITY

Schiff, Reise	:	Ever Gentle 199/E
von	:	HAMBURG
nach	:	Colombo
ETS	:	20.11.20..
Ladeschluss	:	17.11.20.. Bitte senden Sie uns Ihre B/L spätestens bei Ladeschluss per DAKOSY. Danke.
Freistell-Ref	:	HAMHAM 33882 = 1x40 Flat 1x20 DV
Ex Depot	:	TCT CDH
Rate	:	USD 5.550,–/40 flat USD 700,–/20 DV
Zuschläge	:	plus baf USD 185/teu plus thc EUR 153/cont plus CAF 7,38 % plus ISPS EUR 14,–/cntr
Anlieferschuppen	:	HHLA Container Terminal Tollerort (CTT) (ehemals TCT) Lagergeldfreie Zeit vor Abgang des Schiffes: 7 TAGE (gem. Kaitarif) und für Gefahrgut 24 Stunden
Bemerkungen	:	Es wird vorrausgesetzt, dass für die bestätigte Ladung (Ware) die ...

3.7 Wie erfolgt die Abfertigung von Stückgütern im Seehafen?

Die Übergabe der Güter durch den Ablader an den Verfrachter geschieht entweder am Kai oder im Schuppen (Lagerplatz der Reederei im Seehafen, meist überdacht).

Stückgüter müssen in den Laderaum eines Seeschiffes (unter Deck) verladen werden. Es gibt jedoch drei Ausnahmen:

- Der Befrachter hat einer Verladung an Deck ausdrücklich zugestimmt.
- Eine Verladung an Deck ist durch Gefahrgutbestimmungen (GGVSee/IMDG-Code) vorgeschrieben.
- Containerverladung

Stauen von Stückgütern in einem Stückgutschiff
Quelle: Sloman-Neptun

Die Kosten für das Laden bzw. Löschen werden gemäß Liner Terms zwischen Befrachter und Verfrachter aufgeteilt. Im konventionellen Stückgutverkehr sind die Kosten wie folgt zugeordnet:

Verladekosten	
Befrachter	**Verfrachter**
Entladung des Lkws/Waggons Sortierung und Lagern im Kaischuppen Vorsorge im Lager (Zwischenbehandlung) Transport zum Umschlaggerät Eigentlicher Umschlag in das Seeschiff Eventuell Vermessungskosten (Tallyfirmen)	Beladen des Seeschiffes Stauen im Laderaum durch Stauereifirmen (Stevedores)

In den Seehäfen gibt es unterschiedliche Usancen (Gepflogenheiten), die von der oben dargestellten Aufteilung der Kosten abweichen können. So sehen beispielsweise andere Regelungen vor, dass der Verfrachter die Kosten für Lagerung und Umschlag übernimmt.

Verladung von Stückgut im Hafen Hamburg
Quelle: Hafen Hamburg/Hettchen

3.8 Wie werden Containertransporte in der Seeschifffahrt abgewickelt?

Im Jahre 1966 legte das erste Containerschiff aus den USA kommend in Bremen an. Damals begann der grandiose Siegeszug des Transports von Gütern in Containern. Wie Container im Seeverkehr eingesetzt werden, soll im Folgenden dargestellt werden.

3.8.1 Containerarten

AUSSENMASSE

Die in der Seeschifffahrt eingesetzten Container entsprechen der ISO-Norm[1] 688. Die Außenmaße der am häufigsten eingesetzten Container sind wie folgt festgelegt:

Außenmaße von ISO-Containern		
Länge	**Breite**	**Höhe**
20 Fuß (20') 6,058 m	8 Fuß (8') 2,438 m	8 Fuß oder 8,5 Fuß (8' oder 8,5') 2,438 m oder 2,591 m
40 Fuß (40') 12,192 m	8 Fuß (8') 2,438 m	8 Fuß oder 8,5 Fuß (8' oder 8,5') 2,438 m oder 2,591 m
45 Fuß (45') 13,176 m	8 Fuß (8') 2,438 m	8 Fuß oder 8,5 Fuß (8' oder 8,5') 2,438 m oder 2,591 m

45'-CONTAINER

Einige Reedereien stellen 45'-Container zur Verfügung, die insbesondere im Shortsea-Verkehr[2] eingesetzt werden.

[1] ISO : International Organization for Standardization, Unterorgansiation der UN, Sitz in Genf
[2] Seetransporte entlang von Küsten, z B. von den europäischen Nordhäfen in das Mittelmeer oder nach Afrika

Für den Verlader sind die Innenmaße von besonderer Bedeutung. Die Innenabmessungen variieren je nach verwendetem Material, Baureihe und Hersteller.

Die gebräuchlichsten Container in der Seefahrt nach ISO 668:

Container	Türbreite in cm	Türhöhe in cm	Dach-öffnung Breite x Länge in cm	Innenlänge in cm	Innen-breite in cm	Innen-höhe in cm
20′ Box	228 - 232	227 - 229		588 - 590	233 - 235	236 - 239
40′ Box	228 - 232	227 - 229		1196 - 1200	233 - 235	236 - 239
40′ High Cube	228 - 234	258 - 259		1200 - 1202	233 - 235	267 - 269
20′ Reefer	226 - 228	220 - 222		542 - 548	226 - 229	221 - 223
40′ Reefer	226 - 229	217 - 220		1156 - 1157	226 - 229	220 - 222
40′ Reefer High Cube	226 - 229	240 - 243		1156 - 1160	226 - 229	248 - 251
20′ Open Top	228 - 232	227	221 x 543	588 - 590	233 - 234	235 in der Mitte
40′ Open Top	228 - 233	227	221 x 1.157	1196 - 1202	233 - 234	235 - 237 in der Mitte

Die Ladekapazität von Seecontainern ist von Reederei zu Reederei unterschiedlich. Die von Hapag-Lloyd verwendeten Container weisen folgende Ladegewichte auf:[1]

Gewicht	Weight	20-Fuß-Standard-Container	40 Fuß Standard Container	Flat	Platform
Bruttogewicht	maximum gross weight	30.480 kg	30.480 kg	45.000 kg	45.000 kg
Eigengewicht	tare	2.240 kg	3.780 kg	4200 kg	5.700 kg
Zuladung	maximum payload	28.230 kg	26.700 kg	40.800 kg	39.300 kg

Die zu transportierenden Güter haben unterschiedliche Transporteigenschaften. Dafür wurden entsprechende Containertypen entwickelt. Die gängigsten Containertypen sind:

Container	Containertyp	Merkmale
	Standardcontainer 20′, 40′, 40′ HC[2]	Für Standardladung

[1] vgl. Hapag-Lloyd: Container Specifications
[2] HC = High Cube

Container	Containertyp	Merkmale
	Hardtop-Container 20′, 40′, 40′ HC	Standardcontainer mit abnehmbarem Stahldach. Speziell für schwere oder überhohe Ladung. Beladung von oben oder von der Türseite möglich, Türquerträger ausschwenkbar.
	Open-Top-Container 20′, 40′, 40′ HC	Mit abnehmbarer Plane; speziell für überhohe Ladung; Beladung von oben oder von der Türquerseite bei ausgeschwenktem Türquerträger
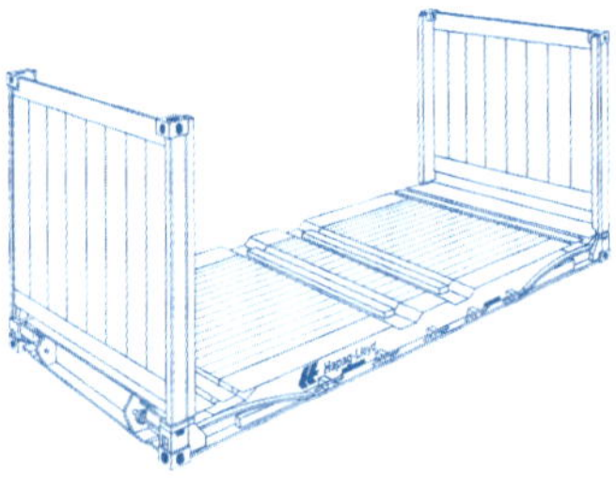	Flatrack-Container (Flat) 20′, 40′, 40′ HC	Speziell für Schwergut und überbreite Ladung
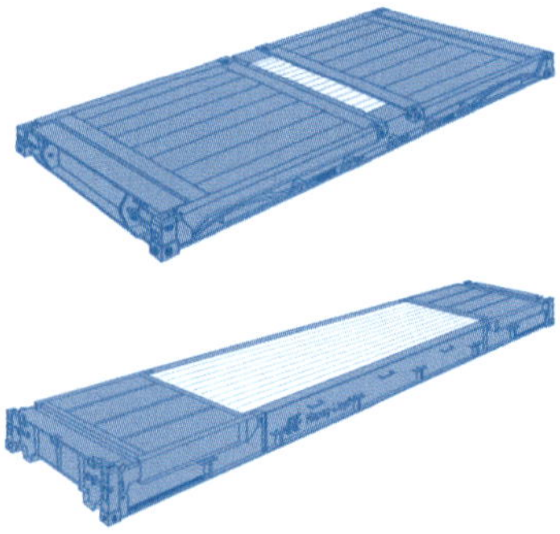	Platform-Container 20′, 40′	Speziell für Schwergut und übergroße Ladung (nicht für Inlandtransporte)
	Ventilated Container 20′	Speziell für Ladung, die belüftet werden muss. Lüftung erfolgt durch Fahrtwind, der durch Öffnungen und Schlitze in das Containerinnere geleitet wird.

Container	Containertyp	Merkmale
	Kühlcontainer (Refrigerated Container, Reefer) 20', 40', 40' HC	Dieser Container besitzt kein eigenes Kühlaggregat. Die Kühlung/Heizung erfolgt über Öffnungen (Portholes) entweder durch die Schiffskühlanlage, ein Landterminal oder durch ein „Clip-on"-Kühlaggregat während des Landtransports.
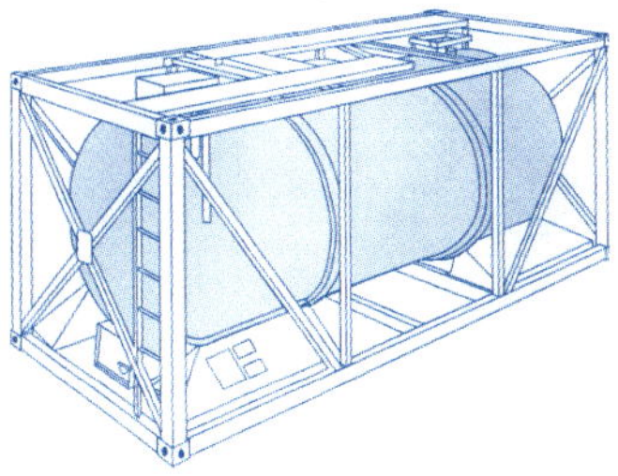	Tankcontainer	Für den Transport von flüssigen Lebensmitteln, z. B.: • Alkohol • Fruchtsäfte • Speiseöle • Lebensmittelzusätze

Quelle: Hapag-Lloyd

3.8.2 Organisation des Containereinsatzes (Containerrundlauf)

Container werden an den Verfrachter entweder im Seehafen (Gate Containerterminal) oder bereits im Binnenland (Containeryard) übergeben. Je nachdem ob ein voll beladener Container angeliefert wird oder Sendungen, die noch nicht in einen Container verladen wurden (Stückgut), unterscheidet man folgende Formen des Containerrundlaufs:

Containerrundlauf	
FCL/FCL (full container load)	Der Befrachter (Verlader, Absender) übergibt einen gesamten Container, den er selbst beladen hat.
LCL/LCL (less than container load)	Übergibt ein Absender (Befrachter) der Reederei Güter, die nicht einen gesamten Container füllen, spricht man von less than container load (LCL). Bei der Kombination LCL\LCL handelt es sich um Stückgut im herkömmlichen Sinne, das jedoch nicht unmittelbar in den Laderaum eines Seeschiffes verstaut wird, sondern vorher – durch den Verfrachter – in einen Container. Zum Beladen und Stauen von LCL-Ware in den Container nehmen die Verfrachter (Reedereien) häufig die Dienste von Spezialunternehmen in Anspruch. So sind z. B. LCL-Sendungen in Deutschland für die chinesische Reederei Cosco in Hamburg an die Translog GmbH, Schuppen 74, im Hamburger Hafen zu liefern. Die Übergabe der Ware geschieht an einer Containerpackstation. Der Befrachter (Absender) muss die Transportkosten bis dorthin tragen. Das Stauen der Ware sowie den Transport des Containers zum Seeschiff lässt sich der Verfrachter durch eine besondere Gebühr (LCL-Service-Charges) vergüten.

FCL/FCL (FULL CONTAINER LOAD)

LCL/LCL (LESS THAN CONTAINER LOAD)

FCL/LCL

LCL/FCL

Containerrundlauf	
FCL/LCL	Der Absender belädt den Container und organisiert den Vorlauf bis zum Verladehafen. Der Container wird im Empfangsland durch eine Reederei oder einen Spediteur entladen. Die übernommenen Einzelsendungen gelangen im konventionellen Transport zum Endempfänger.
LCL/FCL	Die Güter werden konventionell zum Beladeort (meist Seehafen) transportiert. Dort lädt eine Reederei, ein Spediteur oder ein NVOCC die Güter in einen Container. Im Empfangsland wird der Container zum Empfänger transportiert, der ihn schließlich entlädt. So wurde z. B. im September 2005 ein neuer LCL/FCL-Service zwischen Hamburg und Nhava Sheva und Mumbai eingerichtet.[1]

Bei einem Haus-Haus-Containertransport (FCL/FCL) kann nach Wahl des Befrachters der Containervor-/-nachlauf wie folgt durchgeführt werden:

MERCHANT'S HAULAGE

CARRIER'S HAULAGE

MIXED ARRANGEMENT

Organisation des Vor- und Nachlaufs von Containern	Kriterien
Merchant's Haulage	Der Spediteur organisiert den Vor- und Nachlauf der beladenen/leeren Container. Beförderungsmittel: • Lkw • Bahn (kombinierter Verkehr) • Binnenschiff
Carrier's Haulage	Der Verfrachter (Reederei) organisiert den Vor- und Nachlauf der beladenen/leeren Container (häufig durch Spediteure oder Spezialunternehmen, wie TFG Transfracht) Kosten: Rundlaufpauschale (Auftraggeber)
Mixed Arrangement	Der Verfrachter (Reederei) organisiert den Transport der leeren Container. Die Gebühr, die die Reederei dafür verlangt, wird als „Positioning Fee" bezeichnet. Im System „Mixed Arrangement" organisiert der Befrachter den Transport der beladenen Container und trägt die Kosten dafür.

Containerrundläufe					
	Verkäufer Exporteur	**Versandhafen CFS/CY**	**Seetransport**	**Bestimmungshafen CFS/CY**	**Käufer Importeur**
FCL/FCL	beladener Container 	Land- → transport		Land- → transport	beladener Container 

[1] www.hafen-hamburg.de

Containerrundläufe					
	Verkäufer Exporteur	**Versand-hafen CFS/CY**	**Seetransport**	**Bestim-mungshafen CFS/CY**	**Käufer Importeur**
LCL/LCL	Stückgut 	Beladen des Containers 		Entladung des Containers 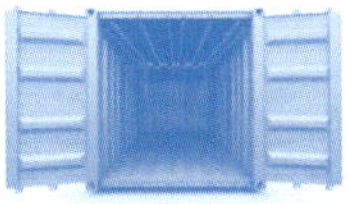	Stückgut 
FCL/LCL	Beladen des Containers 	Land- → transport		Entladen des Containers 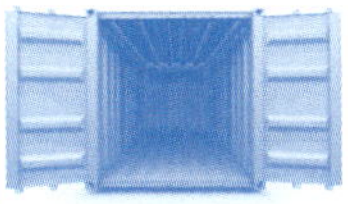	Stückgut 
LCL/FCL	Stückgut 	Beladen des Containers 		Land- → transport	Beladener Container 

Auf dem Terminal entstehen weitere Kosten für das Handling des Containers, die als Terminal Handling Charges (THC) oder Container Service Charges in Rechnung gestellt werden.

3.8.3 Fachbegriffe in Bezug auf Container

Beim Transport von Stückgütern in Containern hat sich eine eigene Fachsprache entwickelt. Zu den wichtigsten containerspezifischen Fachbegriffen gehören:

Containerspezifische Fachbegriffe	Erläuterungen
Stuffing	Beladen eines Containers
Stripping	Entladen eines Containers
CH	Carrier's Haulage
MH	Merchant's Haulage
THC	terminal handling charges Von der Reederei berechnete Kosten für das Bewegen/kurzfristiges Lagern von Containern in einem Seehafen
CFS	container freight station Platz, an dem eine Reederei LCL-Sendungen übernimmt oder abgibt
CY	container yard Platz, an dem eine Reederei FCL-Sendungen oder leere Container annimmt oder abgibt.

Containerspezifische Fachbegriffe	Erläuterungen
TEU	Twenty foot equivalent unit
FEU	Forty foot equivalent unit
BAF	Bunker adjustment factor
LSFS	Low Sulphur Surcharge, Zuschlag für Treibstoff mit geringem Schwefelanteil
CAF	Currency adjustment factor
OOG	Out of gauge Zuschlag für Güter, die Standardmaße überschreiten
ISPS Surcharge	International ship and port facility security surcharge
DEMURRAGE	Gebühren, die Reedereien verlangen, wenn Container über die zugestandene Zeit hinaus im Hafen stehen und nicht rechtzeitig vom Empfänger/Spediteur übernommen werden.
DETENTION	Gebühren, die an Reedereien zu zahlen sind, wenn Container nicht rechtzeitig zurückgegeben werden.
LUMPSUM	Alle Kosten sind eingeschlossen.
FAK	Freight all kinds (für sämtliche Warenarten)

3.9 Welche Bedeutung hat das Konnossement/Bill of Lading (B/L) in der Seeschifffahrt?

Ein Konnossement ist ein Wertpapier, das die Ware repräsentiert, die auf einem Seeschiff unterwegs ist. Der rechtmäßige Besitzer dieser Urkunde hat somit das Verfügungsrecht über die Ware.

Bei der Übergabe der Ware an den Verfrachter hat der Ablader Anspruch auf Ausstellung eines Konnossements. Dabei wird Zug um Zug Ware gegen ein Dokument ausgehändigt. Im Falle der Auslieferung der Ware wird nach dem umgekehrten Prinzip verfahren.

3.9.1 Funktionen eines Konnossements

Das Konnossement ist im HGB, 5. Buch, Seerecht geregelt und erfüllt gleichzeitig verschiedene Funktionen:

FUNKTIONEN DES KONNOSSEMENTS

QUITTUNG

BEWEISUNTERLAGE FÜR FRACHTVERTRAG

Funktionen des Konnossements	
Quittung	Das Konnossement bestätigt den Empfang der Ware.
Beweisunterlage für Frachtvertrag	Das Konnossement selbst repräsentiert nicht den Frachtvertrag, der bereits vorher bei einer festen Buchung zustande kam. Es enthält jedoch Details über den Inhalt des abgeschlossenen Frachtvertrags. Darüber hinaus enthält es eine Beförderungsverpflichtung und verbrieft den Herausgabeanspruch.

Wertpapier	Das Konnossement ist ein sogenanntes Traditionspapier, da es das Eigentum an der transportierten Ware verbrieft. Es ist handelbar, begebbar (beleihbar/negotiable) und erhält damit große Bedeutung als Mittel der Kreditsicherung (vgl. Dokumentenakkreditiv).
Ablieferungsversprechen	Der Frachtführer (Reeder) verpflichtet sich im Konnossement die Sendung an den Empfänger abzuliefern.

WERTPAPIER
TRADITIONSPAPIER
KREDITSICHERUNG
ABLIEFERUNGSVERSPRECHEN

Das Konnossement ist ein Orderpapier, wenn es „an Order" ausgestellt ist, und kann nach § 334 HGB durch Indossament (Übertragungsvermerk) weitergegeben werden. Damit gehen alle Rechte aus dem Konnossement auf den Erwerber über. Die Übertragung eines Orderkonnossements erfordert die Einigung zwischen dem Indossanten und dem Indossatar über den Erwerb des dinglichen Rechts an der Urkunde und die eigentliche Übergabe der Urkunde selbst (Besitzverschaffung).

ORDERPAPIER

Bei der Konnossementserstellung werden Originale und Kopien ausgefertigt. Die Anzahl ist beliebig, wobei die ausgestellte Anzahl der Originale auf dem Konnossement vermerkt sein muss, z. B. „number of originals 3/3". Diese Information bedeutet, dass 3 Originale ausgestellt wurden. Aus dieser Angabe kann man nicht entnehmen, wie viele Kopien erstellt wurden. Im Überseeverkehr werden in der Regel 3 Originale ausgestellt, während im Europaverkehr häufig nur zwei Originale erstellt werden.

ORIGINALE UND KOPIEN

Jedes Original verbrieft die gleichen Rechte. Legt irgendein Berechtigter dem Verfrachter nur ein Original vor, muss er die Ware herausgeben. Die übrigen Originale verlieren damit ihre Gültigkeit und werden wertlos (Kassatorische Klausel).

KASSATORISCHE KLAUSEL

3.9.2 Inhalte eines Konnossements

Das HGB (§ 515) schreibt die Inhalte eines Konnossements vor. Allerdings wird nicht festgelegt, welche Inhalte mindestens vorhanden sein müssen, um ein solches Dokument als Konnossement auszuweisen. Damit ein Konnossement die Wertpapierfunktion erhält, muss eine Klausel vorhanden sein, die ausdrückt, dass der Verfrachter die Verpflichtung eingeht, die Ware nur an die Person auszuliefern, die als legitimierter Inhaber ein Original dieses Dokuments vorlegen kann.

§ 515 HGB Inhalt des Konnossements

(1) Das Konnossement soll folgende Angaben enthalten:

1. Ort und Tag der Ausstellung,
2. Name und Anschrift des Abladers,
3. Name des Schiffes,
4. Name und Anschrift des Verfrachters,
5. Abladungshafen und Bestimmungsort,
6. Name und Anschrift des Empfängers und eine etwaige Meldeadresse,
7. Art des Gutes und dessen äußerlich erkennbare Verfassung und Beschaffenheit,
8. Maß, Zahl oder Gewicht des Gutes und dauerhafte und lesbare Merkzeichen,
9. die bei Ablieferung geschuldete Fracht, bis zur Ablieferung anfallende Kosten sowie einen Vermerk über die Frachtzahlung,
10. Zahl der Ausfertigungen.

Ein **Konnossement** kann nach den neuen Vorschriften über den Seehandel **auch in elektronischer Form** erstellt werden (§ 516 HGB)

KONNOSSEMENT AUCH IN ELEKTRONISCHER FORM

Carrier Hapag-Lloyd Container Linie GmbH, Hamburg **Bill of Lading** Multimodal Transport or Port to Port Shipment

Hapag-Lloyd

Shipper
FRANK EXPORT AG
PYRBAYERSTRASSE 1

92318 NEUMARKT/OPF.

Carrier's Reference: 35716743 | **B/L-No:** HLCUSTR051100233 | **Page:** 2/3

Export References:

Consignee (not negotiable unless consigned to order):
TO ORDER

Forwarding Agent:

Notify Address (Carrier not responsible for failure to notify; see clause 20 (1) hereof):
SENOK TRADE COMBINE LTD
NO. 3, R. A. DE. MEL MAWATHA
COLOMBO 5
SRI LANKA

Consignee's Reference:

Place of Receipt:

Vessel(s): BUSAN EXPRESS **Voyage-No:** 11E43

Place of Delivery:

Port of Loading: HAMBURG EUROPEAN PORT

Port of Discharge: COLOMBO, SRI LANKA

Container Nos., Seal Nos.; Marks and Nos. | Number and Kind of Packages, Description of Goods | Gross Weight: | Measurement:

AS PER ATTACHED STATEMENT

Hapag-Lloyd
Container Linie GmbH
(as Carrier)

SHIPPED ON BOARD, DATE: 01.11.20..
PORT OF LOADING: HAMBURG EUROPEAN PORT
VESSEL NAME BUSAN EXPRESS

FREIGHT PREPAID

*SLAC = SHIPPER'S LOAD, STOW, WEIGHT AND COUNT

Shipper's declared Value [see clause 7(2) and 7(3)]

Total No. of Containers received by the Carrier: 2

Packages received by the Carrier:

Movement: FCL/FCL

Currency:

Charge	Rate	Basis	Wt/Vol/Val	P/C	Amount
TSO				P	
THO				P	
SEA				P	
CSF				P	
BAF				P	
CAF				P	

Total Freight Prepaid | Total Freight Collect | Total Freight

Above Particulars as declared by Shipper. Without responsibility or warranty as to correctness by Carrier [see clause 11(1) and (2)]

RECEIVED by the Carrier from the Shipper in apparent good order and condition (unless otherwise noted herein) the total number or quantity of Containers or other packages or units indicated in the box opposite entitled "Total No. of Containers/Packages received by the Carrier" for Carriage subject to all the terms and conditions hereof (INCLUDING THE TERMS AND CONDITIONS ON THE REVERSE HEREOF AND THE TERMS AND CONDITIONS OF THE CARRIER'S APPLICABLE TARIFF) from the Place of Receipt or the Port of Loading, whichever is applicable, to the Port of Discharge or the Place of Delivery, whichever is applicable. One original Bill of Lading, duly endorsed, must be surrendered by the Merchant to the Carrier in exchange for the Goods or a delivery order. In accepting this Bill of Lading the Merchant expressly accepts and agrees to all its terms and conditions whether printed, stamped or written, or otherwise incorporated, notwithstanding the non-signing of this Bill of Lading by the Merchant.

IN WITNESS WHEREOF the number of original Bills of Lading stated below all of this tenor and date has been signed, one of which being accomplished the others to stand void.

Place and date of issue: HAMBURG 04.11.20..

Freight payable at: ORIGIN | Number of original Bs/L: 3/3

HAPAG-LLOYD
CONTAINER LINIE
GMBH (AS CARRIER)

TSO Terminal Security charge Origin; THO Terminal Handling Charge Origin; SEA Seal Fee; CSF Carrier Security Fee; BAF Bunker Adjustment Factor; Currency Ajustment Factor; P Prepaid

3.9.3 Arten von Konnossementen

Ja nach Ausstattung und Verwendung werden für Konnossemente unterschiedliche Bezeichnungen gebraucht.

Konnossementsarten nach der Bezeichnung des Empfängers

Konnossementsarten	Eigenschaften
Namenskonnossement	Im Consignee-Feld steht Name des Empfängers. Eigentumserwerb: Einigung, Übergabe und Zession (Abtretung) Vorkommen: häufig
Orderkonnossement – B/L	Im Consignee-Feld steht „to order“ oder der Name des Empfängers + "to order". Eigentumserwerb: Einigung, Übergabe und Indossament Vorkommen: sehr häufig
Vollindossament	Für uns an die „Order“ von Firma … (Adresse, Namen, Unterschrift von Weitergebenden und neuem Besitzer)
Kurzindossament/ Blankoindossament	Name, Adresse, Unterschrift des Weitergebenden (Durch ein Kurzindossament wird das B/L zum Inhaberdokument, d. h. jeder kann das B/L einreichen.)

Der Shipper indossiert immer als Erster.

Konnossementsarten nach dem Ort der Übernahme des Gutes

Konnossementsarten	Eigenschaften
Bordkonnossement (shipped on board)	Bescheinigung über die Verschiffung der Ware (shipped B/L) Diese Form ist für Dokumentenakkreditive erforderlich.
Übernahmekonnossement (received B/L)	Empfangsbestätigung, dass die Ware zur Verschiffung empfangen wurde. Die Ware befindet sich noch am Schuppen. Wird ausgestellt, wenn Verschiffung terminlich feststeht

Konnossementsarten nach der Zusammenfassung von Sendungen

Konnossementsarten	Eigenschaften
Sammelkonnossement	Spediteur konsolidiert Ladung und tritt dem Verfrachter mit einer großen Partie gegenüber. Er bezahlt für FCL/FCL eine Boxrate.
Teilkonnossement	Teilung einer Partie in mehrere Teilpartien Jedes Teil-B/L muss mit dem Original übereinstimmen. In der Praxis wird allerdings eine D/O (delivery order) verwendet.

Konnossementsarten nach der Bezeichnung des Warenzustandes

Konnossementsarten	Eigenschaften
Reines Konnossement (clean B/L)	Ware ohne Abschreibungen, d. h. keine Beschädigungen, keine Fehlmengen Zwingend für Dokumentenakkreditiv
Unreines Konnossement (unclean/foul B/L)	Ware mit Abschreibungen Vermerk auf dem Konnossement, dass die Ware oder Verpackung beschädigt ist oder dass Packstücke fehlen

Konnossementsarten nach der Rangordnung

Konnossementsarten	Eigenschaften
Originalkonnossement	Es werden 3 Originale ausgestellt. Zwei davon werden zeitverzögert dem Empfänger zugesandt (in different lots).
Kopie	Nicht handelbare Kopie des Originals

Konnossementsarten nach dem Weg, den die Ladung nimmt

Konnossementsarten	Eigenschaften
Durchkonnossement (through B/L)	Das B/L ist eine Transporturkunde für gesamte Seestrecke. Mehr als ein Verfrachter sind beteiligt (Feeder – Operator). Im B/L erkennt man ein Durch – B/L an der Formulierung z. B. „via Hamburg".
combined transport bill of lading (Konnossement für den kombinierten Transport)	Transport mit verschiedenen Beförderungsmitteln, z. B. Seeschiff, Bahn Der Erstbeförderer (Pre-Carrier) geht in eigenem Namen die Beförderung für die Gesamtstrecke ein.

3.10 Wie werden Schadensfälle in der Seeschifffahrt geregelt?

RISIKOREICH

TEMPERATURSCHWANKUNGEN

MEERWASSER

Der Transport von Gütern mit dem Seeschiff ist sehr risikoreich. Die Transportstrecke und -dauer sind sehr lang. Außerdem sind viele Umschlagvorgänge notwendig, um die Ware vom Absender zum Empfänger zu bringen. Während des Transports sind die Waren extremen Temperaturschwankungen ausgesetzt, da die Transportstrecke häufig über verschiedene Klimazonen führt. Das Meerwasser ist salzhaltig und wirkt aggressiv auf viele Transportgüter ein. Gegen diese Risiken kann man verschiedenste Vorkehrungen treffen, insbesondere die seemäßige Verpackung spielt hier eine wesentliche Rolle. Doch trotz sorgfältigster Planung und Durchführung der Transporte lassen sich Schäden im Seeverkehr nicht vollständig ausschließen, sodass es immer wieder zu Schadensfällen kommt. Welche Möglichkeiten und Chancen auf Schadensersatz im Schadensfalle jemand hat, der das Transportrisiko trägt, soll im Folgenden dargestellt werden. Kennzeichnend für die Regelung von Schadensfällen in der Seeschifffahrt ist die unübersichtliche rechtliche Regulierung von Schadensfällen im Seeverkehr. Es gibt nationale und internationale rechtliche Regulierungen auf der einen Seite sowie die Konnossementsbedingungen der Reedereien, die sie beim Abschluss eines Seefrachtvertrages zugrunde legen und in welchen sie die Haftung weitgehend einschränken oder ausschließen. Deshalb empfiehlt es sich wegen der eingeschränkten Schadensersatzregelungen, im Seeverkehr in jedem Fall eine Transportversicherung abzuschließen, um die Ware gegen die Risiken im Seetransport abzusichern.

TRANSPORTVERSICHERUNG

3.10.1 Haftung nach HGB

Die Haftung der Verfrachter in der Seeschifffahrt entspricht den internationalen Regelungen der Hague Rules bzw. der Hague-Visby Rules, deren Haftungsvorschriften in das HGB übernommen wurden.

HAGUE RULES BZW. DER HAGUE-VISBY RULES

HGB

Voraussetzungen

VORAUSSETZUNGEN

Der Verfrachter (Reeder) haftet, wenn folgende Voraussetzungen vorliegen:

- Die Ausstellung eines Konnossements
- Die Verschiffung von deutschem Seehafen
- Die Verschiffung zu einem deutschen Seehafen

Haftungstatbestände

HAFTUNGSTATBESTÄNDE

Der Verfrachter haftet für:

- Anfängliche Seeuntüchtigkeit des Schiffes
- Fürsorgliche Behandlung der Güter (z. B. richtige Stauung)
- Verlust oder die Beschädigung von der Annahme bis zur Ablieferung (keine Vermögensschäden, keine Güterfolgeschäden)

Haftungsausschlüsse nach HGB

HAFTUNGSAUSSCHLÜSSE NACH HGB

„Der Verfrachter haftet nicht, soweit der Verlust oder die Beschädigung auf einem der folgenden Umstände beruht:

1. Gefahren oder Unfällen der See und anderer schiffbarer Gewässer,
2. kriegerischen Ereignissen, Unruhen, Handlungen öffentlicher Feinde oder Verfügungen von hoher Hand sowie Quarantänebeschränkungen,
3. gerichtlicher Beschlagnahme,
4. Streik, Aussperrung oder sonstiger Arbeitsbehinderung,
5. Handlungen oder Unterlassungen des Befrachters oder Abladers, insbesondere ungenügender Verpackung oder ungenügender Kennzeichnung der Frachtstücke durch den Befrachter oder Ablader,
6. der natürlichen Art oder Beschaffenheit des Gutes, die besonders leicht zu Schäden, insbesondere durch Bruch, Rost, inneren Verderb, Austrocknen, Auslaufen, normalen Schwund an Raumgehalt oder Gewicht, führt,
7. der Beförderung lebender Tiere,
8. Maßnahmen zur Rettung von Menschen auf Seegewässern,
9. Bergungsmaßnahmen auf Seegewässern."[1]

Haftungsprinzip

HAFTUNGSPRINZIP

Nach HGB Seehandelsrecht gilt das Prinzip der Verschuldenshaftung (vermutete Verschuldenshaftung)

VERMUTETE VERSCHULDENSHAFTUNG

- Verschulden des Verfrachters im Schadensfall zunächst vermutet
- Verfrachter kann beweisen, dass er und seine Leute mit der erforderlichen Sorgfalt gearbeitet haben (Beweislastumkehr).

[1] HGB (2013), § 499

FREIZEICHNUNG

Freizeichnung

Der Verfrachter kann in den Konnossementsbedingungen durch Vertragsklauseln die Haftung für bestimmte Fälle zu seinen Gunsten ändern. Gegen diese Risiken können sich Verlader über eine Seetransportversicherung absichern.

RÜGEFRISTEN

Rügefristen

Der Geschädigte muss nachweisen, dass der Verfrachter für die Schäden ursächlich verantwortlich war. Deshalb sind bestimmte Fristen für die schriftliche Schadensanzeige (auch E-Mail) einzuhalten.

Rügefristen	
Offene Mängel	**Versteckte Mängel**
Bei beendeter Auslieferung	spätestens 3 Tage nach Auslieferung

Geht die Ware in die Obhut des Empfängers oder seines Beauftragten (z. B. Spediteur) über, gilt die Auslieferung als beendet. In den Konnossementsbedingungen wird in den meisten Fällen festgelegt, dass ein Gut als ausgeliefert gilt, wenn es der Kaiverwaltung übergeben wurde, auch wenn der Empfänger (Spediteur) die Sendung erst später abnimmt.

VERJÄHRUNG

Verjährung

Folgende Ansprüche verjähren in **einem Jahr**:
1. Ansprüche aus einem Seefrachtvertrag und aus einem Konnossement;
2. Ansprüche aus Schiffsüberlassungsverträgen;
3. Ansprüche auf Beiträge zur Großen Haverei;
4. Ansprüche, die den Reedern untereinander nach § 571 Absatz 2 zustehen.

Schadensersatzansprüche aus dem Zusammenstoß von Schiffen verjähren nach **zwei Jahren**.

HAFTUNGSHÖCHST-GRENZEN

Haftungshöchstgrenzen nach HGB

Nach HGB/Hague-Visby Rules haftet ein Verfrachter mit folgenden Höchstbeträgen:

Schadensart		Verfrachter haftet maximal mit
Güterschäden	Verlust oder Beschädigung	2 SZR je kg brutto oder 666,67 SZR je Packstück bzw. Einheit nach Wahl des Anspruchstellers
Vermögensschäden		Keine Haftung

Die Höchstgrenzen für die Haftung eines Verfrachters wurden im neuen Seehandelsrecht nicht verändert.

Der Anspruchsberechtigte wird den Schadensersatz wählen, bei dem er den höheren Ersatzbetrag erhält.

S.T.C. (SAID TO CONTAIN)

Als Stück oder Einheit gelten z. B. ein Karton, ein Sack, eine Palette oder auch ein Container. Der Container gilt als Einheit, wenn er vom Befrachter beladen wurde. Hat die Reederei jedoch Packstücke in den Container verladen, gelten diese als Einheit. Werden die vom Absender in den Container verladenen Einzelsendungen im Konnossement angegeben, würde der Verfrachter ebenfalls dafür haften. Er kann sich davon befreien, indem er in das Konnossement den Zusatz s.t.c. (said to contain) aufnimmt, z. B. „1 container, s.t.c. (said to contain) 400 cartons ...".

3.10.2 Große Haverei (General Average)

Die Große Haverei grosse gilt als eines der ältesten Rechtsinstitute der Seefahrt und hat ihren Ursprung in Gesetzen auf der Insel Rhodos zur Zeit der Phönizier, in welchen ursprünglich der Seewurf von Ladung geregelt wurde. Heute ist der Begriff der Großen Haverei (Havarie grosse) im HGB §§ 588 ff. geregelt. Eine weitere Rechtsgrundlage bilden die York-Antwerp-Rules, die zur Anwendung kommen, wenn sie zwischen allen Havariebeteiligten vereinbart wurden.

HAVARIE GROSSE

YORK-ANTWERP-RULES

Anwendung der Großen Haverei

Die Große Havarei kommt nur dann zur Anwendung, wenn ein Schaden (bzw. Kosten) an Ladung oder Schiff absichtlich, vernünftig und außergewöhnlich von der Schiffsführung herbeigeführt wurde. Diese Maßnahme muss zur Errettung von Schiff und Ladung aus einer gemeinsamen unmittelbaren und erheblichen Gefahr dienen. Man spricht nur von Große Havarei, wenn die Rettungsaktion erfolgreich verlaufen ist. Beispiele für eine Havarie grosse sind Wasserschäden hervorgerufen durch Flutung von Laderäumen oder Feuerlöschung an Bord, sowie auch absichtliches Überbordwerfen von Ladung, welche die Sicherheit des Schiffes gefährdet, Notstrandung und Abschleppen. Die Schadensregulierung erfolgt in diesem Fall so, dass alle am Risiko einer Seereise Beteiligten anteilsmäßig zur Deckung der Kosten herangezogen werden (Wert von Ladung, Fracht und Schiff). In der Praxis bedeutet dies, dass der Eigentümer einer Containerladung, die unversehrt ihr Ziel erreicht, anteilsmäßig einen Beitrag zur Schadensregulierung leisten muss. Gegen das Risiko solcher Havarie-grosse-Einschüsse kann man sich im Rahmen der Seetransportversicherung absichern.

ERRETTUNG VON SCHIFF UND LADUNG

HAVARIE-GROSSE-EINSCHÜSSE

Voraussetzungen für Große Haverei

Damit ein Schaden als Große Haverei abgewickelt werden kann, müssen folgenden Voraussetzungen gegeben sein:

Voraussetzungen
• Gemeinsame Gefahr für Schiff und Ladung
• Aktivitäten, die vorsätzlich Schäden an Schiff und Ladung oder beidem verursachen, veranlasst durch den Kapitän (Erbringung von Opfern)
• Zweck/Ziel: Rettung von Eigentum an Schiff und Ladung
• Erfolgreiches Handeln

Fälle für Große Haverei

Unter Beachtung der genannten Voraussetzung kann in folgenden Fällen eine Große Havarei vorliegen:

- Seewurf (Überbordwerfen) und gleichgestellte Fälle
- Leichterung (Entladen, Umladen)
- Strandung
- Einlaufen in einen Nothafen
- Verteidigung gegen Feinde oder Seeräuber
- Loskauf von Schiff und Ladung
- Kosten der Geldbeschaffung zur Deckung von Verlusten und Kosten durch Havarie grosse und der Auseinandersetzung zwischen Beteiligten
- Löschung eines an Bord ausgebrochenen Feuers
- Überanstrengung der Maschine
- Annahme von Schleppern

Dispacheur
Dispache

Dispacheur

Die im Rahmen einer Havarie grosse verursachten Schäden sind auf die Beteiligten (Schiff, Fracht, Ladung) zu verteilen. Diese Aufgabe übernimmt ein Dispacheur. Auf Grundlage der festgestellten Schäden erstellt er einen Verteilungsplan (Dispache). In Deutschland ist ein Dispacheur ein amtlich bestellter, neutraler, eigenverantwortlich handelnder Sachverständiger[1], dessen Dispache vom Gericht bestätigt wird. Im anglo-amerikanischen Raum gibt es keine amtlich bestellten Sachverständigen, sondern es werden Privatgutachter eingesetzt.

Inhalt einer Dispache

Die Schadensaufstellung, die ein Dispacheur vorlegt, muss folgende Punkte beinhalten:

- Feststellung des Tatbestandes der Havarie grosse
- Aufstellung der zu vergütenden Schäden
- Aufstellung der beitragspflichtigen Werte
- Berechnung des Beitragssatzes (Havarie-grosse-Prozentsatz) und der daraus resultierenden Vergütungen und Beiträge der Beteiligten

Beispiel einer Havarie-grosse-Abwicklung

Eine vereinfachte Havarie-grosse-Abrechnung könnte wie folgt aussehen:

		Beitragswerte	**Havarie-grosse Schäden**
Wert des geretteten Schiffes	7.002.000,– EUR		
+ H/G-Schäden	498.000,– EUR		**498.000,– EUR**
Beitragswert des Schiffes:	7.500.000,– EUR	7.500.000,– EUR	
Wert der geretteten Ladung	8.820.000,– EUR		
+ H/G-Schäden	180.000,– EUR		**180.000,– EUR**
Beitragswert der Ladung:	9.000.000,– EUR	9.000.000,– EUR	
Fracht für gerettete Ladung	709.200,– EUR		
+ H/G-Frachtverlust	10.800,– EUR		**10.800,– EUR**
Beitragswert der Fracht:	720.000,– EUR	720.000,– EUR	
Beitragskapital (Aktivmasse)		**17.220.000,– EUR**	
H/G-Schäden			688.800,– EUR
H/G-Kosten (Dispache)			86.100,– EUR
Summe Havarie-grosse-Schäden			**774.900,– EUR**

Beitragsquote: **Havarie-grosse-Schäden · 100 : Beitragswerte**
= 774.900 EUR · 100 : 17.220.000 EUR = 4,5 %

[1] vgl. § 595 HGB

Beispiel:

Auf einem Seeschiff wurde Havarie grosse ausgerufen. Ein Container mit der Nr. 4576889 und einem Wert der Ladung von 30.000,00 EUR befand sich an Bord. Der Container und die darin befindliche Ware waren unversehrt. Welchen Betrag muss der Eigentümer dieser Containerladung zur Aufteilung des Schadens im Rahmen einer Havarie-grosse-Abwicklung als Havarie-grosse-Einschuss leisten, wenn die Beitragsquote 4,5 % beträgt?

Lösung:

Havarie-grosse-Beitrag: 4,5 % von 30.000,00 EUR = 1.350,00 EUR

Der Ladungseigentümer kann sich durch eine Transportversicherung gegen solche Ansprüche absichern. Transportversicherungspolicen enthalten im Allgemeinen eine Risikoabsicherung gegen Havarie-grosse-Einschüsse.

Im März 2006 brach auf dem Containerschiff Hyundai Fortune, das mit Containern voll beladen von Fernost nach Europa unterwegs war, vor der Küste Jemens ein Feuer aus. Es gelang, das Feuer zu löschen und das Schiff in den Hafen Salalah nach Oman zu schleppen. Im April 2006 wurde durch die Reederei Havarie grosse ausgerufen. Durch dieses Unglück waren auch zahlreiche Spediteure und deren Kunden in Deutschland betroffen. Im Hafen von Salalah wurden die Container entladen und auf Schäden überprüft. Die unbeschädigten Container wurden nach ca. 6 Wochen freigegeben und von den Reedereien, denen die Container gehörten, nach Weisung der Eigentümer der Waren entweder zum Zielhafen in Europa oder zum Ausgangshafen in Asien befördert. Nach Angaben der Reederei APL wird die endgültige Abwicklung dieses Havarie-grosse-Schadens, der auf über 300 Mio. USD geschätzt wird, voraussichtlich mehrere Jahre dauern.

Feuer auf der Hyundai Fortune, März 2006

Quelle: Cargo Law

Das neue Seehandelsrecht regelt die Rechtsinstitute der „Besonderen Haverei“ und der „Kleinen Haverei“ nicht mehr, weil es für diese Fälle zivilrechtliche Regelungen gibt.

ES GIBT NUR NOCH GROSSE HAVEREI.

3.11 Wie werden Entgelte im Seeverkehr berechnet?

KEIN EINHEITLICHER TARIF

Im Seeverkehr gibt es keinen einheitlichen Tarif. Jede Reederei hat ihre eigenen Tarife. Wenn es sich nicht um laufende Transporte handelt, müssen sie für jeden Container angefragt werden. Große Konzernspeditionen (z. B. Kühne & Nagel, Schenker), die ein hohes jährliches Ladungsaufkommen im Seeverkehr haben, handeln mit bestimmten Reedereien besonders günstige Raten aus, die in unregelmäßigen Zeitabständen angepasst werden.

Bei LCL-Sendungen sucht man sich einen Partner (Spediteur oder NVOCC), der diese Sendungen verlädt und auch einen entsprechenden Preis nennt. Gegenüber der Reederei tritt der Spediteur oder der NVOCC als Befrachter (Shipper) auf. Für LCL-Sendungen ist als Minimum immer die Fracht für 1 m^3 bzw. 1 t zu zahlen.

RICHTUNGSGEBUNDEN

Seefrachttarife gelten immer vom Abgangshafen bis zum Bestimmungshafen. Sie sind also richtungsgebunden. Die Höhe der Seefrachttarife unterliegt den Gesetzen von Angebot und Nachfrage.

GRUNDSÄTZE

Für die Berechnung von Seefracht für Stückgut gelten die folgenden Grundsätze.

3.11.1 Maß- und Gewichtsraten

Die Seefrachtrate drückt den Preis für die Beförderungsleistung pro Frachttonne (frt, F/T) aus. Das Produkt aus dem Betrag der Frachttonne und der Frachtrate ergibt die Seefracht.

FRACHTTONNE

Abrechnung nach Maß oder Gewicht

Als Frachttonne gilt die Maßeinheit, die der Reederei die höhere Frachteinnahme bringt. Das kann entweder die Frachteinheit nach dem tatsächlichen Gewicht oder nach dem Volumen (Maß) der Sendung sein. Ausgedrückt wird dies durch die Bezeichnung w/m (weight/measurement), auf Deutsch „Maß/Gewicht", in der Ratenquotierung.

Beispiel:

Sendung	Gewicht	Volumen	Abrechnung	Abrechnung nach
1 Kiste (w/m)	1.400 kg	2,1 cbm	2,1 · Frachtrate	Maß
1 Kiste (w/m)	1.900 kg	1,7 cbm	1,9 · Frachtrate	Gewicht

Bei der Quotierung der Frachtraten können folgende Begriffe verwendet werden:

M/G (Maß/Gewicht)	w/m (weight/measurement)
per Frachttonne (F/T)	per freightton (f/t)
in Schiffswahl in Reeders Wahl	in ship's option

Als tarifliche Maß- und Gewichtssysteme gelten 1000 kg (1 t) oder 1 cbm.

Der Grundsatz, dass die höheren Frachteinnahmen für die Reederei maßgebend sind, besteht auch für Sendungen, die aus mehr als einem Packstück bestehen. Jedes Packstück ist einzeln abzurechnen, auch wenn die Sendung aus mehreren Packstücken besteht.

Seefrachtraten für Stückgut sind artikelabhängig. Bei Sendungen, die aus mehreren Packstücken mit unterschiedlichen Inhalten bestehen, sind deshalb die Spezifikationen für jedes einzelne Packstück anzugeben.

ARTIKELABHÄNGIG

Die Seefrachtraten enthalten die Kosten für das Verladen, Stauen und Löschen.

KOSTEN FÜR DAS VERLADEN, STAUEN UND LÖSCHEN

Das Maß-/Gewichtsverhältnis wird auch mit der Bezeichnung „x-mal messend" ausgedrückt. Wenn beispielsweise eine Sendung 3-mal messend ist, bedeutet dies, dass die Maßzahl für das Volumen dreimal höher ist als die Maßzahl für das Gewicht.

„X-MAL MESSEND"

Reine Gewichtsraten

Es gibt Ratenquotierungen, in denen reine Gewichtsraten per 1000 kg unabhängig vom Volumen der Sendung genannt werden.

REINE GEWICHTSRATEN

Beispiel für eine reine Gewichtsrate:

Eine Industriepresse wird, von Bremen nach Savannah/US transportiert. Bruttogewicht 22,23 t, vereinbarte Frachtrate 256,96 USD/t.

Lösung:

22,23 t · 256,96 USD/t = 5.712,22 USD

Reine Maßraten

Reine Maßraten werden per 1 cbm unabhängig vom tatsächlichen (evtl. höheren) Gewicht angegeben.

REINE MASSRATEN

Beispiel für eine reine Maßrate:

Eine Verpackungsmaschine wird von Hamburg nach Buenos Aires verschifft. Maße der Maschine: 4,1 m · 2,7 m · 2,2 m; vereinbarte Frachtrate: USD 105,98/cbm.

Lösung:

Volumen: 4,1 m · 2,7 m · 2,2 m = 24,354 m³
24,354 m³ · 105,98 USD/m³ = 2.581,04 USD

3.11.2 FAK-Raten (Freight All Kinds)

FAK-Raten sind Pauschalfrachten, die sich nicht auf bestimmte Waren oder Warengruppen beziehen. FAK-Raten werden z. B. für Containersendungen angewandt.

FAK-RATEN

CONTAINERSENDUNGEN

Beispiel:

Verschiffung von drei 20-Fuß-Containern von Bremerhaven nach Jacksonville/Florida, vereinbarte FAK-Rate USD 1.210 pro Container.

Container 1: 15 t Oppenheimer Krötenbrunnen (Wein), Wert 131.250,00 EUR

Container 2: Verpackungsmaschine für Süßigkeiten, Gewicht 7,1 t, Wert 65.000,00 EUR

Container 3: 3 gebrauchte Motorräder und Ersatzteile, Gewicht 6,6 t, Wert 35.000,00 EUR

3.11.3 Commodity-Box-Raten

COMMODITIY-BOX-RATEN

Im Containerverkehr gibt es auch artikelabhängige Pauschalfrachten pro Container (z. B. für Textilien), die man als Commoditiy-Box-Raten[1] bezeichnet.

AD-VALOREM-RATEN

3.11.4 Ad-valorem-Raten (Wertraten)

Bei dieser Quotierung berechnet die Reederei die Seefracht als Prozentsatz vom FOB-Wert.

Beispiel:

Die Spedition EUROCARGO besorgt für ihren Kunden DOMA den Seetransport eines Baukrans von Nürnberg nach Dalian, China. Der Preis FOB Hamburg beträgt 1,4 Mio. EUR. Die Reederei quotiert 3,25 % des FOB-Wertes.

Lösung:

3,25 % von 1.400.000,00 EUR = 45.500,00 EUR

3.11.5 Zu- und Abschläge zur/von der Seefracht

Abhängig vom jeweiligen Fahrtgebiet verlangen Schifffahrtskonferenzen und Outsider Zu- und Abschläge zur Seefracht. Die häufigsten Zuschläge sind:

BAF	Bunker adjustment factor (fuel adjustment factor)	Bunkeröl-zuschlag	in Prozent oder per frt oder W-/M-Zuschlag; bei Containerverladungen differenziert nach 20'-/40'-Containern; manchmal auch FAF fuel adjustment factor genannt
LSFS	Low sulphur fuel surcharge		Zuschlag für den Einsatz von Treibstoff mit niedrigen Schwefelgehalt
CAF	Currency adjustment factor	Währungs-zuschlag	In Prozent, bezogen auf die Grundfracht Grund: Ausgleich von Wechselkursschwankungen
H/L	heavy lifts	Schwergewichtszuschlag	Meistens ab 20 t, keine Abrechnung im FCL/FCL-Verkehr
L/L	long length	Längenzuschlag	Meist ab 12 m Länge des Packstücks
ISPS	International Ship and Port Facility Security Code	Sicherheitsgebühr	An Schifffahrtslinien
War Risk	War risk surcharge	Kriegszuschlag	nach Häfen in Gebieten, die kriegsgefährdet sind

[1] Container werden im Englischen auch als „Box" bezeichnet. Commodities sind Waren einer bestimmten Art.

CS	Congestion surcharge	Verstopfungszuschlag	Erhoben beim Transport zu/von bestimmten Häfen, die hoch frequentiert sind
PSS	Peak Season Surcharge	Hochsaisonzuschlag	Erhoben von Schifffahrtslinien für zusätzliches Gerät und zusätzliche Dienstleistungen während der Hochsaison, insbesondere in Häfen der US-Westküste
	Panama Canal surcharge		Manche Reedereien erheben einen Zuschlag für die Fahrt durch den Panama-Kanal.
	Piracy (Risk) Surcharge		Zuschlag für die Durchfahrt durch Piraten gefährdeter Gebiete, z. B. Golf von Aden

3.12 Wie wird Gefahrgut mit Seeschiffen transportiert?

3.12.1 Rechtsgrundlagen

GEFAHRGUTVERORDNUNG SEE (GGVSEE)

IMDG-CODE

Als Rechtsgrundlage für die Beförderung gefährlicher Güter mit Seeschiffen gilt die Gefahrgutverordnung See (GGVSee) sowie deren Anlage, die deutsche Fassung des IMDG-Codes (International Maritime Dangerous Goods Code). Die Neufassung des IMDG-Codes ist ab dem 1. Januar 2006 verbindlich anzuwenden.

3.12.2 Der IMDG-Code

Der IMDG-Code enthält Regelungen und Hinweise für den Umgang mit Gefahrgut, das Bezetteln, die Markierung sowie die Anbringung von Placards, das Verladen und Stauen von Gefahrgut sowie die Trennung, das Verhalten in Notfällen. Außerdem bestimmt der IMDG-Code, was Gefahrgut ist. Der IMDG-Code wurde von der International Maritime Organization (IMO) 1961 zum ersten Mal erarbeitet und mehrmals den neuesten Entwicklungen angepasst mit dem Ziel, die Gefahrgutbestimmungen für internationale Gefahrguttransporte auf den Meeren zu harmonisieren.

IMDG-CODE

Der IMDG-Code besteht aus 7 Abschnitten, deren wichtigste Regelungen in folgender Übersicht dargestellt werden:

Teil 1	Allgemeine Vorschriften, Begriffsbestimmungen und Schulung
1.1	Allgemeine Vorschriften
1.2	Begriffsbestimmungen, Maßeinheiten und Abkürzungen
1.3	Schulung
Teil 2	Klassifizierung
2.0	Einleitung
2.1	Klasse 1 – Explosive Stoffe und Gegenstände mit Explosivstoff
2.2	Klasse 2 - Gase
2.3	Klasse 3 – Entzündbare flüssige Stoffe
2.4	Klasse 4 – Entzündbare feste Stoffe, Selbstentzündliche Stoffe, Stoffe, die in Berührung mit Wasser entzündbare Gase entwickeln
2.5	Klasse 5 – Entzündend (oxidierend) wirkende Stoffe und organische Peroxide
2.6	Klasse 6 – Giftige Stoffe und ansteckungsgefährliche Stoffe
2.7	Klasse 7 – Radioaktive Stoffe
2.8	Klasse 8 – Ätzende Stoffe
2.9	Klasse 9 – Verschiedene gefährliche Stoffe und Gegenstände
2.10	Meeresschadstoffe
Teil 3	Gefahrgutliste und Ausnahmen für begrenzte Mengen
3.1	Allgemeines
3.2	Gefahrgutliste
3.3	Anzuwendende Sondervorschriften für bestimmte Stoffe oder Gegenstände
3.4	Begrenzte Mengen
3.5	Transportblätter für Klasse 7 – Radioaktive Stoffe
Teil 4	Vorschriften für Verpackungen und Tanks
4.1	Verwendung von Verpackungen einschließlich Großpackmitteln (IBC) und Großverpackungen
4.2	Verwendung ortsbeweglicher Tanks und Gascontainer mit mehreren Elementen (MEGC)
4.3	Verwendung von Bulkverpackungen
Teil 5	Verfahren für den Versand
5.1	Allgemeine Vorschriften
5.2	Beschriftung, Markierung und Kennzeichnung von Versandstücken einschließlich Großpackmitteln (IBC)
5.3	Plakatierung, Markierung und Beschriftung von Beförderungseinheiten
5.4	Dokumentation
5.5	Sondervorschriften
Teil 6	Bau- und Prüfvorschriften für Verpackungen, Großpackmitteln (IBC), Großverpackungen, ortsbewegliche Tanks, Straßentankfahrzeuge und Großcontainer mit mehreren Elementen (MEGC)
6.1	Bau und die Prüfvorschriften von Verpackungen (außer Verpackungen für Stoffe der Klasse 6.2)
6.2	Vorschriften für den Bau und die Prüfung von Druckgefäßen, Druckgaspackungen und kleinen Gefäßen für Gase (Gaspatronen)
6.3	Bau und die Prüfvorschriften für Verpackungen für Stoffe der Klasse 6.2

6.4	Vorschriften für den Bau, die Prüfung und die Zulassung von Versandstücken und Stoffen der Klasse 7
6.5	Vorschriften für den Bau und Prüfung von Großpackmitteln (IBC)
6.6	Bau und die Prüfvorschriften für Großverpackungen
6.7	Vorschriften für Auslegung, Bau, Besichtigung und Prüfung von ortsbeweglichen Tanks und Gascontainern mit mehreren Elementen (MEGC)
6.8	Vorschriften für Straßentankfahrzeuge
Teil 7	Vorschriften für die Beförderung
7.1	Stauung
7.2	Trennung
7.3	Besondere Bestimmungen für Unfälle und Brandschutzmaßnahmen bei gefährlichen Gütern
7.4	Beförderung von Beförderungseinheiten mit Schiffen
7.5	Packen von Beförderungseinheiten
7.6	Beförderung gefährlicher Güter in Trägerschiffsleichtern auf Trägerschiffen
7.7	Vorschriften für die Temperaturkontrolle
7.8	Beförderung von Abfällen
7.9	Zulassung/Genehmigungen der zuständigen Behörden

3.12.3 IMO-Erklärung für gefährliche Güter

IMO-ERKLÄRUNG

Nach § 8 GGVSee muss der Absender von Gefahrgut eine verbindliche Erklärung ausfüllen und diese als Begleitdokument dem Transportunternehmen übergeben.

Die Information des Absenders über Gefahren, die von seiner Sendung ausgehen, hat enorme Bedeutung für die Sicherheit von Transporten mit Seeschiffen. Das Feuer auf dem Containerschiff Hyundai Fortune im März 2006 soll in Containern ausgebrochen sein, die mit Feuerwerkskörpern beladen waren. Diese Container waren unter Deck verladen, obwohl die Gefahrgutvorschriften eine Verladung unter Deck bei Feuerwerkskörpern untersagen. Experten gehen davon aus, dass bei einer Verladung auf Deck das Feuer auf dem Containerschiff Hyundai Fortune nicht so verheerend gewesen wäre. Man vermutet, dass wegen falscher Absenderangaben im Hinblick auf Gefahrgut die Container falsch gestaut wurden.

Quelle: dpa

Quelle: dpa

Beispiel für eine IMO dangerous goods declaration (IMO Erklärung):

BEFÖRDERUNGSDOKUMENT FÜR GEFÄHRLICHE GÜTER

nach §8 GGVSee (IMO-ERKLÄRUNG)

TRANSPORT DOCUMENT FOR DANGEROUS GOODS

(IMO-DANGEROUS GOODS DECLARATION)

Dieses Formular entspricht SOLAS 74, Kapitel VII Regel 4; MARPOL 73/78, Anlage III, Regel 4 und dem IMDG-Code, Kapitel 5.4
This form meets the requirements of SOLAS 74, chapter VII regulation 4; MARPOL 73/78, Annex III. regulation 4 and the IMDG-Code, Chapter 5.4

Versender (Name & Anschrift) Shipper (Name & Address) BAUMA AG GMBH REGENSBURGER STR. 100 90478 NÜRNBERG/GERMANY	Buchungsnummer(n) Reference number(s)
Empfänger Consignee MONROE CONSTRUCTION EQUIPMENT 4100 CHESTNUT AVE 23605 NEWPORT NEWS VA USA	Beförderer Carrier

CONTAINER/FAHRZEUG-PACKZERTIFIKAT
CONTAINER/VEHICLE PACKING CERTIFICATE

ERKLÄRUNG
Es wird erklärt, dass das Packen der gefährlichen Güter in die oder auf die Beförderungseinheit gem. den Bestimmungen nach 5.4.2.1 durchgeführt wurde.

DECLARATION
It is declared that the packing of the goods into the cargo transport unit has been carried out in accordance with the provisions of 5.4.2.1.

AUSFÜLLEN FÜR SENDUNGEN IN CONTAINERN ODER FAHRZEUGEN
TO BE COMPLETED FOR SHIPMENTS IN CONTAINERS OR VEHICLES

Container-/Fahrzeug-Nr.: Container-/Vehicle-Nr.:

Name/Funktion, Unternehmen/Organisation des Unterzeichners
Name/status, company/organization of signatory

Ort und Datum
Place and date

Unterschrift für den Packer
Signature on behalf of packer

Schiffsname und Nummer der Reise
Ship's name and voyage No.

Ladehafen
Port of loading

Löschhafen
Port of discharge

(Frei für Text, Anweisungen und sonstige Angaben)
(Reserved for text, instructions or other matter)
ACCUMULATION CATEGORIE

UN-Nr. UN-No.	Inhalt (richtiger technischer Name) * Proper Shipping Name (Correct technical name) *	Klasse/Unterklasse nach IMO IMO-Class	Verpackungsgruppe Packing group	Markierung der Versandstücke Falls zutreffend, Identifikations-Nummer oder amtl. Kennzeichen Marks & Nos, if applicable, identification or registration number(s) of the Unit	Anzahl und Verp.-Art No. and kind of packages
816240 POS. 31	1 CARTON 4GY 10 STEELCANS		AEROSOLS	2	1950 2.1

Bruttomenge (Volumen/Masse) Gross quantity (volume/mass) Nettomenge/Volumen/Masse · Net quantity/volume/mass Netto Explosivstoffmasse *** Net explosive mass ***	Merkblatt-Nr. für Unfall-Maßnahmen EmS No.	Eigenschaften/Properties Flammpunkt/Flashpoint ** MARINE POLLUTANT ** Kontroll- und Notfalltemperatur ** Control- and emergency temperature **
BRUT WEIGHT: 4 KG NET WEIGHT: 3,5 KG	F-D, S-U	FLASHPOINT 18 °C LTD, QTY

Güter angeliefert als/Goods delivered as:
☐ Stückgut/Breakbulk cargo
☐ Ladungseinheiten (Unit Loads) Unitized cargo
☐ Bulkverpackungen/Bulk packages

Art der Einheit
(Container, Anhänger, Tank, Fahrzeug usw.)
Type of unit
(container, trailer, tank, vehicle etc.)
☐ offen/open
☐ geschlossen/closed

Zutreffendes ankreuzen/Insert "X" in appropriate box
(Diese Spalte kann bis auf die Überschrift freigelassen werden; in diesem Fall ist die zutreffende Beschreibung einzusetzen.)
(This column may be left empty apart from the heading, in which case insert appropriate description.)

* Marken- oder Handelsnamen allein sind nicht ausreichend. Falls zutreffend: (1) das Wort „ABFALL" vor den Namen setzen; (2) „LEER UNGEREINIGT" oder „RÜCKSTÄNDE - ZULETZT ENTHALTEN" hinzufügen; (3) „BEGRENZTE MENGE" hinzufügen.
** Falls nach Kapitel 5.4 IMDG-Code erforderlich; *** Nur bei Stoffen der Klasse 1;
* Proprietary/trade names alone are not sufficient. If applicable: (1) the word "WASTE" should precede the name; (2) "EMPTY UNCLEANED" or "RESIDUE - LAST CONTAINED" should be added; (3) "LIMITED QUANTITY" should be added.
** When required in chapter 5.4 of the IMDG-Code; *** Class 1 only;

ZUSÄTZLICHE ANGABEN
Unter bestimmten Bedingungen sind besondere Angaben/Bescheinigungen erforderlich; siehe IMDG-Code, Kapitel 5.4 (siehe Rückseite).
ADDITIONAL INFORMATION
In certain circumstances special information/certificates are required, see IMDG-Code, chapter 5.4 (see backside).

ERKLÄRUNG
Hiermit erkläre ich, dass der Inhalt dieser Sendung mit dem (den) richtigen technischen Namen vollständig und genau bezeichnet ist. Die Güter sind nach den geltenden internationalen und nationalen Vorschriften klassifiziert, verpackt, beschriftet und gekennzeichnet/plakatiert und befinden sich in jeder Hinsicht in einem für die Beförderung geeigneten Zustand.

DECLARATION
I hereby declare that the contents of this consignment are fully and accurately described by the Proper Shipping Name, and are classified, packaged, marked and labelled/placarded, and are in all respects in proper condition for transport according to the applicable international and national governmental regulations.

Name/Funktion, Unternehmen/Organisation des Unterzeichners
Name/status, company/organization of signatory
Andreas Münch

Ort und Datum
Place and date
Nürnberg, 23. April 20..

Unterschrift für den Versender
Signature on behalf of shipper

Order No.: 299 11/06

Formularverlag CW Niemeyer, Hameln (0 51 51) 98 93-0, Wuppertal (02 02) 50 20 31, Frankfurt (0 69) 69 71 17-0, Weil der Stadt (0 70 33) 3 49 40, Hohendodeleben (03 92 04) 54 47

3.13 Wie werden Gütertransporte im Sea-Air-Verkehr organisiert?

Es dauert ca. 4 bis 5 Wochen, um Güter mit dem Seeschiff von Fernost, z. B. China, Korea oder Japan, nach Europa zu transportieren. Für manche Unternehmen dauert dieser Transport zu lange, andererseits sind sie jedoch nicht bereit oder in der Lage, die hohen Kosten (ca. 10-mal höher) für einen Lufttransport aufzubringen, der ca. 2 bis 3 Tage inklusive Vor- und Nachlauf dauern würde. Deshalb gibt es auf dem Verkehrsmarkt Unternehmen, die diese Nische besetzen und Sea-Air-Verkehre anbieten. Dabei handelt es sich um kombinierte Verkehre von Seeschiff und Flugzeug, indem man die Vorzüge dieser Verkehrsmittel nutzt. Der erste Teil der Transportstrecke in Asien wird auf einem Containerschiff zu einem Hub (z. B. Dubai) zurückgelegt, dort erfolgt die organisierte Umladung der Güter in ein Flugzeug, das die Güter nach Europa oder Afrika bringt.

KOMBINIERTE VERKEHRE VON SEESCHIFF UND FLUGZEUG

Die Hubs befinden sich entweder im Persischen Golf, z. B. in Dubai oder in Asien, z. B. in Singapur oder Seoul in Südkorea. Die in Container verladenen Güter werden mit dem Seeschiff z. B. von chinesischen Häfen nach Dubai oder Singapur transportiert. Die Container sind auf den Containerschiffen so verladen, dass sie besonders schnell aus dem Seeschiff entladen werden können. Daraufhin werden die Güter aus dem Seecontainer in einen Luftfrachtcontainer umgeladen und in ein Flugzeug verladen. Die Transportdauer verkürzt sich dabei um die Hälfte. Als Faustregel gilt, dass sich der Preis im Vergleich zum reinen Lufttransport ebenfalls halbiert.

SEECONTAINER

LUFTFRACHTCONTAINER

In den Nahen Osten fliegen täglich viele Flugzeuge von Europa kommend, die diese Region mit Lebensmitteln und Industriegütern versorgen. Andererseits gibt es nur ein relativ geringes Ladungsaufkommen für Flugzeuge aus der Region Persischer Golf, sodass die Flugzeuge mit sehr geringer Auslastung im Frachtbereich nach Westeuropa zurückfliegen müssten (unpaarige Verkehre). Damit bietet sich der Inhalt von Seecontainern als Rückladung für Flugzeuge aus Europa an.

UNPAARIGE VERKEHRE

Sea-Air-Transporte werden hauptsächlich für Textiltransporte genutzt. Große Versandhäuser, z. B. Otto Versand in Hamburg, lassen ihren Grundbestand per Seeschiff im Container von Fernost nach Hamburg befördern. Laufen Artikel besonders gut, werden entsprechende Mengen nachbestellt. Es darf jedoch nicht 4 Wochen oder länger dauern, bis diese Artikel in Europa ankommen. In diesem Fall bietet sich der Sea-Air-Verkehr an. Reiner Lufttransport wäre für diese Mengen zu teuer.

TEXTILTRANSPORTE

Eine weitere Variante des Sea-Air-Verkehrs ist der Vortransport der Güter im Container von Ostasien nach Vancouver an die Westküste Kanadas. Dort werden die Güter aus den Seecontainern entladen und in ein Flugzeug nach Europa verladen oder via Landbrücke an die Ostküste der USA transportiert und von dort per Flugzeug weiterbefördert.

OSTASIEN NACH VANCOUVER

Beispiel für Schiffslisten und Transportzeiten im Sea-Air-Verkehr von Shanghai nach Europa via Dubai:

Shanghai via Dubai (UAE)

Schiff	Closing[1]	ETD Origin	ETD Transit	ETA Euro-Hub	Zeitspanne
Xin Quan Zhou	05.07.	08.07.	23.07.	23.07.	15 Tage
Mol Maas	11.07.	14.07.	29.07.	29.07.	15 Tage
Xin Xia Men	12.07.	15.07.	30.07.	30.07.	15 Tage
APL Chiwan	18.07.	21.07.	05.08.	05.08.	15 Tage
Xin Wei Hai	19.07.	22.07.	06.08.	06.08.	15 Tage
APL Ningbo	25.07.	28.07.	12.08.	12.08.	15 Tage

[1] Annahmeschluss

Fallstudie 1: Containerhäfen

Situation

Die unten stehende Liste zeigt die Rangfolge der 20 wichtigsten Containerhäfen der Welt (2011).

Ranking	Containerhafen	Land	Umschlag in Mio. TEU
1	Shanghai		31,500
2	Singapur		29,937
3	Hong Kong		24,404
4	Shenzhen		22,569
5	Pusan		16,175
6	Ningbo		14,686
7	Guangzhou		14,400
8	Qingdao		13,020
9	Dubai		13,000
10	Rotterdam		11,876
11	Tianjin		11,500
12	Kaohsiung		9,636
13	Port Klang		9,604
14	Hamburg		9,014
15	Antwerpen		8,664
16	Los Angeles		7,940
17	Tanjung Pelapas		7,500
18	Xiamen		6,460
19	Dalian		6,400
20	Long Beach		6,061

Aufgabe 1

Tragen Sie die Länder ein, in denen die Containerhäfen liegen.

Aufgabe 2

Stellen Sie den Umschlag der 10 größten Containerhäfen grafisch (z. B. mit Microsoft Excel) dar.

Aufgabe 3

Warum werden im Hafen von Singapur so viele Container umgeschlagen, obwohl Singapur ein sehr kleines Land ist?

Aufgabe 4

Tragen Sie diese Häfen in die auf folgender Seite abgedruckte Weltkarte ein und zeichnen Sie die Hauptmagistralen des Containertransports in diese Karte.

Fallstudie 2: Berechnen der Seefracht

Situation

Die Spedition EUROCARGO erhält von verschiedenen Kunden Aufträge zur Abwicklung im Seefrachtverkehr.

Aufgabe 1

2 Kisten Maschinenteile mit den Maßen von jeweils 122 x 87 x 70 cm, Gesamtgewicht 2245 kg sind von Erlangen via Hamburg nach Doha/Quatar per Seeschiff zu transportieren. Die Seefracht beträgt nach Angaben der Reederei 67,00 USD w/m, BAF 7,00 USD w/m. Für den Vorlauf sind 297,85 EUR zu entrichten. Der Umschlag wird mit 12,00 EUR in Rechnung gestellt. Berechnen Sie die gesamten Kosten des Transports. (Kurs 1,2156)

Aufgabe 2

Ein Bund Maschinenteile ist von Bayreuth via Bremerhaven nach Hongkong zu versenden. Die Sendung hat ein Gewicht von 1928 kg, die Maße belaufen sich auf 240 x 240 x 107 cm. Nach Angaben der Reederei beträgt die Seefracht 55,00 USD M/G, BAF 10 %, Kurs 1,1928. Für den Vorlauf werden 374,00 EUR berechnet. Die Umschlagkosten in Bremerhaven betragen 8,50 EUR. Berechnen Sie die Gesamtkosten für diesen Seetransport.

Aufgabe 3

8 Kranteile, 25930 kg, 220,258 cbm, werden von Nürnberg gestaut in 3 45'-Containern und 1 40'-High-Cube-Container via Bremerhaven nach Jeddah/Saudi Arabien befördert. Für den Vorlauf ist für einen 45'-High-Cube-Container 1.046,00 EUR und für einen 40'-High-Cube-Container 675,00 EUR zu bezahlen. Die Terminal Handling Charges belaufen sich pro Container auf 153,00 EUR. Pro Container sind 14,00 EUR ISPS-Charge zu bezahlen. Die Seefracht für einen 45'-High-Cube-Container wird mit 1.125,00 USD und für den 40'-High-Cube-Container mit 775,00 USD in Rechnung gestellt. Außerdem verlangt die Reederei 360,00 USD BAF und 126,00 USD CAF pro Container sowie eine Documentation Fee in Höhe von 150,00 USD für die gesamte Sendung. Wie viel EUR kostet der gesamte Transport, wenn die Reederei folgenden Kurs vorgibt: 1 USD = 0,843739 EUR?

Aufgabe 4

Die Bauma GmbH, Nürnberg, erteilt der EUROCARGO SpeditionsGmbH, Nürnberg, den Auftrag, 6 Paletten Ersatzteile mit dem Gesamtgewicht von 16 238 kg von Nürnberg über Bremerhaven nach Newport News, Virginia/USA, zu versenden. Die Paletten sollen in einen 40' High Cube (HC) Container (FCL) verladen werden. Welchen Betrag stellen Sie der Bauma GmbH in Rechnung, wenn Sie mit einem 10%igen Gewinnaufschlag und folgenden Kosten kalkulieren?

Seefracht	Per Unit 40' HC	1.100,00 USD
BAF	Per 40' Container	846,00 USD
Security Fee	Pro Sendung	30,00 USD
CAF		66,00 USD
THC USA		500,00 USD
Nachlauf	Norfolk – Newport News	225,00 USD
Schiffskurs	Laut Vorgabe der Reederei	0,83660
Vorlauf	Nürnberg – Bremerhaven	1.000,00 EUR
Maut	Bis Bremerhaven	136,00 EUR
Packen		350,00 EUR
THC in Bremerhaven		170,00 EUR

Fallstudie 3: Konnossement (Bill of Lading)

Situation

Die Spedition EUROCARGO erhält von einem Kunden folgendes Konnossement zur Prüfung.

EVERGREEN
EVERGREEN MARINE CORPORATION

BILL OF LADING

Frankenmühle
Weißenburger Straße 57
91126 Schwabach

Shipper code: SQK500229

(5) Document No.: 263031291

(6) Export References: 02/449/2500/011/02UL

(3) Consignee (complete name and address) / (unless provided otherwise, a consignment 'To Order' means To Order of Shipper.)
TO THE ORDER OF
FIRST COMMERCIAL BANK

(7) Forwarding Agent-References

(4) Notify Party (complete name and address)
Sunlight Enterprise Ltd.
Bd 52 Lane 242 Ho Lin Street
TAIPEI CITY, TAIWAN, R.O.C.

Notify code

(8) Point and Country of Origin (for the Merchant's reference only)

(9) Also Notify Party (complete name and address)

(12) Pre-carriage by

(13) Place of Receipt/Date: SCHWABACH

(14) Ocean Vessel/Voy. No: EVER RACER 0893RE-041

(15) Port of Loading: HAMBURG

(10) Onward Inland Routing/Export Instructions (for the Merchant's reference only

(16) Port of Discharge: KEELUNG

(17) Place of Delivery

Particulars furnished by the Merchant

(18) Container No. And Seal No. Marks & Nos	(19) Quantity And Kind of Packages	(20) Description of Goods	(21) Measurement (MxMxM) Gross Weight (KGS)
CONTAINER NO./SEAL NO. EMCU2540772/20'/DM14550	1 X 20'	"OCEAN FREIGHT PREPAID" SHIPPER'S LOAD, STOWAGE AND COUNT S.T.C.: 695 PIECES 695 PACKAGES CIF KEELUNG PREPARATION OF BAKER'S FOOD DETAILS AS PER PROFORMA INVOICE DATE: JAN. 14, 20.. IRREVOCABLE DOC. CREDIT NUMBER 2NL2/00069/6164 SHIPMENT EFFECTED BY 20' DRY CONTAINER '' FREIGHT PREPAID ''	9,916.000 KGS
(22) TOTAL NUMBER OF CONTAINERS OR PACKAGES (IN WORDS)	ONE (1) CONTAINER ONLY		(23) Declared Value $ If Merchant enters actual value of Goods and pays the applicable ad valorem tariff rate, Carrier's package limitation shall not apply

(24) FREIGHT & CHARGES	Revenue Tons	Rate Per	Prepaid	Collect

(25) B/L NO. EISU 560200005524

(27) Number of Original B(s)/L: THREE (3)

(28) Place of B(s)/L Issue/Date: ** NOT FINAL **

(29) Prepaid at: HAMBURG

(30) Collect at

(31) Exchange Rate

(32) Exchange Rate

(26) Service Type/Mode: FCL/FCL D/O

FEB. 04,20..
EVER RACER 089RE-041
HAMBURG

EVERGREEN DEUTSCHLAND GMBH
Please check and confirm OK within 24 hours
TEL: (040) 23708334/R. GRAEFE
FAX: (040) 23708494

Aufgabe 1

Beurteilen Sie das vorliegende B/L unter dem Gesichtspunkt, ob alle Inhalte, die das HGB für ein Konnossement vorsieht, vorhanden sind.

Aufgabe 2

Beurteilen Sie das vorliegende B/L nach folgenden Kriterien:

a) Übertragbarkeit

b) Bezeichnung des Zustands der Ware

c) Ort der Übernahme des Gutes

d) Rangordnung

Aufgabe 3

Im vorliegenden B/L wird als Service-Mode „FCL-FCL" angegeben. Erklären Sie diese Form des Containerrundlaufs.

Aufgabe 4

Das vorliegende B/L weist als Löschhafen „Keelung" aus. Dies ist nicht der größte Seehafen in Taiwan. Wie heißt der größte Seehafen Taiwans?

Aufgabe 5

Das obige B/L enthält die Bezeichnung „S.T.C.". Was bedeutet diese Abkürzung und welchen Zweck hat sie?

Aufgabe 6

Bei Containertransporten in die Vereinigten Staaten von Amerika darf im Bill of Lading (B/L) der Vermerk "S.T.C." nicht mehr erscheinen. Welchen Vermerk muss die Reederei stattdessen eintragen und welche Bedeutung hat er?

Aufgabe 7

Welche Incoterms-2010-Klausel wurde zwischen dem Verkäufer und dem Käufer vereinbart? Wer ist für die Buchung des Schiffsraumes zuständig und wer muss die Seefracht bezahlen?

Fallstudie 4: Erstellen eines Konnossements

Situation

Die Spedition EUROCARGO erhält von ihrem Kunden die Kopie eines Dokumentenakkreditivs.

Aufgabe

Bitte erstellen Sie anhand der Vorschriften des Dokumentenakkreditivs von Seite 65 einen Entwurf für ein Konnossement, das Sie an die Reederei Hapag-Lloyd senden (Vorlage, folgende Seite).

Bill of Lading

Multimodal Transport or Port to Port Shipment

Shipper

Carrier's Reference: | **B/L-No:** | **Page:**

Export References:

Consignee (not negotiable unless consigned to order):

Forwarding Agent:

Notify Address (Carrier not responsible for failure to notify; see clause 20 (1) hereof):

Consignee's Reference:

Place of Receipt:

Vessel(s): **Voyage-No:**

Place of Delivery:

Port of Loading:

Port of Discharge:

Container Nos., Seal Nos.; Marks and Nos.	Number and Kind of Packages, Description of Goods	Gross Weight:	Measurement:

Shipper's declared Value [see clause 7(2) and 7(3)]

Total No. of Containers received by the Carrier:	Packages received by the Carrier:
Movement:	Currency:

Charge	Rate	Basis	Wt/Vol/Val	P/C	Amount

Total Freight Prepaid	Total Freight Collect	Total Freight

Above Particulars as declared by Shipper. Without responsibility or warranty as to correctness by Carrier [see clause 11(1) and (2)]

RECEIVED by the Carrier from the Shipper in apparent good order and condition (unless otherwise noted herein) the total number or quantity of Containers or other packages or units indicated in the box opposite entitled "Total No. of Containers/Packages received by the Carrier" for Carriage subject to all the terms and conditions hereof (INCLUDING THE TERMS AND CONDITIONS ON THE REVERSE HEREOF AND THE TERMS AND CONDITIONS OF THE CARRIER'S APPLICABLE TARIFF) from the Place of Receipt or the Port of Loading, whichever is applicable, to the Port of Discharge or the Place of Delivery, whichever is applicable. One original Bill of Lading, duly endorsed, must be surrendered by the Merchant to the Carrier in exchange for the Goods or a delivery order. In accepting this Bill of Lading the Merchant expressly accepts and agrees to all its terms and conditions whether printed, stamped or written, or otherwise incorporated, notwithstanding the non-signing of this Bill of Lading by the Merchant.

IN WITNESS WHEREOF the number of original Bills of Lading stated below all of this tenor and date has been signed, one of which being accomplished the others to stand void.

Place and date of issue:

Freight payable at:	Number of original Bs/L:

Fallstudie 5: Abrechnung einer Sammelgutsendung im Seeverkehr

Situation

Die Spedition EUROCARGO erhält von 3 Auftraggebern Sendungen Ersatzteile für Baumaschinen für einen Empfänger in Newport News, Virginia/USA über die Seehäfen Bremerhaven und Norfolk. EUROCARGO verlädt die 3 Sendungsteile in einen 40'-HC-Container. Die Reederei ACL übernimmt den Container Carrier's Haulage und erstellt nachfolgend aufgeführte Rechnung. Für die Vorlaufkosten der einzelnen Sendungsteile berechnet der Frachtführer FrankenTrans 300,00 EUR. Die Zollabfertigung in Bremerhaven hat der Seehafenspediteur Geuther in Bremerhaven übernommen, der 48,50 EUR in Rechnung stellt. Der Sammelcontainer wurde von Applied Logistics in Norfolk, Virginia/USA in Empfang genommen und dem Endempfänger zugestellt. Der amerikanische Empfangsspediteur berechnete dafür 200,00 USD.

Aufgabe

Ermitteln Sie für diese Sammelgutsendung den Rohgewinn, wenn die Spedition EUROCARGO folgende Beträge in Rechnung stellt:

Kunde	Gewicht der Sendung	Betrag in EUR
Deinzer	1 857 kg	818,25
Weidinger	7 323 kg	3.186,88
Thummert	1 138 kg	516,79

ACL **ATLANTIC CONTAINER LINE AB (publ)** **FREIGHT INVOICE**

Registered Office : S-406 36 Gothenburg , Sweden

Raised By Office : HAM
Phone : 49-40-3613030
Fax : 49-40-36 13 03-80
E-Mail : KChristiansen@aclcargo.com

EUROCARGO SpeditionsGmbH
Hafenstraße 1
90137 Nürnberg

Invoice No.: 10431687 **Date :** 03-05-20..
Our ref.: CL , Hamburg
Payment as per agreement.

Vessel: LUDWIGSHAFEN EXPRESS
Voy. no.: 6866
Shipment no. Or B/l no.: S1-388825-00

Place and date of receipt : Nürnberg
Port and date of Load : Bremerhaven 03-05-2010
Port and date of Discharge: Norfolk 13-05-2010
Place of Delivery :

Shipper ref.:
Forwarder ref.: 32/0394/046
Consignee ref.: :
File ref. No.:
Import Forwarder ref. no.:

Payor Vat No.:
Vendor code/Info:
Payer ID: 351414

References	Charge Type	Rate Basis	Rate Base	Factor	Total in Rate Currency	ROE	Total in Pay Currency	VAT Code
1) 1 40 ft. High Cube (ACLU9619654)								
Booked Items: excavator parts								
AEROSOLS, IMO 2 / UN 1950 / LQ								
	Basic Frt.	Per Unit	1,500.00 USD	1.00	1,500.00 USD	0.82610	1,239.15 EUR	
	US.Cur.Sur.	Percent		6.00%	90.00 USD	0.82610	74.35 EUR	
	Bunker Sur.	40 Ft Cntr	846.00 USD	1.00	846.00 USD	0.82610	698.88 EUR	
	USA Term.	Per Unit	500.00 USD	1.00	500.00 USD	0.82610	413.05 EUR	
	Eur.Term.	Per Unit	170.00 EUR	1.00	170.00 EUR	1.00000	170.00 EUR	
	Pre-Carr	Per Unit	1,000.00 EUR	1.00	1,000.00 EUR	1.00000	1,000.00 EUR	
	Brokerage	Percent		-3.50%	-52.50 USD	0.82610	-43.37 EUR	
	Security Fee	Per Shipme	30.00 USD	1.00	30.00 USD	0.82610	24.78 EUR	
	MAUT S/C	Per Unit	116.00 EUR	1.00	116.00 EUR	1.00000	116.00 EUR	

Vat code legend: **Inv. currency** **Local currency**

NET AMOUNT	**3,692.84 EUR**
V.A.T.	**0.00 EUR**
TOTAL	**3,692.84 EUR**
	E & O. E.

Payment Information:
1) Due Date 31-05-20..
2) Amount, Date and Invoice Nbr. To Be Mentioned In Your Payment

Invoice Bank Account Details:
Svenska Handelsbanken DE
Routing Code: 51420600
Account No: 0011659000 EUR

Remittance Address:
ACL DeutschlandGMBH
Grosser Grasbrook 10
20457 HAMBURG
IBAN
DE44514206000011659000

V.A.T. r.o.e.: **ACL VAT Number:** SE556000-7006

Clauses:
1) Die Regulierung der Frachten im Hinblick auf Zahlungstermin, endgültigen Umrechnungskurs und Zahlung in Fremdwährung nur unter Beachtung der einschlägigen Konferenz- / Tarifbestimmungen sowie der örtlichen Usancen.
2) International Freight Transport - EC Sixth Directive, Article 15, section 13 applies
3) Intra-EU Transport - EC Sixth Directive, Article 28b, C, 3 applies
4) If the charge is a cancellation fee for a frustrated export, this charge is outside the scope of VAT.

Fallstudie 6: Meerengen und Kanäle

Situation

Meerengen und Kanäle stellen Engpässe und in vielen Fällen Kosten- und Risikofaktoren für die Seeschifffahrt dar.

Aufgabe 1

Tragen Sie in die Karte die Meerengen und Kanäle ein, die Kosten und Risiken für die Reedereien erhöhen sowie Engpässe für die Seeschifffahrt darstellen.

Aufgabe 2

Kennzeichnen Sie die Seegebiete, die durch Piraterie besonders gefährdet sind!

Fallstudie 7: Deutsche Seehäfen

Situation

Hamburg und Bremen sind die wichtigsten internationalen Seehäfen in Deutschland. Es gibt jedoch weitere Seehäfen in Deutschland mit regionaler Bedeutung.

Aufgabe 1

Benennen Sie die in untenstehender Karte dargestellten Seehäfen!

Aufgabe 2

Stellen Sie in Tabellenform den Güterumschlag in den deutschen Seehäfen dar. Unterscheiden Sie dabei zwischen Containerumschlag, Stückgut und Massengut! Benutzen Sie das Internet zur Datengewinnung.

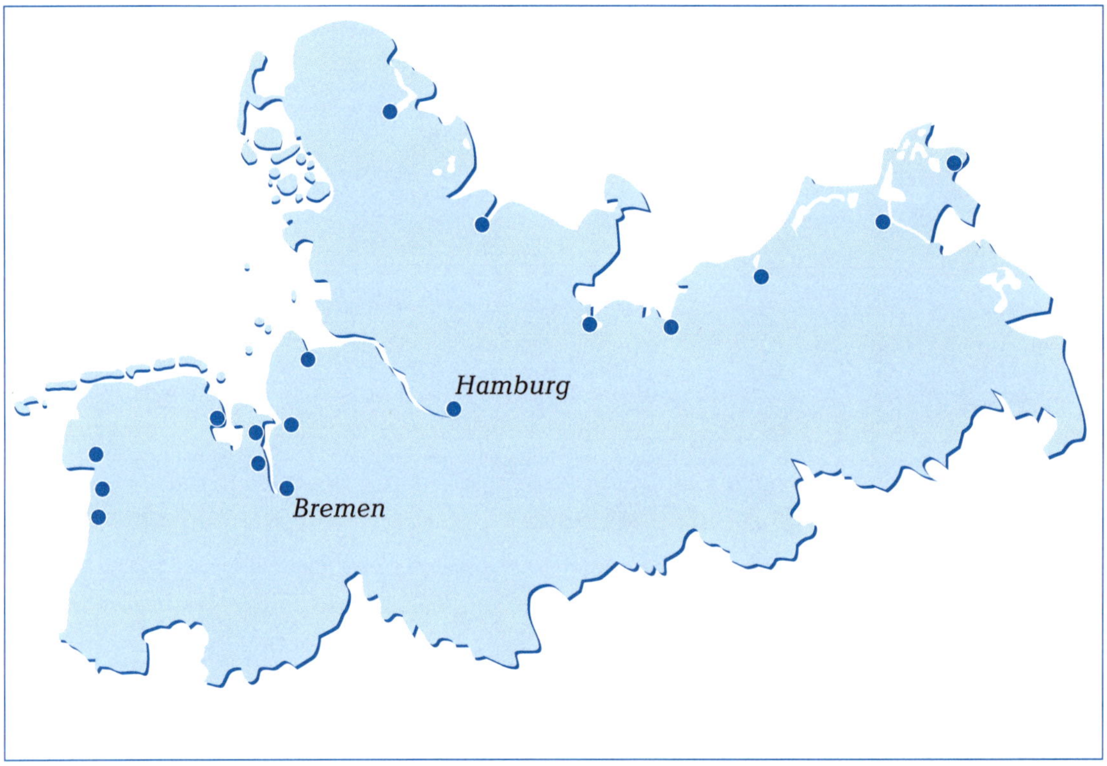

Wiederholungsfragen

1 Welche Vor- und Nachteile hat der Gütertransport mit dem Seeschiff?

2 Die Reederei APL setzte ab 1992 Postpanamax-Schiffe mit 5 137 TEU ein. Erläutern Sie die unterstrichenen Begriffe!

3 Welche Vorteile bieten Ro-Ro-Schiffe?

4 Die Reederei APL erhält den Auftrag, 140 000 t Mais von Lousiana/USA nach Chittagong (Bangladesh) zu befördern. Welchen Schiffstyp wird sie dazu einsetzen?

5 Welches Gut kann mit einem LNG-Carrier transportiert werden?

6 Der Germanische Lloyd ist weltweit eine der bedeutendsten Klassifikationsgesellschaften der Welt. Welche Aufgaben haben Klassifikationsgesellschaften?

7 Welche Bedeutung hat die Flagge eines Seeschiffes?

8 Wie versucht man in der Bundesrepublik Deutschland die Ausflaggung einzudämmen?

9 Welche Funktion hat das Schiffsregister?

10 Nennen Sie die drei Hauptrouten des Containerverkehrs weltweit.

11 Wie viele Tage dauert die Seereise eines Containerschiffs von Hamburg nach Shanghai?

12 Die Colombo Express von Hapag-Lloyd wird auf der Route Hamburg – Fernost eingesetzt. Beschreiben Sie den Seeweg (Meere und Meerengen), den die Colombo Express auf ihrem Weg von Shanghai nach Hamburg zurücklegt.

13 Ein Schiff der Reederei APL fährt von Bremerhaven an die Ostküste der Vereinigten Staaten. Bitte bringen Sie folgende Häfen von Nord nach Süd in die richtige Reihenfolge.

Savannah, Norfolk, Charleston, Miami, New York, Jacksonville

14 Eine Maschine wird auf einem Seeschiff von Hamburg nach Lima transportiert. Beschreiben Sie Fahrtroute (Meere und Meerengen).

15 Ein Schiff fährt von Le Havre nach Chicago. Beschreiben Sie den Seeweg.

16 In welchem Land liegen folgende Seehäfen?

Koper, Walvis Bay, Doha, Gioia Tauro, Santos, Algeciras, Jeddah, Callao, Shenzhen, Chennai, Laem Chabang, Karachi, Altamira, Shimizu, Colombo, Mombasa, Pusan

17 Ein Schiff der Reederei APL fährt von Bremerhaven an die Ost- und Westküste der USA. Beschreiben Sie die Fahrtroute und bringen Sie die angefahrenen Häfen in die richtige Reihenfolge. *Norfolk, Savannah, Miami, New York, Charleston, Long Beach, Oakland, Los Angeles, Seattle, Tacoma, San Francisco, Portland*

18 Ein Bagger der Fa. Bauma, Nürnberg, wird von Antwerpen nach Luanda auf einem Ro-Ro-Schiff transportiert. In welchen Ländern liegen diese Seehäfen?

19 Nennen Sie drei wichtige Häfen in Indien, Japan, Frankreich, Italien, Spanien, Brasilien.

20 Eine Maschine soll von Bremen nach New Delhi transportiert werden. Welcher Seehafen wäre im Bestimmungsland dafür geeignet?

21 Eine Getreidelieferung zur Linderung einer Nahrungsmittelknappheit soll von New Orleans nach Dacca/Bangladesh befördert werden. Über welchen Seehafen in Bangladesh wäre dieser Transport möglich?

22 Im Januar 20.. gab es Meldungen über Streiks im Seehafen Durban. In welchem Land liegt dieser Seehafen?

23 Ein Seeschiff fährt die Relation Europa – China. Bringen Sie die folgenden Seehäfen in die richtige Reihenfolge von Süd nach Nord. Tianjin (Xingang), Ningbo, Dalian, Shanghai, Xiamen, Qingdao.

24 Die Reederei Hamburg-Süd bietet Dienstleistungen in der Linien- und Trampschifffahrt an. Unterscheiden Sie beide Organisationsformen der Seeschifffahrt.

25 Wie ist die Preisbildung im Seeverkehr von und nach Europa geregelt?

26 Was ist ein Outsider?

27 Die Reederei Hapag-Lloyd ist Mitglied der Grand Alliance. Erläutern Sie die Kooperationsform der Allianz im Seeverkehr.

28 Im Jahre 2005 hat die Reederei Maersk die Reederei P & O Nedlloyd erworben. Was erwartete sich Maersk von dieser Fusion?

29 Nennen Sie ein Beispiel für eine vertikale Kooperation im Seeverkehr.

30 Die Beteiligten an einem Seefrachtvertrag werden mit den Begriffen „Befrachter" und „Verfrachter" belegt. Wer (welche Unternehmen) kann Befrachter bzw. Verfrachter sein?

31 Unterscheiden Sie Raumfrachtvertrag und Stückgutfrachtvertrag.

32 Die Buchung im Seeverkehr kann entweder fest oder konditionell sein. Erläutern Sie die Unterschiede.

33 Unterscheiden Sie Reedereikontore, Reedereiagenten und Schiffsmakler im Hinblick auf ihre Funktion und Aktivitäten.

34 In Schiffslisten findet sich die Angaben ETS, ETD und ETA. Erläutern Sie die Bedeutung dieser Abkürzungen.

35 Die Fa. Saco, Hamburg, bietet folgenden direkten Service in der Hamburger Schiffsliste an! Für welches Land sind diese LCL-Sendungen bestimmt?

Nhava Sheva, Madras, Calcutta, Bangalore

36 Welche Meere verbindet die Straße von Hormuz?

37 Welchen Containertyp würden Sie für folgende Sendungen einsetzen?

a) 120 Mikrowellengeräte in Kartons verpackt, Maße eines Kartons: Höhe 50 cm, Breite 75 cm, Länge 57 cm
b) 8 150 Liter Cola-Sirup von Jacksonville nach Hamburg-Eurokai
c) 24 Tonnen kanadischer Weizen unverpackt von Vancouver nach Callao
d) 18 Tonnen gefrorenes Lammfleisch in Folien verschweißt von Wellington nach Bremerhaven
e) 23 Stahlröhren, Durchmesser 420 mm, Länge 11 500 mm von Bremen nach Alexandria
f) 22,5 Tonnen rohe Kaffeebohnen in Jutesäcken verpackt von Mombasa Kenia nach Hamburg Burchardkai

38 Im Seeverkehr werden die meisten Güter in Standardcontainern transportiert. Nennen Sie die Außenmaße und Innenmaße eines solchen 40'-Standardcontainers.

39 Beim Einsatz von Seecontainern spricht man von „Stuffing" und „Stripping". Welche Bedeutung verbirgt sich hinter diesen Begriffen?

40 Wofür stehen folgende Abkürzungen im Containerverkehr?

TEU, CFS, CH, LCL, THC, ISPS, LSFS, SLAC

41 Im Containerverkehr wird der Begriff „Merchant's Haulage" verwendet. Erläutern Sie kurz was darunter zu verstehen ist und grenzen Sie „Carrier's Haulage" davon ab.

42 Ihr Kunde, die Wein Import-Export GmbH in Nürnberg, erteilt Ihnen den Auftrag, im Seehafen Hamburg drei Kisten mit einem Gewicht von jeweils brutto 1 000 kg, netto 900 kg, beladen mit jeweils kalifornischem Cabernet Sauvignon Rotwein in Kartons ab Schiff zu übernehmen und unter Zollverschluss nach Nürnberg zu transportieren. Dafür wurde Ihnen ein Orderkonnossement ausgehändigt. Bei der Übernahme der Sendung, die FOB San Francisco verschifft wurde, wird Ihnen mitgeteilt, dass eine Kiste beim Transport verloren gegangen ist. Sie werden von der Wein Import-Export GmbH, Nürnberg, schriftlich beauftragt, sofort Schadenersatzansprüche zu stellen. Für den Verlust des Weins macht der Auftraggeber einen Schaden von 2.700,00 EUR und für die Verpackung von 300,00 EUR geltend. Welche Schadensersatzansprüche können nach HGB erhoben werden, damit der Kunde eine möglichst hohe Entschädigung erhält?

43 Das Konnossement ist das Frachtdokument in der Seeschifffahrt. Nennen Sie die Konnossementsarten nach den aufgeführten Unterscheidungsmerkmalen.

Ort der Übernahme des Gutes, Rangordnung, Bezeichnung des Empfängers, Bezeichnung des Warenzustandes, Zusammenfassung mehrerer Sendungen, Einbeziehung verschiedener Verkehrsträger

44 Die Firma Siemens in Erlangen übergibt der Spedition Kühne & Nagel einen Container mit Sendungen für verschiedene Siemens-Joint-Venture-Unternehmen in China. Der Bestimmungshafen ist Schanghai. Kühne & Nagel Schanghai entlädt den Container und beauftragt die Spedition Sinotrans mit dem Transport der Sendungsteile an die jeweiligen Siemensstandorte in China. Wie bezeichnet man diese Form des Containerrundlaufs?

45 Eine Sendung im LCL-Verkehr besteht aus einem Packstück und hat ein Bruttogewicht von 300 kg. Sie wird im Seetransport total beschädigt. In welcher Höhe kann **maximal** Schadensersatz verlangt werden?

46 Wie nennt man das rechtliche Verfahren (Methode), mit dem ein Orderkonnossement übertragen (weitergegeben) werden kann?

47 Unter welchen Bedingungen haftet ein Verfrachter zwingend nach HGB?

48 In welchem Zeitraum haftet ein Verfrachter nach HGB?

49 Für welche Schäden muss ein Verfrachter haften?

50 Welche Fälle sind von der Haftung im Seeverkehr ausgeschlossen?

51 Nach welchem Haftungsprinzip wird im Seeverkehr nach HGB gehaftet?

52 Bei der Verschiffung in Hamburg wird ein 20 t schweres Transportgut total beschädigt. Sendungswert: 50.000,00 EUR. In welcher Höhe haftet der Verfrachter nach dem HGB? Welches Wahlrecht hat der Geschädigte?

53 Die Import/Export China GmbH, Nürnberg, hat mit ihrem Kunden aus Taiwan für eine Sendung Heizdecken „CIF Hamburg" vereinbart. Auf dem B/L findet sich der Vermerk „freight collect". Beurteilen Sie dieses Bill of Lading (B/L).

54 Im März 2006 brach auf dem Containerschiff Hyundai Fortune im Indischen Ozean ein Feuer aus. Viele Container wurden zerstört. Von der Reederei wurde Havarie grosse erklärt. Auf dem Schiff befand sich ein Container für die Firma Sebiger in Nürnberg, der jedoch unbeschädigt blieb. Die Fa. Sebiger möchte von Ihnen wissen, welche Bedeutung für sie die Havarie grosse hat. Bitte geben Sie der Fa. Sebiger detailliert Auskunft.

55 Erläutern Sie an einem Beispiel die Vorteile des Sea-Air-Verkehrs.

56 Was verbirgt sich hinter dem Begriff „Havarie-grosse"?

57 Welche Aufgabe erfüllt ein Dispacheur?

58 Erläutern Sie das Wesen einer Dispache im Rahmen einer Havarie-grosse.

59 Wie kann man sich als Wareninteressent gegen Havarie-grosse-Einschüsse schützen?

60 Was ist ein NVOCC?

4 Frachtaufträge in der Binnenschifffahrt bearbeiten

Die Spedition EUROCARGO in Nürnberg erhält eine Transportanfrage von einem neuen Kunden, der Maschinenfabrik Weller in Nürnberg. 32 Tonnen Maschinenteile sollen von deren Zweigwerk in Stuttgart nach Tokio versandt werden, die Ankunft in Japan wird in etwa zwei Monaten erwartet. Neben dem Preis und der Sicherheit ist dem Versender die Umweltverträglichkeit des Transportes wichtig.

Überlegungen zur Lösung des Einstiegsfalles

Wegen der großen Entfernung und der fehlenden Landverbindung kommen für den Transport auf der Hauptstrecke nur das Flugzeug oder das Seeschiff infrage. Da kein Termindruck besteht, scheidet schon wegen der hohen Beförderungskosten das Flugzeug aus. Ein Versand mit dem Seeschiff ist günstig und umweltfreundlich. Als Seehafen wird das am Rhein gelegene Rotterdam in den Niederlanden ausgewählt.

Um die Transportsicherheit zu erhöhen, werden als Transportgefäße zwei 20-Fuß-Container gewählt.

Die Container könnten mit dem Lkw, der Bahn oder mit dem Binnenschiff nach Rotterdam befördert werden. Der Lkw ist schnell, aber teurer und wenig umweltfreundlich. Ein Transport mit der Bahn ist möglich, da aber Rotterdam am Rhein liegt, wird als Alternative eine Beförderung mit dem Binnenschiff erwogen.

Um eine fundierte Entscheidung treffen zu können, soll nun die Bearbeitung von Frachtaufträgen in der Binnenschifffahrt genauer betrachtet werden.

4.1 Über welche Einrichtungen verfügt das Verkehrssystem Binnenschifffahrt?

4.1.1 Binnengüterschiffe

Eine große Vielfalt von Binnengüterschiffen transportiert große Mengen von Gütern auf den Binnengewässern. Die Schiffe unterscheiden sich insbesondere nach Größe und Tragfähigkeit, Eignung für bestimmte Transportaufgaben und hinsichtlich ihres Antriebs.

Einteilungskriterien	Arten von Binnenschiffen
Größe und Tragfähigkeit	Die vielfältigen Schiffstypen[1] sind klassifiziert. Beispiele: Penische: Länge 38,5 m, Tragfähigkeit bis 400 t Johann Welker: Länge 80 – 85 m, bis 1 500 t Tragfähigkeit Großes Rheinschiff; Länge 95 – 110 m, Tragfähigkeit bis 3 000 t Schubverband mit 4 Leichtern: Länge bis 200 m, Tragfähigkeit bis 12 000 t
Eignung für bestimmte Transportgüter	Trockengüterschiffe, Tankschiffe, Autotransportschiffe, Silo- und Zementschiffe, Ro/Ro-Schiffe[2], Containerschiffe usw.
Schiffe mit oder ohne eigenen Antrieb	Motorgüterschiffe („Selbstfahrer") Schubverbände: Schubboot schiebt Leichter Koppelverbände: Motorgüterschiff schiebt Leichter Schleppverbände: Schleppschiff zieht Kähne Barge-Carrier-System: Schubboot und Leichter, LASH-Schiff

[1] vgl. detaillierte Übersicht auf S. 178

[2] Abkürzung für den englischen Begriff roll on/roll off, übersetzt „aus eigener Kraft auf das Schiff/vom Schiff herunter fahren"

Die Größe und damit die Tragfähigkeit der Binnenschiffe wird begrenzt von den befahrenen Wasserstraßen. Ältere Kanäle können wegen ihrer geringen Wassertiefe und der Breite ihrer Schleusen nur mit der Penische mit einer Tragfähigkeit bis zu 400 t befahren werden. Auf dem Niederrhein dagegen können im Verkehr zwischen den ARA-Häfen[1] und dem Ruhrgebiet Schubverbände mit sechs Leichtern mit einer Gesamttragfähigkeit von ca. 16 000 t eingesetzt werden.

Motorgüterschiffe

Etwa 80 % der deutschen Binnenschiffe sind einzeln fahrende und bis zu 135 m lange **Motorgüterschiffe**. Ihre Motorleistung beträgt bis zu 3 000 PS. Häufig wird der Typ „Europaschiff" mit einer Länge von 135 m, einer Breite von 9,50 m, einem Tiefgang von 2,50 m und einer Tragfähigkeit von 1 350 t eingesetzt. Wird ein Motorgüterschiff mit einem Leichter aneinandergekoppelt, so entsteht ein Koppelverband.

Die Pax stromabwärts auf dem Rhein. Im Hintergrund die Loreley, Deutschland

Quelle: Rob de Koter

Containerschiff

Ein **Containerschiff** ist ein für den Containertransport spezialisiertes Motorgüterschiff. Die größten Schiffe dieser Art können bis zu 400 Container (TEU)[2] in vier Lagen befördern. Wegen der niedrigen Brückendurchfahrtshöhen können in den Kanalgebieten Containertransporte nur zweilagig durchgeführt werden.

Die Pegasos stromabwärts am Kammereck, Deutschland

Quelle: Rob de Koter

Ro/Ro-Schiffe

Ro/Ro-Schiffe befördern Straßenfahrzeuge ähnlich wie beim kombinierten Verkehr Schiene/Straße. Die Be-/Entladung der Schiffe erfolgt im roll on/roll off-Verfahren. Regelmäßige Verbindungen bestehen zurzeit auf dem Rhein zwischen Rotterdam und den Häfen Mannheim und Mainz und auf der Donau zwischen Passau und Vidin (Bulgarien).

Der Autotransporter Ingona

Quelle: Bundesverband der Deutschen Binnenschifffahrt

Barge-Carrier-System

Beim **Barge-Carrier-System** werden die Güter in Leichtern[3] gestaut (geladen) wie beim Schubverband. Das Besondere ist, dass die Bargen von besonderen Seeschiffen an Bord genommen werden können. Die LASH-Schiffe[4] können die Leichter selbst be- und entladen. Für den Vor- bzw. Nachlauf auf der Binnenwasserstraße kann mit den Bargen ein Schubverband gebildet werden. Die im Barge-Carrier-System verwendeten Bargen sind ca. 20 m lang und somit erheblich kürzer als übliche Leichter. Die Güter müssen von den Abmessungen her in die Bargen passen.

---

1 Als ARA-Häfen werden die bedeutenden Nordseehäfen **A**ntwerpen, **R**otterdam und **A**msterdam bezeichnet.
2 TEU: **t**wenty foot **e**quivalent **u**nit; Maßeinheit zum Vergleich der Transportkapazität von Containerschiffen. Ein Schiff mit einem Fassungsvermögen von 200 TEU kann 200 Stück 20-Fuß- oder 100 Stück 40-Fuß-Container aufnehmen.
3 Ein Leichter wird im Englischen als Barge oder Lighter bezeichnet.
4 LASH: Abkürzung für **l**ighter **a**board **sh**ip (Leichter an Bord eines Seeschiffes)

CONTINUE-EINSATZ

Der Trend geht in der Binnenschifffahrt zu Schiffen mit einer großen Tragfähigkeit, die mit moderner Technik wie Echolot und Radar ausgestattet sind. Diese Schiffe können 24 Stunden am Tag eingesetzt werden. Dieser **Continue-Einsatz** mit Tag- und Nachtfahrten gleicht den Nachteil der geringen Transportgeschwindigkeiten weitgehend aus. Ferner weisen die neuen Schiffe eine hohe Spezialisierung auf wie z. B. die Ro/Ro-Schiffe. Bei modernen Tankschiffen verhindern Konstruktionsmaßnahmen wie doppelte Schiffswände bei Unfällen eine Umweltverschmutzung.

Übersicht über die wichtigsten Schiffstypen

	Länge m	Breite m	Tiefgang m	Tragfähigkeit t	Leistung PS
Motorgüterschiff 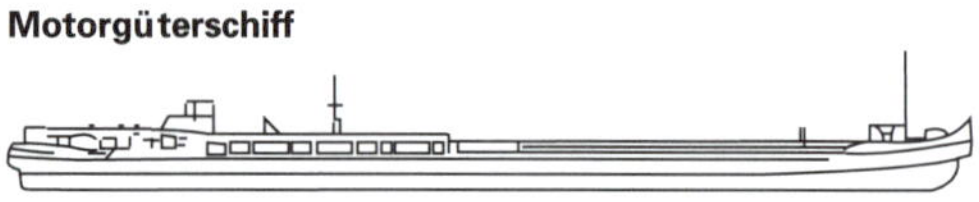	38,5-110,0	5,0-11,4	2,0-3,5	220-3000	100-3000
Koppelverband 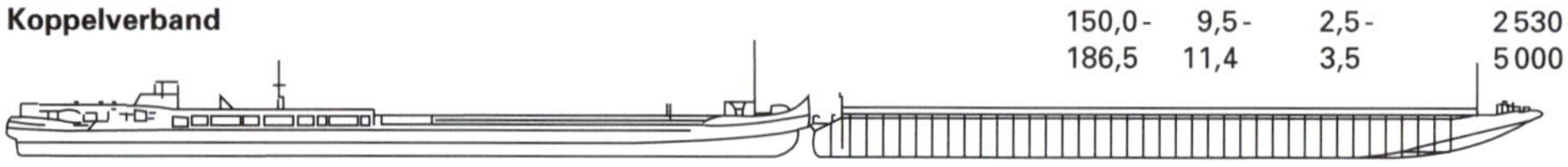	150,0-186,5	9,5-11,4	2,5-3,5	2530-5000	800-3000
Schubboot 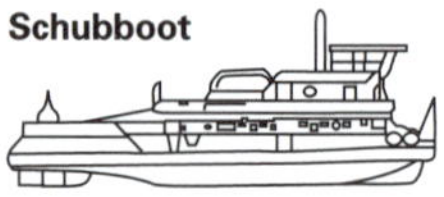	10,0-40,0	7,6-15,0	1,4-2,2		500-6000
Schubleichter 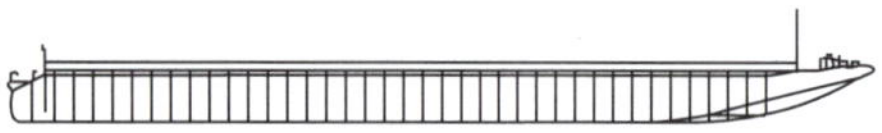	70,5-76,5	9,5-11,4	2,4-4,0	1240-2800	

Die größten Schubboote schieben sechs Leichter = 16000 t

Welche Schiffstypen eignen sich besonders für bestimmte Transportgüter?

Sehr große Mengen an Massengütern können Schubverbände mit ihrer riesigen Transportkapazität gut auslasten, die Transportkosten pro Tonne werden dann sehr niedrig. Für die Beförderung weniger großer Mengen oder besonderer Güter eignen sich besonders Motorschiffe bzw. Koppelverbände.

Schiffstypen	Beschreibung	Transportgüter
Motorgüterschiff (Selbstfahrer)	Schiffsantrieb, Steueranlage, Mannschaftsräume und Laderaum befinden sich auf einem Schiff. Sowohl nach der Anzahl als auch der Tragfähigkeit haben sie einen Anteil von ca. 80 % in Deutschland.	Trockene Massengüter Chemikalien, Gase und Flüssigkeiten (Tankschiffe) Stückgüter Schwergüter Container (Containerschiffe) Fahrzeuge (Ro-/Ro-Schiffe)
Schubverband	Der Verband besteht aus einem Schubschiff und bis zu 6 Schubleichtern (Laderaum). Die antriebslosen und unbemannten Leichter werden gekoppelt und vom Schubboot geschoben.	Erze, Kohle, Getreide, Futter- und Düngemittel, Baustoffe, Recyclinggüter usw.
Koppelverband	Ein Selbstfahrer mit Schubvorrichtung wird mit einem Leichter gekoppelt.	Siehe Motorgüterschiff

4.1.2 Binnenwasserstraßen

Das Netz der Binnenwasserstraßen mit einer Gesamtlänge von etwa 7 500 km zählt neben dem Straßen- und Schienennetz zu den bedeutenden Güterverkehrswegen in Deutschland und Europa.

Quelle: *www.binnenschiff.de/Service/Sonstiges/Kartenmaterial*

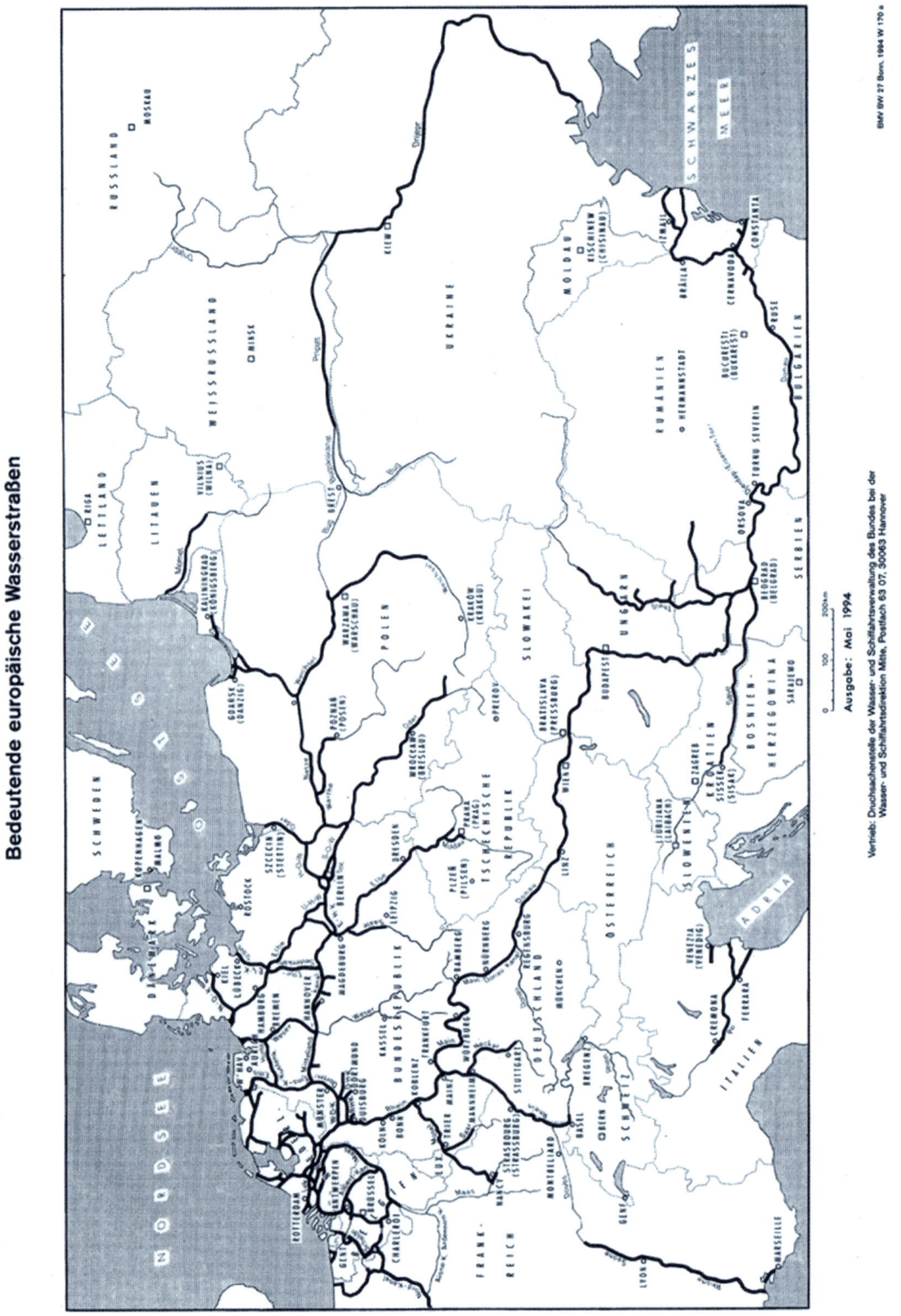

Quelle: www.binnenschiff.de

Die verkehrsreichste Binnenwasserstraße der Welt ist der Rhein mit seinen Nebenflüssen Neckar, Main, Mosel, Saar und Lahn. Das Rheinstromgebiet, die Flüsse Ems, Weser, Elbe, Spree/Oder, Donau und die ca. 1 660 km langen künstlichen Kanäle wie Dortmund-Ems-, Mittelland-, Elbe-Seiten- und Main-Donau-Kanal bilden ein Verkehrsnetz, das die meisten deutschen Wirtschaftszentren verbindet. Gleichzeitig schafft es die Anbindung an die großen europäischen Nordseehäfen Hamburg, Bremerhaven, Rotterdam, Amsterdam und Antwerpen. Über den Main-Donau-Kanal und die Donau werden Verkehre nach Österreich und die osteuropäischen Länder bis zum Schwarzen Meer ermöglicht.

Länge der Bundeswasserstraßen[1]

Rhein und Nebenflüsse		**1 797 km**
Rhein (Rheinfelden – niederländische Grenze)	623 km	
Neckar (Mündung Rhein – Plochingen)	201 km	
Main (Mündung Rhein – Hallstadt)	388 km	
Main-Donau-Kanal (Mündung Main – Mündung Donau)	171 km	
Mosel (französische Grenze – Mündung Rhein)	242 km	
Saar (französische Grenze – Mündung Mosel)	105 km	
Lahn (Mündung Rhein – Steeden)	67 km	
Wasserstraßen zwischen Rhein und Elbe		**1 437 km**
Ruhr (Mündung Rhein – Mülheim)	12 km	
Rhein-Herne-Kanal (Duisburg – Mündung DEK)	49 km	
Wesel-Datteln-Kanal (Wesel – Mündung DEK)	60 km	
Datteln-Hamm-Kanal (Mündung DEK – Schmehausen)	47 km	
Dortmund-Ems-Kanal und Unterems	303 km	
Küstenkanal und Untere Hunte	95 km	
Mittellandkanal (MLK) (Mündung DEK – Elbe)	326 km	
Weser und Unterweser	430 km	
Elbe-Seitenkanal (Mündung MLK – Mündung Elbe)	115 km	
Elbegebiet		**1 049 km**
Nord-Ostsee-Kanal (Mündung Unterelbe – Kieler Förde)	109 km	
Elbe-Lübeck-Kanal und Kanaltrave	88 km	
Elbe und Unterelbe	728 km	
Saale (Leuna-Kreypau – Mündung Elbe)	124 km	
Wasserstraßen zwischen Elbe und Oder		**916 km**
Berliner Haupt- und Nebenwasserstraßen	189 km	
Havel-Oder-Wasserstraße und Nebengewässer	485 km	
Spree-Oder-Wasserstraße und Nebengewässer	242 km	
Oder (polnische Grenze – Abzweigung Westoder)		**162 km**
Gewässer an der Ostseeküste		**526 km**
Donau (Kelheim – österreichische Grenze)		**213 km**
Sonstige Bundeswasserstraßen		**1 376 km**
Gesamt		**7 476 km**

Klassifizierung der Binnenwasserstraßen

Um ein einheitliches Binnenwasserstraßennetz zu fördern, hat die Europäische Verkehrsministerkonferenz die westeuropäischen Binnenwasserstraßen in Wasserstraßenklassen eingeteilt. Aus der folgenden Tabelle kann man die Wasserstraßenklassen ablesen und ersehen, welche Schiffe diese Klasse umfasst. Vergleichen Sie hierzu auch die Karte „Bedeutende europäische Wasserstraßen" aus der Seite 159.

[1] Quelle: Bundesverband der deutschen Binnenschifffahrt e. V., Daten & Fakten 2005

Typ der Binnenwasserstraße		Klasse der Binnenwasserstraße	MOTORSCHIFFE UND SCHLEPPKÄHNE Typ des Schiffes: allgemeine Merkmale					SCHUBVERBÄNDE Art des Schubverbandes: allgemeine Merkmale					
			Bezeichnung	maxim. Länge L (m)	maxim. Breite B (m)	Tiefgang d (m)	Tonnage T (t)	Formation	Länge L (m)	Breite B (m)	Tiefgang d (m)	Tonnage T (t)	Brücken-durch-fahrts-höhe
1		2	3	4	5	6	7	8	9	10	11	12	13
VON REGIONALER BEDEUTUNG	WESTLICH DER ELBE	I	Penische	38,5	5,05	1,8–2,2	250–400						4,0
		II	Kempenaar	50–55	6,6	2,5	400–650						4,0–5,0
		III	Gustav Koenigs	67–80	8,2	2,5	650–1000						4,0–5,0
	ÖSTLICH DER ELBE	I	Groß Finow	41	4,7	1,4	180						3,0
		II	BM-500	57	7,5–9,0	1,6	500–630						3,0
		III		67–70	8,2–9,0	1,6–2,0	470–700		118–132	8,2–9,0	1,6–2,0	1000–1200	4,0
VON INTERNATIONALER BEDEUTUNG		IV	Johann Welker	80–85	9,50	2,50	1000–1500		85	9,50	2,50 - 2,80	1250–1450	5,25 od. 7,00
		Va	Große Rheinschiffe	95–110	11,40	2,50–2,80	1500–3000		95–110	11,40	2,50–4,50	1600–3000	5,25 od. 7,00 od. 9,10
		Vb							172–185	11,40	2,50–4,50	3200–6000	
		VIa							95–110	22,80	2,50–4,50	3200–6000	7,00 od. 9,10
		VIb		140	15,00	3,90			185–195	22,80	2,50–4,50	6400 bis 12000	7,00 od. 9,10
		VIc							270–280	22,80	2,50–4,50	9600 bis 18000	9,10
									195–200	33,00 bis 34,20	2,50–4,50	9600 bis 18000	
		VII							285	33,00 bis 34,20	2,50–4,50	14500 bis 27000	9,10

Quelle: Bundesministerium für Verkehr (Hrsg), Handbuch Güterverkehr Binnenschifffahrt, Bonn 1997

Beispiel:

Um eine Schiffsladung Getreide von Emden nach Duisburg zu befördern, muss der Transport über die Ems, den Dortmund-Ems-Kanal, den Rhein-Herne-Kanal und den Rhein erfolgen. Der Dortmund-Ems-Kanal weist unter diesen Wasserwegen die niedrigste Klasse auf, nämlich IV. Davon hängt die maximale Größe der einsetzbaren Schiffe ab, möglich sind hier also:

- Motorschiff: Schiffe bis zur Größe „Johann Welker" (Europaschiff) mit einer Länge bis zu 85 m, einer Breite bis zu 9,5 m und einer Tragfähigkeit bis zu 1 500 t oder
- Schubverband: Schubschiff mit (nur) einem Leichter

Die Brückendurchfahrtshöhe ist wichtig bei der Beförderung von Containern in mehreren Lagen und für die Beförderung von überdimensioniertem Schwergut.

Die Fahrwassertiefe ist für die Beladung der Schiffe von großer Bedeutung. Die Wasserstände werden von Pegeln abgelesen. **Pegel** sind Messeinrichtungen an Brücken, Ufermauern etc. Die Pegelstände der großen Flüsse werden täglich veröffentlicht.[1]

PEGEL

Niedrigwasser

Während einer längeren Trockenphase sinkt der Wasserpegel in den frei fließenden Flüssen wie Rhein, Elbe, Oder und Donau. Die Schiffe können dann nicht mehr ihre volle Ladekapazität auslasten, sondern müssen teilbeladen fahren, um ihren Tiefgang zu verringern. In den Kanälen besteht dieses Problem nicht, da die Betreiber einen bestimmten Mindestwasserstand garantieren.

Hochwasser/Eisgang

Starke Hochwasser oder gefrorene Flüsse im Winter können die Schifffahrt gefährden und evtl. zu einer Einstellung des Verkehrs führen.

Sonnenuntergang auf dem gefrorenen Schelde-Rheinkanal
Quelle: Rob de Koter

4.1.3 Binnenhäfen

Funktion der Binnenhäfen

Die an den Wasserstraßen gelegenen Binnenhäfen dienen grundsätzlich zum Laden und Löschen der Binnenschiffe. Die Schiffe legen am Kai an und werden dort beladen (abgeladen) bzw. gelöscht (entladen). Die Güter werden aus einem Lager heraus oder direkt von einem Güterwagen der Bahn oder einem Lkw ins Schiff umgeschlagen. Der Löschvorgang verläuft umgekehrt.

Güter werden in großen Mengen im Hafen gelagert, z. B. werden Recyclingprodukte wie Schrott aus dem Hinterland im Hafen gesammelt, um später als Schiffsladung zur Verhüttung weitertransportiert zu werden.

Quelle: Bundesverband der Deutschen Binnenschifffahrt e. V.

Im Eingang werden z. B. Bleche im Hafen aufbewahrt, um später in kleinen Partien von den Kunden abgerufen zu werden. Reicht die normale Lagerkapazität im Freilager oder im gedeckten Lager nicht aus, so können auch (alte) Schiffe als schwimmende Lager verwendet werden.

Arten von Binnenhäfen

Hinsichtlich der Benutzungsrechte unterscheidet man zwischen öffentlichen Binnenhäfen und privaten Werkshäfen. **Werkshäfen** schlagen Güter für eigene Zwecke des privaten Trägers um. Werkshafenanlagen betreiben z. B. die Chemie- (z. B. BASF Ludwigshafen) und Stahlindustrie (z. B. Thyssen-Stahl). Kiesgruben (Kies), Kraftwerke (Kohle), Tanklager (Mineralöle) sowie Autohersteller (Fahrzeuge) verfügen über Verladestellen. Werkshäfen bewältigen ca. 30 % des Güterumschlags aller Binnenhäfen.

WERKSHÄFEN

[1] Eine aktuelle Übersicht liefert die Internetseite: www.elwis.de > Gewässerkundliche Informationen > Wasserstände

ÖFFENTLICHE BINNENHÄFEN

Viele **öffentliche Binnenhäfen** haben sich heute über die Funktion als Umschlagplatz hinaus zu Güterverkehrszentren entwickelt, in denen sich Hafengesellschaft, Umschlagbetriebe, Lagereibetriebe, Speditionen, Güternahverkehrsunternehmer, Behörden wie der Zoll, Großhandelsunternehmen und weiterverarbeitende Industrie niedergelassen haben. Im kombinierten Verkehr verfügen die Häfen über einen Containerterminal und eine Ro/Ro-Anlage.

In der Bundesrepublik Deutschland gibt es rund 330 Häfen, davon sind ca. 180 öffentlich und 150 Werkshäfen.

Foto: duisport/v. Kaler

Arten von Binnenhäfen	
Öffentliche Binnenhäfen	**Private Werkshäfen**
Verwaltung durch die öffentliche Hand (Stadt, Land) Dienen dem öffentlichen Verkehr	Nur für eigene Zwecke des Betreibers (Unternehmen)

Große deutsche Binnenhäfen

DUISBURG-RUHRORT

Im Jahr 2004 haben 15 die größten deutschen Binnenhäfen insgesamt 267.374 Mio. t umgeschlagen. Der bedeutendste ist **Duisburg-Ruhrort**, der allein knapp 20 % dieses Volumens bewältigt hat.[1] Damit ist Duisburg auch der größte europäische Binnenhafen.

Hafen	Gütermenge in Mio. t	Hafen	Gütermenge in Mio. t
Duisburg	48 946	Ludwigshafen	7 302
Köln	14 710	Karlsruhe	6 698
Hamburg	8 987	Bremen	4 682
Neuss/Düsseldorf	8 031	Heilbronn	4 255
Mannheim	7 683	Gelsenkirchen	3 711

FREIHÄFEN

Freihäfen sind besondere Teilgebiete von Häfen, in denen Zölle und Einfuhrumsatzsteuern zunächst nicht erhoben werden. Sie sind durch Grenzzäune abgegrenzt, in denen es Zolldurchlässe gibt. Sie dienen der Lagerung, Weiterverarbeitung und Veredelung der importierten Waren. Die Erhebung von Zöllen und Einfuhrumsatzsteuern ist bis zur Verbringung der Waren aus einem Freihafen in die Länder der europäischen Gemeinschaft ausgesetzt. Keine Abgaben fallen an, wenn die Waren in Länder außerhalb der EU exportiert werden.

In Deutschland gibt es Freihäfen in Emden seit 1751, Bremerhaven (1827), Bremen und Hamburg (1888), Cuxhaven und Kiel. Seit Gründung der EU wurden Freihäfen auch in den Binnenhäfen Deggendorf und Duisburg (1990) eingerichtet.

Foto: duisport/Laubner

[1] Quelle: BAG – Marktbeobachtung, Jahresbericht 2004

4.2 Was leistet die Binnenschifffahrt?

4.2.1 Verkehrsleistungen

Im Jahr 2009[1] leistete der Verkehrsträger „Binnenschifffahrt" 55.700.000.000 tkm, dies sind 16 % der gesamten Verkehrsleistung der Binnenverkehrsträger. Der schärfste Konkurrent des Binnenschiffs ist die Bahn, die eine Verkehrsleistung von 28 % erbrachte.

Güterverkehr in Deutschland nach Verkehrsträgern im Jahr 2011

Verkehrsträger	Gütermenge	Verkehrsleistung	
	Mio t	Mrd. tkm	%
Eisenbahnen	375,0	113,2	11
Binnenschifffahrt	222,0	55,0	6
Straßenverkehr	2 972,6	293,6	83

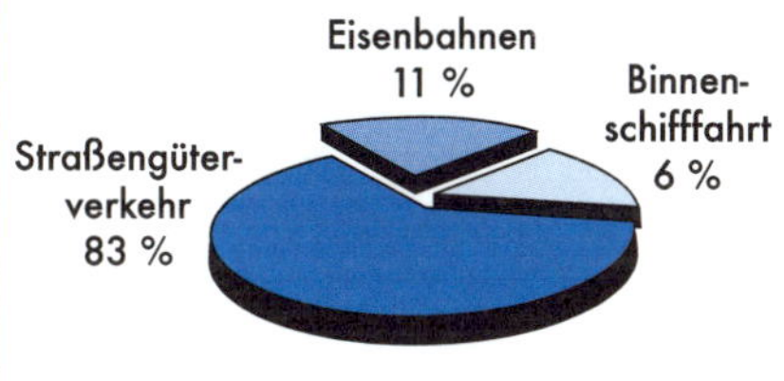

Binnenschiffsverkehr ist meist ein internationaler Verkehr. Von den insgesamt 222,0 Mio t wurden 2011 nur 54,8 Mio t Güter im Binnenverkehr versandt, dies entspricht 24,7 %. Die restlichen 75,3 % wurden im internationalen Verkehr abgewickelt. Oft handelte es sich dabei um Importe bzw. Exporte über die ARA-Häfen.

Güterverkehr der Binnenschifffahrt nach Hauptverkehrsverbindungen im Jahr 2011

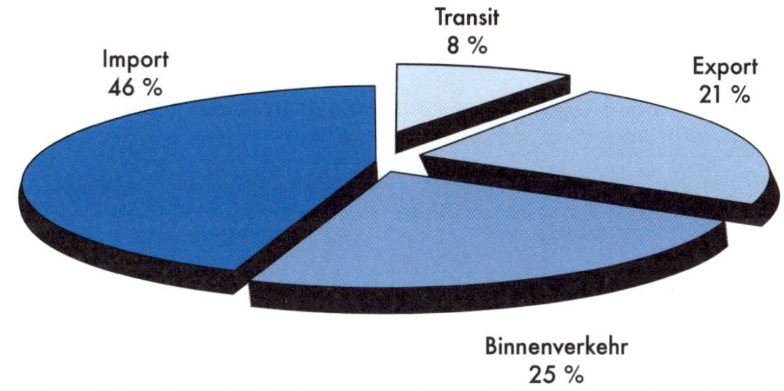

4.2.2 Vorteile und Nachteile der Binnenschifffahrt

Das Güterschiff bietet enorme Kapazitätsvorteile. Ein einziger Schubverband mit 6 Leichtern kann 16000 t befördern. Dies entspricht 400 Eisenbahnwaggons oder 650 Lkws. Wegen der großzügigen Abmessungen der Schiffe können auch sperrige Schwergüter einfach transportiert werden.

Leistungskraft der Binnenschifffahrt

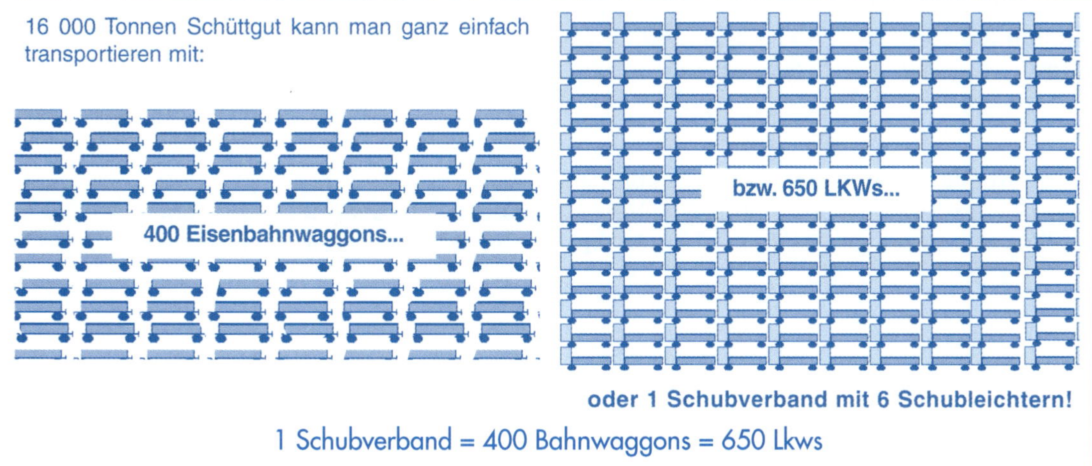

[1] Quelle: BAG-Marktbeobachtung, Jahresbericht 2011

Binnenschiffe sind relativ langsam, insbesondere bei Bergfahrten flussaufwärts ca. 10 km/h, Talfahrt 20 km/h, Kanäle 10 bis 15 km/h. Dieser Nachteil wird zum Teil ausgeglichen durch Tag- und Nachtfahrten und durch Wegfall des Wochenendfahrverbots.

Schiffe haben eine hohe Lebensdauer. Dies ist umweltfreundlich wegen des geringen Ressourcenverbrauchs und mindert die Abschreibungen.

Der geringe Energieverbrauch der Schiffe ergibt sich aus dem geringen Reibungswiderstand. Ein Schiff-PS vermag 4 000 kg Last zu bewegen, ein Bahn-PS schafft 500 kg und ein Lkw-PS nur 150 kg.

Wegen der niedrigen Betriebskosten (mäßige Abschreibungen, wenig Personalkosten, geringer Energieverbrauch) ist das Binnenschiff kostengünstig.

Die Werte hinsichtlich Luftverschmutzung, Unfallschäden, Lärm-, Boden- und Wasserbelastung sind im Vergleich der Verkehrsträger in der Binnenschifffahrt am besten.

Ein Nachteil der Binnenschifffahrt ist dagegen die geringe Netzdichte. Nicht alle Städte werden direkt erreicht. Binnenschifftransporte sind daher oft gebrochene Transporte.

Nachteilig ist auch die Abhängigkeit vom Wetter. Niedrigwasser, Hochwasser und Eis können die Schifffahrt erheblich beeinträchtigen.

„Flüsse sind wichtige Verkehrsadern und unverzichtbarer Teil unserer Verkehrsinfrastruktur. Ihre Bedeutung für eine nachhaltige Verkehrspolitik wird mit steigendem Verkehrsaufkommen weiter zunehmen. Das Binnenschiff als Teil einer Transportkette oder als eigenständiger Transportträger hat unbestreitbare Vorteile. Dazu gehören ein sparsamer Energieeinsatz, eine hohe Verkehrssicherheit, geringe Luft- und Lärmemissionen sowie geringe Transportkosten je Tonnenkilometer. Diese positiven Umwelteffekte führen zu sehr niedrigen externen Kosten. Das Binnenschiff ist ein Transportmittel, das im Mix der Verkehrsträger eine wichtige Rolle spielt. Denn: Verkehr funktioniert besser in einem integrierten Zusammenwirken der Verkehrsträger. Und die Wasserwege sind der umweltfreundlichste Verkehrsträger."[1]

4.3 Wie ist der Markt in der Binnenschifffahrt geordnet?

UNTERNEHMER
ERLAUBNIS

Für den Marktzugang gibt es in der Binnenschifffahrt nur wenige Beschränkungen. Ein **Unternehmer** in der Binnenschifffahrt benötigt eine **Erlaubnis**. Um diese zu erhalten, muss er seine fachliche Eignung, seine persönliche Zuverlässigkeit und seine finanzielle Leistungsfähigkeit nachweisen.[2]

SCHIFFER
SCHIFFERPATENT

Um ein Schiff führen zu dürfen, benötigt der **Schiffer** ein **Schifferpatent**. Ähnlich wie bei einer Fahrerlaubnis für ein Kraftfahrzeug muss der Bewerber theoretische und praktische Schulungen besuchen und eine Prüfung erfolgreich ablegen.

BUND
EIGENTÜMER DER BUNDESWASSERSTRASSEN
SCHIFFFAHRTSABGABEN

Der **Bund** ist **Eigentümer der Bundeswasserstraßen**.[3] Die Verwaltung der Bundeswasserstraßen obliegt der Wasser- und Schifffahrtsverwaltung, die für den gebrauchsfähigen Zustand der Verkehrsinfrastruktur und die Sicherheit sowie Leichtigkeit des Verkehrs sorgt. Für die Benutzung der abgabenpflichtigen Bundeswasserstraßen werden **Schifffahrtsabgaben** erhoben. Abgabenpflichtig sind die meisten kanalisierten Flüsse und die Kanäle.

RHEINSCHIFFFAHRTSAKTE

Binnenschifffahrtverkehre sind meist internationale Verkehre. Daher sind bereits zu Beginn des 19. Jahrhunderts internationale Vereinbarungen, sogenannte Schifffahrtsakte, abgeschlossen worden. Die Bedeutendste ist die **Rheinschifffahrtsakte („Mannheimer Akte für das Rheinstromgebiet")**.[4]

1 Bundesverkehrsminister Stolpe bei der 2. Nationalen Flussgebietskonferenz am 23. Juni 2005 in Berlin
2 Verordnung über den Zugang zum Beruf des Unternehmers im innerstaatlichen und grenzüberschreitenden Binnenschiffsgüterverkehr
3 Artikel 89 Grundgesetz
4 Die Mannheimer Akte wurde schon 1831 beschlossen und ist seitdem mehrmals weiterentwickelt worden.

Die Vertragsstaaten der **Mannheimer Akte** haben sich gegenseitig die freie Schifffahrt auf dem Rhein und seinen Nebenflüssen von Basel bis ins offene Meer zugesichert, inklusive aller Kabotage-Verkehre und unter Befreiung von allen sog. Schifffahrtsabgaben.

VERTRAGSSTAATEN

Vertragsstaaten der Rheinschifffahrtsakte sind die Schweiz, Frankreich, die Bundesrepublik Deutschland, die Niederlande und Belgien; die Rechtswirkungen gelten aber auch für alle 25 EU-Mitgliedsstaaten. Seit dem 1. Mai 2004 gelten diese Regelungen also auch uneingeschränkt für Polen, Tschechien, Ungarn und die Slowakei.

KABOTAGE

Kabotage ist die Beförderung von Gütern zwischen Lade- und Löschplätzen an deutschen Binnenwasserstraßen. Für Schiffe mit Flagge der EU-Staaten ist die Kabotage erlaubnisfrei („Kabotagefreiheit"), dies gilt auch für Schiffe aus der Schweiz. Für alle übrigen Schiffe ist die Kabotage erlaubnispflichtig.

4.4 Welche Betriebsformen gibt es in der Binnenschifffahrt?

Die Transporte werden in der Binnenschifffahrt im Werkverkehr (Eigenverkehr), durch Reedereien oder Partikuliere durchgeführt. Zur Ladungs- und Frachtenvermittlung werden auch die Leistungen der Spediteure in Anspruch genommen.

4.4.1 Werkverkehr

Großverlader wie z. B. Unternehmen der Chemie- und Stahlindustrie oder Hersteller von Mineralölerzeugnissen haben einen hohen Bedarf an Binnenschiffstransporten. Wie im Kapitel über die Binnenhäfen bereits erläutert verfügen sie oft sogar über eigene Werkshäfen. Häufig besitzen sie auch eigene Schiffe. Zur Abwicklung und Durchführung der Transporte haben sie meist juristisch selbstständige Werksreedereien gegründet, die auch für andere Transporte durchführen können.

4.4.2 Reedereien

Reedereien (Einzahl: Reeder) sind Schifffahrtsunternehmen, die die Organisation und Ausführung von Transporten mit eigenem und/oder fremdem Schiffsraum übernehmen. Fremder Schiffsraum wird verwendet, wenn die Reederei einen Vertrag nicht selbst ausführt, sondern mit einem anderen Frachtführer einen Unterfrachtvertrag schließt.

Reedereien sind meist in Binnenhäfen angesiedelt. Vom Lande aus wickeln sie die kaufmännische und logistische Organisation der Binnenschiffstransporte ab.

4.4.3 Partikuliere

FREIE PARTIKULIERE

HAUSPARTIKULIERE

Partikuliere sind selbstständige Schiffseigentümer, die meist auch selbst auf ihren Schiffen fahren. Sie sind oft für größere Reedereien als Subunternehmer tätig und besitzen in der Regel nur ein oder zwei Schiffe. Meist sind sie zugleich Schiffsführer, die mit ihrem Schiff oft lange unterwegs sind und auf ihrem Schiff wohnen. Partikuliere sind eine häufige Betriebsform in der Binnenschifffahrt. Im Gegensatz zu den Reedereien setzen sie nur eigene Schiffe für den Gütertransport ein. Die Ladung erhalten sie direkt vom Verlader **(freie Partikuliere)** oder sie fahren für eine Reederei, für die sie das Schiff und die Arbeitskraft bereitstellen **(Hauspartikuliere)**.

GENOSSENSCHAFTEN

Da Partikuliere die meiste Zeit auf dem Schiff verbringen, haben sie Schwierigkeiten mit der landseitigen Akquisition von Aufträgen. Daher haben sie sich zu **Genossenschaften** zusammengeschlossen, die für ihre Mitglieder Ladungen und Rückladungen besorgen, aber auch den gemeinsamen Einkauf, die betriebswirtschaftliche Betreuung usw. übernehmen.

4.4.4 Befrachter

Eine besondere Betriebsform in der Binnenschifffahrt ist der Befrachter. Er schließt mit der verladenden Wirtschaft **Frachtverträge** ab, obwohl er keinen eigenen Schiffsraum besitzt.

Rechtlich haben Befrachter die Rechte und Pflichten eines Frachtführers. Zur Durchführung des Transportauftrages schließen sie mit einem Schiffseigner (Reederei, Partikulier) Unterfrachtverträge.

Beispiel:

EUROCARGO wird von der Maschinenfabrik Weller in Nürnberg beauftragt, die Versendung von 2 Containern nach Rotterdam zu besorgen. EUROCARGO beauftragt den Befrachter Mainschiff mit der Transportdurchführung. Mainschiff verfügt über keine eigenen Schiffe und beauftragt daher den Partikulier Hans Moser.

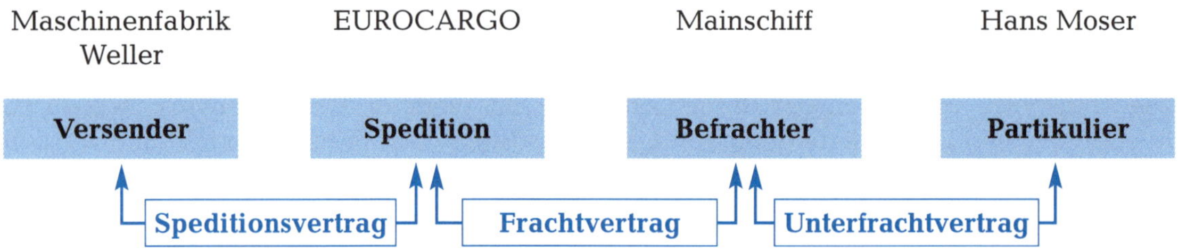

Vorsicht: Der Begriff Befrachter hat in der Seeschifffahrt[1] eine andere Bedeutung. Man versteht darunter den Vertragspartner des Verfrachters beim Abschluss des Frachtvertrages, also den in den Frachtbrief eingetragenen Absender.

4.4.5 Binnenschifffahrtsspeditionen

Spediteure treten hinsichtlich ihrer Rechtsstellung als **Vertreter einer Reederei** auf, für die sie ihre Dienstleistung erbringen. Die Binnenschifffahrtsspedition tritt im Selbsteintritt als **Frachtführer** auf, wenn sie eigene Schiffe einsetzt oder Schiffe befrachtet.[2] Die Frachtführereigenschaft gilt natürlich auch für den Fixkosten- und Sammelladungsspediteur.[3]

Die Spedition kann auch im herkömmlichen Sinne als Versandspediteur, als Empfangsspediteur oder als Umschlagspediteur tätig werden. Als **Versandspediteur** erledigt sie alle Aufgaben, die im Zusammenhang mit dem Versand anfallen, z. B. Vorlauf von Sammelgütern, Zusammenstellen der Sammelladung, Disposition von Frachtraum usw. Als **Empfangsspediteur** führt sie z. B. die Eingangskontrolle der Sammelladung durch, übernimmt Nebenleistungen wie die Verzollung von Waren und verteilt die Güter.

RECHTSSTELLUNG

Rechtsstellung eines Spediteurs in der Binnenschifffahrt	
Vertreter einer Reederei	Der Spediteur schließt im Auftrag, auf Rechnung und im Namen der Reederei Frachtverträge mit den Versendern ab. Sein Entgelt ist eine Provision von der Fracht.
Frachtführer	Die Spedition verfügt über eigene Schiffe, mietet Schiffsraum oder hat langfristige Frachtverträge mit Schiffseignern.
„Traditioneller" Spediteur	Er tritt auf als Versandspediteur, als Empfangsspediteur und/oder als Umschlagspediteur.

1 Siehe Kapitel 3 Frachtverträge in der Seeschifffahrt bearbeiten
2 vgl. Kapitel 4.4.4
3 §§ 459, 460 HBG

Großverlader bedienen sich bei Binnenschiffstransporten ihrer eigenen Werksreederei oder wenden sich direkt an eine Reederei oder eine Partikulier-Genossenschaft. Mittlere und kleinere Verlader haben jedoch meist keinen unmittelbaren Zugang zur Binnenschifffahrt und nehmen gerne die Dienstleistungen des Binnenschifffahrtsspediteurs in Anspruch. Spediteure haben hier eine wichtige Mittlerfunktion.

Beispiel:

Die Binnenschifffahrtsspedition EUROCARGO wird von der Maschinenfabrik Weller in Nürnberg beauftragt, die Versendung von 2 Containern nach Rotterdam zu besorgen. EUROCARGO beauftragt die Reederei Aquanautik mit der Transportdurchführung.

Maschinenfabrik Weller	EUROCARGO	Aquanautik
Versender	**Spedition**	**Reederei**

Speditionsvertrag (Versender – Spedition)

Frachtvertrag (Spedition – Reederei)

Foto: duisport/Felden

Foto: duisport/v. Kaler

Gründe, einen Binnenschiffsspediteur einzuschalten

- Geringes Aufkommen: Stückgutsendungen oder kleine Partien
- Unregelmäßiges Aufkommen
- Absender oder Empfänger haben keinen eigenen Wasseranschluss und die Güter müssen in ein anderes Verkehrsmittel umgeschlagen werden.
- Güter müssen zwischengelagert und/oder bearbeitet werden.
- Sammelgutverkehre
- Abwicklung von Vor- und Nachlaufverkehren
- Umschlag/Lagerung von Gütern
- Behandlung der Güter (Stripping/Stuffing von Containern, Sortieren, Wiegen, Neutralisieren, Kommissionieren, Qualitätskontrolle, Verpacken usw.)
- Spezialdienste für Kühlgut, Gefahrgut
- Container: Depothaltung, Reparatur, Wartung
- Einbringen von Spezialkenntnissen (Zollabfertigung, Behandlung diverser Güter, verkehrsträgerübergreifende Marktkenntnis usw.)

Binnenumschlagsspeditionen

Das Laden und Löschen des Schiffsraums ist neben der Lagerung bzw. Zwischenlagerung des Transportgutes sowie zusätzlicher speditioneller Leistungen Aufgabe von Binnenumschlagsspeditionen.

LEISTUNGEN

Leistungen von Binnenumschlagsspeditionen
• Überwachung des Umschlagsvorgangs • Empfangskontrolle der eingehenden Güter vom Verkehrsmittel unter Wahrung evtl. Schadensersatzansprüche • Weiterleitung des Transportgutes an das anschließende Verkehrsmittel durch direkten Umschlag (Seeschiff/Binnenschiff; Binnenschiff/Lkw bzw. Bahn) oder Zwischenlagerung • Qualitätskontrolle; Prüfung Maße, Gewicht • Behandlung der Güter (Sortieren, Verpacken etc.) • Abschluss des neuen Frachtvertrags • Vorlage von Kosten

UMSCHLAGTECHNIK

LÄGER

Um diese Aufgaben ausführen zu können, benötigt der Spediteur eine vielfältige **Umschlagtechnik** wie Kräne, Heber, Greifer, Förderbänder, Pumpen, Sauger usw. sowie **Läger,** z. B. Silos, Speicher, Lagerhäuser, Freilager. Diese Anlagen gehören dem Spediteur selbst oder er hat sie vom Eigner der Umschlagsanlagen (z. B. dem Eigner des Hafens) gepachtet.

Ladung löschen in Linz an der Donau, Österreich
Quelle: Rob de Koter

Binnenschiffahrts- und Binnenumschlagsspediteure arbeiten grundsätzlich auf Basis der ADSp.[1]

[1] § 2 ADSp

4.5 Wie werden Transportketten mit dem Binnenschiff gebildet?

Binnenschifftransporte können als direkte Verkehre zwischen Versender und Empfänger durchgeführt werden, wenn sowohl der Versender als auch der Empfänger direkt an der Wasserstraße liegen. Dies ist jedoch meist nicht der Fall. Dann muss die Beförderung als gebrochener Verkehr durchgeführt werden.

4.5.1 Direktverkehr

Der Direktverkehr ist eine eingliedrige Transportkette, d. h. es erfolgt ein Transport vom Versand- zum Empfangspunkt, ohne dass neben dem Binnenschiff noch ein weiteres Verkehrsmittel eingesetzt werden muss. Das Binnenschiff kann beim Direktverkehr sehr wirtschaftlich verwendet werden, vorausgesetzt es handelt sich um große und gleichmäßige Gütermengen.

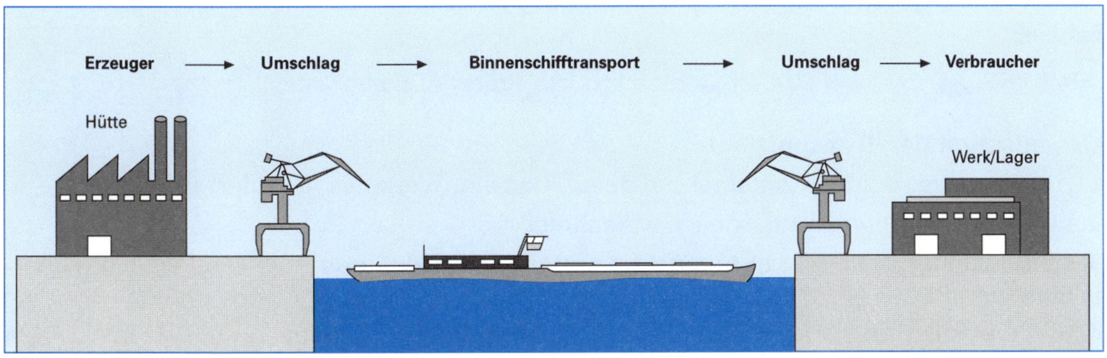

Quelle: Bundesministerium für Verkehr (Hrsg), Handbuch Güterverkehr Binnenschifffahrt, Bonn 1997

Beispiel:

Kontinuierliche Versorgung eines Kraftwerks mit Kohle; Transport mit einem Schubverband

Organisation der Transportkette

1. Umschlag der Kohle ab dem Lager des Versenders in Duisburg in Leichter
2. Transport über Rhein und Neckar im Schubverband
3. Umschlag an der Anlegestelle des Kraftwerks mit Stetigentlader
4. Leichter übernehmen die Funktion eines temporären Lagers.
5. Schubschiff nimmt die gelöschten Leichter wieder mit auf die Rückreise.

4.5.2 Gebrochener Verkehr

Der gebrochene Verkehr ist eine mehrgliedrige Transportkette. Bei der Transportdurchführung erfolgt mindestens ein Wechsel des Transportmittels. Als Transportmittel kommen ein Bahnwagen, ein Lkw, ein Binnen- oder Seeschiff infrage. Der Einsatz des Binnenschiffs ist jedoch nur dann von Nutzen, wenn die Kosten des zusätzlichen Umschlags sowie des Vor- und Nachlaufs durch die niedrigen Transportpreise des Binnenschiffs ausgeglichen werden.

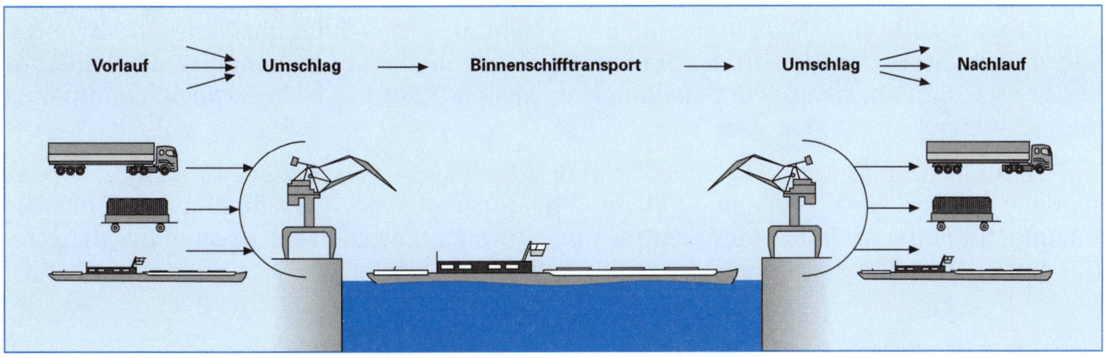

Quelle: Bundesministerium für Verkehr (Hrsg), Handbuch Güterverkehr Binnenschifffahrt, Bonn 1997

KOMBINIERTER VERKEHR

Kombinierter Verkehr

Der kombinierte Verkehr ist eine Unterart des gebrochenen Verkehrs. Es werden mindestens zwei verschiedene Verkehrsmittel ohne Wechsel des Transportgefäßes eingesetzt. Häufig ist das verwendete Transportgefäß ein Container.

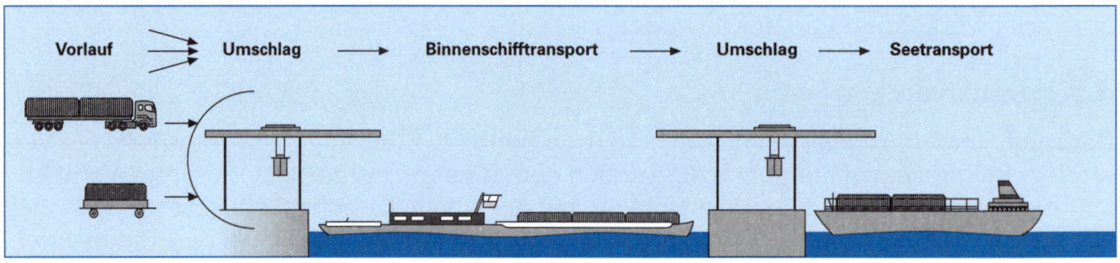

Quelle: Bundesministerium für Verkehr (Hrsg), Handbuch Güterverkehr Binnenschifffahrt, Bonn 1997

Beispiel:

Beförderung von zwei 20-Fuß-Containern von Stuttgart nach Tokio

Organisation der Transportkette

1. Abholung der beiden Container mit dem Lkw beim Werk des Verladers in Stuttgart
2. Lkw-Transport von Stuttgart nach Mannheim
3. Umschlag der Container in Mannheim mittels einer Containerbrücke auf ein Containerbinnenschiff
4. Binnenschiffstransport von Mannheim nach Rotterdam im Linienverkehr; 572 km, 2 Tage Fahrzeit (Betriebszeit Binnenschiff 24 Std./Tag)
5. Umschlag der Container vom Binnenschiff zur Zwischenlagerung auf dem Seehafen Terminal, Transport der Container auf einem Trailer zu einem anderen Terminal
6. Umschlag der Container mittels einer Containerbrücke auf das Seeschiff in Rotterdam
7. Transport der Container mit dem Seeschiff nach Japan

4.6 Wie werden Frachtverträge geschlossen und abgewickelt?

4.6.1 Rechtliche Bestimmungen

HGB

Für **nationale Frachtverträge** in der Binnenschifffahrt gilt wie bei allen anderen Frachtführern das Handelsgesetzbuch **HGB**, insbesondere §§ 407–450 (Frachtgeschäft/Allgemeine Vorschriften) und § 452 (Frachtgeschäft/Beförderung mit verschiedenartigen Beförderungsmitteln), als verbindliche Rechtsgrundlage[1]. Ausführlich wird dies im Heft 1 dieser Reihe erläutert.

BINSCHLV

Die Lade- und Löschzeiten und das Liegegeld wurden 1999 mit der **Verordnung über die Lade- und Löschzeiten sowie das Liegegeld in der Binnenschifffahrt (Lade- und Löschzeitenverordnung – BinSchLV)** geregelt. Diese Verordnung gilt, wenn nicht ausdrücklich im Frachtvertrag eine andere Vereinbarung getroffen wurde.

CMNI

Für **Frachtverträge im grenzüberschreitenden Verkehr** gilt seit dem 1. April 2005 das **Budapester Übereinkommen über den Vertrag über die Güterbeförderung in der Binnenschifffahrt** (**CMNI**)[2]. Von zentraler Bedeutung sind die Regelungen über die Haftung des Frachtführers für Verlust oder Beschädigung von Gütern sowie für die Überschreitung der vereinbarten Lieferfrist. Das Übereinkommen sieht eine Verschuldungshaftung mit umgekehrter Beweislast vor: Verliert der Frachtführer das von ihm übernommene Gut oder liefert er es beschädigt ab, so muss er Schadenersatz leisten, sofern er nicht beweisen kann, dass der Schaden unvermeidbar war.

Die Haftung darf grundsätzlich nicht durch Allgemeine Geschäftsbedingungen eingeschränkt werden. Eine Ausnahme gilt vor allem für nautisches Verschulden der Schiffsbesatzung, für Feuer an Bord eines Schiffes sowie für nicht feststellbare Mängel des Schiffes. Für diese Fälle kann der Frachtführer seine Haftung ausschließen.

---

1 Von den vielen rechtlichen Bestimmungen werden nur die für unsere Zwecke wesentlichen genannt.

2 CMNI = Convention de Budapest relative au contract de transport de marchandises en navigation interieure

Details zum Frachtvertrag können in eigenen oder allgemeinen Geschäftsbedingungen (AGB) geregelt werden, **soweit die gesetzlichen Vorschriften nicht zwingend sind**. Der Bundesverband der Deutschen Binnenschifffahrt e. V. empfiehlt seinen Mitgliedern die **Internationalen Verlade- und Transportbedingungen für die Binnenschifffahrt (IVTB)** zur Verwendung. IVTB

4.6.2 Abschluss eines Frachtvertrags

Beispiel:

EUROCARGO wird von der Frankenelektronik AG, Nürnberg, per Fax beauftragt einen 20-Fuß-Container mit Elektrogeräten zum Hansa Elektromarkt in Duisburg zu befördern. Der Container befindet sich bereits im Umschlaglager von EUROCARGO im Nürnberger Hafen und soll nach dem Binnenschiffstransport bei Ankunft im Hafen Duisburg dem Empfänger avisiert werden.

Zwischen EUROCARGO und der Frankenelektronik AG ist ein Speditionsvertrag zustande gekommen, sobald EUROCARGO den Auftrag annimmt. Dies ist auch stillschweigend möglich. Rechtsgrundlagen sind das HGB und die ADSp.

EUROCARGO beauftragt den Partikulier Helmut Neuss mit der Transportdurchführung, der dem Angebot zustimmt. Rechtsgrundlagen für diesen Frachtvertrag sind das HGB und die IVTB, wenn diese ausdrücklich vereinbart worden sind.

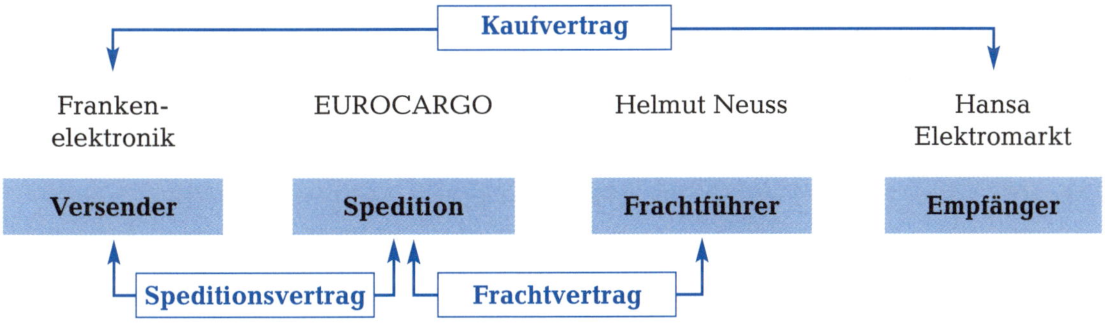

4.6.3 Abwicklung eines Frachtvertrags

Die Abwicklung des Frachtvertrags soll anhand des obigen Beispiels aufgezeigt werden.

Anzeige der Ladebereitschaft, Ladestelle LADEBEREITSCHAFT

Der Absender EUROCARGO teilt dem Frachtführer Helmut Neuss die Ladestelle mit. Dies ist der Liegeplatz für das Schiff, an dem der Container auf das Schiff verladen werden soll. Der Frachtführer Helmut Neuss muss dem Absender EUROCARGO anzeigen, wann er ladebereit ist. Dies wird dann der Fall sein, wenn der Schiffer den Nürnberger Hafen erreicht. Am Tag nach der Anzeige der Ladebereitschaft beginnt die Ladezeit. LADESTELLE LADEZEIT

Laden/Löschen, Lade-/Löschzeit

Das Laden in das Schiff ist Aufgabe des Absenders. Nach Anweisung des Frachtführers sind die Güter zu stauen, zu trimmen (gleichmäßige Gewichtsverteilung im Schiff) und zu sichern. Das Löschen an der Löschstelle obliegt grundsätzlich dem Empfänger. Der Schiffer muss die Löschbereitschaft ankündigen, am Tag danach beginnt die Löschzeit. LADEN LÖSCHEN LÖSCHZEIT

Dauer der Lade-/Löschzeit, Liegegeld

In der BinSchLV ist die Dauer der Lade-/Löschzeit festgelegt. Wird diese Zeit überschritten, darf der Frachtführer Liegegeld berechnen.[1] Die Höhe des Liegegeldes ist ebenfalls in der BinSchLV enthalten. LIEGEGELD

[1] Das Liegegeld entspricht dem Standgeld im Güterkraftverkehr.

Laufzeit

Je nach Motorleistung, Abladung und Fließgeschwindigkeit des Flusses fahren Binnenschiffe mit Geschwindigkeiten von 8–10 km/h in der Bergfahrt (gegen den Strom) und 18–20 km/h in der Talfahrt (mit dem Strom).

Bei den nachstehenden Fahrzeiten wird mit einem 24-Stunden-Tag gerechnet. Die Zeitangabe erfolgt in Tagen, km-Angabe = Straßenkilometer[1].

Binnenschiffsverbindungen von und nach Rotterdam in Tagen							
Hafen	**km**	**Bergfahrt**	**Talfahrt**	**Hafen**	**km**	**Bergfahrt**	**Talfahrt**
Duisburg	200	1,0	0,5	Basel	670	4,0	3,0
Mannheim	470	2,5	1,5	Antwerpen	100	0,5	0,5
Karlsruhe	535	2,5	1,5	Wien	1 180	10,0	9,0
Berlin	710	8,0	8,0	Bratislava	1 240	10,5	9,5
Regensburg	785	8,0	7,0	Budapest	1 435	11,5	10,5

Fracht

Die Fracht umfasst den Transport ab frei gestaut Binnenschiff (Ladehafen) bis frei Ankunft Binnenschiff (Löschhafen). Alle gegenüber einem normalen Verlauf einer Schiffsreise entstehenden Mehrkosten gehen zulasten der Ware, z. B. bei Niedrig- oder Hochwasser.

§ 10 Fracht IVTB

1. Mangels besonderer Vereinbarung umfasst die Fracht den Transport ab frei gestaut Binnenschiff (Ladehafen) bis frei Ankunft Binnenschiff (Löschhafen). Sie wird mindestens nach den in den Schiffspapieren deklarierten Bruttogewichten, Mengen oder Maßen der Güter berechnet. Werden in anderen Papieren höhere Gewichte oder Mengen ausgewiesen oder solche durch Gewichts- oder Kontrollprüfungen ermittelt, sind diese für die Frachtberechnung maßgeblich. Die Fracht ist bei Ablieferung des Gutes zur Zahlung fällig.
2. Die Lade-, Stau-, Befestigungs- und Löschkosten sowie alle weiteren Kosten, Auslagen und Aufwendungen sind zusätzlich zur Fracht zu vergüten, sofern sie nicht ausdrücklich in den vereinbarten Fracht- oder Übernahmesatz eingeschlossen worden sind.
3. Die Frachtvereinbarung hat offene und unbehinderte Schifffahrt zur Voraussetzung. Alle gegenüber einem normalen Verlauf einer Schiffsreise entstehenden Mehrkosten und Aufwendungen gehen zulasten der Ware.

Fehlfracht

FEHLFRACHT
FAUTFRACHT

Bei einer **Fehlfracht**, auch **Fautfracht** genannt, handelt es sich um eine an die Reederei zu zahlende Entschädigung für nicht ausgenutzten Schiffsraum, wenn der Absender z. B. die für ein bestimmtes Schiff angemeldeten Güter nicht oder nur zum Teil anliefert. Neben den Bestimmungen nach HGB § 415(2) bei Kündigung durch den Absender und HGB § 416 wegen Anspruchs auf Teilbeförderung werden in den IVTB noch weitere Fälle genannt, nach denen der Frachtführer Anspruch auf Fehlfracht hat.

§ 11 Volle Fracht, Fehlfracht IVTB

1. Der Frachtführer hat **Anspruch auf die volle Fracht**, auch wenn:
   a) die Ladung nur teilweise geliefert wird;
   b) Absender oder Empfänger das Ausladen der Güter im Verladehafen oder in einem Zwischenhafen verlangen;
   c) die Fortsetzung der Reise dauernd oder zeitweilig verhindert ist (z. B. bei Eisgang);
   d) die Reise nur teilweise ausgeführt wird, das Schiff untergeht oder sonst wie den Bestimmungsort nicht erreicht;
   e) die Güter vernichtet, untergegangen, beschlagnahmt, eingezogen, beschädigt, vermindert oder sonst wie wertlos geworden sind.

[1] Quelle: Städtischer Hafenbetrieb Rotterdam

2. Der Frachtführer hat **Anspruch auf die Hälfte der Fracht**, wenn:
   a) keine Ladung geliefert wird;
   b) der Absender vor Antritt der Reise vom Vertrag zurücktritt;
   c) der Antritt der Reise dauernd oder zeitweilig verhindert ist.

Kleinwasserzuschläge

KLEINWASSERZUSCHLÄGE

Bei Niedrigwasser[1] können die Schiffe nicht mehr voll beladen werden, damit sie nicht auf Grund laufen. Um den Frachtausfall zumindest teilweise zu kompensieren, werden in Abhängigkeit von bestimmten Pegelständen (Wasserständen) Zuschläge zur Fracht berechnet.

§ 12 Kleinwasserzuschläge IVTB

1. Rhein
   a) Die vereinbarte Fracht wird um Kleinwasserzuschläge gemäß folgender Staffelsätze ohne weiteres erhöht:
   aa) im Verkehr unterhalb Duisburg[2] (inklusive) bei einem Ruhrorter Pegel von

3,00–2,91 m	10 %
2,90–2,81 m	20 %
2,80–2,71 m	30 %
2,70–2,61 m	40 %
2,60–2,51 m	50 %
2,50–2,41 m	60 %
2,40–2,31 m	70 %
2,30–2,21 m	80 %
2,20–2,11 m	90 %
2,10–2,01 m	100 %
2,00–1,91 m	110 %
1,90–1,81 m	120 %

4.6.4 Frachtbrief und Ladeschein

Frachtbrief

FRACHTBRIEF

Um den Frachtvertrag zu dokumentieren und die Übernahme des Gutes durch den Frachtführer zu bestätigen, kann in der Binnenschifffahrt ebenso wie im Landverkehr der Frachtführer die Ausstellung eines **Frachtbriefes** verlangen (§ 407 ff. HGB).

Funktionen des Frachtbriefes
• Beweisurkunde (§ 408 Abs. 1 HGB)
• Sperrpapier (§ 418 Abs. 4 HGB)
• Warenbegleitpapier

Beispiel

Für die Sendung aus dem Beispiel S. 172 sollen ein Frachtbrief und alternativ ein Ladeschein ausgestellt werden. Darstellung vgl. Folgeseiten.

[1] Siehe auch Seite 162
[2] „Unterhalb Duisburg" bedeutet nördlich von Duisburg, also rheinabwärts.

FRACHTBRIEF

Dieser Frachtbrief ist kein Wertpapier. Er kann weder verpfändet noch übertragen werden. Die Auslieferung der Güter erfolgt ohne Vorlage bzw. Rückgabe eines Frachtbriefexemplares.
Ohne schriftlichen Auftrag wird keine Versicherung eingedeckt.

Absender:
Frankenelektronik AG
Lange Zeile 32
D-90419 Nürnberg

Ladestelle: Nürnberg

Ladetermin: 16.01.20..
Ladezeit: dt. VO 99
Begonnen: 16.01.20.. – 9:00 h
Fertig: 16.01.20.. – 12:00 h

Motorschiff: Helene

Empfänger:
Hansa Elektromarkt
Markt 2
D-47051 Duisburg

Löschstelle: Duisburg

Löschtermin: m. b. A.[1]
Löschzeit: 1 Tag

Schiffsführer: Herr Neuss

NACH ANGABEN DES ABSENDERS BZW. AUFTRAGGEBERS

Menge/Verpackung	Bezeichnung der Ware	Gewicht in kg
1 20-Fuß-Container	Elektrogeräte	10 500 kg

UNVERANTWORTLICH FÜR STÜCKZAHL, MASS, GEWICHT, NUMMERN, MARKENZEICHEN, INHALT, GATTUNG, QUALITÄT, WERT, BESCHAFFENHEIT DER VERPACKUNG

Teilladung: NEIN
Frankatur: FREI A/S
Laderäume:
Herkunftsland: DEUTSCHLAND
Grenzabfertigung:
Seeschiff/Lager:

Meldung nur an 1. Löschstelle
Zollverschluss:
Bestimmungsland: DEUTSCHLAND

Dem Transport liegen unser Abschluss vom 10.01.20.. und unsere Verlade- und Transportbedingungen, die wir auf Aufforderung überreichen, welche Absender, Ablader und Empfänger anerkennen, zugrunde.

Ausgefertigt in: Nürnberg

am: 16.01.20..

Unterschrift des Versenders

Unterschrift der Reederei/Agentur

[1] m.b.A = melden bei Ankunft

Wir haben empfangen von
Frankenelektronik AG
Lange Zeile 32
D-90419 Nürnberg

Ladestelle
Nürnberg

Empfänger
Hansa Elektromarkt
Markt 2
D-47051 Duisburg

Meldeadresse
Hansa Elektromarkt, Duisburg

mit Motorschiff Helene — **Schiffsführer** Herr Neuss

nachstehend verzeichnete Güter zum Transport

nach Duisburg

Löschstelle anzuweisende

Helmut Neuss
Binnenschifftransporte

Antwerpener Straße 2
68219 Mannheim

Telefon +49 (0)621 70
Telefax +49 (0)621 71

KONNOSSEMENT

Dieses Konnossement ist ein Wertpapier.
Die Auslieferung der Güter erfolgt nur gegen Rückgabe des ordnungsgemäß übertragenen Original-Konnossements. Nach Erledigung des Originals gelten die übrigen Exemplare als erledigt.

Ohne schriftlichen Antrag wird keine Versicherung eingedeckt.

Nach Angaben des Absenders bzw. Auftraggebers			
Markierung	Menge/Verpackung	Bezeichnung der Ware	Gewicht in kg
1	20-Fuß-Container	Elektrogeräte	10 500 kg

Unverantwortlich für Stückzahl, Maß, Gewicht, Nummern, Merkzeichen, Inhalt, Art, Gattung, Qualität, Zustand, Wert, Beschaffenheit der Verpackung

Teilladung ~~ja~~/nein — **Meldetag nur an 1. Löschstelle**

Zollabfertigung ______

Frankatur frei A/S — **Löschzeit** 1 Tag

Herkunftsland Deutschland — **Bestimmungsland** Deutschland

Ausgefertigt in Nürnberg — **am** 17.01.20..

Unterschrift des Versenders — **Unterschrift der Reederei/Agentur**

Wir arbeiten grundsätzlich nach den Allgemeinen Deutschen Spediteurbedingungen, jeweils neueste Fassung. **Diese beschränken in Ziffer 23 die Haftung für Güterschäden in speditionellem Gewahrsam auf EUR 5/kg, bei Transporten mit verschiedenen Beförderungsmitteln unter Einschluss einer Seebeförderung auf 2 SZR/kg sowie darüber hinaus je Schadenfall bzw. Schadenereignis auf EUR 1 Mio. bzw. EUR 2 Mio. oder 2 SZR/kg, je nachdem, welcher Betrag höher ist.** Bei allgemeinen Binnenschiffstransporten gelten unsere Verlade- und Transportbedingungen, die wir auf Anforderung überreichen und welche Absender, Ablader und Empfänger anerkennen. **Diese begrenzen nach § 17 die Haftung für Güterschäden auf 2 SZR/kg.** Bei Containerbinnenschiffstransporten gelten die Allgemeinen Geschäftsbedingungen der Helmut Neuss Binnenschifftransporte, Mannheim. **Diese sehen eine Haftung für Güterschäden bis zu 2 SZR/kg vor, soweit Ort der Übernahme und der Ort der Ablieferung des Gutes innerhalb Deutschlands liegt.** Sitz und Registergericht Mannheim HRB XXXX

Ladeschein

LADESCHEIN

KONNOSSEMENT

Als Frachtdokument wird anstelle des Frachtbriefs in der Binnenschifffahrt der **Ladeschein** (§§ 444 ff. HGB) im Vergleich zum Güterkraftverkehr erheblich öfter verwendet. Der Ladeschein wird auch als **Konnossement**[1] bezeichnet. Der Inhalt des Ladescheins entspricht dem des Frachtbriefs (§ 444 HGB). Konnossemente werden insbesondere auch im Seeverkehr eingesetzt.[2]

RÜCKGABE DES LADESCHEINS

Der Frachtführer stellt den Ladeschein aus. Damit verpflichtet er sich das Gut nur gegen **Rückgabe des Ladescheins** auszuliefern. Die Ware muss demjenigen aushändigt werden, der als Erster ein Originalkonnossement vorlegt; das heißt, mit der Vorlage des ersten Originals verlieren die restlichen Originale ihre Wirksamkeit. Verstößt der Frachtführer gegen diese Verpflichtung, so wird er schadensersatzpflichtig.

WARENWERTPAPIER

Der Ladeschein ist der Nachweis über das Eigentum an der Ware. Es handelt sich um ein sogenanntes Traditionspapier bzw. ein handelbares, begebbares **Warenwertpapier**. Der rechtmäßige Besitzer des Ladescheins ist Eigentümer des Gutes. Diese Rechtskonstruktion ist im Automobilbereich ähnlich. Der Besitzer des KFZ-Briefs gilt als Eigentümer des Autos.

§ 446 HGB Legitimation durch Ladeschein

(1) Zum Empfang des Gutes legitimiert ist derjenige, an den das Gut nach dem Ladeschein abgeliefert werden soll oder auf den der Ladeschein, wenn er an Order lautet, durch Indossament übertragen ist.

(2) Dem zum Empfang Legitimierten steht das Verfügungsrecht nach § 418 zu. Der Frachtführer braucht den Weisungen wegen Rückgabe oder Ablieferung des Gutes an einen anderen als den durch den Ladeschein legitimierten Empfänger nur Folge zu leisten, wenn ihm der Ladeschein zurückgegeben wird.

§ 447 HGB Ablieferung und Weisungsbefolgung ohne Ladeschein

Der Frachtführer haftet dem rechtmäßigen Besitzer des Ladescheins für den Schaden, der daraus entsteht, dass er das Gut abliefert oder einer Weisung wegen Rückgabe oder Ablieferung Folge leistet, ohne sich den Ladeschein zurückgeben zu lassen. Die Haftung ist auf den Betrag begrenzt, der bei Verlust des Gutes zu zahlen wäre.

§ 448 HGB Traditionspapier

Die Übergabe des Ladescheins an denjenigen, den der Ladeschein zum Empfang des Gutes legitimiert, hat, wenn das Gut von dem Frachtführer übernommen ist, für den Erwerb von Rechten an dem Gut dieselben Wirkungen wie die Übergabe des Gutes.

Funktionen des Ladescheins
• Beweisurkunde über den Abschluss des Frachtvertrags • Empfang der Ware durch den Frachtführer • Verpflichtung des Frachtführers, die Ware demjenigen auszuhändigen, der ein Original-Konnossement vorlegt • Nachweis des Eigentums an der Ware (da es sich um ein Warenwertpapier handelt)

MELDEADRESSE

Meldeadresse

Bei Orderkonnossementen gibt es oft einen Notify-Vermerk („who is to be notified“). Dies ist die Adresse des Berechtigten oder seines Spediteurs, d. h. desjenigen, dem der Frachtführer im Bestimmungshafen die Ware zur Übernahme anbieten soll (eine „arrival notice“ geben soll).

---

[1] Konnossemente werden ausführlich im Kapitel „3 Frachtverträge in der Seeschifffahrt bearbeiten“ besprochen.

[2] Siehe Kapitel „3 Frachtverträge in der Seeschifffahrt bearbeiten“.

Arten von Ladescheinen/Konnossementen

Arten des Ladescheins nach dem Empfänger		
Orderkonnossement	Als Empfänger (Berechtigter) wird eingetragen: • der Empfänger selbst und der Zusatz „oder Order" bzw. • es wird kein Berechtigter genannt und das Konnossement enthält nur den Vermerk „an Order". Der Empfänger kann seinen Herausgabeanspruch durch Indossament weitergeben. Ist kein Empfänger genannt, indossiert der Absender. Beispiel: Auf der Vorderseite des Ladescheins steht als Empfänger: „Hansa Elektromarkt oder an dessen Order" bzw. nur „an Order". Auf die Rückseite des Ladescheins schreibt dann der Berechtigte „Hansa Elektromarkt" bzw. der Absender „Für mich an XY" mit Unterschrift. Der Orderladeschein ist das in der Praxis des Binnenschiffsverkehrs übliche Dokument.	ORDERKONNOSSEMENT
Namenskonnossement	Das sind Wertpapiere, bei denen der Berechtigte (nur) der darauf Genannte ist. Die Übertragung erfolgt durch eine Zession (= Forderungsabtretung).	NAMENSKONNOSSEMENT

Sonderformen von Konnossementen		
Durchkonnossement (through bill of lading)	Ein Konnossement, das der (erste) Frachtführer ausstellt, wenn er weiß, dass er den (End-)Bestimmungshafen nicht selbst anlaufen wird, sondern die Ware in einem Zwischenhafen auf das Schiff einer anderen Reederei umgeladen wird (auch mehrmals). Dadurch wird eine durchgehende Haftung/Gesamthaftung aller Frachtführer erreicht.	DURCHKONNOSSEMENT
Reines Konnossement (clean bill of lading)	Das „clean B/L" enthält keine Vorbehalte an der Ware (clean on board). Banken akzeptieren keine B/L, auf denen ein Mängelvermerk zu finden ist.	REINES KONNOSSEMENT
Combined-Transport-B/L	Falls ein Transport über mehrere Verkehrsträger durchgeführt wird (Lkw/Bahn/Schiff) wird ein Combined-Transport-B/L ausgestellt. Dieses ist bankfähig.	COMBINED-TRANSPORT-B/L
Spediteurkonnossement (FIATA bill of lading FBL)	Das FBL wird vom Spediteur ausgestellt. Es ist bankfähig.	SPEDITEURKONNOSSEMENT

4.7 Was ist bei Gefahrgütern zu beachten?

Für Binnenschiffstransporte gelten neben den allgemein gültigen internationalen und nationalen Bestimmungen[1] besonders folgende rechtlichen Bestimmungen:

ADNR	Verordnung über die Beförderung gefährlicher Güter auf dem Rhein (2005)
GGVBinSch	Gefahrgutverordnung Binnenschifffahrt (national)
ADN	Entwurf eines europäischen Übereinkommens über die internationale Beförderung von gefährlichen Gütern auf Binnenwasserstraßen

Im nationalen und im internationalen Verkehr sind inzwischen die Gefahrgutvorschriften weitgehend aneinander angeglichen worden. Besonders für die Abwicklung gebrochener Verkehre, bei denen verschiedene Verkehrsmittel miteinander kombiniert werden, ist dies eine große Erleichterung.

ADNR

Die Verordnung über die Beförderung gefährlicher Güter auf dem Rhein (**ADNR**) ist ein umfassendes Basisregelwerk. Sie enthält Vorschriften insbesondere für die Klassifizierung, Verpackung, Kennzeichnung und Dokumentation gefährlicher Güter und für den Umgang während der Beförderung. Durch Verordnung ist der Geltungsbereich der ADNR auf alle schiffbaren Binnengewässer ausgedehnt worden.

GGVBinSch

Die Verordnung über die Beförderung gefährlicher Güter auf Binnengewässern (Gefahrgutverordnung Binnenschifffahrt – **GGVBinSch**) ist die nationale Vorschrift für den Gefahrguttransport mit Binnenschiffen auf allen schiffbaren Binnengewässern in Deutschland. Neben der Einführung der ADNR in deutsches Recht werden unter anderem Regelungen zu Zuständigkeiten, Pflichten und Ordnungswidrigkeiten getroffen.

Binnenschiffe gelten als sehr sicher und sind daher für Gefahrguttransporte besonders geeignet.

Besondere Vorkehrungen zur Erhöhung der Sicherheit in der Binnenschifffahrt

- Tankschiffe für besonders gefährliche Güter müssen mit Doppelhülle gebaut werden.
- Gastanker müssen mit Druckbehältern ausgerüstet werden.
- Gefahrgutschiffe müssen bei Tag je nach Grad der Gefährdung durch ein bis drei blaue Kegel und nachts durch ebenso viele blaue Lichter gekennzeichnet werden.
- Schilder kennzeichnen besondere Liegeplätze für Gefahrgutschiffe.

Die Spitz Amersfortia auf dem Schelde-Rhein-Kanal.
Eine „Spitz" ist ein Schiff für französische Kanäle und misst 39 m auf 5,05 m.
Quelle: Rob de Koter

[1] vgl. hierzu die ausführliche Darstellung im Heft 1 Kapitel „Gefährliche Güter auf der Straße befördern".

4.8 Wie werden Transportpreise kalkuliert?

Entsprechend dem Schema bei der Ermittlung der Fahrzeugselbstkosten im Güterkraftverkehr[1] werden auch in der Binnenschifffahrt fixe und variable Einsatzkosten unterschieden. Die fixen Einsatzkosten werden als Bereithaltungskosten bezeichnet, die variablen Einsatzkosten heißen Fortbewegungskosten.

Schema zur Ermittlung der SCHIFFSSELBSTKOSTEN[2]	
Fixe Einsatzkosten = Bereithaltungskosten	**Variable Einsatzkosten = Fortbewegungskosten**
• Schiffvorhaltekosten, z. B. • Personalkosten • Versicherung • Abschreibung • Zinsen • Steuern + • Anteilige Verwaltungskosten	Beispiele: • Gasölkosten • Schmierstoffkosten • Reparaturkosten
= Jährliche Bereithaltungskosten ↓ Bezugsgröße: jährliche Einsatztage	**= Jährliche Fortbewegungskosten** ↓ Bezugsgröße: jährliche Einsatzstunden

Aus den jährlichen Bereithaltungs- und Fortbewegungskosten werden der Tagessatz für die Bereithaltungskosten und der Stundensatz für die Bereithaltungs- und Fortbewegungskosten ermittelt.

Bereithaltungskosten: Berechnung des Tages- und Stundensatzes	
Tagessatz:	$\frac{\text{Bereithaltungskosten}}{\text{Einsatztage pro Jahr}}$
Stundensatz:	$\frac{\text{Tagessatz}}{\text{Einsatzstunden pro Tag}}$

Fortbewegungskosten: Berechnung des Stundensatzes	
Stundensatz:	$\frac{\text{Fortbewegungskosten}}{\text{Einsatzstunden pro Jahr}}$

Die Selbstkosten des Schiffes ergeben sich, wenn die fixen Bereithaltungskosten und die variablen Fortbewegungskosten addiert werden.

Schiffs-selbstkosten	**Tagessatz Bereithaltungskosten · Einsatztage**
	+ Stundensatz Fortbewegungskosten · Einsatzstunden
	= Schiffsselbstkosten

1 vgl. hierzu die ausführliche Darstellung im Heft 1, Kapitel „3.6 Make-or-Buy-Entscheidung"

2 Zur besseren Übersicht handelt es sich hier um ein vereinfachtes Schema!

Beispiel:

Berechnung der Gesamtkosten eines Transports von 1 000 t Getreide von Minden nach Duisburg mit vorheriger Leeranfahrt ab Hannover:

Bereithaltungskosten:
Tagessatz 1.110,00 EUR; Fortbewegungskosten: Stundensatz 25,00 EUR

1. Bereithaltungskosten	
Effektive Fahrzeit:	
Leeranfahrt Hannover – Minden	4 Std.
Ladungsfahrt Minden – Duisburg	25 Std.
Summe effektive Fahrzeit	29 Std.
Zeit für Laden/Löschen, Meldetag:	1,5 Tage
1/2 gesetzliche Ladezeit für 1 000 t	1,5 Tage
1 Meldetag beim Löschen, keiner beim Laden	1 Tag
Summe Lade-/Löschzeit, Meldetag	4 Tage
Gesamtdauer des Transports:	
Effektive Fahrzeit + Zeit für Laden/Löschen, Meldetag	
29 Std. + 4 Tage (29 Std : 14 Std. pro Tag = 2,1 Tage)	6,1 Tage
Bereithaltungskosten:	
Gesamtdauer des Transports · Tagessatz	
6,1 Tage · 1.100,00 EUR	**6.710,00 EUR**
Summe Bereithaltungskosten	**6.710,00 EUR**
2. Fortbewegungskosten	
Effektive Fahrzeit · Stundensatz	
29 Std. · 25,00 EUR	**725,00 EUR**
Summe Fortbewegungskosten	**725,00 EUR**
Gesamtkosten des Transports	**7.435,00 EUR**

Berechnung der Kosten des Transports pro Tonne	
Gesamtkosten des Transports : Gesamtgewicht der Ladung	
7.435,00 EUR : 1 000 t	**7,44 EUR/t**
Kosten des Transports pro Tonne	**7,44 EUR/t**

Ermittlung des Angebotspreises

GEWINNANTEIL

Die Kostensätze (Tages-/Stundensatz und km-Satz) sind Selbstkosten und enthalten noch keinen **Gewinnanteil**, der daher noch gesondert für das Angebot berechnet werden muss. Der Gewinnzuschlag wird üblicherweise von den Gesamtkosten ausgehend berechnet, z. B. mit 5 % angesetzt.

Der Angebotspreis beträgt demnach in diesem Fall:

Selbstkosten	7.435,00 EUR
Gewinnzuschlag 5 %	371,75 EUR
Angebotspreis:	**7.806,75 EUR**

4.9 Was ist bei einem Schadensfall zu beachten?

4.9.1 Allgemeine Haftungsregelungen

Der Frachtführer in der Binnenschifffahrt haftet im Wesentlichen nach den Haftungsbestimmungen im HGB, die für alle Frachtführer gelten. Vor der Transportrechtsreform war es üblich, dass sich der Frachtführer von der Haftung freizeichnete, soweit die Schäden fahrlässig verursacht worden sind. Dies ist heute gemäß HGB nur noch bei individuell ausgehandelten Verträgen möglich, nicht mehr durch allgemeine Geschäftsbedingungen wie die IVTB.[1]

Gesetzlich gelten aber bereits, wie bei allen anderen Verkehrsträgern auch, besondere Haftungsausschlussgründe (§ 427 HGB). Danach ist der Frachtführer von seiner Haftung befreit, soweit der Verlust, die Beschädigung oder die Überschreitung der Lieferfrist auf eine der folgenden Gefahren zurückzuführen ist, allerdings nur dann, wenn er alle Anweisungen des Absenders sorgfältig befolgt hat.

Besondere Haftungsausschlussgründe (§ 427 HGB)
• Vereinbarte oder der Übung entsprechende Verwendung von offenen, nicht mit Planen gedeckten Fahrzeugen oder Verladung auf Deck • Ungenügende Verpackung durch den Absender • Behandeln, Verladen oder Entladen des Gutes durch den Absender oder den Empfänger • Natürliche Beschaffenheit des Gutes, die besonders leicht zu Schäden führt, insbesondere durch Bruch, Rost, inneren Verderb, Austrocknen, Auslaufen, normalen Schwund • Ungenügende Kennzeichnung der Frachtstücke durch den Absender • Beförderung lebender Tiere

Übersicht über die Haftung in der Binnenschifffahrt gemäß §§ 425 ff. HGB	
Haftungsprinzip	Gefährdungshaftung
Höchsthaftung	Schäden aus Verlust/Beschädigung (8,33 SZR für jedes Kilogramm des Rohgewichts der Sendung) Schäden aus Lieferfristüberschreitung (max. dreifache Fracht) Sonstige Vermögensschäden (max. dreifacher Betrag wie bei Verlust)
Güterfolgeschäden	Keine Haftung

Haftungshöchstgrenzen nach § 16 IVTB	
Verlust und Beschädigung	Max. 10,00 EUR je kg bzw. 200,00 EUR je Packstück oder Frachteinheit, Höchstbetrag 500.000 EUR; • Ist deutsches Recht anwendbar, höchstens 2 SZR je kg
Lieferfristüberschreitung bei Terminvereinbarung	Maximal vereinbarte Fracht

[1] vgl. Lorenz, Leitfaden für Spediteure und Logistiker in Ausbildung und Beruf, 20. Auflage, S. 423

Haftungshöchstgrenzen nach Artikel 20 CMNI	
Verlust und Beschädigung	Max. 666,67 SZR je Packung oder andere Ladungseinheit oder 2 SZR je kg, je nachdem welcher Betrag höher ist Handelt es sich bei der Packung oder Ladungseinheit um einen Container, so gelten 1.500 SZR statt 666,67 SZR für den Container und zusätzlich max. 25.000 SZR für die im Container verstauten Güter.
Lieferfristüberschreitung bei Terminvereinbarung, Verspätungsschaden	Maximal vereinbarte Fracht

Der Absender kann sich gegen sein Schadensrisiko durch den Abschluss einer Transportversicherung schützen.

Auszug aus den IVTB

§ 15 Haftung des Frachtführers

1. Der Frachtführer haftet für Verlust oder Beschädigung der Güter nur in dem Zeitraum nach Beendigung der Beladung und Stauung aller an der Ladestelle zu übernehmenden Güter bis zum Beginn des Löschens.
2. Der Frachtführer haftet nicht
   für Verlust oder Beschädigung der Güter, über deren Natur oder Wert der Absender, Auftraggeber oder Empfänger falsche oder unvollständige Angaben gemacht oder die er ungenügend oder unzulänglich gekennzeichnet hat, oder sonstige Nachteile ohne Rücksicht auf Schadensursache oder Verschulden;
   b) wenn er darlegt, dass Verlust, Beschädigung, Verspätung oder sonstige Nachteile die Folge von Umständen oder Ereignissen sind, welche er oder die in § 2 Abs. 2 benannten Personen lediglich fahrlässig verursacht haben;
   c) bei anfänglicher Fahr- oder Ladeuntüchtigkeit des Schiffes, falls ein gültiges Schiffsattest einer Schiffsuntersuchungskommission oder ein gültiges Attest einer anerkannten Klassifikationsgesellschaft vorliegt und der fahr- oder ladeuntüchtige Zustand des Schiffes bei Anwendung der Sorgfalt eines ordentlichen Frachtführers nicht erkannt werden konnte;
   d) für Verlust oder Beschädigung der Güter, Aufenthalt oder Verspätung oder sonstige Nachteile infolge nautischen Verschuldens, insbesondere Zusammenstoß, Anfahrung, Festfahrung, Scheitern, Bersten, Kentern, Strandung oder Untergang des Schiffes sowie Feuer, Explosionen und Wellenschlag, soweit nicht Vorsatz oder grobe Fahrlässigkeit seiner leitenden Angestellten vorliegt;
   e) für Behandlung, Verladen, Verstauen oder Ausladen des Gutes durch die Ladungsbeteiligten oder die Personen, die für sie handeln;
   f) für natürliche Beschaffenheit gewisser Güter, derzufolge sie gänzlichem oder teilweisem Verlust oder Beschädigung, insbesondere durch Bruch, Rost, inneren Verderb, Austrocknen, Auslaufen, normalen Schwund oder Einwirkung von Ungeziefer oder Nagetieren ausgesetzt sind;
   g) bei Durchkonnossementen für die Transportstrecken, die nicht von ihm ausgeführt werden;
3. Hat bei der Entstehung des Schadens ein Verhalten des Absenders oder des Empfängers oder ein besonderer Mangel des Gutes mitgewirkt, so hängen die Verpflichtung zum Ersatz sowie der Umfang des zu leistenden Ersatzes davon ab, inwieweit diese Umstände zu dem Schaden beigetragen haben.

§ 16 Umfang der Haftung

1. Die Ersatzleistung des Frachtführers bei Verlust oder Beschädigung der Güter sowie bei Verspätungsschäden und Vermögensschäden bestimmt sich aufgrund der nachstehenden Bestimmungen, soweit nicht zwingende gesetzliche Bestimmungen entgegenstehen. Für den nationalen Verkehr gelten hinsichtlich des Umfangs der Haftung bei Verlust oder Beschädigung, Verspätungsschäden oder Vermögensschäden die jeweiligen gesetzlichen Bestimmungen.
2. Die Haftung für Verlust oder Beschädigung der Güter ist auf den Betrag von 10,00 EURO je 100 kg oder auf 200,00 EURO für jedes Packstück oder jede Frachteinheit beschränkt. Insgesamt haftet der Frachtführer für alle auf dem Schiff verladenen Güter nur mit einem Höchstbetrag von 500.000 EURO mit der Maßgabe, dass dieser Betrag zwischen mehreren Ladungsbeteiligten, die von dem Gesamtschadensereignis betroffen sind, im Verhältnis der Haftungssummen zueinander aufzuteilen ist. Wird ein Behälter, eine Palette oder ein ähnliches Pack-/Lademittel verwendet, so gilt diese Beförderungseinheit als ein Packstück.
   Falls auf den Frachtvertrag deutsches Recht anwendbar ist, wird die vom Frachtführer zu leistende Entschädigung wegen Verlust oder Beschädigung des Gutes auf zwei Rechnungseinheiten begrenzt.
   Rechnungseinheit je Kilogramm ist das vom Internationalen Währungsfonds festgelegte Sonderziehungsrecht.
3. Für Manko, Mindergewicht oder Mindermaß, welches 2 % des Gesamtgewichtes oder Maßes der betreffenden Partie nicht übersteigt, wird vorbehaltlich abweichender Handelsbräuche nicht gehaftet.
4. Wird ein vereinbarter Termin nicht eingehalten, beschränkt sich die Ersatzleistung auf den Betrag der für die Sendung vereinbarten Fracht.

4.9.2 Große Haverei

Unter Haverei versteht man alle durch Unfall verursachten Beschädigungen an einem Schiff und/oder seiner Ladung sowie die dadurch verursachten Kosten (z. B. auch Lotsengeld, Hafengeld, Leuchtfeuergeld, Schleppgeld usw.).

Im Rahmen der Reform des Seehandelsrechts wurden die bisherigen Regelungen des Binnenschifffahrtsgesetzes den Vorschriften über die Große Haverei in der Seeschifffahrt angepasst, sodass eine einheitliche Verfahrensweise bei der Abwicklung einer Großen Haverei gegeben ist..

GROSSE HAVEREI

Die **Große Haverei** regelt im Grundsatz die Verteilung von außergewöhnlichen Kosten zwischen Schiff und Ladung, die durch eine Rettung aus gemeinsamer Gefahr anfallen. Diese Kosten entstehen entweder direkt durch Aufwendungen (z. B. Schlepplohn) oder anlässlich bewusst mit Rettungsmaßnahmen durch die Schiffsführung herbeigeführter oder geduldeter Schäden am Schiff und/oder seiner Ladung (z. B. Seewurf von Decksladung).

Der Großen Haverei liegt der in seinen Grundzügen bis in die Antike zurückreichende Rechtsgedanke der Gefahrengemeinschaft zugrunde, bei der außergewöhnliche Aufwendungen und Opfer zur Abwendung einer allen Beteiligten einer Seereise drohenden Gefahr auch von allen gemeinsam getragen werden müssen und nicht nur vom zufällig unmittelbar Betroffenen allein.

Große Haverei sind Aufwendungen bzw. Schäden, die vom Schiffsführer veranlasst werden, um Schiff und Ladung aus einer gemeinsamen Gefahr zu retten.

DISPACHEUR

Die Kosten der Großen Haverei werden von einem **Dispacheur** ermittelt und über die Dispache verteilt. Lagen alle Voraussetzungen eines echten Havarie-grosse-Falles vor, müssen die durch Aufopferung entstandenen Schäden ermittelt und auf die Beteiligten im Verhältnis ihrer geretteten Werte aufgeteilt werden. Diese Aufgabe der Ermittlung der maßgeblichen Werte und ihrer Beteiligung wird i. d. R. durch einen als „Dispacheur“ bezeichneten Spezialisten wahrgenommen, der einen Verteilungsplan („Dispache“) erstellt („aufmacht“). Ein Dispacheur fungiert dabei als spezialisierter Sachverständiger. Er wird im Regelfall vom Reeder beauftragt, seine Gebühren zählen zu den Kosten der Großen Haverei.

Der Schaden, der aus der Großen Haverei grosse entsteht, wird prozentual aufgeteilt nach dem Wert von Schiff und Ladung.[1]

DISPACHE

Hauptbestandteile einer Dispache

- Darstellung des Unfallherganges
- Kostenaufstellung der Großen Haverei grosse
- Aufstellung der beitragspflichtigen Werte von Schiff und Ladung
- Abrechnung der Beiträge und Vergütungen

[1] Nach § 700 Abs. 2 HGB tragen im Seehandelsrecht Schiff, Fracht und Ladung zur Großen Havarei grosse bei, nach § 78 BinSchG nur Schiff und Ladung. Die Fracht soll nach dem Willen des Gesetzgebers dem Schiffseigner eines Binnenschiffes ungeschmälert zustehen.

	Beschreibung	Schadensverteilung
Große Haverei (Havarie grosse)	Aufwendungen bzw. Schäden, die vom Schiffsführer veranlasst werden, um Schiff **und** Ladung aus einer **gemeinsamen** Gefahr zu retten.	Nach dem Wert von Schiff und Ladung (ohne Fracht)

Im neuen Seehandelsrecht wurden die Abläufe einer Großen Haverei in der Binnenschifffahrt denen der Seeschifffahrt angeglichen. Die „Kleine Haverei" und die „Besondere Haverei" gibt es nicht mehr.[1]

VERSICHERUNGSMÖGLICHKEIT

Versicherungsmöglichkeit gegen das Schadensrisiko aus einer Großen Haverei:

Schiffseigner:	Fluss-Kaskoversicherung
Ladungseigentümer:	Transportversicherung

4.9.3 Anzeige von Schäden

Verpflichtung zur Schadensanzeige

SCHADENSANZEIGE (§ 438 HGB)

Es ist Aufgabe des Empfängers oder des Absenders, den Schaden anzuzeigen. Erfolgt die **Schadensanzeige** nicht, so wird vermutet, dass die Sendung in vertragsgemäßen Zustand abgeliefert worden ist (§ 438 HGB).

Inhalt und Form der Schadensanzeige

Die Schadensanzeige ist **schriftlich** zu erstatten. Zur Wahrung der Frist genügt die rechtzeitige Absendung (§ 438 HGB).

Zeitpunkt der Schadensanzeige

Für den Zeitpunkt der Schadensanzeige gelten die Bestimmungen gemäß HGB bzw. die besonderen Vereinbarungen, z. B. IVTB.

Gesetzliche Regelung (§ 438 HGB/Art. 23 CMNI)	Vertragliche Regelung (§ 17 IVTB)
Verlust oder Beschädigung des Gutes	**Verlust, Beschädigung oder Verwechslung des Gutes, Verspätung usw.**
Äußerlich erkennbarer Schaden: bei Ablieferung des Gutes Äußerlich nicht erkennbarer Schaden: innerhalb von 7 Tagen nach Ablieferung	Äußerlich erkennbarer Schaden: bei Ablieferung des Gutes Äußerlich nicht erkennbarer Schaden: sofort bei Entdeckung, spätestens binnen 3 Werktagen nach Ablieferung
Lieferfristüberschreitung	
Innerhalb von 21 Tagen nach Ablieferung	Bei Ablieferung des Gutes

[1] vgl. Gesetz zur Reform des Seehandelsrecht, 2013

Der Schubverband Camaro
Quelle: Rob de Koter

Fallstudie 1: Tourenplanung und zeitliche Disposition von Binnenschiffstransporten

Situation:

Sie sind bei der Spedition EUROCARGO, Hafenstraße 1, 90137 Nürnberg, beschäftigt und arbeiten dort in der Abteilung Binnenschifffahrtsspedition. Die Nürnberger Zentrale von EUROCARGO disponiert europaweit Aufträge auch für die Filialen des Konzerns. EUROCARGO verfügt über keinen eigenen Schiffsraum, arbeitet aber mit verschiedenen Reedereien und Partikuliergenossenschaften zusammen.

Heute liegen Ihnen verschiedene Beförderungsaufträge zur Disposition vor.

Auftr.-Nr.	Versandhafen	Empfangshafen	Transportgut	Verpackung/ Anzahl	Gewicht in t
20-110	Duisburg	Basel	Recyclingglas	Schüttgut	2 400
20-111	Rotterdam	Mannheim	Getreide	Schüttgut	10 000
20-112	Mannheim	Rotterdam	Sattelauflieger	4 Stück	80
20-113	Regensburg	Duisburg	Altpapier	Paletten	1 300
20-114	Karlsruhe	Rotterdam	20-Fuß-Cont.	4 Container	70
20-115	Hamburg	Magdeburg	Diesel	Tankgut	1 000

Zur Erledigung der Aufträge haben Sie die Wahl zwischen folgenden Schiffen:

1. Schubverband, Schubschiff mit 2 Leichtern, Ladekapazität je Leichter 2 500 t, Reederei Kranich
2. Schiff „Anna“, Klasse Europaschiff, Partikulier Hans Moser
3. Containerschiff „Morgenstern“, Typ „Johann Welker“, Continue-Einsatz möglich, Reederei Mannes
4. Schiff „Helmut Moser“, Großes Rheinschiff, Ladekapazität 2 500 t, Continue-Einsatz möglich, Reederei Frisch
5. Tankschiff „Magdalena“, Typ „Johann Welker“, Ladekapazität 1 000 t, Partikulier Johannsen
6. Ro/Ro-Schiff „Stadt Köln“, Typ „Johann Welker“, Continue-Einsatz möglich, Reederei Mannes

Aufgabe 1

Erstellen Sie einen übersichtlichen Dispositionsplan, in dem Sie den Aufträgen die passenden Schiffe zuordnen, und berechnen Sie die ungefähre Transportdauer in Tagen. Für die Berechnung unterstellen Sie eine Fahrzeit von 12 Std./Tag und 24 Std. im Continue-Einsatz.

Aufgabe 2

Welche Wasserstraßen befahren die Schiffe?

Fallstudie 2: Abwicklung eines Transportauftrages

Situation:

Die Spedition EUROCARGO soll im Auftrag des Kunden BayLag 1 000 t Getreide (lose) aus deren Lagerhaus in der Hafenstraße 25, 90419 Nürnberg, zur Getreidemühle „Goldmehl" in Emmerich, Am Hafen 10, verschiffen. Mit der Transportdurchführung beauftragen Sie den Partikulier Helmut Meier. Bei Ankunft des Schiffes in Emmerich soll sich der Schiffer bei der Spedition Rasch, Zunftgasse 2, Emmerich, Tel. 02822 45911, melden. Als Frachtdokument wird ein Ladeschein vereinbart.

Aufgabe 1
Welcher Schiffstyp wird für den Transport benötigt?

Aufgabe 2
Welche Wasserstraßen muss das Schiff befahren?

Aufgabe 3
Der Partikulier Helmut Meier trifft mit seinem Schiff „Schönbord", Tragfähigkeit 1 350 t, am Sonntag in Nürnberg ein und hat seine Ladebereitschaft für diesen Tag angezeigt. Wann beginnt die Ladezeit?

Aufgabe 4
Wer ist für die Beladung des Schiffes verantwortlich und wer trägt die Kosten?

Aufgabe 5
Wie lange beträgt die gesetzliche Ladezeit?

Aufgabe 6
Die Beladung ist am Dienstag um 18:00 Uhr abgeschlossen. Darf Helmut Meier Liegegeld berechnen? Bei einer positiven Antwort ist das Liegegeld zu berechnen.

Aufgabe 7
Wann wird der Transport voraussichtlich Emmerich erreichen? Die Tageseinsatzzeit beträgt 12 Stunden. Das Schiff legt am Mittwoch Morgen in Nürnberg ab.

Aufgabe 8
Als Transportdokument wurde ein Orderlagerschein vereinbart. Was muss Helmut Meier bei der Übergabe der Ware vom Empfänger verlangen?

Aufgabe 9
Welchen Vorteil bietet die Angabe einer Meldeadresse, wenn während des Transports die Ware weiterverkauft worden ist?

Auszug aus der BinSchLV: Abschnitt 1 Trockenschifffahrt

§ 1 Beginn der Ladezeit

(1) Hat der Frachtvertrag die Beförderung von anderen als flüssigem oder gasförmigem Gut zum Gegenstand, so beginnt die Ladezeit nach Ablauf des Tages, an dem der Frachtführer die Ladebereitschaft dem Absender oder der vereinbarten Meldestelle anzeigt. (...)

§ 2 Dauer der Ladezeit

(1) Die Ladezeit beträgt eine Stunde für jeweils 45 Tonnen Rohgewicht der für ein Schiff bestimmten Sendung. Als ein Schiff im Sinne von Satz 1 ist auch ein Schub- oder Koppelverband anzusehen.

(2) Bei der Berechnung der Ladezeit kommen folgende Zeiten nicht in Ansatz:

1. Sonntage und staatlich anerkannte allgemeine Feiertage an der Ladestelle,
2. an Werktagen die Zeit zwischen 20:00 Uhr und 6:00 Uhr, (...)

§ 3 Löschzeit

Für die Bestimmung des Beginns der Entladezeit (Löschzeit) sowie ihrer Dauer sind die §§ 1 und 2 entsprechend mit der Maßgabe anzuwenden, dass an die Stelle des Absenders der Empfänger tritt.

§ 4 Liegegeld

(1) Das dem Frachtführer geschuldete Standgeld (Liegegeld) beträgt bei einem Schiff mit einer Tragfähigkeit bis zu 1 500 Tonnen für jede angefangene Stunde, während der der Frachtführer nach Ablauf der Lade- oder Löschzeit wartet, 0,05 Euro je Tonne Tragfähigkeit. Bei einem Schiff mit einer Tragfähigkeit über 1 500 Tonnen beträgt das für jede angefangene Stunde anzusetzende Liegegeld 75 Euro zuzüglich 0,02 Euro für jede über 1 500 Tonnen liegende Tonne. (...)

Fallstudie 3: Kalkulation der Schiffskosten

Situation:

Die Reederei Nautilus hat den Auftrag übernommen, 90 000 t Kohle von Rotterdam nach Duisburg zu befördern (Entfernung 240 km). Zur Wahl für die Beförderung stehen ein Großes Rheinschiff mit einer Ladekapazität von 3 000 t und ein Schubverband, bestehend aus einem Schubboot (SB) und 4 Schubleichtern (SL), Tragfähigkeit jeweils 2 500 t.

Führen Sie die Kalkulation für die beiden Alternativen durch. Aus der Buchhaltung liegen Ihnen folgende Daten vor:

	Motorgüterschiff	**Schubverband**
Geschwindigkeit zu Berg	10 km/h	8 km/h
Geschwindigkeit zu Tal	24 km/h	20 km/h
Aufenthaltszeiten je Reise (unterwegs und beim Laden/Löschen)	36 h	SB 6 h SL Umschlag je 20 h
Fixkostensatz	80,00 EUR/h	SB 140,00 EUR/h Je SL 14,00/h
Energieverbrauch je Fahrstunde	30,00 EUR	150,00 EUR

Eine Reise besteht immer aus einer Hin- und einer Rückfahrt. Das Schubboot fährt nach Abkopplung der Leichter in Duisburg mit vier anderen leeren Leichtern nach Rotterdam zurück.

Aufgabe 1

Ermitteln Sie die Dauer einer Reise in Stunden

a) für das Motorschiff,

b) für den Schubverband.

Aufgabe 2

Ermitteln Sie die Fixkosten für eine Reise

a) für das Motorschiff,

b) für den Schubverband.

Aufgabe 3

Ermitteln Sie die Energiekosten für eine Reise

a) für das Motorschiff,

b) für den Schubverband.

Aufgabe 4

Ermitteln Sie die Selbstkosten je Tonne

a) für das Motorschiff,

b) für den Schubverband.

Aufgabe 5

Nennen Sie Bestandteile der fixen Einsatzkosten.

Aufgabe 6

Soll die Kohle mit dem Motorgüterschiff oder mit dem Schubverband befördert werden? Begründen Sie Ihre Entscheidung.

Aufgabe 7

Der Schubverband wird im Continue-Einsatz genutzt. Beschreiben Sie diese Einsatzform.

Fallstudie 4: Abrechnung von Transportaufträgen

Situation:

Sie sind in der Abrechnungsabteilung von EUROCARGO beschäftigt. Es liegen Ihnen Unterlagen von mehreren durchgeführten Binnenschiffstransporten vor, die Sie bearbeiten sollen.

Mit ihren Kunden hat EUROCARGO folgendes Abrechungsschema vereinbart:

	Grundfracht
–	Marge (bezogen auf die Grundfracht)
+	Gasölzuschlag (wird berechnet, wenn der Treibstoffpreis steigt)
=	**Zwischenergebnis**
+	KWZ (Kleinwasserzuschlag)
=	**Zwischenergebnis**
+	öffentlich-rechtliche Abgaben (Schifffahrtsabgaben, Hafengeld usw.)
=	**Nettowert**

Die Abrechnung erfolgt spitz, d. h., Tonnen werden mit 3 Nachkommastellen gerechnet, Währungsbeträge mit 2 Nachkommastellen. Berechnen Sie die Frachten ohne Mehrwertsteuer.

Aufgabe 1

Eine Ladung mit 1 150 400 kg Getreide wurde befördert, der vereinbarte Frachtsatz beträgt 4,28 EUR/t. Berechnen Sie die Grundfracht.

Aufgabe 2

Eine Sendung Koks, 1 500 t, wurde von Rotterdam nach Duisburg befördert. Der Pegel in Duisburg zeigte einen Wasserstand von 2,75 m. Der vereinbarte Frachtsatz beträgt 3,28 EUR/t. Berechnen Sie die Fracht.

Aufgabe 3

Für eine Sendung Metallabfälle, 987 t, wurde ein Frachtsatz von 4,50 EUR/t vereinbart. Es wird eine Marge von 5 % auf die Grundfracht gewährt. Wegen Niedrigwassers beträgt der KWZ 20 %. Berechnen Sie die Fracht.

Fallstudie 5: Schäden im Binnenschiffsverkehr bearbeiten

Situation:

Sie sind in der Schadensabteilung von EUROCARGO beschäftigt. Ihr Abteilungsleiter beauftragt Sie bei den folgenden Schadensfällen zu prüfen, ob ein Schadensersatzanspruch besteht. Nennen Sie die Rechtsgrundlage für Ihre Entscheidung und berechnen Sie die Höhe des Schadensersatzes, falls der Anspruch berechtigt ist. Für alle Binnenschiffstransporte gelten die IVTB.

Aufgabe 1

Sperrige Maschinenteile eines Versenders wurden vereinbarungsgemäß auf dem Deck eines Binnenschiffes befördert. Bei der Entladung zeigt sich Rost an verschiedenen Stellen, der Schaden für die Nachbehandlung beträgt 3.000,00 EUR. Das Gewicht der Teile beträgt 50 t.

Aufgabe 2

Eine Sendung mit Bauteilen im Gewicht von 75 t ist während eines innerdeutschen Transportes beschädigt worden, der Schaden beläuft sich auf 100,00 EUR.

Aufgabe 3

Eine Sendung Kies wog bei der Beladung des Schiffes 1 200 t, bei der Entladung aber nur noch 1 180 t. Der Ladungseigentümer fordert Ersatz für die fehlenden 20 t Kies.

Aufgabe 4

Mit dem Absender einer Ladung chemischer Produkte, 450 t, Wert 25.000,00 EUR, vereinbarte Fracht 700,00 EUR, wurde im Frachtbrief als Ankunftstermin fest der Mittwoch vereinbart, die Sendung kam jedoch erst am Freitag an. Der Absender macht wegen der Verspätung einen Schaden wegen Produktionsausfalls in Höhe von 900,00 EUR geltend.

Aufgabe 5

Für eine Beförderung, bei der das Rheintal von Mainz nach Koblenz durchfahren wurde, musste zur Sicherheit ein Lotse eingesetzt werden. Ein Rechnungsempfänger beschwert sich, dass ihm das Lotsengeld in Rechnung gestellt worden ist.

Aufgabe 6

Ein Dispacheur hat bei einem Schiffsunfall, bei dem ein Teil der Ladung vernichtet worden ist, „große Havarie“ festgestellt. Der Gesamtwert der Ladung betrug 100.000,00 EUR, die beschädigte Ware hat einen Wert von 60.000,00 EUR. Der Wert des unbeschädigten Schiffes beträgt 200.000,00 EUR. Sonstige Kosten sind nicht angefallen. Berechnen Sie den Anspruch des Ladungseigentümers.

Wiederholungsfragen

1 Der Main-Donau-Kanal ermöglicht einen Transport mit dem Binnenschiff zwischen zwei Meeren. Welche sind es?

2 Wie viele Lkw-Fahrten wären nötig, um genauso viele Container zu befördern wie ein großes Binnenschiff bei maximaler Auslastung?

3 Was ist ein Pegel?

4 Wozu dienen Freihäfen? Nennen Sie zwei deutsche Freihäfen im Binnenland.

5 Stellen Sie mittels einer Mindmap übersichtlich die Vorteile und die Nachteile der Binnenschifffahrt dar.

6 Durch welchen internationalen Vertrag wird in der Binnenschifffahrt die Abgabenfreiheit auf dem Rhein und seinen Nebenflüssen garantiert?

7 Warum schließen sich viele Partikuliere in Genossenschaften zusammen?

8 Was ist ein Befrachter in der Binnenschifffahrt?

9 Welches Gesetz regelt die Haftung im nationalen Binnenschiffsverkehr?

10 Welche Rechtsgrundlage mit Gesetzescharakter regelt den Frachtvertrag im internationalen Binnenschiffsverkehr?

11 Was versteht man unter „abladen" und „löschen" eines Binnenschiffs?

12 Wann wird Liegegeld berechnet? Wer erhält das Liegegeld?

13 Ein Absender tritt vor Antritt der Reise vom Frachtvertrag zurück. Darf der Frachtführer dennoch eine Fracht berechnen, wenn die IVTB vereinbart worden sind? Wie bezeichnet man diese Art von Fracht?

14 Wie kann das Eigentum an einer Schiffssendung bei einem Verkauf übertragen werden, wenn ein Orderladeschein ausgestellt wurde?

15 In welchem Gesetzeswerk müssen Sie nachschlagen, wenn Gefahrgüter mit dem Binnenschiff von Basel nach Rotterdam zu befördern sind?

16 Was versteht man unter einem Dispacheur?

5 Frachtaufträge in der Luftfracht bearbeiten

5.1 Wie entwickelt sich das Luftfrachtaufkommen voraussichtlich in den nächsten Jahren?

Bis Mitte der Fünfzigerjahre spielte das Flugzeug für den Gütertransport nahezu keine Rolle. Nur für Notfallsendungen wurde die damals recht teuere Luftfracht eingesetzt. Erst in den Siebzigerjahren stieg das Luftfrachtaufkommen kontinuierlich an.

Die Zukunftsprognosen gehen für die kommenden Jahre von steigenden Frachtzahlen aus. Gründe hierfür sind sicherlich u. a.

- die zunehmende internationale Arbeitsteilung und Globalisierung der Märkte,
- die Tatsache, dass der Anteil der hochwertigen Güter am Außenhandel ständig steigt und
- dass der Zeitaspekt beim Warenhandel eine immer wichtigere Rolle spielt.

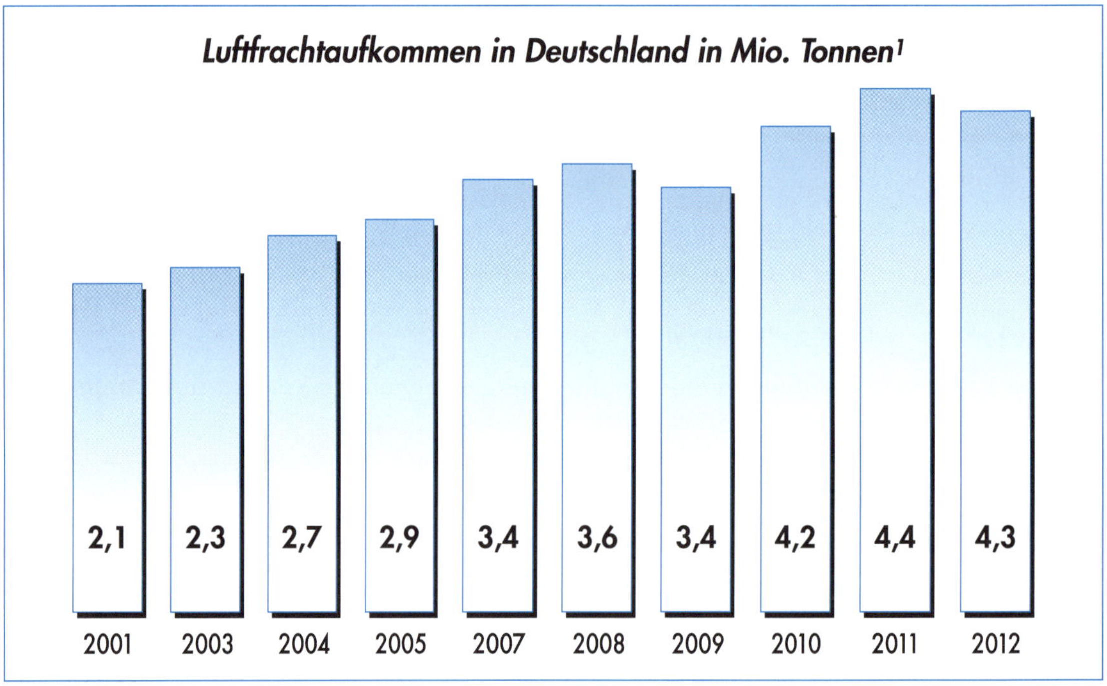

Einen starken Anstieg erlebte die Luftfracht im Jahr 2004, in dem das Aufkommen in Deutschland um fast 18 % zunahm. Im Jahr 2009 kam es aufgrund der Wirtschaftskrise zu einem starken Einbruch. Aber bereits im ersten Halbjahr 2010 meldeten die Fluggesellschaften starke Zuwachszahlen. Insgesamt stieg das Luftfrachtaufkommen im Jahr 2010 gegenüber 2009 um 22,5 % an. Im Jahr 2011 wuchs das Luftfrachtaufkommen nochmals um ca. 7 %. Im Jahr 2012 erlebte die Luftfracht aufgrund der weltweit schwächeren Konjunktur einen leichten Rückgang um 2,2 %.

Auf internationalen Strecken gibt es für viele Güter aus Zeitgründen keine Alternative zur Luftfracht, sodass unabhängig von der konjunkturellen Entwicklung auch für die kommenden Jahre ein Anstieg des Luftfrachtaufkommens erwartet wird.

Das größte Wachstum wird im Warenaustausch mit dem asiatisch-pazifischen Raum erwartet. Man rechnet in Zukunft mit jährlichen Zuwachsraten von 5 bis 6 %.

Der Anstieg des Luftfrachtaufkommens hat sicherlich seine Ursache u. a. auch in den Vorteilen, die der Transport mit dem Flugzeug bietet. Deshalb sind hier die wichtigsten Vor- und Nachteile zusammengefasst:

[1] Quelle: Statistisches Bundesamt Deutschland, www.destatis.de

Vor- und Nachteile des Gütertransports mit dem Flugzeug	
Vorteile	• Schnelligkeit • Relativ hohe Sicherheit (sowohl in Bezug auf Unfälle als auch in Bezug auf das Handling mit der Ware) • Das bedeutet Verpackungsersparnis vor allem im Vergleich zur Seefracht. • Relativ hohe Netzdichte, d. h. hohe Anzahl von Flughäfen, die anders als Seehäfen, im Land verteilt sind, was evtl. einen kürzeren Vor- bzw. Nachlauf zur Folge hat. • Niedrigere Kapitalbindungskosten[1] • Relativ hohe Zuverlässigkeit
Nachteile	• Begrenzung hinsichtlich Gewicht und Volumen • Hohe Frachtkosten • Eventuell witterungsabhängig (z. B. Nebel, Vereisungsgefahr)

VOR- UND NACHTEILE DES GÜTERTRANSPORTS MIT DEM FLUGZEUG

Einer der entscheidenden Vorteile ist dabei sicherlich die Schnelligkeit, wie folgende Gegenüberstellung verdeutlicht.

Gegenüberstellung der reinen Transportzeit Hamburg – New York per Flugzeug und per Seeschiff:

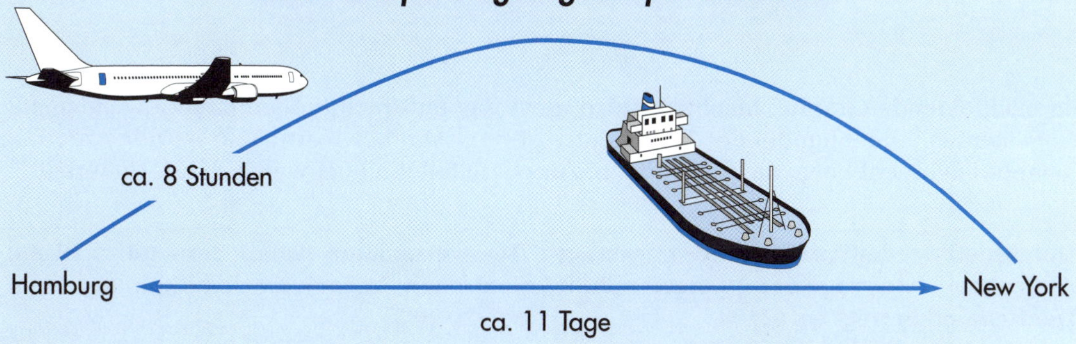

Aufgrund der Vorteile der Luftfrachtbeförderung bietet sich der Transport mit dem Flugzeug vor allem für folgende Güter an:

Typische Luftfrachtgüter
• Leicht verderbliche Waren (z. B. Blumen, Früchte, Fisch) • Lebende Tiere • Hochwertige Waren zur Vermeidung hoher Kapitalbindungskosten während des Transports • Terminsendungen • Eilige Ersatzteile zur Vermeidung von Produktionsausfällen • Zeitungen, Pressematerial • Medikamente • Bruch- und diebstahlsgefährdete Waren

TYPISCHE LUFTFRACHTGÜTER

Zunehmend werden heute auch z. B. Kfz-Teile, Maschinenteile, ja sogar ganze Autos als Luftfracht zu Produktionsstätten ins Ausland transportiert, da die Schnelligkeit hier eine immer größere Rolle spielt. Zum Teil wird sogar versucht Just-in-time-Lieferungen aufzubauen.

[1] Die Formel zur Berechnung der Kapitalbindungskosten lautet: $\frac{\text{Kapital} \cdot \text{Zinsen} \cdot \text{Transportdauer in Tagen}}{100 \cdot 360}$

Das steigende Luftfrachtaufkommen darf aber nicht darüber hinweg täuschen, dass insgesamt mit dem Flugzeug aufgrund der Gewichtsbegrenzungen sehr viel weniger Fracht transportiert wird wie z. B. mit dem Seeschiff oder mit dem Lkw. Die Lufthansa als einer der weltweit größten Luftfrachttransporteure befördert am Tag weltweit etwas mehr als 3000 Tonnen. Im Vergleich zu anderen Verkehrsträgern ist dies relativ wenig.

LUFTFRACHT-AUFKOMMEN

Rangfolge der Luftfrachtgesellschaften nach transportierten Tonnenkm (in Millionen)[2]		
1.	FedEx Express *(USA)*	15 939
2.	UPS Airlines *(USA)*	10 566
3.	Cathay Pacific *(Hongkong)*	9 109
4.	Korean Air Cargo *(Südkorea)*	8 974
5.	Emirates Airlines *(Vereinigte Arabische Emirate)*	8 132
6.	Lufthansa Cargo *(Deutschland)*	7 674
7.	Singapore Airlines *(Singapur)*	7 118
8.	China Airlines *(Taiwan)*	5 411
9.	EVA Air (Taiwan)	4 882
10.	Air France *(Frankreich)*[3]	4 702

Die nachfolgende Graphik macht deutlich, dass das Luftfrachtaufkommen gewichtsmäßig am gesamten Außenhandel der BRD relativ gering ist, aber wertmäßig ist der Anteil am Außenhandel recht hoch, da es sich dabei zum Großteil um hochwertige Güter handelt.

Der Anteil der Luftfracht an der gesamten Außenhandelstonnage der Bundesrepublik Deutschland beträgt ca. 0,2 %.

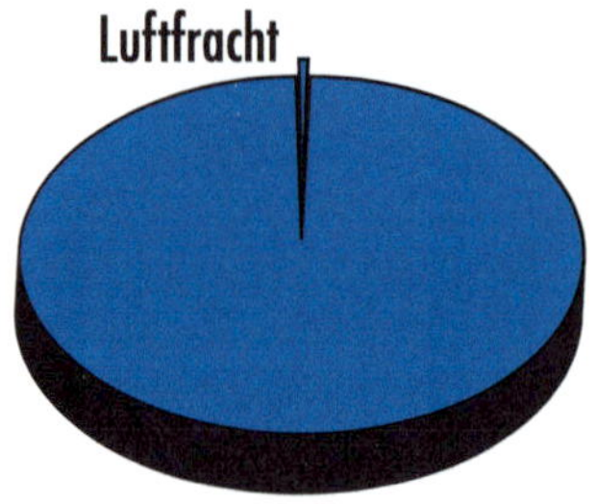

Der wertmäßige Anteil der Luftfracht am deutschen Außenhandelsaufkommen liegt bei ca. 20 %

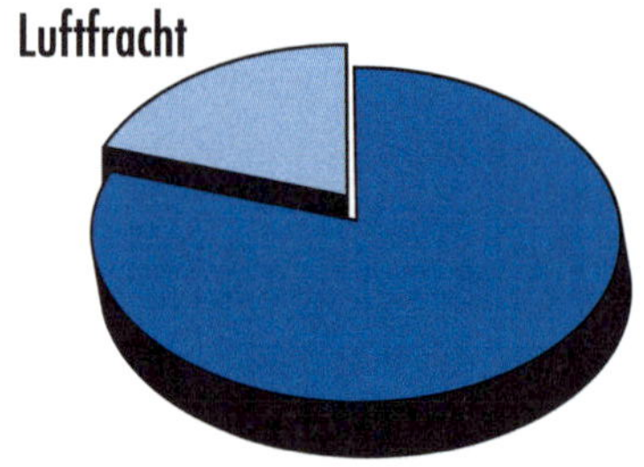

1 Der Frachtjumbo Boeing 747 F kann z. B. maximal ca. 100 Tonnen Fracht laden.
2 Quelle: IATA World Air Transports Statistics 2010
3 Ohne KLM

5.2 Welche Flughäfen spielen in Deutschland eine Rolle?

Der bedeutendste Flughafen in Deutschland und sogar in Europa ist der Flughafen Frankfurt/Main. Das gilt sowohl für das Passagier- als auch für das Frachtaufkommen.

Im Jahr 2012 wurden in Frankfurt/Main mehr als 2 Mio. Tonnen Fracht umgeschlagen. Damit sank das Frachtaufkommen in Frankfurt um ca. 7% gegenüber dem Jahr 2011, in dem ca. 2,17 Mio. Tonnen umgeschlagen wurden. Das Frachtaufkommen der anderen deutschen Flughäfen liegt deutlich darunter. Der wichtigste Markt für Frankfurt ist nach wie vor Asien. Der Anteil dieses Kontinents am Frachtaufkommen liegt bei rund 49%. Der zweitgrößte Markt ist Nordamerika mit 24%, während der innereuropäische Frachtanteil bei rund 15% liegt.

FLUGHAFEN FRANKFURT/MAIN

Insgesamt sind am Flughafen Frankfurt über 250 Unternehmen und Airlines im Bereich Fracht tätig. Der Flughafen Frankfurt ist zudem der erste Flughafen weltweit, der über eigene Gleisanschlüsse verfügt. Die Frachtabfertigung ist über zwei Zuführungsgleise an die Ausbaustrecke Frankfurt-Mannheim und so direkt an das europäische Schienenetz angebunden. Unter dem Namen Cargo City Süd wurde im Südteil ein weiterer Flughafenbereich für die Frachtabfertigung gebaut.

Mit seinen ca. 75 000 Beschäftigten ist der Flughafen Frankfurt die größte lokale Arbeitsstätte in Deutschland.

	2010	2011	2012
Fracht (t) ges. (ohne Luftpost)	2 231 348	2 169 304	2 020 367
Beiladung Passagiermaschinen	43,6 %	41,9 %	39,5 %
Nur-Frachterflüge	56,4 %	58,1 %	60,5 %

Bis zum Jahr 2020 wird die Menge der beförderten Fracht am Frankfurter Flughafen insgesamt um mehr als 70 % auf 3,16 Millionen Tonnen steigen.[1]

LUFTHANSA CARGO CENTER (LCC)

Die Deutsche Lufthansa AG betreibt in Frankfurt mit dem **Lufthansa Cargo Center (LCC)** als Kernstück der Frachtabfertigung den weltweit größten Umschlagbetrieb für Luftfracht. Das LCC ist eine Einrichtung, die täglich 24 Stunden an 365 Tagen im Jahr betrieben wird. Über eine 250 m lange Rampe können 44 Lkws gleichzeitig direkt in die Frachtumschlaghalle entladen bzw. von dort beladen werden. Über ein computergesteuertes Fördersystem werden die Frachtgüter in 3 unterschiedliche Lageranlagen weitergeleitet. Kleinsendungen werden nach Zielorten sortiert und im Minishipment-System zwischengelagert. Mittelgroße Sendungen werden in Boxen sortiert und vollautomatisch im Boxenhochregallager deponiert. Dabei kann vollelektronisch alle 5 Sekunden eine Aus- oder Einlagerung erfolgen. Paletten und Container werden im Hochregallager ebenfalls vollelektronisch zwischengelagert. Speziell entwickelte Regalförderzeuge übernehmen computergesteuert und vollautomatisch die Ein- und Auslagerung der Paletten und Container.

Zusätzlich stehen mehrere Sonderlager zur Verfügung: Kühl- und Tiefkühlräume, ein Tierraum und speziell gesicherte Räume für Frachtsendungen mit besonderem Wert oder unter Auflage strenger Sicherheitsbestimmungen.

[1] Quelle. Fraport AG, Frankfurt, www.fraport.de

3-LETTER CODE

Alle Flughäfen weltweit werden mit drei Buchstaben abgekürzt, dem sogenannten **3-Letter Code**, der von der IATA, einem internationalen Zusammenschluss von Fluggesellschaften vergeben wird.

Hier die wichtigsten deutschen und internationalen Flughäfen:

Luftfrachtaufkommen deutscher Flughäfen 2012[1] (inklusive Luftpost)			
Flughäfen	**Luftfracht in t**	**Flugzeugbewegungen gesamt**	**3-Letter-Code**
Frankfurt	2 100 749	482 242	FRA
Leipzig/Halle	863 675	62 688	LEJ
Köln/Bonn	751 265	125 335	CGN
München	305 234	398 039	MUC
Frankfurt-Hahn	207 520	30 015	HHN
Düsseldorf	87 200	217 202	DUS
Stuttgart	32 042	131 524	STR
Berlin-Tegel	31 159	171 114	TXL
Hamburg	28 174	152 896	HAM
Hannover	15 870	80 128	HAJ
Nürnberg	9 974	64 375	NUE
Berlin-Schönefeld	6 331	71 758	SXF
Erfurt	2 592	9 372	ERF
Bremen	643	44 737	BRE
Saarbrücken	640	12 019	SCN
Karlsruhe/Baden-Baden	633	42 271	FKB
Dresden	266	32 735	DRS
Münster/Osnabrück	143	34 112	FMO
Paderborn/Lippstadt	121	40 133	PAD
Friedrichshafen	16	41 647	FDH
insgesamt	**4 444 251**	**2 294 806**	

Luftfrachtaufkommen internationaler Flughäfen 2012[2]			
Flughafen	**Staat**	**Frachtaufkommen in Tonnen**	**3-Letter-Code**
Hongkong	China	4 037 545	HKG
Memphis	USA	4 026 072	MEM
Shanghai	China	2 955 511	PVG
Seoul-Incheon	Südkorea	2 464 203	ICN
Anchorage	USA	2 447 256	ANC
Dubai	Vereinigte Arabische Emirate	2 255 009	DXB
Louisville	USA	2 180 482	SDF
Frankfurt/Main	Deutschland	2 069 236	FRA
Tokio-Narita	Japan	2 007 355	NRT
Paris	Frankreich	1 902 960	CDG

[1] Quelle: Arbeitsgemeinschaft Deutscher Verkehrsflughäfen, www.adv-net.org
[2] Quelle: airport council international, www.airports.org

5.3 Welche Flugzeuge werden in der Luftfracht eingesetzt?

Luftfracht wird entweder in speziellen Frachtflugzeugen oder in Passagierflugzeugen mit extra Frachtraum transportiert.

FLUGZEUGTYPEN

Das momentan größte Frachtflugzeug, das im Linienverkehr eingesetzt wird, ist die Boeing 747 F. Sie kann etwa 100 Tonnen Fracht laden. Durch die **Nose Door** kann sie auch von vorne beladen werden.

NOSE DOOR

BOING 747 F

Boeing 747 F mit geöffnetem Nose-Door[1]
Quelle: dpa

Boeing 747-200 F[2]

Länge	70,60 m
Höhe	19,30 m
Spannweite	59,64 m
Reichweite	13 700 m
Maximales Ladegewicht	100 Tonnen
Ladehöhen:	
Side Door max.	300 cm
Nose Door max.	244 cm

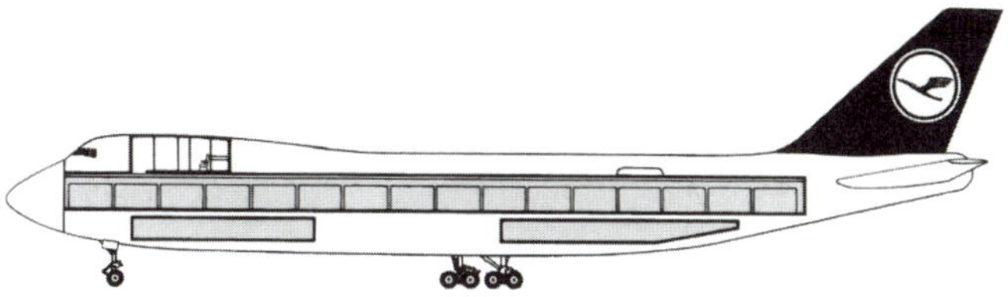

[1] siehe www.lhcargo.de
[2] siehe www.lhcargo.de

Die Lufthansa setzt als Frachtflugzeug vor allem die MD 11 ein. Sie ist etwas kleiner und kann ca. 94 Tonnen Fracht laden.

MD 11 F

BOEING MD-11 F

Boeing MD-11 F[1]

Länge	61,20 m
Höhe	17,60 m
Spannweite	51,80 m
Reichweite	13 200 m
Maximales Ladegewicht	93 230 kg

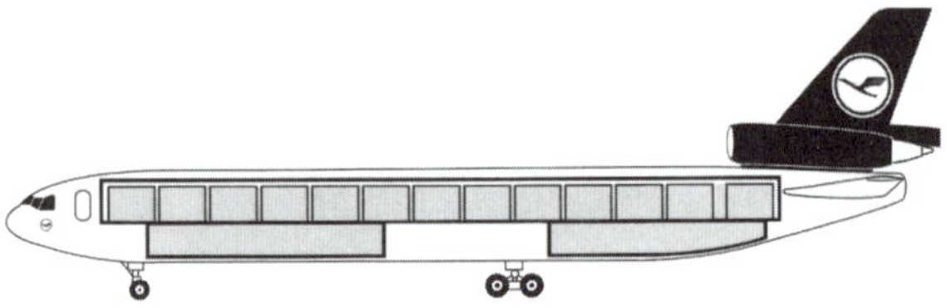

Passagierflugzeuge können deutlich weniger Fracht aufnehmen. So verfügt z. B. die Boeing 747-400 als Passagierjumbo nur über zwei Laderäume und kann ca. 14 Tonnen Fracht laden.

Boing 747-400[1]

Länge	70,60 m
Höhe	19,40 m
Spannweite	64,40 m
Reichweite	13 700 m
Maximales Ladegewicht	14 Tonnen

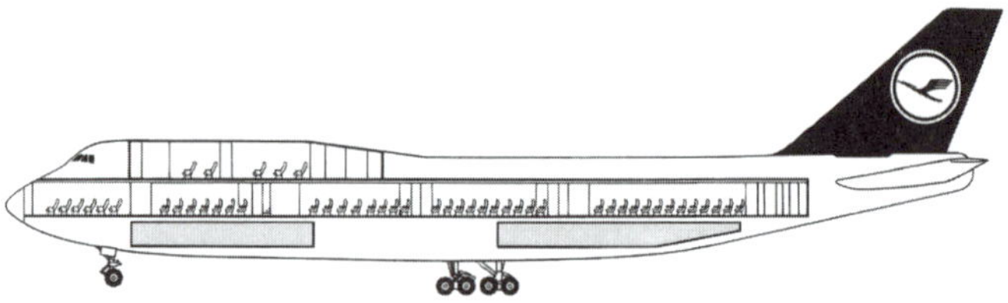

[1] siehe auch unter www.lhcargo.de

Weitere Beispiele für Frachtflugzeuge bzw. Passagierflugzeuge, die Fracht zuladen:

Boeing 767-300 F

BOEING 767-300 F

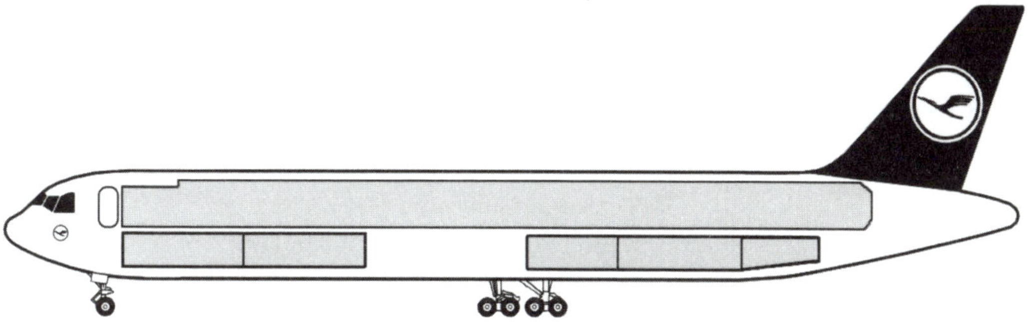

Maximales Ladegewicht 54 t

Airbus 300 F

AIRBUS 300 F

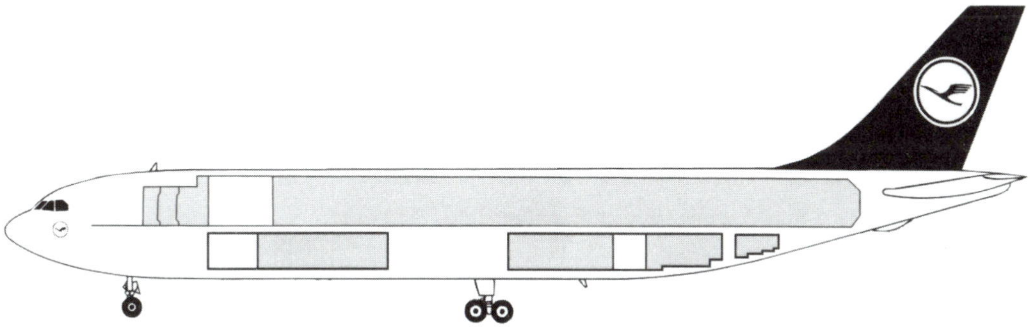

Maximales Ladegewicht 35 t

Airbus 340-300[1]

AIRBUS 340-300

Länge	59,39 m
Höhe	16,70 m
Spannweite	60,30 m
Reichweite	12 500 m
Maximales Ladegewicht	23 Tonnen

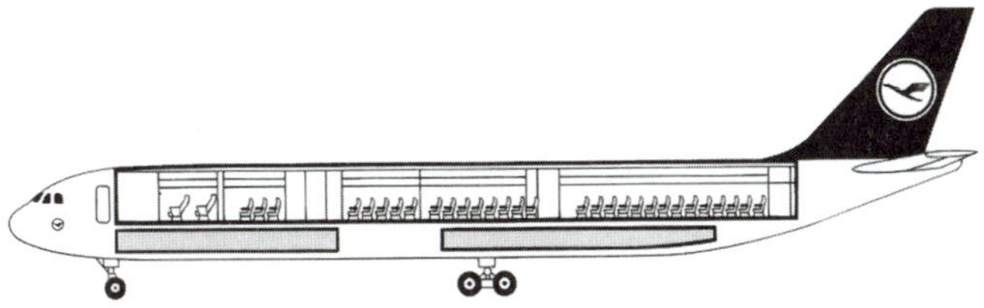

[1] siehe auch unter www.lhcargo.de

Im Charterverkehr gibt es Frachtflugzeuge, die noch mehr Tonnen laden können, z.B. die russische Antonow, die bis zu 250 Tonnen Fracht zuladen kann.

Neue Maßstäbe sollte der **Airbus 380 F** setzen, der 150 Tonnen Ladung befördern sollte. Aus Kostengründen wurde diese Frachtversion des Airbus 380 gestrichen. Das Passagierflugzeug kann zwar bis zu 880 Personen befördern, hat aber nur Platz für ca. 8,4 Tonnen Fracht.

A 380-800

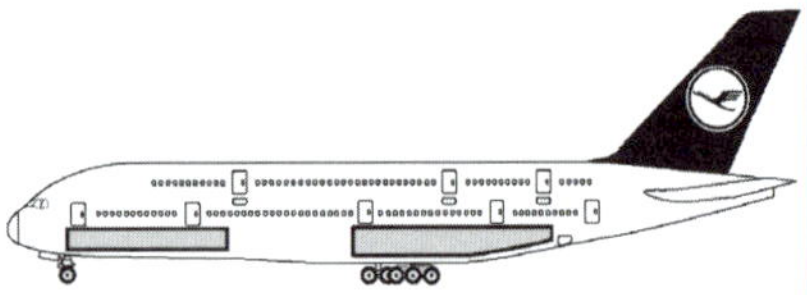	Vorderer Laderaum	5 Positionen max. 244 x 318 cm oder 16 LD3 Container
	Tür vord. Laderaum	172 x 311 cm
	Max. Ladekapazität	12,036 kg
	Hinterer Laderaum	6 Positionen max. 244 x 318 cm oder 16 LD3 Container
	Tür hint. Laderaum	168 x 279 cm
	Max. Ladekapazität	15,931 kg
	Laderaum 5	Nur lose Ladung
	Tür Bulk-Laderaum	100 x 113 cm
	Max. Ladekapazität	2,514 kg
	Durchschnitte Ladekapazität	Max. 163 cm 8,400 kg

Das zurzeit größte sich im aktiven Dienst befindliche Flugzeug der Welt ist die ukrainische Antonov An-225 Mirja.

An-225 Mirja: größtes Flugzeug der Welt

An-225 Mirja

Länge	84,0 m
Spannweite	88,4 m
Höhe	18,1 m
Abmessungen Frachtraum	Länge: 43,3 m; Breite: 6,4 m; Höhe: 4,4 m
Maximale Zuladung	250 t

5.4 Welche typischen Lademittel werden in der Luftfracht verwendet?

Auch im Luftfrachtverkehr werden Paletten und Container verwendet. Mithilfe dieser Ladehilfsmittel sollen eine Beschleunigung und Rationalisierung des Transports erreicht werden. Außerdem werden dadurch Verpackungsmaterial und Verpackungskosten gespart. Allerdings verwendet man ganz spezielle Container, die der Form des Flugzeuges angepasst sind.[1]

LADEMITTEL

Container AMP Typ: Container AMP Code: AMP Abmessungen außen: 318 x 244 cm Höhe außen: 161 cm Nutzbares Volumen: 10,5 m³ Abmessungen innen: 305 x 223 x 154 cm Verladbarkeit: A 300, A 310, A 330, A 340, B 747-200 F, B 747-400, MD 11 F	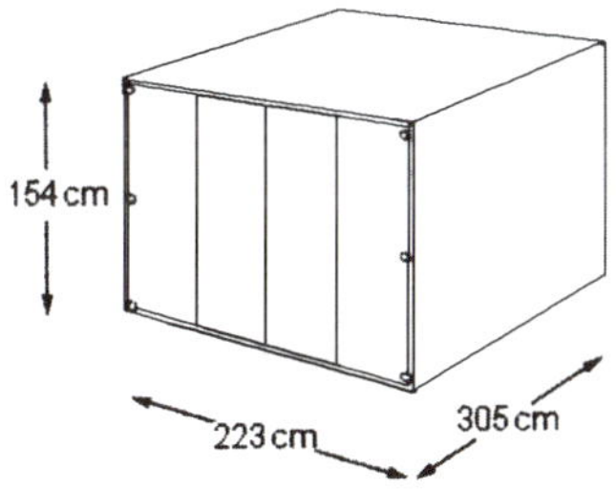	
10-ft-Container (AMH, AMJ) Typ: 10-ft-Container Code: AMH, AMJ Abmessungen außen: 318 x 244 cm Höhe außen: 244 cm Nutzbares Volumen: 15 m³ Abmessungen innen: 306 x 230 x 240 cm Verladbarkeit: B 747-200 F , MD 11 F	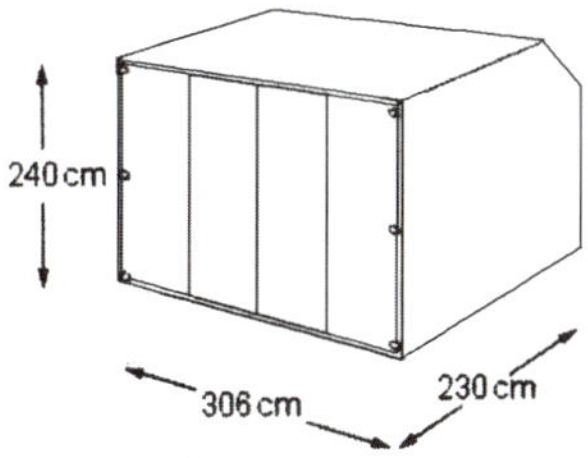	
LD3-Container AKE/AVE Typ: LD3-Container Code: AKE, AVE Abmessungen außen: 156 x 153 cm Höhe außen: 163 cm Nutzbares Volumen: 3,8 m³ Abmessungen: 146 x 144 x 160 cm Verladbarkeit: A 300, A 310, A 330, A 340, B 747-200 F, B 747-400, B 767(DE), MD 11 F	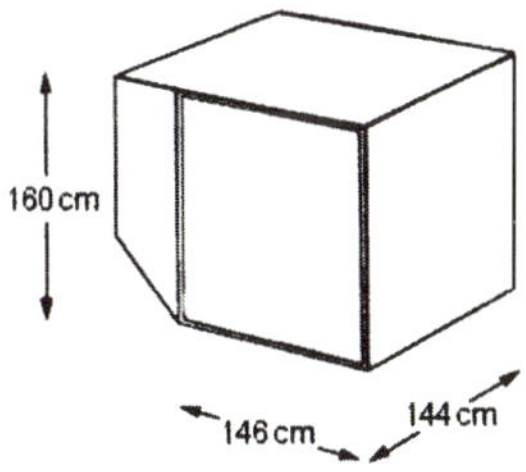	
Wertfracht-Container AKW Typ: Wertfracht-Container Code: AKW Abmessungen außen: 156 x 153 cm Höhe außen: 114 cm Nutzbares Volumen: 3,5 m³ Abmessungen innen: 146 x 144 x 111 cm Verladbarkeit: A 300, A 320, A 321, A 330, A 340, B 747-200 B 747-400, MD 11 F	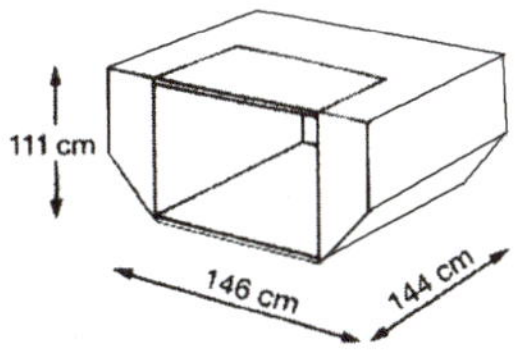	

[1] vgl. www.lhcargo.de

Dreier-Pferdecontainer

Typ: Dreier-Pferdecontainer*
Code: HMJ, HMA**
Abmessungen außen: 318 x 244 cm
Höhe außen: 235 cm
Abmessungen innen: 234 x 188 x 232 cm
Verladbarkeit: B 747-200 F, MD 11 F

* geschlossen, mit Platz für Begleitung
** verladbar nur auf B 747-200 F

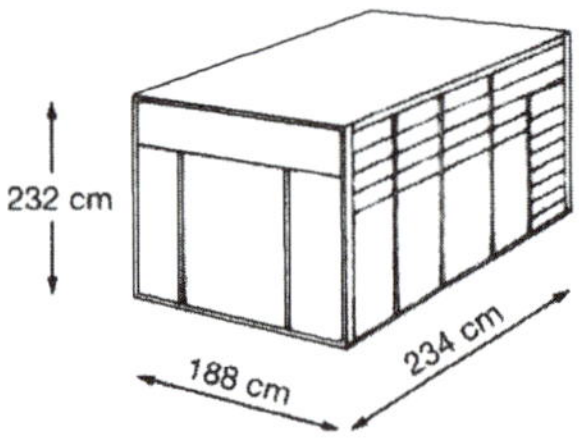

Standard-Palette

Typ: Standard-Palette
Code: PAG, PAJ
Abmessungen: 318 x 224 cm
Nutzbare Ladefläche: 304 x 210 cm
Verladbarkeit: A 300, A 310, A 330, A 340, B 747-200 F, B 747-400, MD 11 F

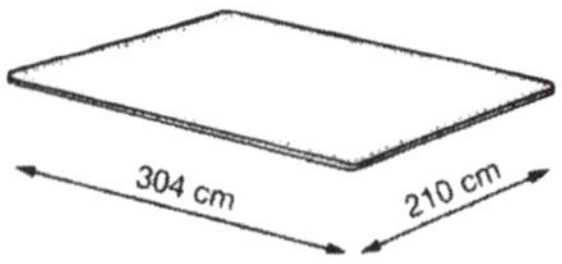

10-ft-Palette

Typ: 10-ft-Palette
Code: PQP, PMC
Abmessungen: 318 x 244 cm
Nutzbare Ladefläche: 304 x 230 cm
Verladbarkeit: A 300, A 310, A 330, A 340, B 747-200 F, B 747-400, MD 11 F

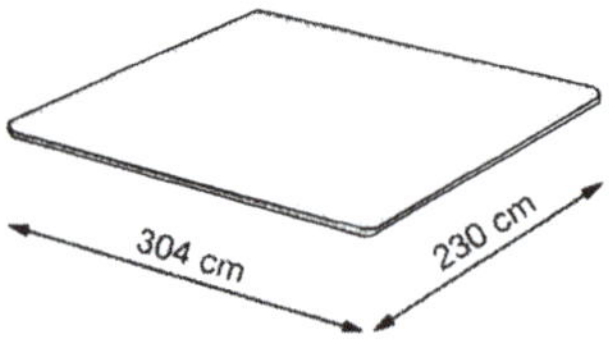

20-ft-Palette

Typ: 20-ft-Palette
Code: PGE
Abmessungen: 606 x 244 cm
Nutzbare Ladefläche: 592 x 230 cm
Verladbarkeit: B 747-200 F, MD 11 F

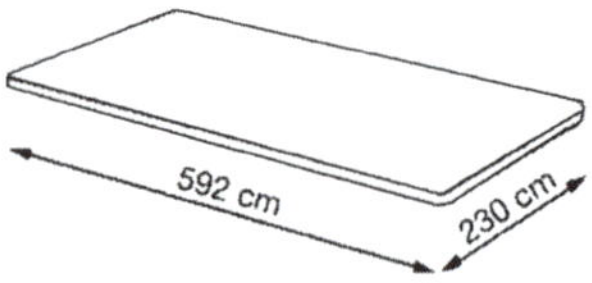

Palette PYB

Typ: 96"-Q-Palette
Code: PYB
Abmessungen: 244 x 140 cm
Nutzbare Ladefläche: 230 x 126 cm
Verladbarkeit: B 747-200 F

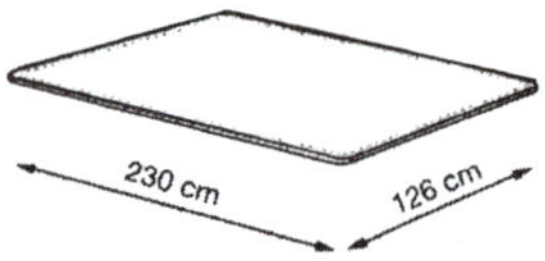

Palette mit Seitenerweiterung PAW

Typ: 88"-Palette
Code: PAW
Abmessungen: 318 x 224 cm
Nutzbare Ladefläche: 304 x 210 cm (zusätzlich 50 cm jede Erweiterung)
Verladbarkeit: A 300, A 310, A 330, A 340, A 330, A 340, B 747-200 F, B 747-400, MD 11 F

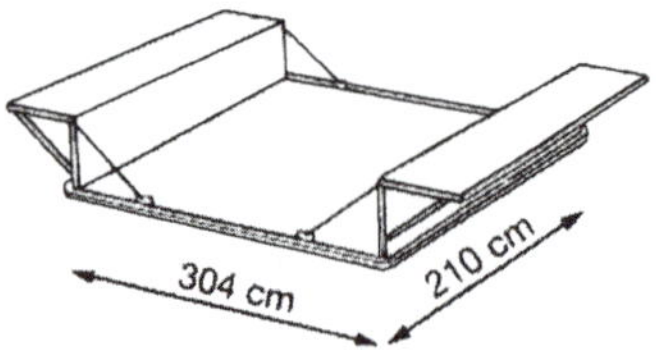

Autotransport-Einheit

Typ: Autotransport-Einheit
Code: PZA (Pal)
Abmessungen: 498 x 244 cm
Nutzbare Ladefläche: 485 x 230 cm
Abmessungen: 230 x 148 x 154 cm
Verladbarkeit: B 747-200 F, MD 11 F

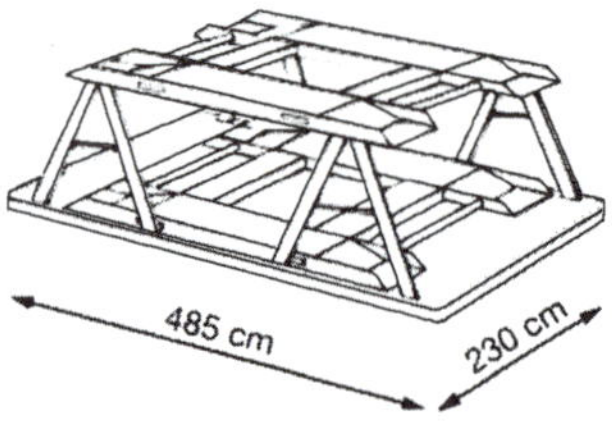

Die Lademittel in der Luftfracht sind weltweit einheitlich standardisiert. Dafür zeichnet die sogenannte IATA verantwortlich, ein Zusammenschluss der Fluggesellschaften. Das Lademittelprogramm der IATA läuft unter dem Namen ULD-Programm = Unit Load Device.

ULD-PROGRAMM

5.5 Welche Organisationen spielen in der Luftfracht eine Rolle?

5.5.1 International Air Transport Association (IATA)

INTERNATIONAL AIR TRANSPORT ASSOCIATION, IATA

Die **International Air Transport Association** (IATA, *engl.* für Internationale Flug-Transport-Vereinigung), wurde am 28. August 1919 in Den Haag als ein Dachverband der Fluggesellschaften gegründet. Ihr Ziel ist die Förderung des sicheren, planmäßigen und wirtschaftlichen Transports von Menschen und Gütern in der Luft.

Nach dem Zweiten Weltkrieg wurde die IATA in Havanna neu gegründet. Ihre Hauptsitze hat sie in Montreal und in Genf. In Deutschland hat die IATA ihren Sitz in Frankfurt am Main.

MITGLIEDER DER IATA

Mitglieder der IATA sind Fluggesellschaften, die internationalen Linienverkehr betreiben. Ihr gehören heute weltweit ungefähr 280 Fluggesellschaften an, die mehr als 95 % aller internationalen Flüge durchführen.

Die Beschlüsse der IATA müssen einstimmig gefasst werden. Das Land, in dem die Fluggesellschaft beheimatet ist, muss in die UNO wählbar sein.

Die **allgemeine Aufgabe** der IATA besteht darin, die wirtschaftliche Zusammenarbeit ihrer Mitglieder in der Passagier-, Fracht- und Postbeförderung sowie die Zusammenarbeit mit internationalen Organisationen zu fördern. Die IATA vergibt außerdem Codes zur eindeutigen Abkürzung von Flughäfen, Fluggesellschaften und Flugzeugtypen. Zusätzlich verfolgt die IATA auch noch eine Reihe spezieller Aufgaben:

AUFGABEN DER IATA

Spezielle Aufgaben der IATA
• Vereinheitlichung der Beförderungsbedingungen
• Festlegung von einheitlichen Tarifen
• Vereinheitlichung der Dokumente
• Zulassung von IATA-Agenten
• Standardisierung der Freigepäckgrenzen

IATA Clearing House (ICH)

IATA CLEARING HOUSE (ICH)

Beispiel

Ein Unternehmen exportiert eine Warensendung nach Cochabamba in Bolivien. Bis La Paz wird die Frachtsendung von der deutschen Lufthansa befördert, den anschließenden Inlandsflug übernimmt die Lloyd Aero Boliviano.

So wie in diesem Beispiel ist es durchaus üblich, dass ein Transport von mehreren Fluggesellschaften durchgeführt wird. Üblicherweise erhält aber der erste Luftfrachtführer das gesamte Beförderungsentgelt vom Absender für die gesamte Strecke. Daraus ergeben sich Forderungen der nachfolgenden Frachtführer an die erste ausführende Fluggesellschaft. Aufgabe des IATA Clearing Houses ist es, den Abrechnungsverkehr zwischen den einzelnen IATA-Fluggesellschaften zu erleichtern. Für jedes Mitglied wird ein Konto geführt, auf dem alle Forderungen und Verbindlichkeiten der Fluggesellschaft gegenüber den anderen Mitgliedern erfasst werden. Die Mitgliedschaft im ICH ist freiwillig und auf IATA-Fluggesellschaften beschränkt. Sitz des ICH ist London.

VERKEHRSKONFERENZEN (TRAFFIC CONFERENCES)

Verkehrskonferenzen (traffic conferences)

Die Verkehrskonferenzen wurden ins Leben gerufen, um regional begrenzt operierenden Fluggesellschaften die Möglichkeit zu geben, ihre Interessen zu vertreten, aber auch, um besser auf die besonderen Gegebenheiten der verschiedenen Weltregionen eingehen zu können.

Aufgaben der Verkehrskonferenzen
• Festlegung von Tarifen und Raten • Abstimmung der Flugpläne der einzelnen Fluggesellschaften • Entscheidungen über Agentenangelegenheiten • Festlegung der Beförderungsbedingungen • Regelung von Wettbewerbsfragen usw.

Alle für den Spediteur wichtigen Entscheidungen werden auf den Verkehrskonferenzen (traffic conferences = TC) getroffen. Zur Arbeitserleichterung wurde die Welt in drei Konferenzgebiete eingeteilt:

TRAFFIC CONFERENCE AREAS

Konferenzgebiete = Traffic Conference Areas		
TC 1	Nord-, Mittel-, Südamerika mit den Inseln Grönland und Hawaii sowie den weiteren USA-Territorien im Pazifik	
TC 2	Europa, Afrika, Mittlerer Osten bis einschließlich Iran	
	IATA-Europa	Umfasst das geografische Europa bis zum Ural einschließlich des Kaspischen Meeres, die gesamte Türkei, Kanarische Inseln, Azoren und Madeira, Marokko, Algerien, Tunesien, die Mittelmeerinseln außer Zypern
	Mittlerer Osten	Umfasst Syrien, Libanon, Israel, Jordanien, Irak, Iran, Saudi-Arabien, Kuwait, Vereinigte Arabische Emirate, Oman, Jemen, Zypern, Ägypten, Sudan
	IATA-Afrika	Umfasst das gesamte Afrika einschließlich Kapverden, Ascension, Madagaskar und Mauritius, aber ohne Marokko, Algerien, Tunesien und Ägypten
TC 3	Asien, Australien, Neuseeland und die Inseln im Pazifik	

IATA

IATA Traffic Conference Areas

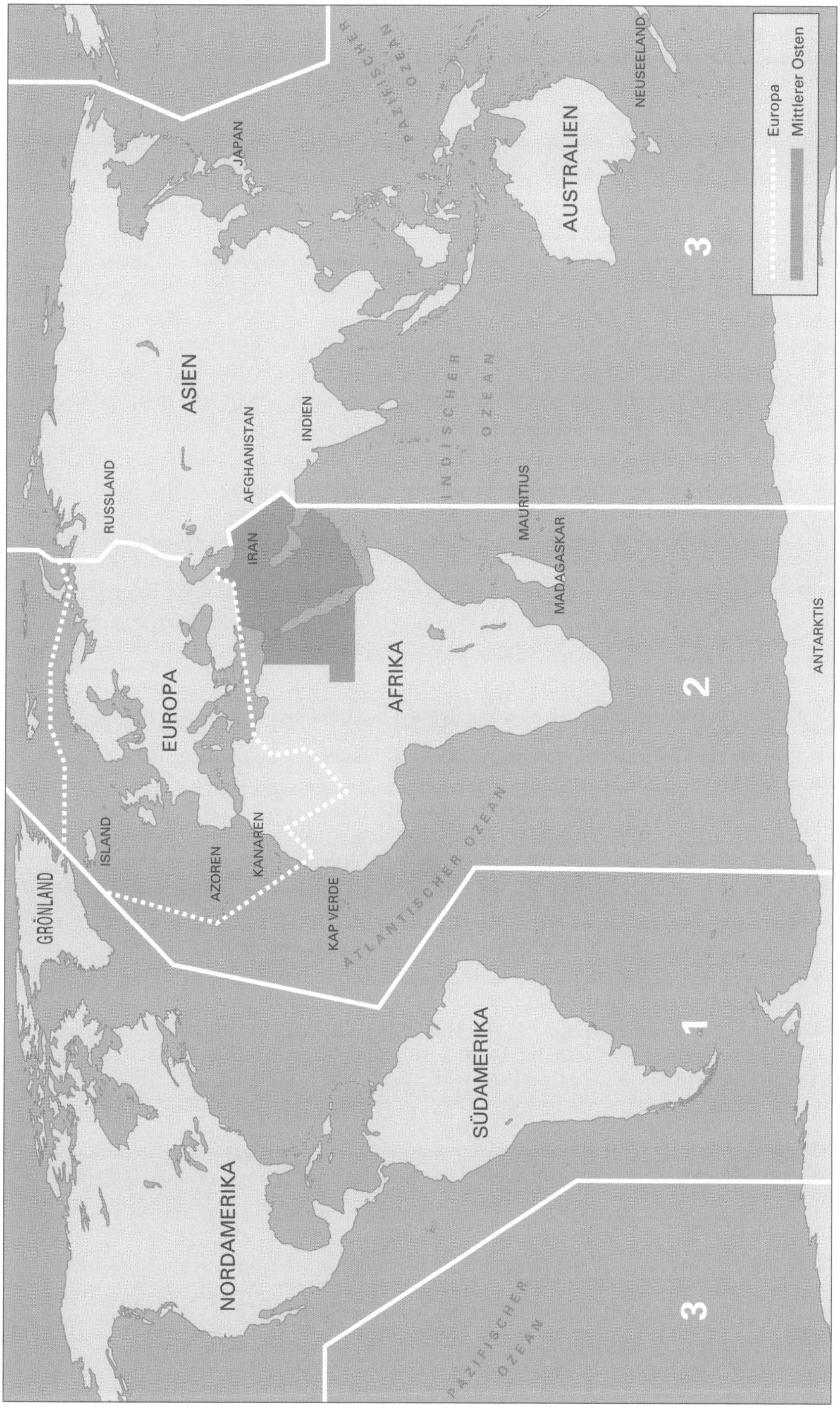

IATA-AGENTEN

IATA-Agenten

Fast alle Spediteure, die regelmäßig Luftfrachtsendungen abwickeln, sind gleichzeitig IATA-Agenten. Sie bieten ihre Dienste den Verladern an und können für alle IATA-Fluggesellschaften tätig werden. Sie schließen mit der IATA einen Agenturvertrag und haben damit das Recht, für IATA-Fluggesellschaften Frachtverträge zu vermitteln.

Jede Spedition kann einen Antrag stellen, um zum IATA-Agenten ernannt zu werden. Allerdings muss sie etliche Voraussetzungen erfüllen, um als IATA-Agent anerkannt zu werden.

VORAUSSETZUNGEN FÜR DIE ZULASSUNG ZUM IATA-AGENTEN

Voraussetzungen für die Zulassung zum IATA-Agenten

- Geeignete Räumlichkeiten, das heißt ein Büro und ausreichend Raum für den Umschlag von Sendungen
- Makelloser Ruf
- Kreditwürdigkeit bzw. Liquidität (inzwischen jährlich überprüft)
- Mindestens 6 Monate lang Abwicklung von Luftfrachtgeschäften (mit möglichst vielen Fluggesellschaften und möglichst nicht nur mit einem Flughafen in der BRD)
- Nennenswerter Umsatz und positive Umsatzprognose
- Personal, das in der Abfertigung von Luftfrachtsendungen erfahren ist
- Mindestens 2 Mitarbeiter, die für die Behandlung von Gefahrgut gemäß den Dangerous Goods Regulations der IATA geschult sind
- Leistung muss der gesamten Verladerschaft, also nicht nur einem Unternehmen, angeboten werden

Nach seiner Zulassung erhält der IATA-Agent eine Code-Nummer zugeteilt, die er auf allen von ihm ausgestellten Frachtbriefen angeben muss.

AUFGABEN DES IATA-AGENTEN

READY FOR CARRIAGE

Aufgaben des IATA-Agenten

- Er stellt den Luftfrachtbrief (Airwaybill = AWB) nach den Richtlinien der IATA aus.
- Er hat die Luftfrachtsendungen für den Lufttransport versandfertig **(ready for carriage)** der Fluggesellschaft zu übergeben. Dazu gehört, dass
  - ➔ der AWB einschließlich der Begleitpapiere, vorschriftsmäßig ausgefüllt ist,
  - ➔ die Sendung entsprechend verpackt ist; Gefahrgut entsprechend der Verpackungsvorschriften der DGR (Dangerous Goods Regulations),
  - ➔ jedes Packstück einen Klebezettel (Label) der Fluggesellschaft mit AWB-Nummer Abkürzung des Zielflughafens und der gesamten Kollianzahl trägt.
- Der IATA-Agent hat die Abrechnung mit den Auftraggebern und den Fluggesellschaften durchzuführen.
- Er ist – laut Agenturvertrag – verpflichtet, die von der IATA veröffentlichten Frachtraten zu berechnen und nach den IATA-Bestimmungen zu arbeiten. Er hat Anspruch auf Gebühren für weitere Leistungen.

Für die Vermittlung von Luftfrachtaufträgen an eine IATA-Fluggesellschaft erhält der Spediteur eine Provision in Höhe von 5 – 7 % der Fracht.

5.5.2 International Civil Aviation Organization (ICAO)[1]

INTERNATIONAL CIVIL AVIATION ORGANIZATION (ICAO)

Die **International Civil Aviation Organization (ICAO)** ist eine Sonderorganisation der Vereinten Nationen, die die Planung des zivilen Luftverkehrs durchführt. Sie wurde 1944 mit dem Chicagoer Abkommen gegründet und hat ihren Sitz in Montréal (Kanada). Ihr gehören über 188 Vertragsstaaten an. Vertreten werden sie durch die Abgesandten ihrer jeweiligen Regierungen. Deutschland wird durch eine ständige Delegation des Bundesministeriums für Verkehr, Bau und Stadtentwicklung vertreten.

Die ICAO ist bemüht international einheitliche Regelungen und Ordnungen in den Bereichen Technik, Wirtschaft und Recht zu schaffen, z. B. im Hinblick auf Flugsicherheit, Luftverkehrsregeln, Gebühren, Luft- und Vertragsrecht.

AUFGABEN

Zu den **Aufgaben** der ICAO gehören unter anderem die Standardisierung und Sicherheit des Flugverkehrs, die Entwicklung von Infrastrukturen sowie die Erarbeitung von Empfehlungen und Richtlinien. Von der ICAO wurde z. B. auch ein Standard für maschinenlesbare Reisedokumente spezifiziert. Eine der wichtigsten Aufgaben der ICAO ist jedoch die Regelung der internationalen **Verkehrsrechte**, den sog. **Freiheiten der Luft.**

VERKEHRSRECHTE

FREIHEITEN DER LUFT

Verkehrsrechte = Freiheiten der Luft	
1. Freiheit	Das Recht, Hoheitsgebiete anderer Vertragsstaaten zu überfliegen
2. Freiheit	Das Recht zu technischen Landungen (z. B. zum Auftanken, Durchführen von Reparaturen usw., ohne dass Fluggäste abgesetzt oder aufgenommen werden)
3. Freiheit	Das Recht, aus dem Heimatstaat des Flugzeuges kommende Passagiere, Post und Fracht auf dem Territorium anderer Vertragsstaaten abzusetzen
4. Freiheit	Das Recht, nach dem Heimatstaat des Flugzeuges fliegende Passagiere, Post und Fracht auf dem Territorium eines Vertragsstaates aufzunehmen
5. Freiheit	Das Recht, Fluggäste, Post und Fracht von und nach dritten Vertragsstaaten zu befördern, wenn die Fluglinie im Heimatland des Flugzeuges beginnt oder endet
Kabotagerecht	Das Recht, Passagiere, Post und Fracht zwischen verschiedenen Flughäfen innerhalb eines fremden Staates zu befördern

Beispiel:

Die Lufthansa unterhält eine Strecke nach Santiago de Chile. Die Streckenführung geht von Frankfurt über Rio de Janeiro, São Paulo, Buenos Aires nach Santiago de Chile.

Für diesen Flug müssen folgende Verkehrsrechte vergeben werden:

- Deutschland muss Brasilien, Argentinien und Chile sowohl die 3. als auch die 4. Freiheit gewähren.
- Brasilien muss an Argentinien und Chile die 5. Freiheit vergeben.
- Argentinien muss Chile ebenfalls die 5. Freiheit gewähren.
- Außerdem ist für das Überfliegen der Hoheitsgebiete, die auf der Strecke liegen, die Gewährung der 1. Freiheit (evtl. auch der 2. Freiheit) von jedem der überflogenen Länder erforderlich.

1 www.icao.int

5.6 Wer sind die Beteiligten am Luftfrachtvertrag?

Beispiel:

Die Firma Frankenelektronik AG, Nürnberg, hat 550 kg hochwertige Elektronikteile (Auto-Navigationssysteme) an die Firma T-Tech Technology Co. Ltd. in Hongkong verkauft. Da der Warenwert 145.000,00 Euro beträgt und die Ware sehr empfindlich ist, entscheidet sich die Frankenelektronik AG für den Transport per Luftfracht. Sie beauftragt die Spedition EUROCARGO mit der Abwicklung des Transports. Die Spedition EUROCARGO ist IATA-Agent.

SPEDITIONSVERTRAG

VERSENDER

Die Firma Frankenelektronik schließt zunächst einen Vertrag mit der Spedition EUROCARGO, den sogenannten **Speditionsvertrag**. Der Auftraggeber eines Spediteurs wird in diesem Vertrag **Versender** genannt. Nach § 453 HGB wird der Spediteur durch den Speditionsvertrag verpflichtet die Versendung des Gutes zu besorgen. Grundlage für diesen Vertag sind neben dem HGB die Allgemeinen Deutschen Spediteurbedingungen (ADSp) (siehe Heft 1, Kapitel 7).

FRACHTFÜHRER

CARRIER

FRACHTVERTRAG

ABSENDER

SHIPPER

Die Spedition EUROCARGO bucht bei einer Fluggesellschaft, z. B. bei der Deutschen Lufthansa, einen Platz auf einem passenden Flugzeug nach Hongkong. Die Lufthansa tritt damit als **Frachtführer**, als **Carrier** auf. Als Frachtführer wird nach HGB das Unternehmen bezeichnet, das tatsächlich den Transport durchführt.[1] Wer einen Frachtführer beauftragt, schließt mit ihm einen **Frachtvertrag**. Der Vertragspartner eines Frachtführers wird **Absender** oder international **Shipper** genannt.

Eine Besonderheit ergibt sich hier allerdings, weil die Spedition EUROCARGO als IATA-Agent zugelassen ist, wie beinahe alle Spediteure, die im Luftfrachtgeschäft tätig sind. Als Agent hat die Spedition EUROCARGO die Aufgabe, für IATA-Fluggesellschaften Frachtverträge zu **vermitteln**. Damit kommt der Luftfrachtvertrag letztlich zwischen dem Auftraggeber, also der Frankenelektronik AG, und der Lufthansa durch zwei übereinstimmende Willenserklärungen zustande.

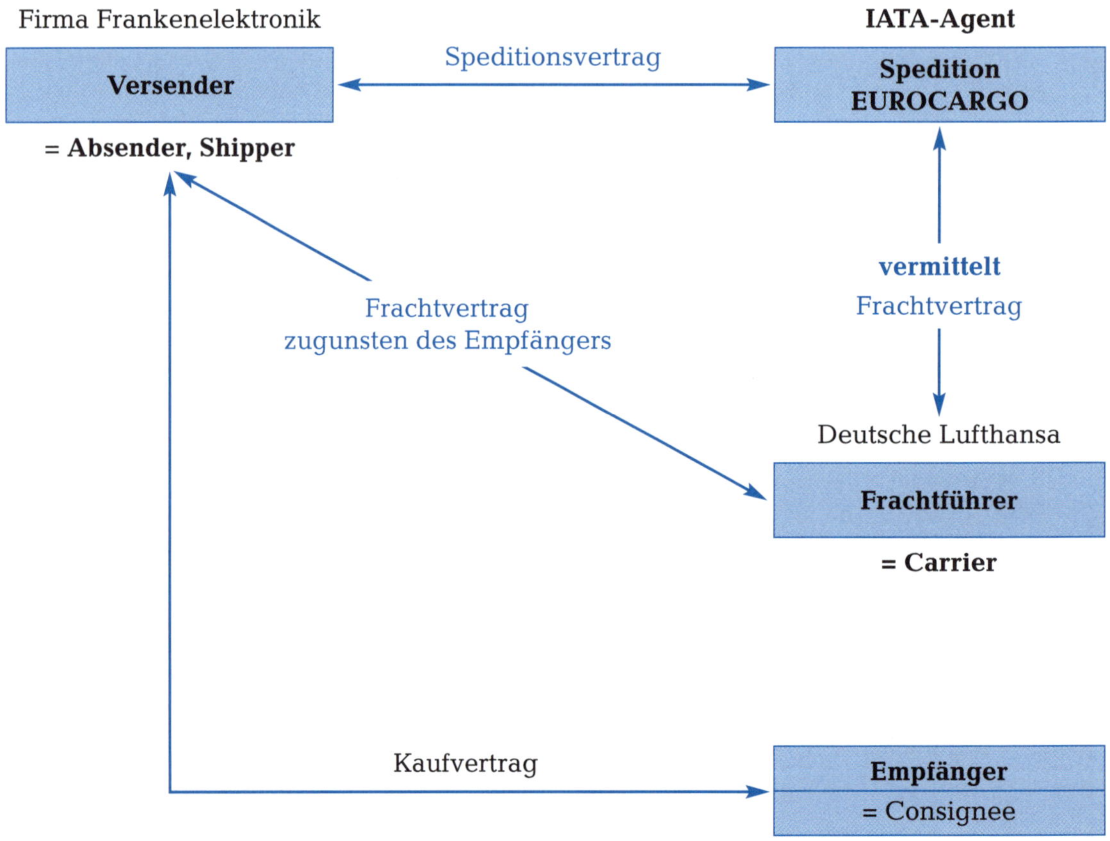

[1] § 407 HGB

Zweck des Frachtvertrages ist es, eine erfolgreiche Transportdurchführung zugunsten des Empfängers zu erreichen. Deshalb wird der Luftfrachtvertrag auch als ein „Vertrag zugunsten Dritter" (des Empfängers) bezeichnet. Der Empfänger hat – obwohl er kein Vertragspartner im Frachtvertrag ist – dem Luftfrachtführer gegenüber einen Anspruch auf Herausgabe der Sendung und des Luftfrachtbriefes.

5.7 Welche Rechtsgrundlagen gelten beim Luftfrachtvertrag?

5.7.1 Gesetzliche Grundlagen

Grundsätzlich gibt es mehrere internationale Regelungen, die dem Luftfrachtvertrag zugrunde gelegt werden können. Die älteste gesetzliche Grundlage für die Beförderung von Fracht (und Passagieren) im grenzüberschreitenden Luftverkehr ist das „Abkommen zur Vereinheitlichung von Regeln im internationalen Luftverkehr" vom 12. Oktober 1929, kurz **Warschauer Abkommen (alte Fassung)**, abgekürzt **WA**. Das Warschauer Abkommen wurde am 25. September 1955 neu gefasst. Diese neue Fassung des Warschauer Abkommens wird auch als **Haager Protokoll (HP)** bezeichnet. Beide Vorschriften enthalten eine zwingende, aber nicht abschließende Regelung des Luftfrachtvertrages.

WARSCHAUER ABKOMMEN

HAAGER PROTOKOLL

Eine grundsätzliche Neuerung in den frachtrechtlichen Bestimmungen brachte das **Montrealer Übereinkommen (MÜ)**. Es wurde am 28. Mai 1999 verabschiedet und von Deutschland 2004 unterschrieben. Insgesamt wurde das Montrealer Übereinkommen inzwischen von fast 60 Staaten unterzeichnet, darunter die anderen europäischen Staaten, die USA und die meisten Handelspartnerländer Deutschlands.

MONTREALER ÜBEREINKOMMEN (MÜ)

Bei einem innerdeutschen Lufttransport (der sicherlich selten vorkommt), gilt das HGB.

Gesetzliche Grundlagen für den Luftfrachtvertrag	
Internationaler Luftfrachtvertrag	• Warschauer Abkommen (alte Fassung) = WA von 1929 • Warschauer Abkommen (neue Fassung) = Haager Protokoll = HP von 1955 • Montrealer Übereinkommen = MÜ von 1999
Nationaler Luftfrachtvertrag	• HGB (innerhalb Deutschlands)

Welches Gesetz letztlich bei einer Beförderung Anwendung findet, hängt davon ab, welche Regelung von den beteiligten Ländern unterzeichnet worden ist.

Folgendes Recht kommt bei einem Luftfrachtvertrag zur Anwendung:

1. Das Recht, das sowohl das Abgangs- als auch das Zielland ratifiziert haben
2. Sind zwei oder alle drei Abkommen anwendbar, gilt die Reihenfolg: MÜ vor HP, HP vor WA.
3. Ist einer von zwei Staaten oder sind beide Staaten weder dem WA noch dem HP noch dem MÜ beigetreten, kommt im Einzelfall das nationale Recht zur Anwendung oder evtl. vertragliche Grundlagen (siehe 5.7.2).

Deutschland hat alle drei gesetzlichen Regelungen unterschrieben. Da aber auch die meisten Zielländer eines Luftfrachttransports ebenfalls das Montrealer Übereinkommen unterschrieben haben, wird in den folgenden Ausführungen nur noch Bezug auf dieses Abkommen genommen.

5.7.2 Vertragliche Grundlagen

CONDITIONS OF CARRIAGE

Soweit keine zwingende gesetzliche Regelung greift, kommen die Beförderungsbedingungen (**Conditions of Carriage**) der IATA zur Anwendung. Diese haben lediglich empfehlenden Charakter, dienen aber als Richtlinie für die Beförderungsbedingungen der meisten IATA-Gesellschaften.

CONDITIONS OF CONTRACT

Zusätzlich können noch die Bedingungen der einzelnen Fluggesellschaften (**Conditions of Contract**), die zum Teil wörtlich aus den IATA-Beförderungsbedingungen entnommen sind zur Vertragsregelung herangezogen werden. Die Conditons of Contract werden mit dem Luftfrachtvertrag vom Absender anerkannt. Sie sind auf der Rückseite des Luftfrachtbriefes abgedruckt.

Die Tätigkeit der Luftfrachtspediteure (IATA-Agenten) erfolgt in Deutschland auf Grundlage des HGBs und der „Allgemeinen Deutschen Spediteurbedingungen (ADSp).[1]

5.8 Welche Besonderheiten gelten bei der Ausstellung eines Luftfrachtbriefes = Air Waybill?

AIRWAY BILL

AWB

Der Luftfrachtbrief wird international als **Air Waybill** oder abgekürzt als **AWB** bezeichnet. Im Unterschied zum Warschauer Abkommen bestimmt das Montrealer Übereinkommen in Art. 4 Abs. 2, dass anstelle eines Luftfrachtbriefes (...) jede andere Aufzeichnung verwendet werden kann, welche die Angaben über die auszuführende Beförderung enthält. Damit eröffnet das Montrealer Übereinkommen bei der Beförderung von Luftfracht die Möglichkeit, den papiermäßigen Luftfrachtbrief durch einen elektronischen Datenaustausch zu ersetzen. Dies fördert eine zügigere Transportabwicklung.

Dennoch wird in der Praxis fast immer ein AWB erstellt. Er besteht aus drei Originalen und mehreren Kopien.

ORIGINALE DES AWB

Originale des AWB	
Erstes Original (grün)	Für den Luftfrachtführer, es wird vom Absender unterzeichnet.
Zweites Original (rot)	Für den Empfänger, es begleitet die Fracht und wird vom Absender und vom Luftfrachtführer unterzeichnet.
Drittes Original (blau)	Für den Absender, es wird vom Luftfrachtführer unterzeichnet und nach Annahme der Güter dem Absender ausgehändigt.

In der Praxis unterschreibt der Spediteur den AWB sowohl im Auftrag des Absenders als auch als Agent der Fluggesellschaft. Der AWB trägt also zweimal die Unterschrift des Spediteurs.

Die weiteren Kopien werden z. B. vom Spediteur oder vom Zoll benötigt.

Nach dem Montrealer Übereinkommen hat der Absender den Luftfrachtbrief zu erstellen, in der Praxis lässt der Absender den AWB vom Spediteur erstellen. Jeder Luftfrachtbrief ist mit einer Seriennummer und mit dem dreistelligen Code der Luftfrachtgesellschaft gekennzeichnet (die Deutsche Lufthansa hat die Codenummer 020), die ihn ausgegeben hat. Während früher der AWB von den Fluggesellschaften an die IATA-Agenten übergeben wurde, werden heute bei Einsatz der EDV an die IATA-Agenten Nummernkreise vergeben, mit denen der Frachtbrief markiert wird.

Der Absender haftet für die Richtigkeit der Angaben und Erklärungen über die Güter, die von ihm oder in seinem Namen in den Luftfrachtbrief eingetragen werden. Der Absender hat dem Luftfrachtführer den Schaden zu ersetzen, den dieser oder ein Dritter, dem der Luftfrachtführer haftet, dadurch erleidet, dass die vom Absender oder in seinem Namen gemachten Angaben und Erklärungen unrichtig, ungenau oder unvollständig sind.[2]

Die folgende Seite zeigt den AWB, den die Spedition EUROCARGO im Auftrag der Frankenelektronik AG für den Luftfrachtversand von 550 kg Elektronikteile nach Hongkong erstellt.

[1] vgl. Heft 1, Kapitel 7
[2] Artikel 10, Montrealer Übereinkommen

Muster AWB

20 | FRA | 1233 – 1122 — 1233 – 1122

Shipper's Name and Address	Shipper's account Number	Not negotiable **Air Waybill** Issued by
Frankenelektronik AG Lange Zeile 32 90419 Nürnberg Germany		Lufthansa Copies 1,2 and 3 of this Air Waybill are originals and have the same validity.

Consignee's Name and Address	Consignee's account Number	
T-Tech Technology Co., Ltd. 89 Queensway Cheung Sha Wan, Hong Kong		It is agreed that the goods described herein are accepted in apparent good order and condition (except as noted) for carriage SUBJECT TO THE CONDITIONS OF CONTRACT ON THE REVERSE HEREOF. ALL GOODS MAY BE CARRIED BY ANY OTHER MEANS INCLUDING ROAD OR ANY OTHER CARRIER UNLESS SPECIFIC CONTRARY INSRUCTIONS ARE GIVEN HEREON BY THE SHIPPER, AND SHIPPER AGREES THAT THE SHIPMENT MAY BE CARRIED VIA INTERMIDIATE STOPPING PLACES WHICH THE CARRIER DEEMS APPROPRIATE. THE SHIPPER'S ATTENTION IS DRAWN TO THE NOTICE CONCERNING CARRIER'S LIMITATION OF LIABILITY. Shipper may increase such limitation of liability by declaring a higher value for carriage and paying a supplemental charge if required.

Issuing Carrier's Agent Name and City		Accounting Information
Spedition EUROCARGO Nürnberg		
Agent's IATA Code 23-4-7057	Account No.	

Airport of Departure (Addr. of first Carrier) and requested Routing	Reference Number	Optional Shipping Information
Frankfurt		

to	By first Carrier (Routing and Destination)	to	by	to	by	Currency	CHGS Code	WT/VAL PPD	WT/VAL COLL	Other PPD	Other COLL	Declared Value for Carriage	Declared Value for Customs
HKG	Lufthansa					EUR		X		X		NVD	NCV

Airport Destination	Flight/Date	For Carrier Use Only	Flight/Date	Amount of Insurance	INSURANCE
Hong Kong	LH270/10.			NIL	**INSURANCE** – If Carrier offers insurance and such insurance is requested in accordance with the conditions thereof, indicate amount to be insured in figures in box marked amount of insurance.

Handling Information
marks: T-Tech
Hong Kong
1-5, 5 cases
attached: commercial invoice triple
export documents

No. of Pieces RCP	Gross Weight	kg lb	Rate Class	Commodity Item No.	Chargeable Weight	Rate / Charge	Total	Nature and Quantity of Goods (inc. Dimensions or Volume)
5	550	K	Q	–	550	2,60	1.430,00	portable GPS car navigation systems dims: 60 x 80 x 120 cm each
5	550						1.430,00	

Prepaid	Weight Charge	Collect
1.430,00		
	Valuation Charge	
	Tax	
	Total Other Charges Due Agent	
	Total Other Charges Due Carrier	
385,00		
Total prepaid		Total collect
1.815,00		
Currency Conversion Rates		cc Charges in Dest. Currency
For Carrier's Use only at Destination		Charges at Destination

Other Charges
fuel surcharge 0,55 / kg
security fee 0,15 / kg

Shipper certifies that the particulars on the face hereof are correct and that insofar as any part of the consignment contains dangerous goods, such part is properly described by name and is in proper condition for carriage by air according to the applicable Dangerous Goods Regulations.

Spedition EUROCARGO i. A. Müller
Signature of Shipper or his Agent

10.04.20.. Nürnberg Spedition EUROCARGO
Executed on (Date) at (Place) Signature of Carrier or its Agent

Total collect Charges

i. A. Müller

1

Shipper's Name and Address 2

Shipper's account Number 3

Not negotiable
Air Waybill
Issued by

Lufthansa

Copies 1,2 and 3 of this Air Waybill are originals and have the same validity.

Consignee's Name and Address 4

Consignee's account Number 5

It is agreed that the goods described herein are accepted in apparent good order and condition (except as noted) for carriage SUBJECT TO THE CONDITIONS OF CONTRACT ON THE REVERSE HEREOF. ALL GOODS MAY BE CARRIED BY ANY OTHER MEANS INCLUDING ROAD OR ANY OTHER CARRIER UNLESS SPECIFIC CONTRARY INSRUCTIONS ARE GIVEN HEREON BY THE SHIPPER, AND SHIPPER AGREES THAT THE SHIPMENT MAY BE CARRIED VIA INTERMIDIATE STOPPING PLACES WHICH THE CARRIER DEEMS APPROPRIATE. THE SHIPPER'S ATTENTION IS DRAWN TO THE NOTICE CONCERNING CARRIER'S LIMITATION OF LIABILITY. Shipper may increase such limitation of liability by declaring a higher value for carriage and paying a supplemental charge if required.

Issuing Carrier's Agent Name and City 6

Accounting Information 10

Agent's IATA Code 7

Account No. 8

Airport of Departure (Addr. of first Carrier) and requested Routing 9

Reference Number

Optional Shipping Information

to	By first Carrier (Routing and Destination)	to	by	to	by	Currency	CHGS Code	WT/VAL PPD / COLL	Other PPD / COLL	Declared Value for Carriage	Declared Value for Customs
11	11					12		13	14	15	16

Airport Destination	Flight/Date	For Carrier Use Only	Flight/Date	Amount of Insurance	**INSURANCE** – If Carrier offers insurance and such insurance is requested in accordance with the conditions thereof, indicate amount to be insured in figures in box marked amount of insurance.
17	18			19	

Handling Information 20

No. of Pieces RCP	Gross Weight	kg / lb	Rate Class / Commodity Item No.	Chargeable Weight	Rate / Charge	Total	Nature and Quantity of Goods (inc. Dimensions or Volume)
21	22	23	24 / 25	26	27	28	29
30	30					30	

Prepaid	Weight Charge	Collect
31		31
	Valuation Charge	
32		32
	Tax	
33		33
	Total Other Charges Due Agent	
34		34
	Total Other Charges Due Carrier	
35		35

Other Charges 37

Shipper certifies that the particulars on the face hereof are correct and that insofar as any part of the consignment contains dangerous goods, such part is properly described by name and is in proper condition for carriage by air according to the applicable Dangerous Goods Regulations.

42

Signature of Shipper or his Agent

Total prepaid	Total collect
36	36
Currency Conversion Rates	cc Charges in Dest. Currency
38	39

43

Executed on (Date) at (Place) Signature of Carrier or its Agent

For Carrier's Use only at Destination	Charges at Destination	Total collect Charges
	40	41

Erklärung der Eintragungen im AWB:

1	3-Letter-Code des Abgangsflughafens
2	Name und Adresse des Absenders
3	Kontonummer des Absenders bei der Fluggesellschaft bei elektronischer Abrechnung
4	Name und Adresse des Empfängers
5	Kontonummer des Empfängers bei der Fluggesellschaft bei evtl. elektronischer Nachnahmeabrechnung
6	Name und Niederlassungsort des ausstellenden IATA-Agenten
7	Zulassungsnummer des IATA-Agenten
8	Kontonummer des IATA-Agenten bei der Fluggesellschaft bei elektronischer Abrechnung
9	Abgangsflughafen
10	Abrechnungsinformationen, z. B. Barzahlung, Zahlung mit Scheck (evtl. auch notify)
11	Streckenführung und Bestimmungsflughafen, zuerst Bestimmungs-, dann Transferflughafen, Name des ersten Luftfrachtführers
12	Währung (z. B. EUR, USD nach IATA-Code) des Abgangslandes
13	Kosten-Code (nur bei elektronischem Datenaustausch), bleibt i. d. R. frei
14	Frachtkosten, Wertzuschlagsgebühren und alle übrigen Kosten sind entweder vom Exporteur vorausbezahlt (prepaid) oder vom Empfänger nachzunehmen (collect)
15	Erklärter Transportwert oder NVD = no value declared
16	Erklärter Zollwert oder NCV = no commercial value
17	Bestimmungsflughafen
18	Flugdaten (Flugnummer, Abflugtag)
19	Versicherungsbetrag bzw. NIL, wenn über die Fluggesellschaft keine Versicherung abgeschlossen wurde
20	Informationen über die Sendung und Anweisungen, z. B. Markierung der Sendung, Verpackung, Begleitpapiere, Notify Adress usw.)
21	Zahl der Packstücke (RCP = rate construction point)
22	Bruttogewicht
23	Kilogramm = K
24	Angewandte Ratenart (M = Mindestfrachtbetrag, N = Normalrate, Q = Quantity Rate, Mengenrabattrate, R = Warenklassenrate mit Abschlag, S = Mengenrabattrate mit Zuschlag, X = Verwendung eines Containers)
25	4-stellige Kennzahl bei Anwendung einer Spezialfrachtrate
26	Frachtpflichtiges Gewicht (tatsächliches oder Volumengewicht, ggf. Mindestgewicht für eine Rate, keine Angabe bei Minimumfrachtbetrag)
27	Angewandte Frachtrate
28	Gesamtbetrag
29	Genaue Warenbezeichnung der Güter einschließlich Maße oder Volumen, ggf. „dangerous goods as per attached shipper's declaration", wenn vorgeschrieben auch „cargo aircraft".
30	Summe der Felder 21, 22 und 28
31	Frachtkosten gemäß Spalte „total" als insgesamt „prepaid" oder insgesamt „collect"
32	Wertzuschlag (valuation charge), falls eine Wertdeklaration in Feld 15 eingetragen wurde
33	Steuern
34	Summe der anderen Kosten zugunsten des Agenten, genauer spezifiziert in Feld 37
35	Summe der anderen Kosten zugunsten des Luftfrachtführers, genauer spezifiziert in Feld 37
36	Summe sämtlicher Prepaid- und Collect-Kosten
37	Andere Kosten, z. B. AWB-Ausstellungsgebühr, Fuel Surcharge, Security Fee, DGR-Gebühr, Rollgeld, Lagergeld, Nachnahmegebühren

	38 – 41 dienen der Fluggesellschaft am Bestimmungsflughafen.
38	Währungsumrechnungskurs zur Ermittlung der Collect-Kosten in der Währung des Bestimmungslandes
39	Nachnahmekosten
40	Kosten, die der ausliefernden Fluggesellschaft am Bestimmungsort entstehen
41	Gesamtsumme der nachzunehmenden Kosten
42	Unterschrift des Absenders oder seines Agenten (= Spediteur)
43	Datum und Ort der Ausstellung, Unterschrift der ausstellenden Fluggesellschaft; i. d. R. unterschreibt stellvertretend der Agent (= Spediteur).

FUNKTIONEN DES AWB

Funktionen des AWB

- Beweisurkunde für den Abschluss und Inhalt des Luftfrachtvertrages
- Empfangsbescheinigung des Carriers für die übernommenen Güter
- Einverständnis des Absenders mit den Beförderungsbedingungen
- Versicherungszertifikat bei Versicherungsabschluss im AWB
- Nachweis für die Ausübung des Verfügungsrechts des Absenders (Sperrpapier)
- Dokument für die Haftung des Carriers
- Unterlage für die Zollberechnung
- Warenbegleitpapier

Aber: Der AWB ist kein begebbares Wertpapier. Er entspricht deshalb nicht dem Konnossement in der Seefracht.[1] Er kann nicht „an order" ausgestellt werden und ist nicht handelbar. Jede Originalausfertigung des AWB trägt den Aufdruck „not negotiable".

Der Luftfrachtbrief ist mit dem Lkw- oder Bahnfrachtbrief vergleichbar.[2] So wie diese Dokumente dient er als Sperrpapier. Das bedeutet, der Absender kann nur nachträgliche Verfügungen anweisen, wenn er im Besitz seines Originals ist, ansonsten hat er sich „abgesperrt" von der Sendung.

SPERRPAPIER

Das dritte Original des Luftfrachtbriefes, über das der Absender verfügt, gilt als **Sperrpapier!**

5.9 Was muss bei der Haftung in der Luftfracht beachtet werden?

5.9.1 Haftungsprinzip

GEFÄHRDUNGSHAFTUNG

Für Güterschäden wurde im Montrealer Übereinkommen im Unterschied zum Warschauer Abkommen das Prinzip der **Gefährdungshaftung** (Obhutshaftung) eingeführt. Der Luftfrachtführer haftet nach Artikel 18 MÜ grundsätzlich für jedes Ereignis, das während der Luftbeförderung eingetreten ist.

GÜTERSCHÄDEN

Haftungsprinzip für Güterschäden in der Luftfracht	Gefährdungshaftung des Luftfrachtführers

Der Luftfrachtführer haftet jedoch nicht, wenn und soweit er nachweist, dass die Zerstörung, der Verlust oder die Beschädigung der Güter durch einen oder mehrere der folgenden Umstände verursacht wurde:[3]

1 vgl. Kapitel 3
2 vgl. Heft 1, Kapitel 3.4.5 und 5.5.3
3 vgl. Artikel 18 Absatz 2 MÜ

Haftungsausschlüsse
• Die Eigenart der Güter oder ein ihnen innewohnender Mangel • Mangelhafte Verpackung der Güter durch eine andere Person als den Luftfrachtführer oder seine Leute • Eine Kriegshandlung oder ein bewaffneter Konflikt • Hoheitliches Handeln in Verbindung mit der Einfuhr, Ausfuhr oder Durchfuhr der Güter.

HAFTUNGSAUSSCHLÜSSE

Güterfolgeschäden sind vom Luftfrachtführer nicht zu ersetzen.[1]

Nach Artikel 19 MÜ hat der Luftfrachtführer den Schaden zu ersetzen, der durch **Verspätung** bei der Luftbeförderung von Gütern entsteht. Er haftet jedoch nicht für den Verspätungsschaden, wenn er nachweist, dass er und seine Leute alle zumutbaren Maßnahmen zur Vermeidung des Schadens getroffen haben oder dass es ihm oder ihnen nicht möglich war, solche Maßnahmen zu ergreifen. Damit gilt bei Verspätungsschäden das **Verschuldensprinzip.**

VERSCHULDENSPRINZIP

Haftungsprinzip für Verspätungsschäden in der Luftfracht	Verschuldenshaftung des Luftfrachtführers

VERSPÄTUNGEN

5.9.2 Haftungszeitraum

Nach dem Montrealer Übereinkommen umfasst der Haftungszeitraum den Zeitraum, während dessen sich die Güter in der Obhut des Luftfrachtführers befinden. Der Zeitraum der Luftbeförderung umfasst nicht die Beförderung zu Land, zur See oder auf Binnengewässern außerhalb eines Flughafens. Erfolgt jedoch eine solche Beförderung bei Ausführung des Luftbeförderungsvertrags zum Zweck der Verladung, der Ablieferung oder der Umladung, so wird bis zum Beweis des Gegenteils vermutet, dass der Schaden durch ein während der Luftbeförderung eingetretenes Ereignis verursacht worden ist.[2] Das bedeutet, dass der Luftfrachtführer nach Artikel 18 MÜ haftet, auch wenn das Gut auf der Umschlaganlage des Luftfrachtführers beschädigt wird oder während des Transports von der Umschlaganlage zum Flugzeug.

Haftungszeitraum	Die Haftung des Luftfrachtführers beginnt mit der Übernahme des Gutes auf seine Umschlaganlage. Ebenso unterliegt der unmittelbare Transport von der Umschlaganlage zum Flugzeug dem Montrealer Übereinkommen. Das Montrealer Übereinkommen gilt von „Umschlaganlage zu Umschlaganlage".[3]

HAFTUNGSZEITRAUM

5.9.3. Luftfrachtersatzverkehr

In der Praxis kommt es häufig vor, dass Fluggesellschaften ihre Luftfracht an zentralen Flughäfen sammeln, um so ein ausreichend großes Frachtaufkommen zu erhalten, damit Frachtmaschinen und Laderäume wirtschaftlich genutzt werden können. Eine Luftfrachtsendung, die z. B. am Nürnberger Flughafen dem Luftfrachtführer, z. B. der Lufthansa, übergeben wird, wird von der Lufthansa zunächst mit dem Lkw nach Frankfurt transportiert und erst dort in eine Frachtmaschine verladen und zum Bestimmungsflughafen (z. B. Hongkong) befördert. Hier handelt es sich um einen sogenannten **Zubringerdienst**, der dem Lufttransport unmittelbar vor-, zwischen- oder nachgeschaltet ist. Nach MÜ gilt für einen Schaden, der sich während des Zubringerdienstes ereignet, bis zum Beweis des Gegenteils, dass er während der Luftbeförderung eingetreten ist.

ZUBRINGERDIENST

1 § 2 Montrealer Übereinkommen, Durchführungsgesetz
2 Artikel 18 Abs. 3 und 4 Montrealer Übereinkommen
3 Diese Auffassung entspricht der gängigen Rechtsmeinung. Rechtsklarheit wird sich hier letztlich erst im Rahmen der Rechtsprechung entwickeln.

LUFTFRACHTERSATZVERKEHR

Auf kurzen Strecken kommt es manchmal sogar vor, dass der Lufttransport komplett durch eine Beförderung zu Land, zur See oder auf Binnengewässern ersetzt wird; man spricht hier vom sogenannten **Luftfrachtersatzverkehr**. Das Montrealer Übereinkommen ist hier nicht anwendbar, da keine Luftbeförderung vorliegt. Das gilt aber nur dann, wenn der Luftfrachtführer den Lufttransport mit Kenntnis des Absenders ersetzt hat und eine vertragliche Vereinbarung mit dem Absender über den Luftfrachtersatz vorliegt. Dies wäre z. B. der Fall, wenn ein entsprechender Eintrag im AWB vorhanden ist oder in den Allgemeinen Geschäftsbedingungen des Luftfrachtführers das Recht vorbehalten ist, anstelle des Flugzeuges ein anderes Verkehrsmittel einzusetzen. Die Haftung würde sich dann nach der Rechtsvorschrift für das auf der Strecke eingesetzte Verkehrsmittel richten (also z. B. bei internationalen Lkw-Transporten CMR, bei nationalen Transporten HGB).

Ersetzt der Luftfrachtführer aber ohne Zustimmung des Absenders den Lufttransport durch ein anderes Verkehrsmittel, so gilt diese Beförderung als innerhalb des Zeitraums der Luftbeförderung ausgeführt und damit gilt das Montrealer Übereinkommen.[1]

Art der Beförderung		Es gilt
Zubringerdienst	Einem Lufttransport unmittelbar vor-, zwischen- oder nachgeschaltet	Montrealer Übereinkommen
Luftfrachtersatzverkehr	Ohne Zustimmung des Absenders	Montrealer Übereinkommen
Luftfrachtersatzverkehr	Mit Zustimmung des Absenders	Rechtsvorschrift des eingesetzten Verkehrsmittels

5.9.4 Haftungshöchstgrenzen

Die Haftungshöchstgrenze für Güterschäden und Verspätungsschäden beträgt nach dem Montrealer Übereinkommen 19 Sonderziehungsrechte (SZR) pro kg bei einem internationalen Luftfrachttransport. Ein Sonderziehungsrecht ist eine Größe des Internationalen Währungsfonds und muss jeweils in die Landeswährung umgerechnet werden. Zurzeit beträgt der Umrechnungskurs für 1 SZR ungefähr 1,20 EUR.[2] Pro Kilogramm haftet also der Luftfrachtführer maximal mit ungefähr 20,00 EUR.

Nach Warschauer Abkommen bzw. Haager Protokoll haftet der Luftfrachtführer mit 27,35 EUR pro kg bzw. mit 20 USD pro kg.

Bei einem nationalen Luftfrachttransport (den es in der Praxis vermutlich nur selten gibt) würde das HGB zugrunde gelegt werden wie bei allen innerdeutschen Transporten. Nach HGB beträgt der Schadensersatz pro kg brutto 8,33 Sonderziehungsrechte, also circa 10,00 EUR.

HAFTUNGSHÖCHSTGRENZEN

Haftungshöchstgrenzen	
Bei innerdeutschen Luftfrachttransporten	8,33 SZR/kg nach HGB Bei Güterschäden
Bei internationalen Luftfrachttransporten	19[3] SZR/kg nach Montrealer Übereinkommen Sowohl bei Güter- als auch bei Verspätungsschäden

1 Artikel 18 Ziffer 4 Satz 3 Montrealer Übereinkommen

2 Ein Sonderziehungsrecht setzt sich zusammen aus den Währungen Euro, US-Dollar, Japanischer Yen und Englisches Pfund. Der aktuelle Umrechnungskurs wird z. B. im Handelsblatt veröffentlicht oder kann unter www.imf.org nachgesehen werden.
Am 02.08.2010 betrug der aktuelle Umrechnungskurs für 1 SZR = 1,16432 EUR.

3 Gültig seit 01.01.2010

In unserem Beispiel lässt die Firma Frankenelektronik 550 kg Elektronikteile mit einem Warenwert von 145 000,00 EUR per Luftfracht nach Hongkong transportieren. Luftfrachtführer ist die Lufthansa.

Wird die Ware während des Fluges komplett beschädigt, berechnet sich der Schadensersatz, den die Lufthansa bezahlen muss, wie folgt (wenn das Sonderziehungsrecht mit 1,20 EUR umgerechnet wird):

550 kg x 19 SZR x 1,20 EUR = **12 540,00 EUR**

Da gerade mit dem Flugzeug häufig wertvolle Güter transportiert werden, deckt die Haftung des Frachtführers in vielen Fällen nicht den gesamten Schaden bzw. Warenwert. So auch bei der Ware der Firma Frankenelektronik, die 145 000,00 EUR wert ist.

Dem Absender, der eine Ware transportieren lässt, die einen höheren Warenwert als die genannten Haftungshöchstgrenzen hat, bieten sich mehrere Möglichkeiten, wie er seine Ware im Schadensfall absichern kann.

TRANSPORTVERSICHERUNG

Die wohl am häufigsten genutzte Möglichkeit ist der Abschluss einer **Transportversicherung**. Der Vorteil einer Transportversicherung liegt darin, dass auch der Vor- und Nachlauf mit abgesichert werden, also üblicherweise eine komplette Haus-Haus-Versicherung abgeschlossen wird. Außerdem deckt die Transportversicherung beinahe jeden Güterschaden in voller Höhe.[1] Die Prämie liegt je nach Versicherungsanbieter meist zwischen 0,8 ‰ und 3 % vom Warenwert und variiert bei den meisten Versicherungsunternehmen nach Risiko und Güterart. Folge- und Vermögensschäden können bei manchen Versicherungsanbietern mitversichert werden. Der Abschluss kann über einen Spediteur erfolgen oder der Exporteur kann selbst bei einem Versicherungsunternehmen eine solche Versicherung abschließen. Auch die meisten Fluggesellschaften bieten den Abschluss einer Transportversicherung an. Die Deutsche Lufthansa hat z. B. ein eigenes Tochterunternehmen, die **Delvag Luftfahrtversicherungs-AG**[2], die die Versicherung der Güter übernimmt, auf Wunsch auch im Haus-Haus-Verkehr.

DELVAG LUFTFAHRTVERSICHERUNGS-AG

Eine weitere Möglichkeit, im Schadensfall den vollen Warenwert ersetzt zu bekommen, ist die Eintragung einer Wertdeklaration im AWB.

5.9.5 Wertdeklaration

WERTDEKLARATION

NVD

Meist wird in der Praxis im AWB im Feld „Declared Value for Carriage" (**Wertdeklaration**) die Abkürzung „**NVD**" eingetragen, die für „no value declared" steht.

Shipper's Name and Address	Shipper's account Number	Not negotiable **Air Waybill** **Lufthansa**
Consignee's Name and Address	Consignee's account Number	It is agreed that the goods described herein are condition (except as noted) for carriage subject to the Conditions of Contract on the reverse hereof. The shipper s attention is drawn of the notice concerning carrier saccepted in apparent good order and limitation of liability. Shipper may increase such limitation of liability by declaring a higher value for carriage and paying a supplement charge if required
Issuing Carrier's Agent Name and City		Accounting Information
Agent's IATA Code	Account No.	
Airport of Departure (Address of first Carrier) and requested Routing		

to	By first Carrier/Routing and Destination	to	by	to	by	Currency	CHG S Code	WT/VAL PPD | Coll	Other PPD | COLL	Declared Value for Carriage	Declared Value for Customs
										NVD	

---
1 vgl. Heft 1, Kapitel 8
2 www.delvag.de

Das bedeutet, dass kein Wert erklärt wurde mit der rechtlichen Konsequenz, dass der Luftfrachtführer im Schadensfall maximal nur die gesetzliche Höchsthaftung zahlen muss, also nach Montrealer Übereinkommen maximal 19 SZR je kg. Für die Frankenelektronik AG würde dies im Schadensfall einen Schadensersatz durch den Luftfrachtführer in Höhe von 550 kg x 19 SZR x 1,20 EUR = 12 540,00 Euro bedeuten. Der Warenwert beträgt aber 145 000,00 EUR.

Die Frankenelektronik AG könnte die Haftung des Luftfrachtführers erhöhen, indem sie in das Feld „Declared Value für Carriage" den Warenwert einträgt.

Shipper's Name and Address	Shipper's account Number	Not negotiable **Air Waybill** ***Lufthansa***
Consignee's Name and Address	Consignee's account Number	condition (except as noted) for carriage subject to the Conditions of Contract on the reverse hereof. The shipper s attention is drawn of the notice concerning carrier slimitation of liability. Shipper may increase such limitation of liability by declaring a higher value for carriage and paying a supplement charge if required
Issuing Carrier's Agent Name and City		Accounting Information
Agent's IATA Code	Account No.	
Airport of Departure (Address of first Carrier) and requested Routing		

to	By first Carrier/Routing and Destination	to	by	to	by	Currency	CHG S Code	WT/VAL PPD | Coll	Other PPD | COLL	Declared Value for Carriage	Declared Value for Customs
										145 000,00	

Im Schadensfall würde die Frankenelektronik AG dann den vollen Warenwert erhalten, falls die Sendung während des Lufttransports komplett beschädigt würde. Die Haftung des Luftfrachtführers kann also erweitert werden. Allerdings muss die Frankenelektronik dafür eine Gebühr, die sogenannte „**Valuation Charge**", bezahlen. Sie beträgt 0,75 % von der Differenz zwischen eingetragenem Warenwert und gesetzlicher Höchsthaftung.

VALUATION CHARGE

In unserem Beispiel würde der Warenwert der Sendung der Firma Frankenelektronik AG 145 000,00 EUR betragen und die gesetzliche Höchsthaftung nach Montrealer Übereinkommen 12 540,00 EUR.

Berechnung der Valuation Charge:

145 000,00 EUR (angegebener Warenwert) – 12 540,00 EUR (gesetzliche Höchsthaftung) = 132 460,00 EUR.

Von diesem Betrag werden 0,75 % valuation charge berechnet:

0,75 % von 132 460,00 EUR = **993,45 EUR.**

Diese Gebühr muss von der Frankenelektronik zusätzlich bezahlt werden und wird im AWB in das Feld „Valuation Charge" eingetragen.

Valuation Charge	Angegebener Warenwert minus gesetzliche Höchsthaftung Von dieser Differenz sind 0,75 % zu berechnen.

Die Wertdeklaration darf aber nicht mit einer Versicherung verwechselt werden. Sie hat eine Haftungserweiterung des Luftfrachtführers zur Folge. Der Schadensersatz wird deshalb auch nur in den Fällen gezahlt, in denen die Haftung des Frachtführers greift. Der Schaden muss sich also in der Obhut des Luftfrachtführers ereignet haben und es darf keiner der Haftungsausschlüsse nach Montrealer Übereinkommen zutreffen. Für viele Versender ist deshalb der Abschluss einer Transportversicherung vorteilhafter.

5.9.6 Schadensanzeige

Im Falle einer Beschädigung muss der Empfänger unverzüglich nach Entdeckung des Schadens, spätestens jedoch 14 Tage nach der Annahme der Güter, dem Luftfrachtführer die Beschädigung melden. Im Falle einer Verspätung muss die Anzeige binnen 21 Tagen, nachdem die Güter dem Empfänger zur Verfügung gestellt worden sind, erfolgen. Die Schadensanzeige hat **schriftlich** zu erfolgen.[1]

FRISTEN FÜR DIE SCHADENSANZEIGE

Fristen für die Schadensanzeige	
Bei Güterschäden	Unverzüglich nach Entdeckung, jedoch spätestens innerhalb von 14 Tagen nach Annahme der Güter
Bei Verspätungsschäden	Binnen 21 Tagen, nachdem die Güter dem Empfänger zur Verfügung gestellt worden sind

5.10 Welche Besonderheiten gibt es bei der Abwicklung von Sammelgutsendungen in der Luftfracht?

CONSOLIDATION

Bei der Luftfracht-Sammelladung, der sogenannten **Consolidation**, fasst der Spediteur mehrere kleinere Sendungen verschiedener Absender zu einer Sendung zusammen und ermöglicht so aufgrund des höheren Gewichts günstigere Frachtraten.[2] Internationale Speditionen bieten Luftfracht-Sammelgutverkehre mit festem Abflugplan nach fast allen wichtigen Bestimmungshäfen der Welt an. Die Höhe des Frachtaufkommens zu den jeweiligen Zielplätzen bestimmt die Abflughäufigkeit (von einmal wöchentlich bis täglich) im Luftfracht-Sammelgutverkehr.

MASTER-AWB

CARGO MANIFEST

Beim Luftfracht-Sammelgutverkehr erstellt der Spediteur mehrere Frachtbriefe. Der sogenannte **Master-AWB** (MAWB) wird für die Gesamtsendung ausgestellt. Es ist der AWB, mit dem die Sendung an den Frachtführer übergeben wird. Die Einzelsendungen werden in einer Ladeliste, dem **Cargo Manifest**, aufgeführt. Als Shipper wird im Master-AWB in der Regel der Versandspediteur eingetragen und als Consignee der Empfangsspediteur am Zielort.

HOUSE-AWB

CONTRACTING CARRIER

Zusätzlich erstellt der Spediteur für jede Einzelsendung, die zu der Sammelgutsendung gehört, einen hauseigenen AWB, den sogenannten **House-AWB** (HAWB). Beim House-AWB wird der Spediteur zum „**Contracting Carrier**" und ist deshalb auch oben rechts im AWB als Frachtführer eingetragen. Der Spediteur haftet dadurch gegenüber dem Auftraggeber wie der Luftfrachtführer, also z. B. nach Montrealer Übereinkommen. Als Shipper und Consignee werden im House-AWB die tatsächlichen Absender und Empfänger der Einzelsendung eingetragen.

[1] Artikel 31, Absatz 2 und 3 MÜ

[2] vgl. Kapitel 5.13

Frachtbriefe bei einer Luftfracht-Sammelladung (consolidation)	
Master-AWB	• Für die komplette Sammelladung • Shipper ist der Spediteur, der die Sammelladung zusammen stellt • Consignee ist der Empfangsspediteur • Carrier ist die Fluggesellschaft
House-AWB	• Für jede Einzelsendung der Sammelladung • Shipper bzw. Consignee ist der tatsächliche Absender bzw. Empfänger der Ware • Als „Contracting Carrier" ist oben rechts der Spediteur eingetragen.

CARGO MANIFEST

CARGO MANIFEST

Owner/Operator: Spedition EUROCARGO

Flight No: 1506 **Datum:** 18.03.20..

Point of loading: Frankfurt **Point of unloading:** Istanbul

MAWB-No.: 020-12661122

Air Waybill Number shipper	No of pieces	Consignee	Nature of goods	ORG	DES	Gross WT (KG)	Dims: L x B x H
980317-2 Absender 1	5	Empfänger 1	Spare parts	FRA	IST	180	80 x 60 x 40 cm
980317-3 Absender 2	3	Empfänger 2	Spare parts	FRA	IST	80	50 x 50 x 30 cm
908317-4 Absender 3	2	Empfänger 3	Textiles	FRA	IST	30	60 x 70 x 50 cm
total:	**10**					**290 kg**	

MASTER AWB

235 | NUE | 15992211 — 235 – 15992211

Shipper's Name and Address
Spedition
EUROCARGO
Hafenstraße 1
D-90317 Nürnberg

Shipper's account Number

Not negotiable
Air Waybill
Issued by
TURKISH AIRLINES
ATATÜRK HAVALIMANI
YESILKÖY/ISTANBUL

Copies 1,2 and 3 of this Air Waybill are originals and have the same validity.

Consignee's Name and Address
EUROCARGO
INT. NAKLIYAT VE TICARET
80280 ESENTEPE/Istanbul

Consignee's account Number

It is agreed that the goods described herein are accepted in apparent good order and condition (except as noted) for carriage SUBJECT TO THE CONDITIONS OF CONTRACT ON THE REVERSE HEREOF. ALL GOODS MAY BE CARRIED BY ANY OTHER MEANS INCLUDING ROAD OR ANY OTHER CARRIER UNLESS SPECIFIC CONTRARY INSRUCTIONS ARE GIVEN HEREON BY THE SHIPPER, AND SHIPPER AGREES THAT THE SHIPMENT MAY BE CARRIED VIA INTERMIDIATE STOPPING PLACES WHICH THE CARRIER DEEMS APPROPRIATE. THE SHIPPER'S ATTENTION IS DRAWN TO THE NOTICE CONCERNING CARRIER'S LIMITATION OF LIABILITY. Shipper may increase such limitation of liability by declaring a higher value for carriage and paying a supplemental charge if required.

Issuing Carrier's Agent Name and City
Spedition EUROCARGO
Nürnberg

Accounting Information
HAWB: 980317-2
980317-3
980317-4

Agent's IATA Code: 23-4-7057
Account No.:

Airport of Departure (Addr. of first Carrier) and requested Routing: Nürnberg

Reference Number: | Optional Shipping Information:

to	By first Carrier (Routing and Destination)	to	by	to	by	Currency	CHGS Code	WT/VAL PPD	WT/VAL COLL	Other PPD	Other COLL	Declared Value for Carriage	Declared Value for Customs
IST	TK					EUR		X		X		NVD	NCV

Airport Destination: Istanbul | Flight/Date (For Carrier Use Only): TK 1506/18 | Flight/Date: | Amount of Insurance: NIL

INSURANCE – If Carrier offers insurance and such insurance is requested in accordance with the conditions thereof, indicate amount to be insured in figures in box marked amount of insurance.

Handling Information
Documents attached to AWB

No. of Pieces RCP	Gross Weight	kg lb	Rate Class / Commodity Item No.	Chargeable Weight	Rate / Charge	Total	Nature and Quantity of Goods (inc. Dimensions or Volume)
10	290	K	Q	290	4,91	1 423,90	consolidated cargo as per attached manifest
10	290					1 423,90	

	Prepaid	Collect
Weight Charge	1 423,90	
Valuation Charge		
Tax		
Total Other Charges Due Agent		
Total Other Charges Due Carrier		
Total prepaid / Total collect	1 423,90	
Currency Conversion Rates / cc Charges in Dest. Currency		
For Carrier's Use only at Destination / Charges at Destination / Total collect Charges		

Other Charges

Shipper certifies that the particulars on the face hereof are correct and that insofar as any part of the consignment contains dangerous goods, such part is properly described by name and is in proper condition for carriage by air according to the applicable Dangerous Goods Regulations.

Spedition EUROCARGO i. A. Müller
Signature of Shipper or his Agent

18.02.20.. Nürnberg Spedition EUROCARGO
Executed on (Date) at (Place) Signature of Carrier or its Agent

i. A. Müller

House AWB

NUE	980317-2		HAWB 980317 - 2

Shipper's Name and Address	Shipper's account Number	Not negotiable **Air Waybill** Issued by
Böhne Bürotechnik Wörthstraße 24 D-95028 Hof		Spedition EUROCARGO Hafenstraße 1 D-90317 Nürnberg
		Copies 1,2 and 3 of this Air Waybill are originals and have the same validity.
Consignee's Name and Address	**Consignee's account Number**	It is agreed that the goods described herein are accepted in apparent good order and condition (except as noted) for carriage SUBJECT TO THE CONDITIONS OF CONTRACT ON THE REVERSE HEREOF. ALL GOODS MAY BE CARRIED BY ANY OTHER MEANS INCLUDING ROAD OR ANY OTHER CARRIER UNLESS SPECIFIC CONTRARY INSRUCTIONS ARE GIVEN HEREON BY THE SHIPPER, AND SHIPPER AGREES THAT THE SHIPMENT MAY BE CARRIED VIA INTERMIDIATE STOPPING PLACES WHICH THE CARRIER DEEMS APPROPRIATE. THE SHIPPER'S ATTENTION IS DRAWN TO THE NOTICE CONCERNING CARRIER'S LIMITATION OF LIABILITY. Shipper may increase such limitation of liability by declaring a higher value for carriage and paying a supplemental charge if required.
Rheberi Inonu Cad. 16 - 18 34437 Gumussuyu-Istanbul		
Issuing Carrier's Agent Name and City		**Accounting Information** MAWB: 235-15992211
Agent's IATA Code	**Account No.**	

Airport of Departure (Addr. of first Carrier) and requested Routing	Reference Number	Optional Shipping Information
Nürnberg		

to	By first Carrier (Routing and Destination)	to	by	to	by	Currency	CHGS Code	WT/VAL PPD	WT/VAL COLL	Other PPD	Other COLL	Declared Value for Carriage	Declared Value for Customs
IST	TK					EUR		X		X		NVD	NCV

Airport Destination	Flight/Date (For Carrier Use Only)	Flight/Date	Amount of Insurance	**INSURANCE** – If Carrier offers insurance and such insurance is requested in accordance with the conditions thereof, indicate amount to be insured in figures in box marked amount of insurance.
Istanbul	TK 1506/18		NIL	

Handling Information

No. of Pieces RCP	Gross Weight	kg lb	Rate Class / Commodity Item No.	Chargeable Weight	Rate / Charge	Total	Nature and Quantity of Goods (inc. Dimensions or Volume)
5	180	K		180	5,00	900,00	spare parts
5	180					900,00	

Prepaid	Weight Charge	Collect	Other Charges
900,00			
	Valuation Charge		
	Tax		
	Total Other Charges Due Agent		Shipper certifies that the particulars on the face hereof are correct and that insofar as any part of the consignment contains dangerous goods, such part is properly described by name and is in proper condition for carriage by air according to the applicable Dangerous Goods Regulations.
	Total Other Charges Due Carrier		Spedition EUROCARGO i. A. Müller Signature of Shipper or his Agent
Total prepaid	Total collect		Spedition EUROCARGO
900,00			18.02.20.. Nürnberg i. A. Müller
Currency Conversion Rates	cc Charges in Dest. Currency		Executed on (Date) at (Place) Signature of Carrier or its Agent
For Carrier's Use only at Destination	Charges at Destination	Total collect Charges	

5.11 Welche Sicherheitsbestimmungen müssen in der Luftfracht eingehalten werden?

Luftfrachtsendungen sollen in besonderer Weise gegen unbefugte Zugriffe Dritter geschützt werden. Nur eine als sicher eingestufte Luftfracht darf an Fluggesellschaften übergeben werden.

Im Februar 2006 hat das Luftfahrt-Bundesamt dass neue **Luftsicherheitsgesetz** (LuftSiG) vorgestellt, dass die EU-Verordnung 2320/2002 über die Sicherheit in der Zivilluftfahrt umsetzt. Das Gesetz sieht die Zulassung von sogenannten „**Reglementierten Beauftragten**" vor. Als Reglementierte Beauftragte kommen folgende Unternehmen infrage:

LUFTSICHERHEITSGESETZ

REGLEMENTIERTE BEAUFTRAGTE

Reglementierte Beauftragte
• Speditions-, Kurier-, Expressunternehmen, die Luftfracht befördern • Luftfrachthandlingunternehmen • Luftfahrtunternehmen, die die Luftfrachtabfertigung oder Luftfrachtbeförderung als Dienstleistung gegenüber Dritten anbieten

Also auch Luftfrachtspediteure müssen die Zulassung zum Reglementierten Beauftragten beantragen. Ein Reglementierter Beauftragter übernimmt eine ganze Reihe von Verpflichtungen. Dazu zählen unter anderem die Ernennung von Sicherheitsbeauftragten, die Erstellung eines Luftfracht-Sicherheitsplans und der Schutz der Fracht vor unbefugtem Zugriff, soweit diese sich in Gewahrsam des Spediteurs befindet. Das bedeutet, dass der gesamte Ablauf sicherheitsrelevanten Anforderungen genügen muss. Für den Spediteur bedeutet dies einen zusätzlichen Aufwand für die Überwachung der Prozesskette, für Stichprobenkontrollen, Mitarbeiterschulungen usw.

Um eine reibungslose Abfertigung der Luftfrachtsendungen zu gewährleisten, muss der Auftraggeber des Spediteurs als **„Bekannter Versender"** registriert bzw. anerkannt werden. Bis zum April 2010 musste der Kunde des Spediteurs dazu eine vom Luftfahrt-Bundesamt vorgegebene „Sicherheitserklärung des Bekannten Versenders" abgeben. In dieser Sicherheitserklärung verpflichtete sich der Auftraggeber zur Einhaltung folgender Sicherheitsstandards:

BEKANNTE VERSENDER

Verpflichtungen des Bekannten Versenders
• Sendungen während der Vorbereitung, Lagerung und eigenen Beförderung vor unbefugtem Zugriff schützen • Zuverlässiges und in die Tätigkeit eingewiesenes Personal einsetzen • Die Sendungen in sicheren Betriebsräumen vorbereiten • Auf dem Versanddokument schriftlich erklären, dass es sich um keine verbotenen Gegenstände handelt • Die Untersuchung von Verpackung und Inhalt der Sendung (z. B. durch Stichprobenkontrollen) zulassen • Bei Beauftragung von Unterauftragnehmern (Transport, Verpackung, Lagerung) für die Einhaltung der Sicherheitsmaßnahmen sorgen • Den zuständigen Luftsicherheitsbehörden oder den Reglementierten Beauftragten Zutritt zu den Räumlichkeiten gewähren

Lag diese Erklärung vor, konnte der Spediteur als Reglementierter Beauftragter davon ausgehen, dass die darin erklärten Sachverhalte gegeben sind und konnte die Sendung als **„bekannte Fracht"** behandeln. Dies erfordert – von Stichprobenkontrollen abgesehen – im Regelfall keine zusätzlichen technischen Kontrollmaßnahmen.

BEKANNTE FRACHT

Sendungen von sog. **„Unbekannten Versendern"** (also Kunden, von denen keine Versendererklärung vorlag) müssen allerdings nach den Vorschriften des Luftfahrt-Bundesamtes zwingenden Sicherheitskontrollen unterzogen werden.

UNBEKANNTE VERSENDER

Dadurch entstehen natürlich ganz erhebliche Zeitverzögerungen und Mehrkosten, die an die Versender weiterbelastet werden müssen.

Sicherheitskontrollen bei unbekannten Versendern
• Von Hand oder physische Kontrolle der Ware oder • Durchleuchtung mit Röntgenapparat oder • Überprüfung in Druckkammern oder • Kontrollen mit anderen technischen oder biosensorischen Mitteln (z. B. Spürhunde usw.) oder • Sicherheitslagerung usw.

BEHÖRDLICHE ZULASSUNG

Am 29. April 2010 wurde eine neue EU-Verordnung gültig, die darauf abzielt, die Lieferkette noch sicherer zu machen. Es wird nur noch derjenige als Bekannter Versender anerkannt, der eine **behördliche Zulassung** vorweisen kann. Die inhaltlichen Anforderungen an diese Zulassung sind noch nicht im Einzelnen bekannt. Es handelt sich aber um eine Zertifizierung, die erfahrungsgemäß aufwendig ist. Die Zulassung erhält der Versender nach einem entsprechendem Audit, bei dem er unter anderem einen Luftsicherheitsbeauftragten und Schulungen fürs gesamte Personal vorweisen und darlegen muss, wie die Betriebsstätte geschützt ist. Anschließend wird der so überprüfte Versender in einer EU-weiten Datenbank gelistet.

ÜBERGANGSFRIST

Das Luftfahrt-Bundesamt hat aber eine **Übergangsfrist** geschaffen. Alle Versender, die am Stichtag 28. April 2010 eine Sicherheitserklärung nach dem alten Verfahren bei einem Reglementierten Beauftragten (z. B. Spediteur) abgegeben haben, werden vom Luftfahrt-Bundesamt in einer Liste erfasst und gelten bis zum 29. April 2013 weiter als Bekannte Versender ohne irgendwelche zusätzlichen Maßnahmen ergreifen zu müssen.

Seit dem 29. April 2013 benötigen alle Versender eine behördliche Zulassung, um den Status „Bekannter Versender" zu erhalten und müssen das Zertifizierungsverfahren durchlaufen. Das gilt auch für Unternehmen, die am 28. April 2010 keine Sicherheitserklärung bei einem Reglementierten Beauftragen abgegeben haben.

Bekannter Versender kann zudem nur die Betriebsstätte werden, aus der die Sendung ursprünglich kommt. Das umfasst nicht nur Produktion, sondern auch die Konfektionierung und Verpackung.

Experten bezweifeln, dass sich alle derzeit existierenden Bekannten Versender – die Rede ist von 50 000 bis 60 000 – behördlich zertifizieren lassen werden. Für kleinere Unternehmen mit wenigen Luftfrachttransporten wird sich dies kaum lohnen. Die Lufthansa Cargo geht davon aus, dass mindestens 20, wenn nicht 25 Prozent der heutigen Bekannten Versender den behördlich erteilten Status nicht anstreben werden.

Übergangsfrist bis zum 29.04.2013
• Versender muss bis zum 28.04.2010 eine gültige Sicherheitserklärung bei einem Reglementierten Beauftragten abgegeben haben und gilt dann bis zum 25.03.2013 als Bekannter Versender • Versender, die keine Sicherheitserklärung abgeben haben müssen bereits jetzt die behördliche Zulassung beantragen • Versender, die keine Sicherheitserklärung abgegeben haben und auch keine behördliche Zulassung haben gelten als Unbekannte Versender. Ihre Waren werden einer Sicherheitskontrolle unterzogen.
Ab dem 29.04.2013
• Jeder Versender benötigt eine behördliche Zulassung vom Luftfahrt-Bundesamt um den Status Bekannter Versender zu erreichen. Er muss sich dazu zertifizieren lassen. • Wer keine behördliche Zulassung beantragt gilt als Unbekannter Versender, dessen Waren einer Sicherheitskontrolle unterzogen werden.

TRANSPORTEURS-ERKLÄRUNG

Neu ist seit dem 29.April 2010 auch eine sog. **Transporteurserklärung** für z. B. Speditionen/ Frachtführer, die im Auftrag des Bekannten Versenders Luftfracht an den Reglementierten Beauftragten übergeben.

Wie müssen die Sicherungsmaßnahmen auf dem AWB ausgewiesen sein?[1]

Im AWB-Feld „Handling Information" wird in der Regel die Zulassungsnummer des Reglementierten Beauftragten und der Status der Fracht vermerkt. Ist die betreffende Frachtsendung definitiv als „sicher" einzustufen, wird der Begriff „**SPX** – secure for passenger – and all cargo aircraft" in das Feld eingetragen. Mit dem Eintrag „**not secured**" wird unmissverständlich signalisiert, dass die Frachtsendung noch nicht als sicher angesehen werden darf und im weiteren Abfertigungsverlauf einer Sicherheitskontrolle zu unterziehen ist. Dasselbe ist erforderlich, wenn in dem entsprechenden Informationsfeld überhaupt kein Eintrag vorhanden ist. Die Art und Anwendung einer Sicherheitskontrolle (z. B. Röntgen) ist als Nachweis ihrer Durchführung immer zu vermerken, unabhängig davon, zu welchem Zeitpunkt des Sendungslaufes und unter wessen Veranlassung dies geschah. Dieser schriftliche Nachweis (zum Beispiel SPX – secure for passenger – and all cargo aircraft by X-Ray) ist entweder auf der AWB-Durchschrift, die vor Ort bei der Verladung der Sendung in das Luftfahrzeug verfügbar ist oder mittels geeigneter anderer schriftlicher Begleitdokumentation zu führen und muss in jedem Fall die Angabe enthalten, wann und durch wen die Sicherheitskontrolle durchgeführt wurde (Datum, DE.RAC.Nr. und Unterschrift des Reglementierten Beauftragten).

SPX

NOT SECURED

Frachtsendungen, die in der oben genannten Form auf dem AWB als „SPX secure for passenger and all cargo aircraft" gekennzeichnet wurden, weil die notwendigen Verfahren nachweislich eingehalten worden sind (zum Beispiel die Versendererklärung liegt vor, Kontrollmaßnahmen durchgeführt), können sowohl auf Nurfrachtflugzeugen als auch auf Passagierflugzeugen befördert werden. Die sichere Lieferkette muss anhand der Begleitdokumente nachvollziehbar sein.

Bei Sendungen, die nach den Verfahren für die mit Nurfrachtflugzeugen abgefertigt wurden, ist im AWB (oder Begleitdokument) der Begriff „SCO – secure for all cargo aircraft only" zu vermerken. Diese Sendungen sind als sicher für die Beförderung auf Nurfrachtflugzeugen anzusehen, sind aber vor einer eventuellen Beförderung auf Passagierflugzeugen einer Kontrollmaßnahme (zum Beispiel Röntgen) zu unterziehen, statt des Sicherheitsstatus „SCO" ist dann der Status SPX zu vermerken.

SCO

Folgende Sendungen sind in jedem Fall einer Sicherheitskontrollmaßnahme zu unterziehen und der Nachweis muss auf dem AWB – Air Waybill oder den Begleitpapieren – wie oben beschrieben – dokumentiert sein:

- Sendungen von privaten Personen (personal effects)
- unbegleitetes Gepäck, das als Fracht zu befördern ist
- Sendungen von nicht Reglementierten Beauftragten
- Sendungen von unbekannten Versendern
- Sendungen, die von einer anderen Person/Unternehmen als dem bekannten Versender oder dem Reglementierten Beauftragten oder deren Beauftragte (Unterauftragnehmer) angeliefert werden
- Sendungen, deren Inhalt nicht der abgegebenen Erklärung entspricht
- Sendungen, bei denen aufgrund des augenscheinlichen Zustands vermutet werden muss, dass sie manipuliert wurden oder bei denen die sichere Transportkette durch offene unverschlossene oder unbeaufsichtigte Frachtfahrzeuge unterbrochen wurde.

[1] Quelle: Luftfahrt Bundesamt www.lba.de

5.12 Wie müssen gefährliche Güter in der Luftfracht behandelt werden?

Güter, von denen wegen ihrer Beschaffenheit eine Gefahr für das Fluggerät, die Passagiere oder andere Güter ausgeht, sind vom Lufttransport entweder komplett ausgeschlossen oder sie dürfen nur mit bestimmten Einschränkungen geflogen werden. Solche bedingt zugelassenen Güter werden zum Transport nur akzeptiert, wenn besondere Erfordernisse im Hinblick auf Verpackung, Kennzeichnung und Gewicht beachtet werden. So dürfen bestimmte gefährliche Güter nur in Frachtflugzeugen befördert werden, andere sind für den Transport sowohl in Passagier- als auch in Frachtflugzeugen erlaubt.

DANGEROUS GOODS REGULATIONS (DGR)

Die IATA hat die Bestimmungen für die Luftbeförderung gefährlicher Güter zusammengefasst in den „**IATA Dangerous Goods Regulations** (DGR)". Sie gelten für die Güterbeförderung in Flugzeugen aller IATA-Mitglieder sowie für etliche andere Fluggesellschaften. In die DGR einbezogen sind die „ICAO Technical Instructions for the Safe Transport of Dangerous Goods by Air".

Die DGR sind fast für den gesamten Weltflugverkehr verbindlich. In einigen Ländern gibt es noch Sonderbestimmungen. Jeder, der Güter als Luftfracht befördern lässt, muss all diese Bestimmungen unbedingt beachten. In Deutschland gelten die DGR-Bestimmungen kraft gesetzlicher Vorschriften. Das Luftverkehrsgesetz und die Luftverkehrs-Zulassungs-Ordnung regeln in Deutschland den Lufttransport gefährlicher Güter.

Rechtliche Grundlagen für den Transport gefährlicher Güter mit dem Flugzeug

- Dangerous Goods Regulations der IATA
- Technical Instructions der ICAO
- Luftverkehrsgesetz der Bundesrepublik Deutschland
- Luftverkehrs-Zulassungs-Ordnung des Bundesrepublik Deutschland

Die DGR enthalten eine Liste, aus der ersichtlich ist, welche Güter
- generell im Lufttransport verboten sind,
- für „cargo aircraft only" zugelassen sind,
- auch für Passagierflugzeuge zugelassen sind,
- „not restricted" sind.

GEFAHRGUTKLASSEN

Zu den gefährlichen Gütern zählen z. B. explosive Stoffe, komprimierte Gase, entzündliche Flüssigkeiten und Feststoffe, oxidierende Stoffe, Giftstoffe, infektiöse Stoffe, radioaktive Stoffe, ätzende Stoffe. Diese Stoffe werden international in 9 **Gefahrgutklassen** eingeteilt:

Klasse 1	Explosive Stoffe und Gegenstände mit Explosivstoff
Klasse 2	Gase
Klasse 3	Entzündbare flüssige Stoffe
Klasse 4.1	Entzündbare feste Stoffe
Klasse 4.2	Selbstentzündliche Stoffe
Klasse 4.3	Stoffe, die in Berührung mit Wasser entzündbare Gase entwickeln
Klasse 5.1	Entzündend (oxidierend) wirkende Stoffe
Klasse 5.2	Organische Peroxide
Klasse 6.1	Giftige Stoffe
Klasse 6.2	Ansteckungsgefährliche Stoffe
Klasse 7	Radioaktive Stoffe
Klasse 8	Ätzende Stoffe
Klasse 9	Verschiedene gefährliche Stoffe und Gegenstände

Für die nur bedingt zur Frachtbeförderung zugelassenen Güter müssen besondere Vorschriften beachtet werden.

BEDINGT ZUGELASSENE GÜTER

Zu den bedingt zugelassenen Gütern zählen:

- Feste, flüssige oder gasförmige Stoffe, die explosiv, leicht entzündbar, oxidierend, ätzend, giftig, radioaktiv, magnetisch sind oder sonstige belästigende Eigenschaften haben
- Alle Gegenstände, die Säurefüllungen, Quecksilberfüllungen, Kraftstofffüllungen enthalten, Munition und Spraydosen
- Medikamente, Drogen, Kosmetika, Klebstoffe, Farben, Lacke, Pflanzenschutzmittel und Schädlingsbekämpfungsmittel, die gefährliche Stoffe enthalten

Für diese bedingt zugelassenen Güter gelten u. a. folgende IATA-Bestimmungen:

- Festgelegte Nettomengen pro Versandstück dürfen nicht überschritten werden.
- Die Verpackung muss je nach Art des Gutes festgelegten Richtlinien entsprechen.
- Die Gütern sind in den Frachtbriefen und sonstigen Dokumenten entsprechend zu deklarieren.
- Die Versandstücke sind mit Gefahrgutaufklebern und Markierungen (UN-Nummer) zu kennzeichnen.
- Der Versender muss eine Absendererklärung (Shippers's Declaration for Dangerous Goods, ausstellen und unterschreiben.

SHIPPERS'S DECLARATION FOR DANGEROUS GOODS

Die Verantwortung für die richtige Verpackung, Markierung, Einhaltung der Höchstmengen und Deklaration liegt beim Absender. Er haftet für alle Schäden.

Die Gefahrgutaufkleber sind deutlich sichtbar auf allen Seiten des Gutes anzubringen, damit bei der Beförderung auch bei unterschiedlichen Stellungen des Gutes der Aufkleber immer zu erkennen ist. Darf die Sendung nur in einer Frachtmaschine geflogen werden, muss zusätzlich der Aufkleber „CAO" „cargo aircraft only" angebracht werden. Daneben sind noch andere Abkürzungen üblich, vor allem auch zur Information der Flugbesatzung. Sie sind in den sogenannten IMP-Codes zusammengefasst (IMP = Interline Message Procedure).

IATA CARGO IMP-CODES

IATA Cargo IMP-Codes			
CAO	cargo aircraft only	**RIS**	infectious substance
ICE	dry ice	**RMD**	miscellaneous dangerous goods
IMP	interline message procedure	**RNG**	non-flammable compressed gas
MAG	magnetized material	**ROP**	organic peroxide
RCL	cryogenic liquids	**ROX**	oxidizer
RCM	corrosive	**RFB**	poison
RCX	explosives 1.3 C	**RPG**	poisonous gas
RFG	flammable compressed gas	**RRW**	radioaktive material category I-white
RFL	flammable liquid	**RRY**	radioaktive material categories II-yellow and III-yellow
RFS	flammable solid	**RSB**	polystyrene beads
RFW	dangerous when wet	**RSC**	spontaneously combustible
RHF	harmful – stow away from foodstuff	**RXB**	explosives 1.4 B

Die Fluggesellschaften erheben beim Transport gefährlicher Güter eine zusätzliche Gebühr.

IATA/ICAO Gefahren- und Abfertigungskennzeichen

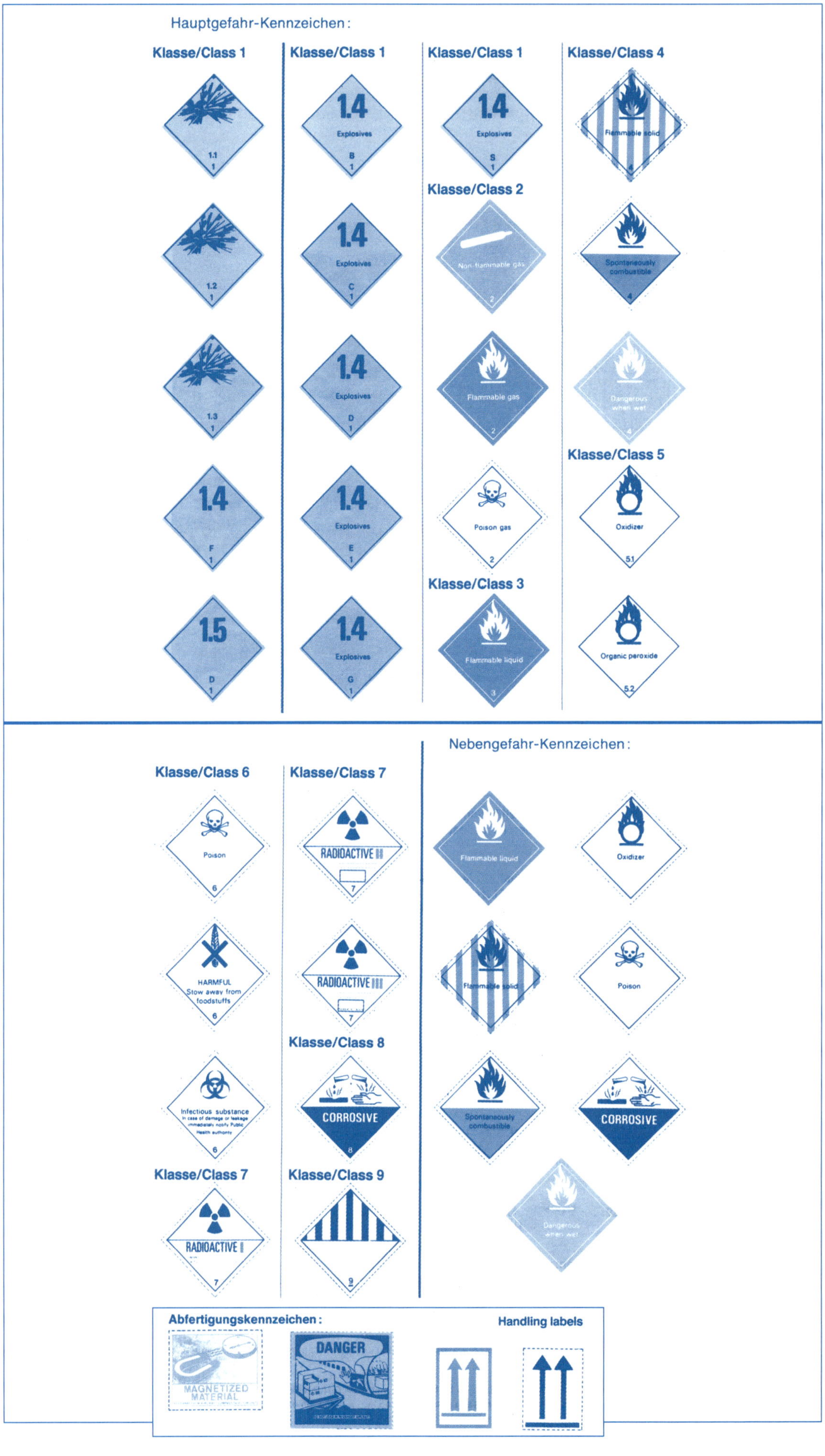

AWB mit Gefahrgut und dazugehörige Shippers Declaration for Dangerous Goods

020 | FRA | 1542/7392 — 020-1542 7392

Shipper's Name and Address — Shipper's Account Number
Chemie AG
Holzgartenweg 135
90431 Nürnberg, Germany

Not negotiable
Air Waybill* — **Lufthansa Cargo**
Issued by Lufthansa Cargo AG, Langer Kornweg 34 i, D-65451 Kelsterbach
Member of International Air Transport Association
Copies 1, 2 and 3 of this Air Waybill are originals and have the same validity

Consignee's Name and Address — Consignee's Account Number
Wacker Quimica do Brasil
Rua Muncipial
Jandira-São Paulo,
Brasilien

Issuing Carrier's Agent Name and City
Spediton EUROCARGO
Nürnberg

Accounting Information

Agent's IATA Code — Account No.

Airport of Departure (Addr. of First Carrier) and Requested Routing: Frankfurt

To	By First Carrier	To	By	To	By	Currency	CHGS Code	WT/VAL PPD	WT/VAL COLL	Other PPD	Other COLL	Declared Value for Carriage	Declared Value for Customs
SAO	Lufthansa					EUR		X		X		NVD	NCV

Airport of Destination	Flight/Date	Flight/Date	Amount of Insurance
São Paulo	LH 670/20.		

INSURANCE – If Carrier offers insurance, and such insurance is requested in accordance with the conditions thereof, indicate amount to be insured in figures in box marked 'Amount of Insurance'

Handling Information
2 Plywood Boxes — att: commercial inv.
marks: Wacker do Brasil, São Paulo — Packing list
(For U.S.A. use only) These commodities licensed by USA for ultimate destination ... Diversion contrary to USA law prohibited. — SCI

No of Pieces RCP	Gross Weight	kg/lb	Rate Class	Commodity Item No.	Chargeable Weight	Rate/Charge	Total	Nature and Quantity of Goods (incl. Dimensions or Volume)
2	40	K	N	–	40	15,05	602,00	Dangerous Goods as per acttached Shipper's declaration
2	40						602,00	

Prepaid	Weight Charge	Collect
602,00		
	Valuation Charge	
	Tax	
	Total Other Charges Due Agent	
55,00	Total Other Charges Due Carrier	
657,00	Total Prepaid / Total Collect	
	Currency Conversion Rates / CC Charges in Dest. Currency	
	For Carrier's Use only at Destination / Charges at Destination / Total Collect Charges	

Other Charges: DGfee 55,00

Shipper certifies that the particulars on the face hereof are correct and that insofar as any part of the consignment contains dangerous goods, such part is properly described by name and is in proper condition for carriage by air according to the applicable Dangerous Goods Regulations.

Spedition EUROCARGO i. A. Müller
Signature of Shipper or his Agent

20.10.20.. Nürnberg Spedition EUROCARGO i. A. Müller
Executed on (date) at (place) Signature of Issuing Carrier or its Agent

* Luftfrachtbrief (nicht begebbar) – eine verbindliche Übersetzung dieses Frachtbriefformulars (einschließlich der Vertragsbedingungen) in die deutsche Sprache liegt bei allen Lufthansa Frachtbüros aus.

ORIGINAL 3 (FOR SHIPPER)

© Lufthansa Cargo

SHIPPER'S DECLARATION FOR DANGEROUS GOODS

Shipper
Chemie AG
Holzgartenweg 135
90431 Nürnberg, Germany

Air Waybill No. 1542/7392
Page 1 of 1 Pages
Shipper's Reference Number (optional) InV.-No. 2008/43

Consignee
Wacker Quimica do Brasil
Rua Muncipial
Jandira-São Paulo,
Brasilien

Two completed and signed copies of this Declaration must be handed to the operator

WARNING
Failure to comply in all respects with the applicable Dangerous Goods Regulations may be in breach of the applicable law, subject to legal penalties. This Declaration must not, in any circumstances, be completed and/or signed by a consolidator, a forwarder or an IATA cargo agent.

TRANSPORT DETAILS
This shipment is within the limitations prescribed for (delete non applicable): PASSENGER AND CARGO AIRCRAFT / ~~CARGO AIRCRAFT ONLY~~ X
Airport of Departure: Frankfurt
Airport of Destination: São Paulo
Shipment type (delete non applicable): NON-RADIOACTIVE | RADIOACTIVE

NATURE AND QUANTITY OF DANGEROUS GOODS (see sub-Section 8.1 of IATA Dangerous Goods Regulations)

Proper Shipping Name	Class or Division	UN or ID No.	Subsidiary Risk	Quantity and type of packing	Packing Inst.	Authorization
Keracol VI Flammable Liquids	3	1993		2 Metalcans Flashpoint – 15° C	305 II	

Additional Handling Information
none

I hereby declare that the contents of this consignment are fully and accurately described above by proper shipping name and are classified, packed, marked and labelled, and are in all respects in the proper condition for transport by air according to the applicable International and National Government Regulations.

Name/Title of Signatory: i. A. Schulze
Place and Date: Nürnberg 20.10.20..
Signature (see warning above): i. A. Schulze

© Lufthansa Cargo

5.13 Wie wird der Transportpreis in der Luftfracht ermittelt?

5.13.1 Der TACT

TACT

Die Grundlage für die Abrechnung von Luftfrachttransporten bildet der sogenannte **TACT = The Air Cargo Tariff,** der regelmäßig von der IATA herausgegeben wird. War er früher für die IATA-Mitglieder absolut bindend, so gilt er heute als Höchstpreisvorgabe, da viele Fluggesellschaften sich inzwischen an den TACT nicht mehr halten und den Spediteuren eigene Preisangebote machen. Aber auch die eigenen Preislisten der Fluggesellschaften sind aufgebaut wie die TACT-Vorgaben.

Der TACT wird in drei Bänden veröffentlicht:

Band 1 (orange) **TACT Rules**	Enthält u. a. die IATA-Städte-Codes, die IATA-Währungsbestimmungen, Vorschriften für die Anwendung und Berechnung der IATA-Raten, Länderbestimmungen für den Luftfrachtimport und -export sowie Sonderbestimmungen für Fluggesellschaften
Band 2 **TACT Rates** **North America**	Raten von, nach und innerhalb der TC 1
Band 3 **TACT Rules worldwide** **(except North America)**	Raten für alle anderen Verkehrsgebiete

Die Flugpläne werden in folgenden Kursbüchern veröffentlicht:

OAG

OAG World Airways Guide **Blue Book**	Passagierflüge der Flughäfen von A–M
OAG World Airways Guide **Red Book**	Passagierflüge der Flughäfen von N–Z
OAG Air Cargo Guide	Frachtflüge

DIREKTRATEN

LOCAL CURRENCY

Die angegebenen Luftfrachtraten gelten nur von Flughafen zu Flughafen **(Direktraten).** Alle Nebenkosten werden gesondert berechnet. Die Raten werden immer in der Währung des Abgangslandes angegeben **(local currency).** Für alle Flüge von einem deutschen Flughafen ins Ausland sind die Ratenangaben also immer in Euro. Sogenannte Kontraktraten werden mit bestimmten Verladern ausgehandelt, wenn diese ein bestimmtes Sendungsaufkommen in einem festgelegten Zeitraum anliefern.

5.13.2 Erklärung der Ratenangaben

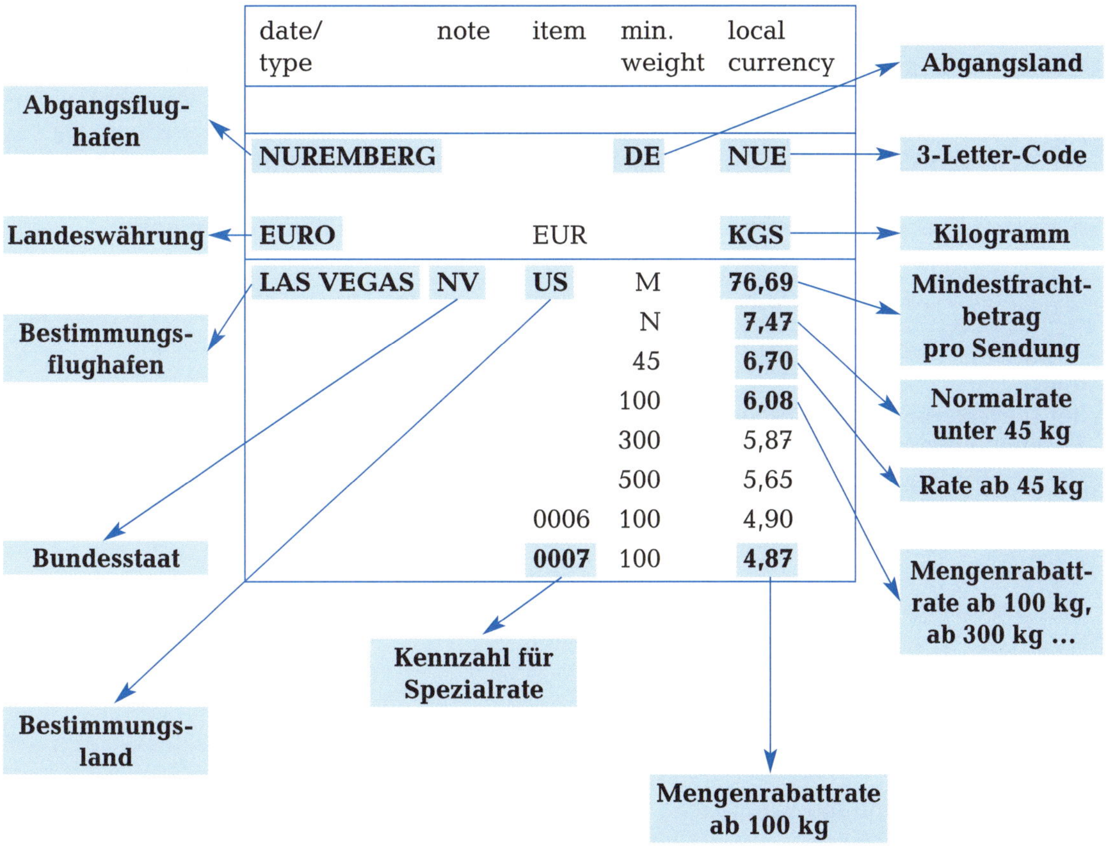

Allgemeine Frachtraten (General Cargo Rates)	
Normalrate = Normal Rate = N-Rate	Für Sendungen bis 45 kg Im obigen Beispiel: 7,47 EUR je kg
Mengenrabattraten = Quantity Rates = Q-Rate	• Für Sendungen ab 45 kg frachtpflichtigem Gewicht Im obigen Beispiel: 6,70 EUR je kg ab insgesamt 45 kg Sendungsgewicht 6,08 EUR je kg ab einem Sendungsgewicht von 100 kg • Das angegebene Mindestgewicht bei jeder Rate darf nicht unterschritten werden. • Liegt das frachtpflichtige Gewicht zwischen 2 Ratenstufen, darf bereits alternativ mit der niedrigeren Frachtrate gerechnet werden, wenn sich dadurch ein niedrigerer Frachtbetrag ergibt. Beispiel: Frachtpflichtigeres Gewicht = 92 kg Alternative 1: (45er-Rate) 92 kg x 6,70 € = 616,40 € Alternative 2: (100er-Rate) 100 kg x 6,08 € = 608,00 € Als Frachtbetrag ist der niedrigere Betrag 608,00 € auszuwählen • Auch zwischen der N-Rate und der 45er-Rate darf bereits alternativ gerechnet werden, wenn sich dadurch ein niedrigerer Frachtbetrag ergibt. Auch hier muss bei Verwendung der 45er-Rate das Mindestgewicht von 45 kg angerechnet werden
Mindestfrachtbetrag = Minimum Rate = M-Rate	Mindestbetrag, der nicht unterschritten werden darf, unabhängig davon, wie viel die Sendung wiegt Im obigen Beispiel: 76,69 EUR

NORMALRATE = NORMAL RATE = N-RATE

MENGENRABATTRATEN = QUANTITY RATES = Q-RATE

MINDESTFRACHTBETRAG = MINIMUM RATE = M-RATE

5.13.3 Beispiele zur Frachtberechnung

Berechnung des frachtpflichtigen Gewichts:

Abgerechnet wird nach dem Bruttogewicht oder dem Volumengewicht der Sendung. Das Gewicht wird auf volle 500 g = 0,5 kg aufgerundet. Sperrige Sendungen werden nach dem Volumengewicht abgerechnet. Sperrig ist eine Sendung dann, wenn der Rauminhalt 6 dm^3 je kg übersteigt. Man könnte auch sagen, das Verhältnis von dm^3 zu kg ist größer 6. Da das Verhältnis von Volumen zu Gewicht auch als messend bezeichnet wird, bedeutet dies, eine Sendung ist sperrig, wenn sie **mehr als 6-mal messend** ist. 6 dm^3 werden dann mit einem kg abgerechnet oder 6 000 cm^3 mit einem kg. Diese nennt man dann **Volumenkg**.

VOLUMENKG

FRACHTBERECHNUNGSVORSCHRIFTEN IN DER LUFTFRACHT

Frachtberechnungsvorschriften in der Luftfracht	
Abgerechnet wird nach Bruttogewicht oder bei sperrigen Sendungen nach dem Volumengewicht	Auf 0,5 kg aufrunden!
Berechnung der Sperrigkeit einer Luftfrachtsendung (Berechnung des Volumengewichts)	Eine Sendung ist sperrig, wenn $\frac{dm^3}{kg}$ > 6-mal messend ist. Je 6 dm^3 (bzw. 6 000 cm^3) werden dann 1 kg abgerechnet.

SPERRIGKEITSBERECHNUNG

Beispiel zur Sperrigkeitsberechnung:

Eine Luftfrachtsendung wiegt 19 kg und hat die Abmessungen: 5,8 dm x 6,2 dm x 4,8 dm.

Das Volumen der Sendung beträgt 172,608 dm^3.

Da 6 dm^3 mit einem kg abgerechnet werden, teilt man das Volumen durch 6.

172,608 dm^3 : 6 = 28,77 Volumenkg.

Das Ergebnis ist größer als das tatsächliche Gewicht von 19 kg, also ist die Sendung sperrig. Das Ergebnis muss aber noch auf 0,5 kg aufgerundet werden.

Das frachtpflichtige Gewicht beträgt also bei diesem Beispiel letztlich 29 kg.

Berechnung des frachtpflichtigen Gewichts bei Sammelladungen (consolidation)

Werden auf einem AWB mehrere Sendungen zusammengefasst, wird die Sperrigkeit immer für den kompletten AWB überprüft, nicht für die einzelne Sendung.

Beispiel:

Auf einem AWB werden 3 Kisten von Frankfurt nach Tokio geflogen.

1. Kiste: Maße 120 x 110 x 80 cm, Gewicht 180 kg
2. Kiste: Maße 110 x 110 x 100 cm, Gewicht 120 kg
3. Kiste: Maße 80 x 80 x 90 cm, Gewicht 110 kg

Die Volumen der 3 Kisten werden zusammengezählt:

Kiste 1: 1 056 000 cm^3

Kiste 2: + 1 210 000 cm^3

Kiste 3: + 576 000 cm^3

= 2 842 000 cm^3 : 6 000 = 473,67 = gerundet **474 Volumenkg**

Das tatsächliche Gewicht der 3 Kisten beträgt insgesamt 410 kg. Da das tatsächliche Gewicht kleiner ist als das Volumengewicht, werden die 474 kg abgerechnet.

Beispiele zur Frachtberechnung:

Als Abrechnungsgrundlage wird für die folgenden Beispiele der TACT-Auszug von Seite 252 verwendet.

1. Eine Sendung, Gewicht 24,4 kg, wird von Frankfurt nach Oslo geflogen.

   Frachtpflichtiges Gewicht = 24,5 kg

   Da das Gewicht unter 45 kg liegt, wird nach der Normalrate (N) abgerechnet.

   (N) 24,5 kg · 2,05 EUR = **50,23 EUR**

2. Eine Sendung von 27,6 kg wird von Hamburg nach Köln geflogen.

   Frachtpflichtiges Gewicht = 28 kg

   Abrechnung nach der Normalrate: (N) 28 kg · 1,00 EUR = 28,00 EUR

   Aber: Mindestfrachtbetrag M = **38,35 EUR**. Da die Abrechnung nach der Normalrate einen Betrag unter dem Minimumbetrag ergibt, wird hier der Mindestfrachtbetrag in Rechnung gestellt.

3. Eine Sendung, Gewicht 52,7 kg, wird von Frankfurt nach Recife geflogen.

   Frachtpflichtiges Gewicht: 53 kg

   Das Gewicht liegt zwischen der 45er-Rate und der 100er-Rate. Beide Raten werden alternativ abgerechnet. Allerdings muss bei der 100er-Rate auch das Mindestgewicht 100 kg abgerechnet werden. Das niedrigere Ergebnis ist auszuwählen.

   (45) 53 kg · 11,20 EUR = **593,60 EUR**

   (100) 100 kg · 8,94 EUR = 894,00 EUR

4. Eine Sendung, Gewicht 33,6 kg, wird von München nach Sydney geflogen.

   Neben der Normalrate darf auch die 45er-Rate alternativ abgerechnet werden. Natürlich muss auch hier das Mindestgewicht von 45 kg zugrunde gelegt werden. Das niedrigere Ergebnis ist auszuwählen.

   (N) 34 kg · 15,74 EUR = 535,16 EUR

   (45) 45 kg · 11,36 EUR = **511,20 EUR**

5. Eine Sendung mit einem Gewicht von 42,5 kg wird von Nürnberg nach Tokio geflogen.

   Maße der Sendung: 108 · 86 · 42 cm

   Berechnung des frachtpflichtigen Gewichts: 390 096 cm^3 : 6 000 = 65,016 Volumenkg, gerundet 65,5 Volumenkg.

   Da die Volumenkg höher sind als das tatsächliche Gewicht, wird nach Volumenkg abgerechnet.

   65,5 kg liegen zwischen 45 und 100 kg, deshalb werden beide Raten alternativ abgerechnet. Das niedrigere Ergebnis ist auszuwählen.

   (45) 65,5 kg · 10,96 EUR = **717,88 EUR**

   (100) 100 kg · 7,62 EUR = 762,00 EUR

AUSZUG AUS DEM TACT

Auszug aus dem TACT

date/ type		note	item	min. wght	local curr.
FRANKFURT	DE			FRA	
EURO		EUR		KGS	
ALICANTE	ES			M	56.24
				N	2.10
				45	1.90
				100	1.10
BERLIN	DE			M	38.35
				N	1.23
				45	0.92
HONG KONG	HK			M	76.69
				N	4.49
				45	3.47
				100	3.24
				300	3.07
				500	2.91
NEW YORK	US			M	76.69
				N	2.86
				45	2.32
				100	2.17
				300	2.05
				500	1.98
OSLO	NO			M	56.24
				N	2.05
				45	1.98
				100	1.63
PTO ALEGRE	BR			M	76.69
				N	15.93
				45	12.07
				100	9.63
				300	7.55
				500	5.97
			9702	45	5.28
			9712	45	5.10
			9713	45	5.16
			9716	45	5.42
RECIFE	BR			M	76.69
				N	13.57
				45	11.20
				100	8.94
				300	7.01
				500	5.55
SAO PAULO	BR			M	76.69
				N	15.05
				45	11.42
				100	9.11
				300	7.15
				500	5.65
TOKYO	JP			M	76.69
				N	15.18
				45	10.96
				100	7.62
				300	4.48
				500	3.78
VERONA	IT			M	56.24
				N	1.36
				45	1.24
WARSAW	PL			M	56.24
				N	2.96
				45	1.99
				100	1.56

date/ type		note	item	min. wght	local curr.
HAMBURG	DE			HAM	
EURO		EUR		KGS	
BREMEN	DE			M	38.35
				N	0.31
				45	0.23
BUEN AIRES	AR			M	76.69
				N	6.85
				45	5.80
				100	4.76
				300	4.29
				500	4.09
CANBERRA	AU			M	84.36
				N	16.25
				45	11.88
				100	7.83
				300	6.68
				500	6.08
				800	5.58
COLOGNE	DE			M	38.35
				N	1.00
				45	0.76
ISTANBUL	TR			M	61.63
				N	4.72
				45	3.57
				100	2.65
JOHANNES BURG	ZA			M	76.69
				N	4.47
				45	4.16
				100	3.84
				500	3.65
KARACHI	PK			M	76.69
				N	3.57
				45	3.21
				100	2.29
				300	2.05
				500	1.91
LONDON	GB			M	56.24
				N	1.64
				45	1.39
MANILA	PH			M	76.69
				N	4.49
				45	3.59
				100	3.24
				300	3.07
				500	2.91
			9710	45	3.02
MELBOURN E	AU			M	84.36
				N	15.74
				45	11.37
				100	7.32
				300	6.17
				500	5.57
				800	5.07
OSAKA	JP			M	76.69
				N	15.18
				45	10.96
				100	7.62
				300	4.48
				500	3.53
PTO ALEGRO	BR			M	76.69
				N	15.93
				45	12.07
				100	9.63
				300	7.55
				500	5.97
			9702	45	4.92
			9712	45	5.28
			9713	45	5.10

date/ type		note	item	min. wght	local curr.
MUNICH	DE			MUC	
EURO		EUR		KGS	
CASABLANC A	MA			M	61.63
				N	4.41
				45	2.72
				100	2.44
FRANKFURT	DE			M	38.35
				N	0.88
				45	0.66
LA PAZ	BO			M	76.69
				N	6.41
				45	5.98
				100	5.31
				300	4.82
				500	4.49
NEW YORK	US			M	76.69
				N	2.86
				45	2.32
				100	2.17
				300	2.05
OSAKA	JP			M	76.69
				N	15.18
				45	10.96
				100	7.62
				300	4.48
				500	3.53
RECIFE	BR			M	76.69
				N	3.57
				45	11.20
				100	8.94
				300	7.01
				500	5.55
SHANGHAI	CN			M	76.69
				N	11.77
				45	7.94
				100	4.44
				300	3.70
				500	3.34
SINGAPORE	SG			M	76.69
				N	4.33
				45	3.53
				100	3.07
				300	2.91
				500	2.75
SYDNEY	AU			M	84.36
				N	15.74
				45	11.36
				100	7.32
				300	6.17
				500	5.57
				800	5.03
TEHRAN	IR			M	76.69
				N	5.92
				45	4.23
				100	3.46
				500	2.91

date/ type		note	item	min. wght	local curr.
NUREMBERG	DE			NUE	
EURO		EUR		KGS	
MANILA	PH			M	76.69
				N	4.49
				45	3.59
				100	3.24
				300	3.07
				500	2.91
RECIFE	BR			M	76.69
				N	3.57
				45	11.20
				100	8.94
				300	7.01
				500	5.55
R. JANEIRO	BR			M	76.69
				N	14.77
				45	11.20
				100	8.94
				300	7.01
				500	5.55
SAO PAULO	BR			M	76.69
				N	15.05
				45	11.42
				100	9.11
				300	7.15
				500	5.65
SHANGHAI	CN			M	76.69
				N	11.77
				45	7.94
				100	4.44
				300	3.70
				500	3.34
SINGAPORE	SG			M	76.69
				N	4.33
				45	3.53
				100	3.07
				300	2.91
				500	2.75
TOKYO	JP			M	76.69
				N	15.18
				45	10.96
				100	7.62
				300	4.48
				500	3.78
OSAKA	JP			M	76.69
				N	15.18
				45	10.96
				100	7.62
				300	4.48
				500	3.53
PTO ALEGRO	BR			M	76.69
				N	15.93
				45	12.07
				100	9.63
				300	7.55
				500	5.97

5.13.4 Einteilung der Luftfrachtraten

Neben den allgemeinen Frachtraten kommen vor allem noch Warenklassenraten, Spezialraten und ULD-Raten für komplette Container zum Einsatz.

Einteilung der Luftfrachtraten	
Allgemeine Frachtraten (general cargo rates)	• Normalraten N (bis 45 kg) • Mengenrabattraten = Quanitity Rates Q (ab 45 kg) • Mindestfrachtbetrag = Minimum Rate M (darf nicht unterschritten werden)
Warenklassenraten (class rates) R = Abschlag S = Zuschlag	• Für Zeitschriften, Bücher, Kataloge, unbegleitetes Reisegepäck, lebende Tiere, Leichen, Wertsachen • Diese Güter werden grundsätzlich mit einem prozentualen Zuschlag (S) oder Abschlag (R) zur Normalrate geflogen.
Spezialraten (spezific commoditiy rates) C-Rate oder Co-Rate	• Besonders stark ermäßigte Raten für bestimmte Warengruppen auf bestimmten Strecken • Meist Mindestgewichte vorgeschrieben
ULD-Raten	• Für Paletten und Container, die vom Absender/Empfänger be- bzw. entladen werden • Die Anlieferung am Flughafen erfolgt **„ready for carriage"**. • Für die Frachtberechnung ist nur das Gewicht, nicht die Art der Ware entscheidend.

ALLGEMEINE FRACHTRATEN (GENERAL CARGO RATES)

WARENKLASSENRATEN (CLASS RATES)

SPEZIALRATEN (SPEZIFIC COMMODITIY RATES)

ULD-RATEN

READY FOR CARRIAGE

RATENPRIORITÄT

Grundsätzlich muss bei der Verladung von Luftfrachtgütern die **Ratenpriorität** in folgender Reihenfolge geprüft werden:

1. Besteht eine Spezialrate oder
2. eine Warenklassenrate oder
3. ist die Allgemeine Rate anzuwenden?

Danach hat die Spezialrate Vorrang. Die Allgemeine Rate wird grundsätzlich nur dann angewandt, wenn für das zu versendende Gut weder eine Spezialrate noch eine Warenklassenrate besteht. Doch ist folgende **Ausnahme** zu beachten: Wenn die Spezialrate zu einer höheren Fracht führt als eine Warenklassenrate oder die Allgemeine Rate, so wird **die niedrigere Fracht berechnet**.

Der Buchstabe, mit dem die entsprechende Ratenart abgekürzt wird, ist im AWB in der Spalte „Rate Class" einzutragen.

No. of Pieces RCP	Gross Weight	kg lb	Rate Class	Commodity Item No.	Chargeable Weight	Rate / Charge	Total	Nature and Quantity of Goods (inc. Dimensions or Volume)
5	550	K	Q	–	550	2,60	1.430,00	

5.13.5 Berechnung der Spezialraten

SPEZIALRATEN

Bei den **Spezialraten** handelt es sich um stark ermäßigte Raten, die für einzeln aufgeführte Güter oder Gütergruppen zwischen bestimmten Flughäfen angewandt werden. Sie setzen allerdings bestimmte zu beachtende Mindestgewichte voraus. Die Spezialrate wird durch eine Kennziffer (Item) angegeben.

Die Spezialraten sind nach folgenden Warengruppen geordnet:

0001–0999 Genießbare Tier- und Pflanzenprodukte

1000–1999 Lebende Tier- und Pflanzenprodukte

2000–2999 Textilien – Fasern und Fertigwaren

3000–3999 Metalle und Metallartikel, ausgenommen Maschinen und Elektroausrüstungen

4000–4999 Maschinen, Fahrzeuge und Elektroausrüstungen

5000–5999 Nichtmetallische Mineralien und Produkte

6000–6999 Chemikalien und verwandte Erzeugnisse

7000–7999 Papier, Rohr, Kautschuk, Holz und Erzeugnisse daraus

8000–8999 Wissenschaftliche, Berufs- und Präzisionsinstrumente, Apparate und Zubehör

9000–9999 Verschiedenes

Die Spezialrate ist nur dann anzuwenden, wenn nicht die Berechnung nach einer allgemeinen Frachtrate zu einem niedrigeren Frachtbetrag führt. Deshalb ist es ratsam, alle möglichen Frachtalternativen zu berechnen.

Beispiele:

1. 34,2 kg Spielzeug (Item 9712) werden von Frankfurt nach Porto Alegro per Luftfracht befördert

   (N) 34,5 kg · 15,93 EUR

   (45) 45 kg · 12,07 EUR

   (9712) 45 kg · 5,10 EUR = **229,50 EUR**

2. Berechnen Sie die Luftfracht für eine Sendung (Item 9710) von Hamburg nach Manila. Es handelt sich um nicht sperriges Gut, 18,2 kg.

   (N) 18,5 kg · 4,49 EUR = **83,07 EUR**

   (9710) 45 kg · 3,02 EUR = 135,90 EUR

3. Drei Kartons (Item 9702) zu je 20 kg, Maße jeweils 84 · 56 · 40 cm, werden von Hamburg nach Porto Alegro geflogen. Berechnen Sie die Luftfracht.

   Tatsächliches Gewicht: gesamt 60 kg

   Volumengewicht 564 480 cm^3: 6 000 = 94,08 = gerundet 94,5 Volumenkg

   Am günstigsten ist hier die Spezialrate (9702) : 94,5 kg · 4,92 EUR = **464,94 EUR**

5.13.6 Berechnung der Warenklassenraten

Diese gelten für ganz bestimmte Warengruppen und werden in Prozentsätzen der Normalrate zugeschlagen oder von dieser abgezogen. Auch hier gelten die Mindestfrachtkosten der Normalraten sowie die bisher bekannten Frachtberechnungsvorschriften.

BERECHNUNG DER WARENKLASSENRATEN

Einige für den Frachtverkehr wichtige Warenklassenraten gibt es für:

Zeitungen, Zeitschriften, Bücher, Magazine, Kataloge und Blindenschriftausrüstungen

Sendungen von 5 kg und mehr werden mit einer Ermäßigung von 50 % auf die Allgemeine Rate unter 45 kg berechnet. Innerhalb Europas und zwischen Europa und Nord-/Mittel-/Südamerika werden 33 % Ermäßigung gewährt. Es werden die normalen Mindestfrachtkosten berechnet.

Unbegleitetes Reisegepäck

wird innerhalb des Gebietes, das Europa, Afrika, Nah- und Fernost sowie Australien umfasst (jedoch nicht innerhalb Europas), mit einer Ermäßigung von 50 % auf die Allgemeine Rate unter 45 kg berechnet. Mindestgewicht 10 kg oder die Mindestfrachtgebühr; der größere Betrag wird erhoben.

Sterbliche Überreste

Im Verkehr zwischen und innerhalb Europa und Afrika/Nahost wird ein Aufschlag von 100 % auf Särge und 200 % auf Urnen erhoben.

Im Verkehr zwischen Europa und Fernost/Australien und im Atlantikverkehr werden Särge zur Unter-45-kg-Rate ohne Aufschlag geflogen; desgleichen Urnen.

Wertfracht

a) Artikel, deren Wert 1 000,00 USD oder mehr pro Bruttokilogramm beträgt.

b) Gold als ungemünztes Edelmetall (...) Platin, Platinmetalle und -legierungen (...), gesetzliche Zahlungsmittel (Banknoten), Wertpapiere, Diamanten und andere Edelsteine (...)

Für diese Sendungen wird ein Aufschlag von 100 % auf die Unter-45-kg-Rate erhoben. Mengenrabatt wird nicht gewährt. Es gelten doppelte Mindestfrachtgebühren.

Beispiele:

(Es wird der TACT-Auszug S. 234 zu Grunde gelegt)

1. Von Hamburg nach London werden 30 kg Zeitschriften geflogen. Wie hoch ist die reine Luftfracht?

   Zeitschriften werden innerhalb Europas mit einer Ermäßigung von 33 % auf die N-Rate geflogen.

   (N) 30 kg · 1,64 EUR = 49,20 EUR
   – 33% Ermäßigung = 16,24 EUR
   = 32,96 EUR   Aber Minimum-Rate = **56,24 EUR**

2. Eine Sendung Wertfracht mit einem Gewicht von 5,350 kg soll von Frankfurt nach New York geflogen werden. Wie hoch ist die reine Luftfracht?

   100 % Zuschlag auf die N-Rate

   (N) 5,5 kg · 2,86 EUR = 15,73 EUR
   + 100 % Zuschlag = 15,73 EUR
   = 31,46 EUR   Aber: doppelte Minimum-Rate = **153,38 EUR**

5.13.7 Berechnung der ULD-Raten

ULD-Raten

ULD ist die Abkürzung für Unit Load Devices. Diese Tarife werden aber nur gewährt, wenn der Verlader die Sendung versandfertig (ready for carriage) anliefert und der Empfänger die Ladeeinheit vom Carrier beladen in Empfang nimmt.

Freight-all-Kind

Die Frachtberechnung erfolgt nur nach dem Gewicht. Deshalb werden diese Raten als FAK-Raten = **Freight-all-Kind**-Raten (Fracht jeder Art) bezeichnet.

Der TACT weist für die Strecke Frankfurt – Johannesburg folgende Raten aus:

	N	9,56
	45	5,91
	100	5,73
	300	4,91
/C		**1,20**
LD-3	**550**	**770,00**
LD-7	**1 500**	**2.100,00**

Die Angabe

LD-3	**550**	**770,00**

Pivotgewicht

bedeutet, dass das frachtpflichtige Mindestgewicht **(Pivotgewicht)** für einen LD-3-Container[1] 550 kg beträgt und dafür 770,00 EUR berechnet werden.

Die Angabe

LD-7	**1 500**	**2.100,00**

bedeutet, dass das frachtpflichtige Mindestgewicht (Pivotgewicht) für einen LD-7-Container 1500 kg beträgt und mit 2.100,00 EUR abgerechnet wird.

Die Angabe

/C	**1,20**

bedeutet, dass mit dieser Rate jedes kg abgerechnet wird, das über dem frachtpflichtigen Mindestgewicht (Pivotgewicht) liegt.

Beispiele:

1. Berechnen Sie die Fracht für einen LD-3-Container von Frankfurt nach Johannesburg, frachtpflichtiges Gewicht 500 kg.

   Das frachtpflichtige Mindestgewicht beträgt 550 kg, sodass hier **770,00 EUR** berechnet werden.

2. Berechnen Sie die Fracht für einen LD-7-Container von Frankfurt nach Johannesburg, frachtpflichtiges Gewicht 1 570 kg.

   Frachtpflichtiges Mindestgewicht: 1 500 kg = 2.100,00 EUR

   + 70 kg · 1,20 EUR = 84,00 EUR

   = **2.184,00 EUR**

[1] vgl. Kapitel 5.4

5.13.8 Luftfrachtnebengebühren

Die Fluggesellschaften und Spediteure berechnen in der Regel zusätzlich zur normalen Luftfracht noch Nebenkosten (Luftfrachtnebengebühren). Üblich sind z. B.:

LUFTFRACHT-NEBENGEBÜHREN

Nebengebühren, die der Agent (Spediteur) erhält	
AWB-Fee	Gebühr für die AWB-Ausstellung
Abfertigungsgebühren (handling charges)	Zum Beispiel für Verwiegen, Messen, Etikettieren
Pick-up	Kosten für die Abholung
Zollabfertigung	

AWB-FEE

ABFERTIGUNGS-GEBÜHREN

PICK-UP

Nebengebühren, die die Fluggesellschaft erhält	
Fuel Surcharge	Treibstoffzuschlag
Security Fee	Sicherheitsgebühr
DGR-Check Fee	Gebühr bei Gefahrgutsendungen
Charges Collect Fee	Gebühr für das Einkassieren von „Unfrei-Sendungen"
Mietgebühren für bestimmte Container (z. B. Pferdecontainer)	

FUEL SURCHARGE

SECURITY FEE

DGR-CHECK FEE

CHARGES COLLECT FEE

Die Nebenkosten werden im Feld „other charges" im AWB eingetragen. Die Beträge werden dann noch einmal entweder bei „prepaid" oder „collect" für den Carrier oder Agenten (Spediteur) eingetragen.

5.13.9 Besondere Tarifkonzepte

Haus-Haus-Tarife

HAUS-HAUS-TARIFE

Das sind nach dem Gewicht gestaffelte Endpreise, die außer den reinen Luftfrachtkosten auch die Kosten für Abholung und Zustellung, die Ausstellung der Beförderungsdokumente, die Zollabfertigung und die Transportversicherung einschließen. Angeboten werden solche Tarife von Spediteuren, zum Teil aber auch von Fluggesellschaften, die den Vor- und Nachlauf selbst organisieren.

Kontraktraten

KONTRAKTRATEN

Kontraktraten sind zwischen Absender (bzw. Spediteur) und der Fluggesellschaft schriftlich vereinbarte Sonderraten, die auf einer Mindesttonnage für einen festgelegten Zeitraum basieren.

Expressraten

EXPRESSRATEN

Unter Zahlung eines Aufschlags werden besonders eilige Sendungen von den Fluggesellschaften bevorzugt behandelt. Bei der Deutschen Lufthansa führte dies zur Einführung sogenannter **Time Definite Services**.

TIME DEFINITE SERVICES

t.d.Pro	Sendung steht beim Empfänger am zweiten bis vierten Arbeitstag nach Annahme zur Verfügung, unabhängig von Größe und Gewicht.
t.d.X	Sendung steht beim Empfänger am ersten bis dritten Arbeitstag nach Annahme zur Verfügung.
td-Flash	Für jede Sendung wird die individuell schnellste Laufzeit ermittelt und garantiert.

Fallstudie 1: Flughäfen in Deutschland

Situation:

Nachfolgende Karte zeigt die wichtigsten internationalen Flughäfen in Deutschland.

Aufgabe

Tragen Sie die Städte in die jeweiligen Kästchen ein. Ergänzen Sie den 3-Letter-Code des jeweiligen Flughafens.

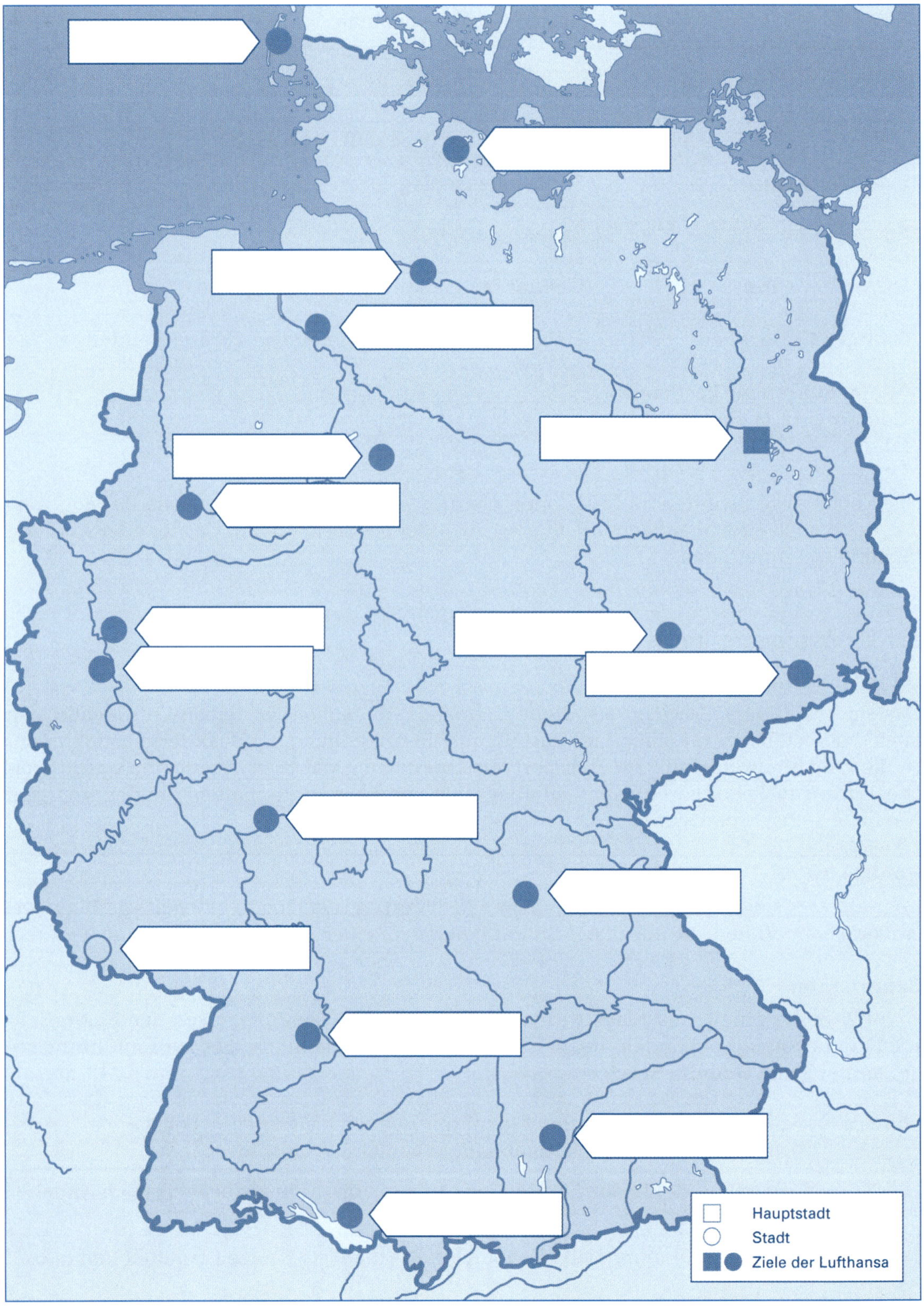

Fallstudie 2: Erstellen eines AWB

Situation:

Als Mitarbeiter der Abteilung „Luftfracht-Export" der Spedition EUROCARGO, Nürnberg, erhalten Sie am 15.04.20.. folgenden Auftrag zur Abfertigung:

1. Exporteur ist die Firma Schmidt & Kunz GmbH, Waldweg 3, 90461 Nürnberg
2. Empfänger ist die Firma Al-Bahreen Trading Ltd., POB: 433924, 143 El-Regan Street, Abu Dhabi, Vereinigte Arabische Emirate
3. Abgangsflughafen ist Frankfurt
4. Flugnummer = LH 632 am Donnerstag, den 18.04.20..
5. Empfangsflughafen ist Abu Dhabi AUH
6. Frachtführer ist die Deutsche Lufthansa
7. Der Auftraggeber wünscht keine Wertdeklaration und keine Versicherung über die Fluggesellschaft.
8. Es ist kein Zollwert angegeben.
9. Frankatur frei Haus
10. Sendung: 1 Karton Ersatzteile (spare parts), Markierung AL-B., AUH., No. 38, 62,2 kg brutto, Maße: 70 cm · 40 cm · 40 cm.
11. Rate pro Kilogramm: Q = 4,96
12. Zusätzlich sind an die Fluggesellschaft zu bezahlen: Fuel Surcharge (0,38 EUR pro kg tatsächliches Gewicht) und Security Fee 0,15 EUR je kg tatsächliches Gewicht).
13. Begleitpapiere: Handelsrechnung (commercial invoice) 3fach

Aufgabe 1

Suchen Sie aus dem abgebildeten Auszug des Flugplans die richtige Flugnummer sowie die Abflugs- und Ankunftszeit, um sie Ihrem Auftraggeber mitteilen zu können.

Days	Validity	Depart	Arrive	Flight	Equip	Stops Class
FROM	FRANKFURT		GERMANY +0100 (+0200 from 31. March)		FRA	
Abu Dhabi AUH						
1[1]- - 4 - - -	Until Nov 20	1205 FRA	2350 AUH	CI 062	M1F	AC2
1 - - 4 - - -	From Nov 24	1205 FRA	2350 AUH	CI 062	343	AC3
1 2 3 4 5 6 7	–	1320 FRA	2245 AUH	LH 632	340	AC1
1 2 3 4 5 6 7	–	1320 FRA	2245 AUH	AC 9298	340	AC1
1 2 3 4 5 6 7	–	1330 FRA	2255 AUH	EK 633	74F	AC1

Aufgabe 2

Füllen Sie den AWB auf der nächsten Seite entsprechend den Angaben aus!

[1] Wochentage: 1 = Montag usw.

94307081

Shipper's Name and Address | Shipper's account Number

Not negotiable

Air Waybill

Issued by

Lufthansa

Copies 1,2 and 3 of this Air Waybill are originals and have the same validity.

Consignee's Name and Address | Consignee's account Number

It is agreed that the goods described herein are accepted in apparent good order and condition (except as noted) for carriage SUBJECT TO THE CONDITIONS OF CONTRACT ON THE REVERSE HEREOF. ALL GOODS MAY BE CARRIED BY ANY OTHER MEANS INCLUDING ROAD OR ANY OTHER CARRIER UNLESS SPECIFIC CONTRARY INSRUCTIONS ARE GIVEN HEREON BY THE SHIPPER, AND SHIPPER AGREES THAT THE SHIPMENT MAY BE CARRIED VIA INTERMIDIATE STOPPING PLACES WHICH THE CARRIER DEEMS APPROPRIATE. THE SHIPPER'S ATTENTION IS DRAWN TO THE NOTICE CONCERNING CARRIER'S LIMITATION OF LIABILITY. Shipper may increase such limitation of liability by declaring a higher value for carriage and paying a supplemental charge if required.

Issuing Carrier's Agent Name and City

Accounting Information

Agent's IATA Code | Account No.

Airport of Departure (Addr. of first Carrier) and requested Routing

Reference Number | Optional Shipping Information

to | By first Carrier | Routing and Destination | to | by | to | by

Currency | CHGS Code | WT/VAL PPD COLL | Other PPD COLL | Declared Value for Carriage | Declared Value for Customs

Airport Destination | Flight/Date | For Carrier Use Only | Flight/Date | Amount of Insurance

INSURANCE – If Carrier offers insurance and such insurance is requested in accordance with the conditions thereof, indicate amount to be insured in figures in box marked amount of insurance.

Handling Information

No. of Pieces RCP	Gross Weight	kg lb	Rate Class / Commodity Item No.	Chargeable Weight	Rate / Charge	Total	Nature and Quantity of Goods (inc. Dimensions or Volume)

Prepaid | Weight Charge | **Collect**

Other Charges

Valuation Charge

Tax

Total Other Charges Due Agent

Shipper certifies that the particulars on the face hereof are correct and that insofar as any part of the consignment contains dangerous goods, such part is properly described by name and is in proper condition for carriage by air according to the applicable Dangerous Goods Regulations.

Total Other Charges Due Carrier

....

Signature of Shipper or his Agent

Total prepaid | Total collect

Currency Conversion Rates | cc Charges in Dest. Currency

....

Executed on (Date) at (Place) Signature of Carrier or its Agent

For Carrier's Use only at Destination | Charges at Destination | Total collect Charges

Fallstudie 3: Internationale Flughäfen

Aufgabe

Geben Sie bei den nachfolgenden Flughäfen an, in welchem Land sie liegen. Vorsicht! Die Städtenamen sind meist in der Landessprache angegeben.

Abu Dhabi		Hongkong		Nice	
Alexandria		Houston		Neu-Delhi	
Amman		Iráklion		Osaka	
Amsterdam		Izmir		Oslo	
Anchorage		Jakarta		Philadelphia	
Ankara		Jeddah		Praha	
Antalya		Johannesburg		Quito	
Atlanta		Karachi		Reykjavik	
Bahrein		Kathmandu		Rio de Janeiro	
Bangkok		Khartoum		Roma	
Barcelona		Kuala Lumpur		Santiago de Chile	
Basel		Lagos		Santos	
Beijing/Peking		La Paz		São Paulo	
Bergen		Larnaca		Seattle	
Billund		Lima		Seoul	
Birmingham		Lisboa		Shanghai	
Bogotà		Ljubljana		Singapore	
Bologna		Luxor		Sofia	
Boston		Lyon		Stockholm	
Bucuresti		Málaga		Sydney	
Budapest		Malta		Tanger	
Buenos Aires		Manchester		Tel Aviv	
Cairo		Manila		Thessaloniki	
Calgary		Masquat		Tokyo	
Caracas		Melbourne		Toronto	
Catania		Memphis		Tripolis	
Chicago		Miami		Tunis	
Dakar		Milano		Vancouver	
Dallas		Monastir		Venezia	
Damascus		Montevideo		Washington	
Dar es Salaam		Montréal		Warszawa	
Dubai		Mumbai (Bombay)		Wien	
Göteborg		Nairobi		Zagreb	
Helsinki		Napoli		Zürich	

Fallstudie 4: Abwicklung eines Schadensfalls in der Luftfracht

Situation:

Ihnen liegt folgender Speditionsauftrag zur Abwicklung vor (s. folgende Seite). Sie schließen im Auftrag Ihres Kunden einen Frachtvertrag mit der Deutschen Lufthansa ab und holen die Ware am 02. Nov. bei der Firma Frankenelektronik ab. Am 06. Nov. wird die Sendung in Frankfurt auf eine Boeing 747 F verladen.

Am 08. Nov. teilt Ihnen die Firma Frankenelektronik mit, dass der Empfänger in Kanada einen Schaden reklamiert hat:

Die Kisten kamen so stark beschädigt an, dass die Ware völlig unbrauchbar ist.

Die Reklamation bei der Lufthansa ergibt, dass die Kisten ordnungsgemäß in Frankfurt verladen wurden und dort kein Schaden festgestellt wurde.

1 SZR = 1,20 EUR

Aufgabe 1

Erläutern Sie Kosten- und Gefahrenübergang beim vereinbarten Incoterm.

Aufgabe 2

Welche Wirkung hat die von der Firma gewünschte Eintragung einer Wertdeklaration im AWB?

Aufgabe 3

In welches Feld des AWB wird die Wertdeklaration eingetragen?

Aufgabe 4

Wie hoch ist der Schadenersatz, den die Lufthansa jetzt bezahlen muss?

Aufgabe 5

Berechnen Sie die Valuation Charge, die die Frankenelektronik bezahlen muss.

Aufgabe 6

Bei einem nachfolgenden Auftrag möchte die Firma Frankenelektronik von Ihnen einen Rat, ob sie wieder eine Wertdeklaration machen oder eine Transportversicherung über Ihre Spedition abschließen soll. Stellen Sie für die Firma Frankenelektronik die Unterschiede zwischen einer Transportversicherung und einer Wertdeklaration übersichtlich dar.

Aufgabe 7

Berechnen Sie die Valuation Charge im Vergleich zur Prämie für eine Transportversicherung, wenn es sich bei der nachfolgenden Sendung um 3 Kisten handelt: Gewicht je Kiste 420 kg, Wert je Kiste 12 000,00 EUR. Die Prämie für die Transportversicherung beträgt 0,2 % vom Warenwert.

Aufgabe 8

Welche Eintragung muss im AWB gemacht werden, wenn die Firma Frankenelektronik auf eine Wertdeklaration verzichtet?

Aufgabe 9

Angenommen auch die nachfolgenden 3 Kisten aus Aufgabe 7 würden während des Fluges komplett beschädigt. Wie hoch ist der Schadensersatz, den die Lufthansa leisten muss, wenn keine Wertdeklaration gemacht wurde?

	Speditionsauftrag
Versender/Lieferant **Kunden Nr.** Frankenelektronik Lange Zeile 32 90419 Nürnberg	€URO cargo Speditions GmbH · 90317 Nürnberg · Hafenstraße 1
Beladestelle Siehe Versender Versand über Frankfurt Airport	**Auftrags-Nummer:** 8975/00 **Abholdatum:** 02.11.20.. **Relations-Nr.**
Empfänger Scautel Ltd. 39 Brydon Dr. Rexdale Ontario, M9W 4M7 Kanada	**Besondere Vermerke des Versenders** *Versand per Luftfracht spätestens am 06.11.* *Wertdeklaration in Höhe des Warenwertes*
Anliefer-/Abladestelle Siehe Empfänger	**Abschluss einer Transportversicherung** wird gewünscht ☐ zu versichernder Warenwert ________ Euro wird nicht gewünscht ☒

Zeichen und Nr.	**Anzahl**	**Verpackung**	**Inhalt**	**Brutto-gewicht kg**
Scautel No. 1-2	2	Kisten	Elektrogeräte	480
Summe:		**Rauminhalt m³/Lademeter**		**Summe:**

Frankatur	**Warenwert**	**Warenwert für Tranportvers.**	**Versendernachnahme**
FCA Nürnberg Airport	15.860,00 €	________	________

30.10.20.. i.A. Krieger

Datum, Unterschrift des Auftraggebers

Wir arbeiten ausschließlich auf Grundlage der Allgemeinen Deutschen Spediteurbedingungen (ADSp), jeweils neueste Fassung. Diese beschränken in Ziffer 23 ADSp die gesetzliche Haftung für Güterschäden nach § 431 HGB für Schäden in speditionellem Gewahrsam auf 5 Euro/kg; bei multimodalen Transporten unter Einschluss einer Seebeförderung auf 2 SZR/kg sowie darüber hinaus je Schadensfall bzw. -ereignis auf 1 Mio. Euro bzw. 2 Mio. Euro oder 2 SZR/kg, je nachdem, welcher Betrag höher ist.

Fallstudie 5: Abrechnung eines Luftfrachtauftrages

Situation:

Am 09. Juni erhalten Sie von Ihrem Kunden, der Firma Martell AG, Nürnberg, den Auftrag, den Transport von 3 Kisten Kunstgegenständen nach Johannesburg per Luftfracht zu organisieren (s. Speditionsauftrag auf der nächsten Seite).

Für die Frachtberechnung stehen Ihnen noch folgende Angaben zur Verfügung:

- Auszug aus dem TACT:

date/type	note	item	min. weight	local currency
FRANKFURT		EUR	DE	FRA
EURO				KGS
JOHANNESBURG		ZA	M	76,69
			N	9,56
			45	5,91
			100	5,73
			300	4,91
			500	1,20

- Fuel Surcharge 0,55 EUR per kg tatsächliches Gewicht
- Security Fee 0,15 EUR per kg tatsächliches Gewicht
- Vorlauf Nürnberg – Frankfurt 0,30 EUR per kg frachtpflichtiges Gewicht
- Nachlaufkosten Johannesburg 0,26 EUR per kg frachtpflichtiges Gewicht

Aufgabe 1

Berechnen Sie das frachtpflichtige Gewicht.

Aufgabe 2

Berechnen Sie die einzelnen Kostenbestandteile.

Aufgabe 3

Begründen Sie, wem Sie die einzelnen Kostenbestandteile in Rechnung stellen, und geben Sie an, wer das Transportrisiko zu tragen hat.

Aufgabe 4

Berechnen Sie den Ertrag für Ihre Spedition, wenn Sie mit der Fluggesellschaft einen Preis von 0,88 EUR per kg vereinbart haben. Für den Vorlauf stellt Ihnen der eingesetzte Frachtführer 0,25 EUR je kg tatsächliches Gewicht in Rechnung und der Nachlauf in Johannesburg kostet Ihre Spedition 0,20 EUR pro kg tatsächliches Gewicht.

	Speditionsauftrag
Versender **Kunden Nr.** W. Martell AG Kirchenweg 85 90420 Nürnberg	€URO cargo Speditions GmbH · 90317 Nürnberg · Hafenstraße 1
Beladestelle Siehe Versender	**Auftrags-Nummer:** 8991/189 **Abholdatum:** 10.06.20.. **Relations-Nr.**
Empfänger Art International 45 Grant Avenue ZA 1345 Johannesburg/RSA	**Besondere Vermerke des Versenders** Beförderung: Luftfracht – stehende Verladung Zwingende Verladung via Flughafen Frankfurt
Anliefer-/Abladestelle Siehe Empfänger	**Abschluss einer Transportversicherung** wird gewünscht [X] zu versichernder Warenwert 55.860,00 Euro wird nicht gewünscht [ ]

Zeichen und Nr.	**Anzahl Verpa-ckung**	**Abmessungen Maße in cm**	**Inhalt**	**Brutto-gewicht kg**
JOH 1-3	3 Kisten	150 x 100 x 160 120 x 80 x 150 110 x 90 x 170	Kunstgegenstände	225 180 195
Summe:	3	**Rauminhalt m³/Lademeter**	**Summe:**	600

Frankatur	**Warenwert**	**Warenwert für Tranportvers.**	**Versendernachnahme**
CPT Johannes-burg airport	55.860,00 €	55.860,00 €	______

09.06.20.. i.A. Müller

Datum, Unterschrift des Auftraggebers

Wir arbeiten ausschließlich auf Grundlage der Allgemeinen Deutschen Spediteurbedingungen (ADSp), jeweils neueste Fassung. Diese beschränken in Ziffer 23 ADSp die gesetzliche Haftung für Güterschäden nach § 431 HGB für Schäden in speditionellem Gewahrsam auf 5 Euro/kg; bei multimodalen Transporten unter Einschluss einer Seebeförderung auf 2 SZR/kg sowie darüber hinaus je Schadensfall bzw. -ereignis auf 1 Mio. Euro bzw. 2 Mio. Euro oder 2 SZR/kg, je nachdem, welcher Betrag höher ist.

Fallstudie 6: Zeitzonen

Information:

Die Grundlage für die Zeiteinteilung der Erde sind die Längengrade (Meridiane) und die Drehung der Erde um die Sonne. Die Erde dreht sich in 24 Stunden einmal um sich selbst. Auf 1° Längenunterschied entfallen demnach 4 Minuten (24 Stunden : 360 Längengrade = 4 Minuten). Folglich dreht sich die Erde in einer Stunde um 15°.

Je Stunde wird eine Zeitzone gebildet. Alle Orte einer Zeitzone haben die gleiche Uhrzeit.

GREENWICH MEAN TIME (GMT)

(UTC = WELTSTANDARDZEIT)

Ausgangpunkt für die Zeitberechnung ist der 0. Längengrad, der durch den Ort Greenwich (bei London) verläuft. Die Zeit des 0. Längengrades wird deshalb **Greenwich Mean Time (GMT)** oder Universal Time Coordinate **(UTC = Weltstandardzeit)** genannt. Orte auf demselben Längengrad haben die gleiche Ortszeit, da sie der gleichen Sonneneinstrahlung ausgesetzt sind. Da sich die Erde von West nach Ost dreht, haben die Orte östlich des 3. Längengrades eine frühere Ortszeit, Orte, die westlich liegen, eine spätere Ortszeit gegenüber der Greenwich-Zeit.

MEZ = MITTELEUROPÄISCHE ZEIT (GMT + 1)

Reist man nun vom 0. Längengrad in östlicher Richtung, muss man die Uhr vorstellen, das heißt, die Stunden werden addiert. Reist man in westlicher Richtung, werden Stunden abgezogen, die Uhr wird zurückgestellt. Die Zeitzoneneinteilung erfolgt nicht immer exakt entlang der Längengrade, sondern richtet sich auch nach politischen Grenzen. Die Zeit des 15. Längengrades östlicher Länge wird als **MEZ = mitteleuropäische Zeit** bezeichnet **(GMT + 1)**. In dieser Zeitzone liegt Deutschland. Wenn also die GMT-Zeit 12:00 Uhr beträgt, ist es bei uns nach mitteleuropäischer Zeit 13:00 Uhr. Während der Sommerzeit beträgt der Unterschied zur GMT-Zeit sogar 2 Stunden. Ist es in den Sommermonaten nach GMT-Zeit 12:00 Uhr, so ist es nach unserer mitteleuropäischen Sommerzeit (MESZ) 14:00 Uhr.

DIFFERENZ ZUR WELTSTANDARDZEIT

In Flugplänen wird die **Differenz zur Weltstandardzeit** mit den Vorzeichen + oder – gekennzeichnet. Seattle –0700 bedeutet UTC –7 Stunden. Ist es z. B. nach UTC 12:00 Uhr, so muss man, um die Ortszeit Seattle zu errechnen, 7 Stunden zurückrechnen. Es ist dort also 5:00 Uhr. Abflug- und Ankunftszeiten sind immer als Ortszeiten angegeben.

Aufgabe 1

In Nürnberg ist es exakt 20:00 Uhr Winterzeit. Wie spät ist es in Bangkok, wenn Sie folgende Angaben berücksichtigen?

Nürnberg	UTC +0100
Bangkok	UTC +0700

Aufgabe 2

In München ist es 15:00 Uhr mitteleuropäische Sommerzeit. Wie spät ist es in Hongkong?

München	UTC +0200 (Sommerzeit)
Hongkong	UTC + 0800

Aufgabe 3

Ihr Kunde möchte von Ihnen wissen, an welchem Wochentag und um wie viel Uhr brasilianischer Ortszeit eine Sendung voraussichtlich am Flughafen in Rio den Janeiro eintreffen wird. Welche Auskunft geben Sie Ihrem Kunden, wenn Ihnen folgende Informationen vorliegen?

Day and time of departure	3/0900 MEZ
Flight time	11 h
Abweichung gegenüber UTC	Frankfurt/Main: +0100 Rio de Janeiro –0300

MEZ

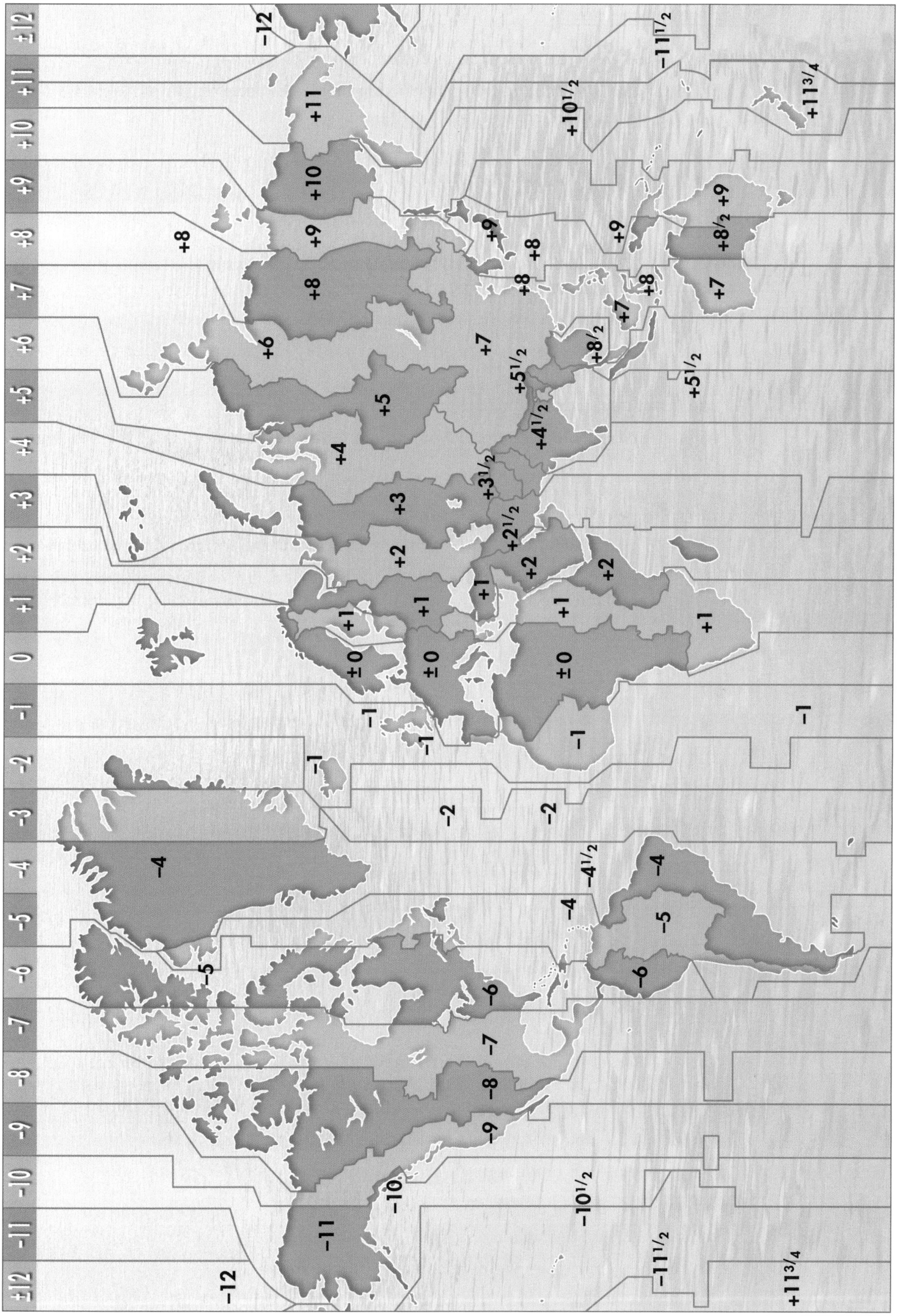
±12
+11
+10
+9
+8
+7
+6
+5
+4
+3
+2
+1
0
-1
-2
-3
-4
-5
-6
-7
-8
-9
-10
-11
±12
-12
-11 1/2
+10 1/2
+11 3/4
+11
+10
+9
+9
+9
+8 1/2
+9
+8
+8
+8
+8
+7
+8
+7
+6
+7
+5 1/2
+8 1/2
+5 1/2
+5
+4
+4 1/2
+3 1/2
+3
+2 1/2
+2
+2
+2
+1
+1
+1
+1
+1
±0
±0
±0
-1
-1
-1
-1
-1
-2
-2
-4
-4 1/2
-4
-4
-5
-5
-6
-6
-7
-8
-9
-10
-10 1/2
-11
-11 1/2
-12
+11 3/4

Wiederholungsfragen

1 Welche Vorteile hat eine Luftfrachtbeförderung gegenüber der Seefracht?

2 Nennen Sie die 2 wichtigen Organisationen im internationalen Flugverkehr.

3 Welche Aufgabe hat das IATA Clearing House?

4 Die IATA hat die Welt in 3 Konferenzgebiete eingeteilt. Zu welchem Konferenzgebiet gehören Tokio, Miami, Johannesburg, Mumbai?

5 Nennen Sie die möglichen rechtlichen Grundlagen für den internationalen Luftfrachtverkehr.

6 Der Luftfrachtspediteur fertigt Luftfrachtsendungen ab. Was ist die Rechtsgrundlage für den Speditionsvertrag?

7 Welche Bedeutung hat die Ausfertigung des AWBs, die der Absender erhält?

8 Warum muss bei Abholung der Sendung am Bestimmungsflughafen kein Original-AWB vorgelegt werden?

9 Wie nennt man eine Sammelladung im Luftfrachtverkehr?

10 Wie heißt der Frachtbrief, der bei einer Sammelladung für die Gesamtsendung ausgestellt wird?

11 Wie heißt der AWB, der vom Spediteur für jede Einzelsendung bei einer Sammelladung ausgestellt wird? Was unterscheidet ihn vom Frachtbrief aus Aufgabe 10?

12 Wie hoch sind die Haftungshöchstgrenzen international bei einem Güterschaden?

13 145 kg eines Gutes sollen von Düsseldorf nach Mexiko City geflogen werden. Wie hoch ist das frachtpflichtige Gewicht, wenn die Sendung die Abmessung 65 cm x 55 cm x 45 cm hat?

14 Berechnen Sie die Fracht zur Sendung aus Aufgabe 13.

date/type	note	item	min. weight	local currency
DUSSELDORF		EUR	DE	DUS
F.R.G. Mark				KGS
MEXICO CITY		MX	M	150.00
			N	25.16
			45	19.39
			100	15.48
			300	12.02
			500	10.68

15 Welches Dokument muss bei einer Gefahrgutsendung in der Luftfracht zusätzlich mitgegeben werden?

16 Für eine Sendung mit einem Wert von 5.000,00 EUR hat der Absender im AWB eine Wertdeklaration in Höhe des Warenwertes eingetragen. Welche Konsequenz hat dies bei einem Schadensfall während des Luftfrachttransportes, wenn das Gut 50 kg wiegt?

17 Berechnen Sie den Wertzuschlag (valuation charge) zu Aufgabe 16.

18 Was muss im AWB eingetragen werden, wenn keine Wertdeklaration erfolgt?

19 Welche Frankaturen gibt es im AWB?

20 Nennen Sie die Funktionen des AWB.

21 Welche Containertypen werden in der Luftfracht verwendet?

6 Importaufträge bearbeiten

6.1 Wie können Waren in die EU importiert werden?

6.1.1 Wareneinfuhrkontrolle

Zu den Aufgaben der Zollbehörden in der EU gehört die Kontrolle der Wareneinfuhr, die im Rahmen der zollamtlichen Überwachung stattfindet. Ziele der zollamtlichen Überwachung sind insbesondere:

VERBOTE UND BESCHRÄNKUNGEN (VUB)

Ziele der zollamtlichen Überwachung		
Sicherung der Erhebung der Einfuhr- und Ausfuhrabgaben	**Einhalten der zollrechtlichen Vorschriften**	**Einhaltung der sogenannten Verbote und Beschränkungen (VuB)**
• Zölle • Einfuhrumsatzsteuer • Besondere Verbrauchssteuern für: – Mineralöl – Branntwein und branntweinhaltige Erzeugnisse – Alcopops – Tabakwaren – Kaffee – Bier – Schaumwein und Zwischenerzeugnisse – Strom	• EU-Zollrecht • Nationales Zollrecht	• Schutz der öffentlichen Ordnung • Schutz der menschlichen Gesundheit • Umweltschutz • Schutz der Tierwelt • Schutz der Pflanzenwelt • Gewerblicher Rechtsschutz • Schutz des ökologischen Landbaus • Überwachung der Ein- und Ausfuhr von Kulturgütern

Die Kontrolle der Wareneinfuhr hat also hauptsächlich eine Schutzfunktion. Damit diese gewährleistet werden kann, ist bei jeder Wareneinfuhr die Zollbehörde zu informieren. Außerdem können manche Waren und Produkte die EU-Grenze nur passieren, wenn die erforderlichen Lizenzen oder die spezifischen Einfuhrdokumente vorliegen.

Bevor man Ware über die EU-Grenze einführt, sollte man prüfen, ob die Ware überhaupt importiert werden darf und welche Einfuhrabgaben zu entrichten sind. Ebenfalls von Bedeutung sind die Dokumente, die bei der Einfuhr vorgelegt werden müssen. Regelungen darüber sind bereits im Kaufvertrag mit dem ausländischen Geschäftspartner festzulegen. Zölle und weitere Einfuhrabgaben beeinflussen die Kalkulation der Preise, während die Einfuhrumsatzsteuer (Mehrwertsteuer) als durchlaufender Posten sich nicht auf die Preise auswirkt.

6.1.2 Zollrecht

Seit dem 1. Januar 1994 gilt im Zollgebiet der Europäischen Union ein einheitliches Zollrecht, das in folgenden Rechtsgrundlagen festgelegt ist.

Zollrecht der Europäischen Union	
Zollkodex (ZK)	Verordnung (EWG) Nr. 2913/92 des Rates zur Festlegung des Zollkodex der Gemeinschaften vom 12. Oktober 1992 VO (EG) Nr. 648/2005 vom 13. April 2005 (Änderung)
Durchführungsvorschrift zum Zollkodex (ZK-DVO)	Verordnung (EWG) Nr. 25454/93 der Kommission mit Durchführungsvorschriften zu der Verordnung (EWG) Nr. 2913/92 des Rates zur Festlegung des Zollkodex der Gemeinschaften vom 02. Juli 1993
Zollbefreiungsverordnung (ZollbefreiungsVO)	Verordnung (EWG) Nr. 918/83 des Rates über das gemeinschaftliche System der Zollbefreiungen vom 28. März 1983
TARIC	Integrierter Zolltarif der Europäischen Gemeinschaften

Compliance Management

Um herauszufinden, dass Geschäftspartner auf keiner Boykottliste stehen, betreiben Unternehmen Compliance Management. Softwarelösungen helfen auch Speditionsunternehmen Embargos zu berücksichtigen, Zollregularien einzuhalten sowie sämtliche außenwirtschaftliche Vorschriften zu beachten.

6.1.3 Zollrechtliche Bestimmung

ZOLLRECHTLICHE BESTIMMUNG

Im Bereich der Verzollung verwendet man eine eigene Terminologie, die im folgenden erläutert werden soll. Wird Ware in das Zollgebiet der Gemeinschaft verbracht (eingeführt), so ist eine Entscheidung über die zollrechtliche Bestimmung zu treffen. Das heißt, der Importeur muss gegenüber den Zollbehörden erklären, was er mit der Ware nach Überschreitung der EU-Grenze zu tun beabsichtigt. Der Zollkodex sieht dazu folgende Möglichkeiten vor:

ZOLLVERFAHREN

FREIZONE

WIEDERAUSFUHR

Zollrechtliche Bestimmung	
Überführung in ein Zollverfahren	Das ist die am häufigsten gewählte zollrechtliche Bestimmung. vgl. unten
Verbringen in eine Freizone oder ein Freilager	In der Bundesrepublik gibt es nur Freizonen, die hauptsächlich in den Häfen eingerichtet wurden. Deshalb spricht man auch von „Freihäfen". Diese liegen im Zollgebiet der Gemeinschaft, sind jedoch besonders abgegrenzt. Auch in den in einer Freizone gelegenen Gebäuden und Räumlichkeiten gilt, dass Nichtgemeinschaftswaren, die sich in einer Freizone befinden, zollmäßig behandelt werden, als wären sie nicht im Zollgebiet der EU. Das bedeutet, es werden keine Einfuhrabgaben erhoben, solange sich Nichtgemeinschaftswaren innerhalb des Territoriums einer Freizone befinden. Wenn z. B. ein Importeur Teppiche aus Indien nach Deutschland bringt, aber noch keine Käufer gefunden hat, kann er die Teppiche im Freihafen Hamburg lagern und somit Eingangsabgaben sparen.
Wiederausfuhr aus dem Zollgebiet der Gemeinschaft	Angenommen der Importeur findet einen Käufer für seine Teppiche in Norwegen, wird er die Teppiche aus dem Freihafen Hamburg nach Norwegen bringen. Gegenüber den Zollbehörden erklärt der Importeur die Wiederausfuhr aus dem Zollgebiet der EU.

Zollrechtliche Bestimmung	
Vernichtung oder Zerstörung	Ein Beispiel dafür ist der Fall, dass ein Tourist von einer Auslandsreise zurückkommt und in seinem Urlaubsland ein Produkt preisgünstig erworben hat. Bei der Zollkontrolle stellt er fest, dass er den fünffachen Betrag an Einfuhrabgaben entrichten müsste, den er für das Produkt selbst ausgegeben hat. Dem Touristen ist dieser Betrag zu hoch und er beantragt beim Zoll die Zerstörung des mitgebrachten Gegenstandes.
Aufgabe zugunsten der Staatskasse	

VERNICHTUNG ODER ZERSTÖRUNG

AUFGABE ZUGUNSTEN DER STAATSKASSE

6.1.4 Zollverfahren

Nach der Gestellung muss der Importeur den Zollbehörden mitteilen, was er mit den Nichtgemeinschaftswaren in der EU zu tun beabsichtigt. Die Information der Zollbehörden erfolgt über die Zollanmeldung, in der er angibt, welches Zollverfahren er wählt.

<table>
<tr><th colspan="4">Zollverfahren</th></tr>
<tr><td>1</td><td>Überführung in den zollrechtlich freien Verkehr</td><td>Nichtgemeinschaftswaren können nach dem Prozess der Verzollung (Anmeldung, Prüfung, Entrichtung von Eingangsabgaben, Freigabe) wie Gemeinschaftswaren verwendet werden. Es findet ein Wechsel des zollrechtlichen Status statt.</td><td></td></tr>
<tr><td>2</td><td>Versandverfahren</td><td>Beförderung von Waren „unverzollt“ unter Aussetzung der eigentlich zu zahlenden Einfuhrabgaben. Einem Versandverfahren muss immer ein anderes Zollverfahren folgen.</td><td></td></tr>
<tr><td>3</td><td>Zolllagerverfahren</td><td>Lagerung von Waren „unverzollt“ an bestimmten zugelassenen Orten (Lagern)
Keine Einfuhrabgaben während der Lagerung
Frei von der Anwendung handelspolitischer Maßnahmen (z. B. Vorlage von Einfuhrgenehmigungen)</td><td rowspan="5">Zollverfahren mit wirtschaftlicher Bedeutung</td></tr>
<tr><td>4</td><td>Aktive Veredelung</td><td>Einfuhr von Nichtgemeinschaftswaren zur Durchführung von Veredelungsarbeiten (Be- und Verarbeitung)
Wiederausfuhr der höherwertigen (veredelten) Produkte</td></tr>
<tr><td>5</td><td>Umwandlungsverfahren</td><td>Be- und Verarbeitung von Waren, die den Wert des Produktes verringern
Geringere Abgabenbelastung
Anwendung im Recyclingbereich</td></tr>
<tr><td>6</td><td>Vorübergehende Verwendung</td><td>Für Nichtgemeinschaftswaren, die nicht in den Wirtschaftskreislauf innerhalb der EU eingehen
Frei von Einfuhrabgaben</td></tr>
<tr><td>7</td><td>Passive Veredelung</td><td>Vorübergehende Ausfuhr von Gemeinschaftswaren aus dem Zollgebiet der EU zu Veredelungszwecken
Wiedereinfuhr nach dem Veredelungsprozess
Niedrigere Abgaben, da im neuen Produkt Gemeinschaftswaren enthalten sind</td></tr>
<tr><td>8</td><td>Ausfuhrverfahren</td><td>Gemeinschaftswaren werden aus dem Zollgebiet der Gemeinschaft ausgeführt.</td><td></td></tr>
</table>

ÜBERFÜHRUNG IN DEN ZOLLRECHTLICH FREIEN VERKEHR

VERSANDVERFAHREN

ZOLLLAGERVERFAHREN

AKTIVE VEREDELUNG

UMWANDLUNGSVERFAHREN

VORÜBERGEHENDE VERWENDUNG

PASSIVE VEREDELUNG

AUSFUHRVERFAHREN

ENDGÜLTIGER CHARAKTER

VORLÄUFIG

Während das Ausfuhrverfahren und die Überführung in den zollrechtlich freien Verkehr endgültigen Charakter haben, sind alle übrigen Zollverfahren vorläufig. Es muss sich ein weiteres endgültiges Zollverfahren anschließen. Fünf der vorläufigen Zollverfahren wird eine wirtschaftliche Bedeutung beigemessen. Sie können nur ausgeführt werden, wenn die Zollbehörden vorher zugestimmt haben. Dabei werden Fristen gesetzt, innerhalb derer die Zollverfahren mit wirtschaftlicher Bedeutung abgeschlossen werden müssen.

Beim grenzüberschreitenden Warenverkehr sind jedoch nicht nur die zollrechtlichen Bestimmungen zu beachten, sondern auch eine erhebliche Anzahl anderer Rechtsvorschriften. Es bestehen Ein- und Ausfuhrbeschränkungen im Außenwirtschaftsrecht auf nationaler Ebene, auf EU-Ebene sowie weltweit. Zunehmend stärkere Bedeutung gewinnen der gesundheitliche Verbraucherschutz, Bekämpfung der Markenpiraterie sowie der Umweltschutz. Es geht dabei um die Einhaltung technischer Normen in Verbindung mit der Anbringung bestimmter Warenmarkierungen und der Deklarierung von Inhaltsstoffen.

6.1.5 Künftige Entwicklungen im Zollrecht

Der Zollkodex wurde mit der VO (EG) Nr. 648/2005 vom 13. April 2005 geändert. Die entsprechende Anpassung der ZK-DVO sieht folgende Änderungen vor:

- Die Zollanmeldung mittels IT-Verfahren soll zum Regelfall werden.
- Die Abwicklung des Einfuhrverfahrens soll analog zum Ausfuhrverfahren zweistufig ablaufen. Der Datenaustausch zischen den Zollstellen soll über IT-Systeme erfolgen.

ZUVERLÄSSIGE WIRTSCHAFTSBETEILIGTE

- Es wurde der Status des „zuverlässigen Wirtschaftsbeteiligten" eingeführt. Er kann ab 01.01.2011 jedem Wirtschaftsbeteiligten bewilligt werden, der die Kriterien dafür erfüllt. Als Kriterien gelten z. B. Zahlungsfähigkeit, angemessene Einhaltung der Zollvorschriften, zufriedenstellende Buchführung, angemessene Sicherheitsstandards.[1] Der Vorteil für den „Zuverlässigen Wirtschaftsbeteiligten" sind Erleichterungen und Vereinfachungen bei der Zollabfertigung.

SUMMARISCHE ANMELDUNG

- Eine „summarische Anmeldung" wird vor dem Verbringen in bzw. aus dem Zollgebiet zum Regelfall werden, die ausschließlich auf elektronischem Wege abzugeben ist. Die papiermäßige Anmeldung wird zum Ausnahmefall.

NEUE STRUKTUREN

- Im Bereich der Zollverfahren werden neue Strukturen eingeführt. Künftig werden die Zollverfahren „Überführung in den zollrechtlich freien Verkehr" sowie die „Ausfuhr" als Säulen der Zollverfahren neben den „besonderen Verfahren", Versand, Lagerung, Verwendung und Veredelung, bestehen. Die bisherigen Begriffe „Sonstige Zollrechtliche Bestimmung", z. B. für Wiederausfuhr, sowie „Zollverfahren mit wirtschaftlicher Bedeutung" werden abgeschafft.

6.1.6 Zollrechtliche Grundbegriffe

Im Zollrecht der EU wird eine Fachsprache verwendet. Zum besseren Verständnis der Abläufe bei der Wareneinfuhr in die EU sind folgende zollrechtlichen Grundbegriffe zu klären.

[1] vgl. www.zoll.de

Zollgebiet	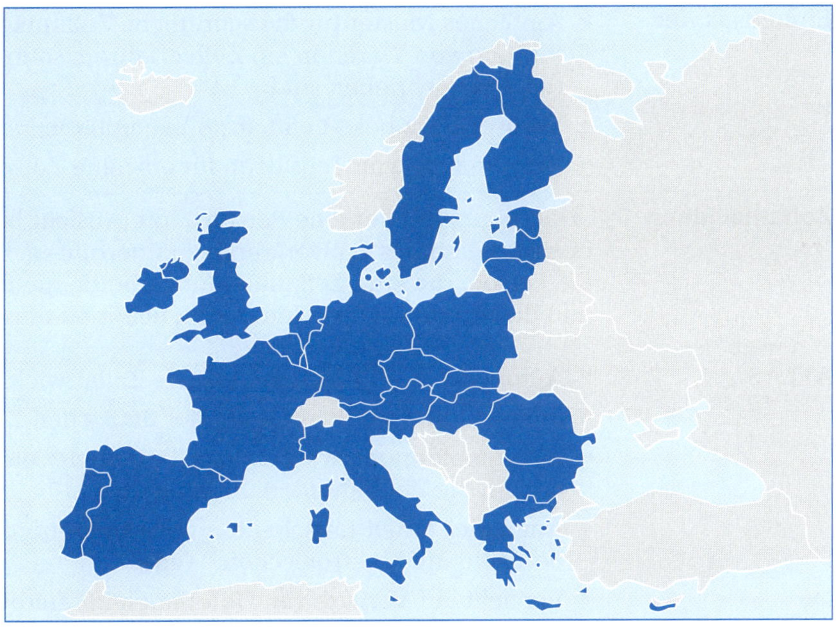 • Abgrenzung des geografischen Raumes, in dem das Zollrecht angewendet wird • entspricht grundsätzlich dem Hoheitsgebiet der Mitgliedsstaaten • Abweichungen: So gehören zum Beispiel für das Territorium der Bundesrepublik Deutschland die Insel Helgoland sowie ein Gebiet bei Büsingen im Grenzgebiet zur Schweiz nicht zum Zollgebiet der Europäischen Union. Zum Staatsgebiet von Dänemark gehört z. B. Grönland. Es zählt jedoch nicht zum Zollgebiet der Europäischen Union.[1]	ZOLLGEBIET
Zollrechtlicher Status	Gemeinschaftsware: Vollständig im Zollgebiet der Gemeinschaft hergestellt oder gewonnen Aus Drittländern eingeführt und in den zollrechtlich freien Verkehr übergeführt Nichtgemeinschaftsware: Alle Waren, die keine Gemeinschaftswaren sind, d. h. nicht in der EU hergestellt oder noch nicht das Zollverfahren „Überführung in den freien Verkehr" durchlaufen haben Vereinfacht ausgedrückt: alle Waren, die ihren Ursprung in einem Land haben, das nicht zur Europäischen Gemeinschaft gehört	ZOLLRECHTLICHER STATUS GEMEINSCHAFTSWARE NICHTGEMEINSCHAFTSWARE
Zollnummer	7-stellige Nummer, erteilt von der Bundeszollverwaltung, erforderlich für sämtliche schriftliche und digitale Zollanmeldungen, DE voranstellen, z. B. DE2345678	ZOLLNUMMER
Verbringen	Es gibt keine Legaldefinition. Als Kriterium gilt das Passieren der Grenze des Zollgebiets der EU, unabhängig vom Beförderungsmittel oder -weg.	VERBRINGEN
Beförderungspflicht	Unmittelbar im Anschluss an das Verbringen ist die Ware zu einer Zollstelle zu befördern, zollamtlich zu erfassen und einer zulässigen zollrechtlichen Behandlung zuzuführen.	BEFÖRDERUNGSPFLICHT
Gestellung	Mitteilung (Information) an Zollbehörden, dass sich Waren bei der Zollstelle (oder an einem anderen zugelassenen Ort) befinden	GESTELLUNG

[1] vgl. www.zoll.de

EINHEITSPAPIER

ZOLLANMELDUNG

ATLAS

Einheitspapier	• Amtliches Muster für die schriftliche Zollanmeldung zur Überführung von Waren in ein Zollverfahren, sofern nicht IT-Verfahren vorgeschrieben sind • Vordrucksatz bestehend aus 8 Exemplaren • Verwendung von Teilsätzen für einzelne Zollverfahren möglich
Zollanmeldung	„Handlung, mit der eine Person ... die Absicht bekundet, eine Ware in ein bestimmtes Zollverfahren zu überführen."[1] Als Anmelder gilt die Person, die eine Zollanmeldung abgibt, die Rechtsfolgen trägt und die erforderlichen Unterlagen beifügen muss.
ATLAS	• Automatisiertes Tarif- und lokales Zollabwicklungssystem • Internes Informatikverfahren der deutschen Zollverwaltung • Zollanmeldungen werden vom Teilnehmer elektronisch erfasst und an die Zollbehörden übermittelt. • Anmelder erhält Entscheidung der Zollbehörden und Abgabenbescheid auf elektronischem Wege. • Verzicht auf Vorlage von Unterlagen im Zeitpunkt der Abfertigung Vorteile: – Beschleunigung des Verfahrens – Papiereinsparung – Keine Fahrten zu den Zollämtern erforderlich – Übermittlung der Daten an alle Zollämter (auch Grenzzollämter) • ATLAS ist für folgende Zollverfahren verfügbar (Stand 2010): – Zollrechtlich freier Verkehr – Aktive Veredelung – Umwandlungsverfahren – Zolllagerverfahren – Versandverfahren – Ausfuhrverfahren

6.2 Wie läuft das Zollverfahren „Überführung in den zollrechtlich freien Verkehr" ab?

Zur Entlastung der Zollstellen an den Grenzen, wird die Zollabfertigung für dieses Verfahren in der Regel bei einer Zollstelle im Binnenland gestellt. Dazu ist die Vorschaltung eines weiteren Zollverfahrens – eines Versandverfahrens – erforderlich, um die Waren von einer Grenzzollstelle zum Bestimmungsort im Binnenland zu transportieren. Anschließend erfolgt die Überführung in den freien Verkehr.

Beispiel:

Scheibenwischer für Kraftfahrzeuge, Warennummer 85124000, des Automobilzulieferers Cho Byung Tae Corp., 100 Kangnam Goo, Pusan, Südkorea, sollen in einem Container FCL – FCL via Pusan mit dem Seeschiff Hamburg Hanjin über den Seehafen Hamburg zum Autoteile-Großhändler ATS Schmidt GmbH, Nopitschstraße 168, 90441 Nürnberg, FCA Pusan transportiert werden. Der Rechnungspreis FCA Pusan beträgt 24.000,00 USD. Die Beförderungskosten für den Seetransport belaufen sich auf 2.880,00 USD. Die Trans-

[1] Zollkodex

portkosten Hamburg – Nürnberg werden mit 600,00 EUR in Rechnung gestellt. Zur Risikoabsicherung wurde eine Transportversicherung in Höhe von 288,00 USD abgeschlossen. Als fiktiver Zollsatz werden 3 % angenommen. Der Regelsatz für die Einfuhrumsatzsteuer beträgt 19 %. ATS Schmidt beauftragt die Spedition EUROCARGO, Nürnberg, mit der Einfuhrabwicklung und Verzollung der Scheibenwischer, die im Gebiet der Europäischen Gemeinschaft verkauft werden sollen. Kurs 1,2000

Bei den Scheibenwischern handelt es sich um Nichtgemeinschaftswaren, die nur über Zollstraßen, Flughäfen und Seehäfen in das Zollgebiet der Gemeinschaft verbracht werden dürfen. Die Scheibenwischer müssen an einer Grenzzollstelle gestellt werden. Das sind nicht nur Grenzzollstellen an Straßen, die an Ländergrenzen in das Gebiet der EU führen, sondern auch Zollstellen in Seehäfen und Flughäfen. Bevor der Container mit den Scheibenwischern nach der Entladung vom Containerschiff Hamburg Hanjin das Hafengebiet verlässt, muss der Container gestellt werden und es ist eine Zollanmeldung abzugeben.

6.2.1 Formen der Zollanmeldung

Die Zollanmeldung des Containers mit den Scheibenwischern wäre grundsätzlich in schriftlicher Form unter Verwendung entsprechender Vordrucke (Einheitspapier) abzugeben. Sie kann jedoch auch in IT-gestützter Form über das Verfahren „ATLAS" erledigt werden. Wir gehen davon aus, dass die Spedition EUROCARGO in Nürnberg über das System ATLAS verfügt und von Nürnberg aus das Zollverfahren „Überführung in den zollrechtlich freien Verkehr" beantragt.

Wenn der Zollanmelder, hier die Spedition EUROCARGO, mittels elektronischen Datentransfers beim zuständigen Grenzzollamt in Hamburg die Überführung in den zollrechtlich freien Verkehr beantragt, spricht man vom sogenannten Teilnehmerverfahren.

TEILNEHMERVERFAHREN

Es wäre jedoch auch möglich, für die Zollanmeldung den entsprechenden Vordruckssatz des Einheitspapiers auszufüllen und zusammen mit den erforderlichen Begleitdokumenten dem Grenzzollamt Hamburg vorzulegen. Zollbedienstete des Grenzzollamts Hamburg würden anschließend die Daten in das System ATLAS übernehmen. Dieses Verfahren bezeichnet man als Benutzereingabe.

BENUTZEREINGABE

Für Unternehmen mit sehr geringer Anzahl von Einfuhrsendungen würden sich die hohen Kosten für die ATLAS-Zertifizierung nicht lohnen. Die Zollverwaltung bietet solchen Unternehmen die Zollanmeldung zur Überführung in den zollrechtlich freien Verkehr kostenfrei und sicher über die Anwendung „Internet-Zollanmeldung (IZA) an. Der Zollanmelder kann über die Adresse www.internetzollanmeldung.de die Anmeldedaten an die Zollbehörde übermitteln und erhält einen Ausdruck der Zollanmeldung, den er unterschreiben und zusammen mit den erforderlichen Dokumenten dem Zollamt vorlegen muss. Das Zollamt übernimmt aus der Internetzollanmeldung die Daten in das System ATLAS zur weiteren Bearbeitung. Es liegt bei der Internetzollanmeldung rechtlich gesehen keine elektronische, sondern eine schriftliche Zollanmeldung vor. Da der Zeitaufwand für die Erfassung durch das Zollamt entfällt, hat der Anmelder den Vorteil, dass die Ware früher freigegeben wird.

INTERNETZOLLANMELDUNG

In Ausnahmefällen kann eine Zollanmeldung auch mündlich abgegeben werden, jedoch nicht im oben genannten Beispiel, da der Warenwert über 1.000,00 EUR liegt. Für Reisemitbringsel, die nicht abgabenfrei sind, genügt ebenfalls eine mündliche Zollanmeldung.

MÜNDLICHE ZOLLANMELDUNG

6.2.2 Summarische Anmeldung (SumA)

Im Anschluss an die Gestellung sind die Nichtgemeinschaftswaren innerhalb bestimmter Fristen einer zollrechtlichen Bestimmung zuzuführen. In den meisten Fällen geschieht dies durch die Zollanmeldung zum freien Verkehr oder zu einem Versandverfahren. Liegt bei Gestellung jedoch noch nicht fest, was mit den Nichtgemeinschaftswaren geschehen soll, ist eine sogenannte summarische Anmeldung erforderlich. Vereinfacht ausgedrückt ist die summarische Anmeldung lediglich eine Liste der gestellten Waren. Die Zollbehörden gewähren in solchen Fällen eine Frist von 20 Tagen, im Seeverkehr von 45 Tagen. Innerhalb

SUMMARISCHE ANMELDUNG

20 TAGEN

45 TAGEN

dieser Zeit muss ein zulässiges Verfahren zur zollrechtlichen Bestimmung eröffnet werden. Während dieser Frist erhalten die Nichtgemeinschaftswaren eine eigene Rechtsstellung. Sie befinden sich in vorübergehender Verwahrung, in der die Waren nach Vorgabe der Zollbehörden gelagert werden müssen und nicht verändert werden dürfen. Die Nichtgemeinschaftswaren befinden sich unter zollamtlicher Überwachung. Als Lagerort legen die Zollbehörden in den meisten Fällen das Betriebsgelände der Person fest, die eine summarische Anmeldung abgegeben hat.

VORÜBERGEHENDE VERWAHRUNG

Im Anschluss an ein Versandverfahren, das immer auf elektronischem Wege abgegeben werden muss oder durch die Zollbehörden in das System ATLAS übertragen wird, erzeugt das System ATLAS in jedem Fall eine summarische Anmeldung (SumA).

Bei der Teilnehmereingabe in das System ATLAS erfolgt bei der Mitteilung über die Gestellung die gleichzeitige Abgabe einer summarischen Anmeldung. Wird an der Grenzzollstelle sofort eine Zollanmeldung zum freien Verkehr eingereicht (Einheitspapier), ist die Abgabe einer summarischen Anmeldung nicht erforderlich.

Im Rahmen der Revision der zollrechtlichen Vorschriften durch die neue ZK-DVO ist in jedem Fall ab 01.01.2011 eine summarische Anmeldung vor Eintreffen der Ware an der EU-Grenze erforderlich.

6.2.3 Annahme der Zollanmeldung

Die rechtliche Konsequenz der Annahme der Zollanmeldung durch das Grenzzollamt in Hamburg ist das Entstehen der Zoll- und Einfuhrumsatzsteuerschuld.

6.2.4 Prüfung

Bei der Prüfung der Zollanmeldung prüft die Zollbehörde, ob der entsprechende Vordruck des Einheitspapiers richtig ausgefüllt ist (bei Teilnehmereingabe im System ATLAS die entsprechenden Daten), die erforderlichen Unterlagen vollständig vorhanden und echt sind (bei Teilnehmereingabe nicht erforderlich), der Zollwert richtig ermittelt wurde und eine Gestellung der Nichtgemeinschaftswaren stattgefunden hat. Eventuell wird eine Zollbeschau durchgeführt.

Für das Zollverfahren „Überführung in den zollrechtlich freien Verkehr" sind folgende Unterlagen einzureichen, falls erforderlich:

HANDELSRECHNUNG

ZOLLWERTANMELDUNG D.V.1

Einzureichende Unterlagen	
Handelsrechnung	Eine Handelsrechnung sollte folgende Angaben aufweisen: • Adresse und Bankverbindung des Absenders • Adresse des Empfängers • Rechnungsnummer und Rechnungsdatum • Unterschrift des Verkäufers • Warenbeschreibung und Warenmenge • Anzahl und Art der Packstücke, Gewicht und Volumen • Einzelpreis, Gesamtpreis • Lieferbedingungen (Incoterms) • Statistische Warennummer (Zolltarifnummer) • Umsatzsteuer-ID-Nummer des Verkäufers und des Käufers (bei Intrahandel)
Angaben über den Zollwert	Es ist eine Zollwertanmeldung D.V.1 bei einem Warenwert über 10.000,00 EUR abzugeben.

Einzureichende Unterlagen	
Präferenznachweise	Warenverkehrsbescheinigungen EUR1, EUR2, ATR, Ursprungszeugnis Form A Präferenzrechtliche Erklärungen auf der Rechnung
Sonstige Unterlagen	Zum Beispiel Echtheitszeugnis, Reinheitszeugnis, Einfuhrgenehmigung, Ursprungszeugnis, tierärztliche Bescheinigungen, phytosanitäre Bescheinigungen[1]
Liste der Packstücke (Manifest)	Bei Waren in mehreren Packstücken

PRÄFERENZNACHWEISE

6.2.5 Zollbefund

Im Zollbefund dokumentiert das Zollamt die Ergebnisse der Überprüfung der Zollanmeldung. Dieser wird grundsätzlich schriftlich niedergelegt und dient als Grundlage der Berechnung von Eingangsabgaben. Der Anmelder kann in dieser Dokumentation die Entscheidung der Zollbehörde nachvollziehen. Der Zollbefund enthält u. a. folgende Informationen:

- „Gegenstand und Ergebnis der Beschau (z. B. Mehrmengen, Handelsklasse etc.),
- die Entnahme von Mustern und Proben,
- Warenmerkmale und Umstände, die für eine Einfuhrabgabenbegünstigung (z. B. Zollpräferenz, außertarifliche Einfuhrabgabenfreiheit) bestimmend sind, auch dann, wenn sie nicht gewährt wird (z. B. weil ein Präferenznachweis nicht anerkannt wird),
- die Bemessungsgrundlagen für den Zoll und die anderen Einfuhrabgaben (z. B. auch Merkmale, die den Zollwert beeinflussen können, wie Beschädigungen etc.),
- die Berechnung der Abgaben,
- ggf. Angaben über die Behandlung der Waren nach VuB-Vorschriften (z. B. die Beschlagnahme oder Einziehung),
- Art und Umfang der Nämlichkeitssicherung unter Bezeichnung der Nämlichkeitsmittel (z. B. Plombenverschlüsse)."[2]

6.2.6 Überlassung

Die Überlassung der Waren nach Abschluss der Zollabfertigung berechtigt den Anmelder über die Waren zu verfügen. Werden bei der Überführung in den freien Verkehr Eingangsabgaben fällig, darf das Zollamt die Ware erst überlassen, wenn die entsprechenden Eingangsabgaben entrichtet wurden oder eine Sicherheit geleistet wurde. Nimmt der Anmelder am Zahlungsaufschubverfahren (Zahlung der Eingangsabgaben nicht sofort, sondern zu einem späteren Zeitpunkt) teil, muss keine erneute Sicherheit beigebracht werden.

Bei den Scheibenwischern vollzieht sich ein Statuswechsel. Aus Nichtgemeinschaftswaren werden Waren, die wie Gemeinschaftsware verwendet werden können. Damit endet die zollamtliche Überwachung.

---

1 Pflanzengesundheitszeugnis

2 www.zoll.de/b0_zoll_und_steuern/a0_zoelle/f0_freier_verkehr/a0_abfertigung/d0_ablauf_abfertigungsverf/d0_zollbefund/index.html

Merke:
Die Zollabfertigung läuft in folgenden Stufen ab:

Zollanmeldung	**1. Zollanmeldung**	Über ATLAS/Einheitspapier
Annahme	**2. Annahme**	Rechtsfolge: Zoll- und Einfuhrumsatzsteuerschuld
Prüfung	**3. Prüfung**	– ATLAS/Einheitspapier vollständig ausgefüllt – Vorlage erforderlicher Unterlagen – Gestellung – Eventuell Zollbeschau
Zollbefund	**4. Zollbefund**	Dokumentation der Überprüfung sowie der Einfuhrabgaben und Zahlungsfristen
Überlassung	**5. Überlassung**	Nach Entrichtung der Einfuhrabgaben oder Leistung einer Sicherheit

6.3 Wie kann eine schriftliche Zollanmeldung zur Überführung in den zollrechtlich freien Verkehr erfolgen?

Die Anmeldung der Scheibenwischer zur Überführung in den zollrechtlich freien Verkehr kann schriftlich unter Verwendung des Teilsatzes 0737 Bestimmung des Einheitspapiers erfolgen. Er besteht aus den Exemplaren 6, 7 und 8 des Einheitspapiers. Als Ausfüllhilfe ist das Merkblatt zum Einheitspapier unerlässlich, das jährlich neu verfasst und veröffentlicht wird. Es ist in Buchform käuflich zu erwerben oder steht als PDF-Datei auf der Website des Bundesministeriums der Finanzen unter www.zoll.de zum Download bereit.

Das Merkblatt zum Einheitspapier ist sehr umfangreich. Wesentliche Inhalte sollen nachfolgend in verkürzter Form wiedergegeben werden.

		Einfuhr Bestimmung[1]
Feld 1		Erstes Unterfeld
	EU	Im Warenverkehr zwischen der Gemeinschaft und den EFTA-Ländern
	IM	Im Warenverkehr zwischen der Gemeinschaft und anderen Drittländern als den EFTA-Ländern für eine Anmeldung zur Überführung in den zollrechtlich freien Verkehr oder zu einer anderen zollrechtlichen Bestimmung Im Warenverkehr zwischen den Mitgliedsstaaten der Gemeinschaft für eine Anmeldung zur Überführung von aus einem Mitgliedsstaat eingegangenen Nichtgemeinschaftswaren in den zollrechtlich freien Verkehr oder zu einer anderen zollrechtlichen Bestimmung
	CO	Im Warenverkehr zwischen Mitgliedsstaaten der Gemeinschaft für eine Anmeldung zur Überführung von Gemeinschaftswaren in den steuerrechtlich freien Verkehr oder zur Überführung von Gemeinschaftswaren in ein Zolllagerverfahren
		Zweites Unterfeld
	A	Für eine Zollanmeldung
	B	Für eine unvollständige Zollanmeldung
	C	Für eine vereinfachte Zollanmeldung
	X	Für eine ergänzende Anmeldung eines unter B definierten vereinfachten Verfahrens

[1] vgl. Merkblatt zu Zollanmeldungen, summarischen Anmeldungen und Wiederausfuhrmitteilungen, Ausgabe 2013

	Y	Für eine ergänzende Anmeldung eines unter C definierten vereinfachten Verfahrens			
	Z	Für eine ergänzende Zollanmeldung im Rahmen eines vereinfachten Verfahrens			
		Drittes Unterfeld (nicht auszufüllen)			
Feld 2		Anzugeben sind Name und Vorname bzw. Firma und vollständige Anschrift des Verkäufers der Waren.			
Feld 3		Lfd. Nummer in Verbindung mit der Gesamtzahl der verwendeten Vordrucksätze			
Feld 5		Gesamtzahl der vom Anmelder auf allen verwendeten Vordrucken angemeldeten Warenpositionen			
Feld 8		Empfänger			
Feld 14		Name und Vorname bzw. Firma und vollständige Anschrift des Anmelders; sind Anmelder und Empfänger/Einführer identisch, ist „Empfänger – 00500" anzugeben.			
Feld 15 a		Es ist der ISO-alpha-2-Code für Länder (Anhang 1 A) für das Land anzugeben, aus dem die Waren versendet oder ausgeführt worden sind.			
Feld 17 b		Zielland (Bundesland in Deutschland, in dem die Sendung verbleiben soll)			
		01	Schleswig-Holstein	09	Bayern
		02	Hamburg	10	Saarland
		03	Niedersachsen	11	Berlin
		04	Bremen	12	Brandenburg
		05	Nordrhein-Westfalen	13	Mecklenburg-Vorpommern
		06	Hessen	14	Sachsen
		07	Rheinland-Pfalz	15	Sachsen-Anhalt
		08	Baden-Württemberg	16	Thüringen
Feld 18		Anzugeben ist das Kennzeichen oder der Name des Beförderungsmittels – Lastkraftwagen, Schiff, Waggon –, auf dem die Waren bei ihrer Gestellung bei der Zollstelle, bei der die Förmlichkeiten im Bestimmungsmitgliedsstaat erfüllt werden, unmittelbar verladen sind.			
Feld 19	0 1	Nicht in Containern beförderte Waren In Containern beförderte Waren			
Feld 20		Anzugeben ist die Lieferbedingung entsprechend Anhang 2. Im ersten Unterfeld des Feldes wird der Incoterm-Code eingetragen, im zweiten Unterfeld der darauf bezogene Ort, das dritte Unterfeld bleibt frei.			
Feld 21		Unterfeld Anzugeben ist die Art (Lastkraftwagen, Schiff, Waggon, Flugzeug) des aktiven Beförderungsmittels, das beim Überschreiten der Außengrenze der Gemeinschaft benutzt wird. Das Kennzeichen des aktiven Beförderungsmittels, das beim Überschreiten der Außengrenze der Gemeinschaft benutzt wird, ist nur bei Beförderungen im Seeverkehr (Schiffsname) anzugeben. Unterfeld Einzutragen ist die Staatszugehörigkeit des aktiven Beförderungsmittels, das beim Überschreiten der Außengrenze der Gemeinschaft benutzt wird nach ISO-alpha-2-Code für Länder (Anhang 1 A). Kann die Staatsangehörigkeit nicht ermittelt werden, so ist der Code „QU" einzutragen.			

Feld 22		Währung (1. Unterfeld), auf die der Geschäftsvertrag lautet (ISO-alpha-3-Code nach Anhang 1 B) und der in Rechnung gestellte Betrag (2. Unterfeld); bei kostenloser Lieferung: Eintrag „unentgeltlich“.
Feld 23		Es ist der geltende Wechselkurs für die Umrechnung der Rechnungswährung in EUR anzugeben.
Feld 24		In diesem Feld ist die Art des Geschäfts (Angabe, aus der bestimmte Klauseln des Geschäftsvertrags wie z. B. Verkauf oder Kommission ersichtlich werden) mit der Schlüsselnummer entsprechend Anhang 3 anzugeben.
Feld 25		Code für die Art des Verkehrszweiges entsprechend dem mutmaßlichen aktiven Beförderungsmittel, auf dem die Waren in das Zollgebiet der Gemeinschaft verbracht worden sind (1 – Seeverkehr, 2 – Eisenbahnverkehr, 3 – Straßenverkehr, 4 – Luftverkehr, 5 – Postsendungen, 7 – fest installierte Transporteinrichtungen, 8 – Binnenschifffahrt, 9 – eigener Antrieb)
Feld 26		Code für die Art des Verkehrszweiges entsprechend dem Beförderungsmittel, auf dem die Waren bei ihrer Gestellung bei der Zollstelle, bei der die Förmlichkeiten im Bestimmungsmitgliedsstaat erfüllt werden, unmittelbar verladen sind. Dieses Feld ist nicht auszufüllen, wenn die Einfuhrformalitäten bei der Eingangszollstelle erfüllt werden, und bei der Überführung der Waren in das Zolllagerverfahren.
Feld 29		Eingangszollstelle nach Schlüsselnummer gemäß Anhang 4 Vor die Schlüsselnummer ist der Zusatz „DE00“ zu setzen.
Feld 31		Einzutragen sind Zeichen und Nummern, Anzahl und Art der Packstücke anhand der Verpackungscodes (Anhang 8). Die Warenbezeichnung muss so genau sein, dass die Einreihung der Ware in das „Warenverzeichnis für die Außenhandelsstatistik“ möglich ist. Werden Waren in Containern befördert, so sind die Nummern der Container in diesem Feld anzugeben.
Feld 32		Auszufüllen wenn sich die Anmeldung auf mehr als eine Warenposition bezieht.
Feld 33		Erstes Unterfeld (kombinierte Nomenklatur) Hier sind die ersten acht Steller der Codenummer einzutragen. Zweites Unterfeld (TARIC) Hier sind die neunte und zehnte Stelle der Codenummer einzutragen. Drittes Unterfeld (1. Zusatzcode) Hier ist ggf. ein vierstelliger Zusatzcode einzutragen, auf den im EZT-Fenster „Einfuhrmaßnahmen“ im Feld ZC hingewiesen wird. Viertes Unterfeld (2. Zusatzcode) Hier ist ggf. ein weiterer vierstelliger Zusatzcode einzutragen, auf den im EZT-Fenster „Einfuhrmaßnahmen“ im Feld ZC hingewiesen wird. Fünftes Unterfeld (nationale Angaben) Hier ist nur die elfte Stelle der Codenummer einzutragen. Die Eintragung ist linksbündig vorzunehmen.
Feld 34 a		Ursprungsland (Land, in dem die Waren vollständig gewonnen oder hergestellt worden sind) nach dem ISO-alpha-2-Code für Länder (Anhang 1 A)
Feld 34 b		Nicht auszufüllen
Feld 35		Rohmasse der in Feld 31 beschriebenen Ware in kg; das Containergewicht zählt nicht zur Rohmasse.

Feld 36		Code für die zutreffende Abgabenbegünstigung nach einem dreistelligen numerischen Code entsprechend Anhang 5 Code „100“ eintragen, wenn keine Präferenz beantragt wird.
Feld 37		Anzugeben ist die zollrechtliche Bestimmung, zu der die Waren bei der Bestimmung (Einfuhr) angemeldet werden, unter Benutzung eines vierstelligen numerischen oder ggf. siebenstelligen alphanumerischen Codes entsprechend Anhang 6.
Feld 38		Anzugeben ist die Eigenmasse der im Feld 31 beschriebenen Ware, ausgedrückt in kg.
Feld 39		vierstellige Nummer des Zollkontingents aus dem Anhang ZK (Zollkontingente) des EZT, wenn ein bestimmtes Kontingent beantragt wird (sonst kein Eintrag)
Feld 40		Codes nach Anhang 9 bei ggf. summarischer Anmeldung, vereinfachter Anmeldung oder Verwendung von Vorpapieren
Feld 41		Anzugeben ist für jede Position der Zahlenwert für die im Warenverzeichnis für die Außenhandelsstatistik vorgegebene Besondere Maßeinheit, z. B. die Stückzahl.
Feld 42		auszufüllen bei mehreren Warenpositionen Rechnungspreis der zu dieser Position in Feld Nr. 31 angemeldeten Waren in der Währung, die in Feld 22 genannt wurde
Feld 44		Für besondere Vermerke ist ein fünfstelliger Code einzutragen (Anhang 10)
Feld 46		Anzugeben ist der Wert des Gutes bei Überschreiten der deutschen Grenze.
Feld 47		„Art“: Abgabenart nach Code aus Anhang 7 „Bemessungsgrundlage“: Zollwert Selbstberechnung in den Spalten „Satz“ und „Betrag“ „ZA“ (= Zahlungsart): A – Barzahlung C – Verrechnungsscheck (Banküberweisung) D – Andere E – Zahlungsaufschub F – Lastschriftverfahren
Feld 48		nur bei Zahlungsaufschub ausfüllen (E) eigene Abgabenschulden des Aufschubnehmers (F) fremde Abgabenschulden des Aufschubnehmers Nummer des Aufschubkontos eintragen
Feld 49		Lagernummer (Kennnummer) für Zolllager Typ C, D, E, F oder Freilager
Feld 54		handschriftliche Unterschrift und Name des Anmelders/Vertreters

Anhang 7 - Zu Feld Nr. 47: Code für die Abgabenarten

A00	Zölle (ohne EGKS-Zölle, Ausgleichs-, Antidumping und Zusatzzölle auf Agrarwaren)
A10	Zölle auf Agrarwaren, Zusatzzölle auf Agrarwaren und Agrarteilbeträge
A30	endgültige Antidumpingzölle
A35	vorläufige Antidumpingzölle
A40	endgültige Ausgleichszölle
A45	vorläufige Ausgleichszölle
B00	Einfuhrumsatzsteuer
C00	Ausfuhrabgaben (ohne Ausfuhrabgaben für landwirtschaftliche Erzeugnisse)
C10	Ausfuhrabgaben für landwirtschaftliche Erzeugnisse
D10	Vermische Einnahmen der EU (Ausgleichszinsen)
230	Pauschalierte Einfuhrabgaben
300	Tabaksteuer
310	Kaffeesteuer
350	Branntweinsteuer
360	Alkopopsteuer
370	Schaumweinsteuer
390	Zwischenerzeugnissteuer
440	Energiesteuer (aus dem Verbrauch von anderen Heizstoffen als von Erdgas)
450	Energiesteuer (sonstiges Aufkommen; ohne das in den Titeln 03102 und 03104 erfasste Aufkommen)
460	Energiesteuer (aus dem Verbrauch von Erdgas)
670	Biersteuer

noch Anhang 6

Abschnitt C Teil II - Die häufigsten Verfahrenscodes bei dem Eingang/der Einfuhr von Waren

Code	Angemeldete oder mitgeteilte zollrechtliche Bestimmung Vorangegangene zollrechtliche Bestimmung
02	**Überführung von Waren in den zollrechtlich freien Verkehr zur Durchführung einer aktiven Veredelung - Verfahren der Zollrückvergütung -*)**
0200	ohne vorangegangene zollrechtliche Bestimmung

*) **Anmerkung: Code 0** (Überführung in den zollrechtlich freien Verkehr) ist nicht zu verwenden, wenn Waren nach einer **vorübergehenden** Ausfuhr wiedereingeführt werden. In diesen Fällen kommt Code 6 in Frage.

Code 0 ist auch zu verwenden für Waren, die nach Anmeldung zur **endgültigen** Ausfuhr in den zollrechtlich freien Verkehr übergeführt werden. In diesen Fällen kommt n i c h t Code 6 zur Anwendung.

Code	Bestimmung
40	**Gleichzeitige Überführung von Waren in den zoll- und steuerrechtlich freien Verkehr ohne steuerbefreiende Lieferung (keine Befreiung von der Einfuhrumsatzsteuer) nach § 5 Abs. 1 Nr. 3 oder Nr. 4 UStG*)**
4000	ohne vorangegangene zollrechtliche Bestimmung
4010	nach Anmeldung zur endgültigen Ausfuhr (z. B. Rückwaren)
4051	nach Überführung in die aktive Veredelung - Nichterhebungsverfahren
4053	nach Überführung in die vorübergehende Verwendung
4054	nach Überführung in die aktive Veredelung - Nichterhebungsverfahren - in einem anderen Mitgliedstaat im Rahmen einer „Einzigen Bewilligung“
4071	nach Überführung in ein Zolllagerverfahren
4078	nach Eingang/Einfuhr zur Lagerung in einer Freizone des Kontrolltyps II

*) **Anmerkung: Code 4** (Überführung von Waren in den zoll- und steuerrechtlich freien Verkehr; Überführung von Waren in den steuerrechtlich freien Verkehr) ist nicht zu verwenden, wenn Waren nach einer vorübergehenden Versendung/Ausfuhr wiederverbracht/ wiedereingeführt werden. In diesen Fällen kommt Code 6 in Frage.

Code 4 ist auch zu verwenden für Waren, die nach Anmeldung zur **endgültigen** Versendung/ Ausfuhr in den freien Verkehr übergeführt werden. In diesen Fällen kommt n i c h t Code 6 zur Anwendung.
Siehe auch die Anmerkung zu Code 40 in Anhang 6 Abschnitt A.

Code	Bestimmung
41	**Gleichzeitige Überführung in den zoll- und steuerrechtlich freien Verkehr von Waren im Verfahren der aktiven Veredelung - Verfahren der Zollrückvergütung -*)**
4100	ohne vorangegangene zollrechtliche Bestimmung

*) **Anmerkung: Code 4** (Überführung von Waren in den zoll- und steuerrechtlich freien Verkehr; Überführung von Waren in den steuerrechtlich freien Verkehr) ist nicht zu verwenden, wenn Waren nach einer vorübergehenden Versendung/Ausfuhr wiederverbracht/ wiedereingeführt werden. In diesen Fällen kommt Code 6 in Frage.

Code 4 ist auch zu verwenden für Waren, die nach Anmeldung zur **endgültigen** Versendung/ Ausfuhr in den freien Verkehr übergeführt werden. In diesen Fällen kommt n i c h t Code 6 zur Anwendung.
Siehe auch die Anmerkung zu Code 41 in Anhang 6 Abschnitt A.

noch Anhang 6

noch Abschnitt C Teil II – Die häufigsten Verfahrenscodes bei dem Eingang/der Einfuhr von Waren

Code	Angemeldete oder mitgeteilte zollrechtliche Bestimmung Vorangegangene zollrechtliche Bestimmung
42	**Überführung von Waren in den zoll- und steuerrechtlich freien Verkehr mit steuerbefreiender Lieferung (Befreiung von der Einfuhrumsatzsteuer) nach § 5 Abs. 1 Nr. 3 UStG*)**
4200	ohne vorangegangene zollrechtliche Bestimmung
4251	nach Überführung in die aktive Veredelung - Nichterhebungsverfahren
4253	nach Überführung in die vorübergehende Verwendung
4254	nach Überführung in die aktive Veredelung — Nichterhebungsverfahren - in einem anderen Mitgliedstaat im Rahmen einer „Einzigen Bewilligung“
4271	nach Überführung in ein Zolllagerverfahren
4278	nach Eingang/Einfuhr zur Lagerung in einer Freizone des Kontrolltyps II

***) Anmerkung: Code 4** (Überführung von Waren in den zoll- und steuerrechtlich freien Verkehr; Überführung von Waren in den steuerrechtlich freien Verkehr) ist nicht zu verwenden, wenn Waren nach einer vorübergehenden Versendung/Ausfuhr wiederverbracht/ wiedereingeführt werden. In diesen Fällen kommt Code 6 in Frage.

Code 4 ist auch zu verwenden für Waren, die nach Anmeldung zur **endgültigen** Versendung/ Ausfuhr in den freien Verkehr übergeführt werden. In diesen Fällen kommt n i c h t Code 6 zur Anwendung.
Siehe auch die Anmerkung zu Code 42 in Anhang 6 Abschnitt A.

noch Abschnitt C Teil II – Die häufigsten Verfahrenscodes bei dem Eingang/der Einfuhr von Waren

Code	Angemeldete oder mitgeteilte zollrechtliche Bestimmung Vorangegangene zollrechtliche Bestimmung
45	**Überführung von Nichtgemeinschaftswaren in den zoll- und einfuhrumsatzsteuerrechtlich freien Verkehr mit anschließendem Verbringen verbrauchsteuerpflichtiger Waren unter Steueraussetzung in ein deutsches Steuerlager sowie die Abfertigung zu steuerbegünstigten Zwecken in Deutschland oder mit unmittelbar anschließender Einlagerung in einem Umsatzsteuerlager (§ 5 Abs. 1 Nr. 4 UStG)*)**
4500	ohne vorangegangene zollrechtliche Bestimmung

***) Anmerkung: Code 4** (Überführung von Waren in den zoll- und steuerrechtlich freien Verkehr; Überführung von Waren in den steuerrechtlich freien Verkehr) ist nicht zu verwenden, wenn Waren nach einer vorübergehenden Versendung/Ausfuhr wiederverbracht/ wiedereingeführt werden. In diesen Fällen kommt Code 6 in Frage.

Code 4 ist auch zu verwenden für Waren, die nach Anmeldung zur **endgültigen** Versendung/ Ausfuhr in den freien Verkehr übergeführt werden. In diesen Fällen kommt n i c h t Code 6 zur Anwendung.
Siehe auch die Anmerkung zu Code 45 in Anhang 6 Abschnitt A.

Code	Angemeldete oder mitgeteilte zollrechtliche Bestimmung Vorangegangene zollrechtliche Bestimmung
49	**Überführung von Gemeinschaftswaren in den (einfuhrumsatzsteuerrechtlich) freien Verkehr im Rahmen des Warenverkehrs zwischen Teilen des Zollgebiets der Gemeinschaft, in denen die Vorschriften der Richtlinie 2006/112/EG anwendbar sind, und solchen Teilen dieses Gebiets, in denen diese Vorschriften nicht gelten, sowie auf den Warenverkehr zwischen den Teilen dieses Gebiets, in denen diese Vorschriften nicht anwendbar sind und Überführung von Waren in den steuerrechtlich freien Verkehr im Rahmen des Warenverkehrs zwischen der Gemeinschaft und den Ländern, mit denen sie eine Zollunion gebildet hat*)**
4900	ohne vorangegangene zollrechtliche Bestimmung

***) Anmerkung: Code 4** (Überführung von Waren in den zoll- und steuerrechtlich freien Verkehr; Überführung von Waren in den steuerrechtlich freien Verkehr) ist nicht zu verwenden, wenn Waren nach einer vorübergehenden Versendung/Ausfuhr wiederverbracht/ wiedereingeführt werden. In diesen Fällen kommt Code 6 in Frage.

Code 4 ist auch zu verwenden für Waren, die nach Anmeldung zur **endgültigen** Versendung/ Ausfuhr in den freien Verkehr übergeführt werden. In diesen Fällen kommt n i c h t Code 6 zur Anwendung.
Siehe auch die Anmerkung zu Code 49 in Anhang 6 Abschnitt A.

Beispiel für Zollanmeldung Einheitspapier:

EUROPÄISCHE GEMEINSCHAFT

Exemplar für das Bestimmungsland 6

A BESTIMMUNGSSTELLE

1 ANMELDUNG: IM | A | XXXXX

2 Versender/Ausführer Nr.
Cho Byung Tae Corp
100 Kangnam Goo
Teagu
South Korea

3 Vordrucke:
4 Ladelisten: XXXXX
5 Positionen: 1
6 Packst. insgesamt: XXXXXXX
7 Bezugsnummer

8 Empfänger Nr.
ATS Schmidt GmbH
Nopitschstraße 168
90441 Nürnberg

9 Verantwortlicher für den Zahlungsverkehr Nr.
XXXXXXXXXXXXXXXXXXXXXXXXXXXXXXXXXXX

10 Letztes Herkunftsland: XXX
11 Hand./Erz.-Land
12 Angaben zum Wert: XXXXXXXXXXXXXXX
13 G. L. P.: XXXXX

14 Anmelder/Vertreter Nr.
i.A. u. i. V.
Spedition EUROCARGO
Hafenstraße 1
90137 Nürnberg

15 Versendungs-/Ausfuhrland: KR
15 Vers./Ausf. L. Code: a | b XX
17 Bestimm. L. Code: a | b 09
16 Ursprungsland
17 Bestimmungsland: XXXXXXXXXXXXXXXXX

18 Kennzeichen und Staatszugehörigkeit des Beförderungsmittels bei der Ankunft: N - AL 622
19 Ctr.: 1
20 Lieferbedingung: FCA | Pusan

21 Kennzeichen und Staatszugehörigkeit des grenzüberschreitenden aktiven Beförderungsmittels: Hanjin Hamburg
22 Währung u. in Rechn. gestellter Gesamtbetr.: USD | 24.000
23 Umrechnungskurs: 1,2000
24 Art des Geschäfts: 1 | 1

25 Verkehrszweig an der Grenze: 1
26 Inländischer Verkehrszweig: 3
27 Entladeort: Nürnberg
28 Finanz- und Bankangaben: XXXXXXXXXXXXXXXXXXXXXXXXXXXXXXXXXXX

6

29 Eingangszollstelle: DE004851
30 Warenort

31 Packstücke und Warenbezeichnung
Zeichen und Nummern - Container Nr. - Anzahl und Art
1 CN SYTXP 45789
Scheibenwischer (KFZ-Teile)

32 Positions-Nr.: 1
33 Warennummer: 85124000 | 00
34 Urspr.land Code: a KR | b XX
35 Rohmasse (kg): 15.000
36 Präferenz: 100
37 VERFAHREN: 4000
38 Eigenmasse (kg): 12.500
39 Kontingent
40 Summarische Anmeldung/Vorpapier
41 Besondere Maßeinheit
42 Artikelpreis
43 B. M. Code: X

44 Besondere Vermerke/Vorgelegte Unterlagen/Bescheinigungen u. Genehmigungen
☐ Hinsichtlich aller angemeldeten Waren zum vollen Vorsteuerabzug berechtigt.

Code B. V.: XXX
45 Berichtigung: XXXXXXXXXX
46 Statistischer Wert

47 Abgabenberechnung

Art	Bemessungsgrundlage	Satz	Betrag	ZA
A00	25.000,00		4,5	B
B00	26.000,00		19	B
		Summe:		

48 Zahlungsaufschub
49 Bezeichnung des Lagers
B ANGABEN FÜR VERBUCHUNGSZWECKE

50 Hauptverpflichteter Nr. Unterschrift:
XXXXXXXXXXXXXXXXXXXXXXXXXXXXXXXXXXXXXXXXXXXXXXXXX
vertreten durch
Ort und Datum:

C ABGANGSSTELLE

51 Vorgesehene Durchgangszollstellen (und Land)
XXXXXXXXXXX | XXXXXXXXXXX | XXXXXXXXXXX | XXXXXXXXXXX | XXXXXXXXXXX | XXXXXXXXXXX

52 Sicherheit nicht gültig für XXXXXXXXXXXXXXXXXXXXXXXXXXXXXXXXXXXXXXXXXXXXXXX
Code: XX
53 Bestimmungsstelle (und Land): XXXXXXXXXXXXXXXXXXXXXXXXX

J PRÜFUNG DURCH DIE BESTIMMUNGSSTELLE

54 Ort und Datum:
Unterschrift und Name des Anmelders/Vertreters:

Formularverlag CW Niemeyer GmbH & Co KG

6.4 Welche Einfuhrabgaben werden erhoben?

Bei der Einfuhr von Waren in das Zollgebiet der EU können folgende Abgaben erhoben werden:

Einfuhrabgaben		
Zölle	Einfuhrumsatzsteuer	Andere Einfuhrabgaben, z. B. Mineralölsteuer, Branntweinsteuer, Schaumweinsteuer

6.4.1 Zölle

Transaktionswert

TRANSAKTIONSWERT

Wird bei der Einfuhr Zoll erhoben, so erfolgt die Zollberechnung in den meisten Fällen vom Wert der eingeführten Waren (Wertzoll). Der Wert der Waren ist nach den Vorschriften des Zollkodex (Artikel 28 bis 36) zu ermitteln. Danach ist von einem Transaktionswert auszugehen, für den folgende Kriterien geprüft werden:

- Verkauf zur Ausfuhr in die Gemeinschaft
- Gezahlter oder zu zahlender Preis
- Korrekturen an diesem Preis
- Keine Einschränkungen bezüglich der Verwendung und des Gebrauchs der Waren
- Keine zusätzlichen Leistungen, deren Wert nicht bestimmt werden kann
- Keine Erlöse aus späteren Weiterverkäufen an den ursprünglichen Verkäufer
- Keine Verbundenheit zwischen Käufer und Verkäufer[1]

CIF-BEWERTUNG

ZOLLWERT

Von besonderer Bedeutung sind die Korrekturen an dem in einer Handelsrechnung ausgewiesenen Preis. In der EU gilt das System der CIF-Bewertung, d. h., der Wert der Waren beim Überschreiten der EU-Grenze entspricht dem Zollwert. Man geht von der Vorstellung aus, dass bei einem vereinbarten Incoterm „CIF ... Bestimmungsort" (europäischer Seehafen) der in der Handelsrechnung ausgewiesene Preis dem Zollwert in den meisten Fällen entspricht.

Ermittlung des Zollwertes

Der Zollwert lässt sich nach folgendem Schema ermitteln:[2]

RECHNUNGSPREIS

PLUSFAKTOREN

Ausgangswert	**RECHNUNGSPREIS**
Plusfaktoren (+)	Verkaufsprovisionen und Maklerlöhne Umschließungskosten Verpackungskosten Vom Käufer zur Verfügung gestellte Materialien, Werkzeuge usw. Entwürfe, soweit sie außerhalb der EU erarbeitet wurden Lizenzgebühren Erlöse aus späteren Weiterverkäufen Beförderungskosten und Versicherungskosten sowie Lade- und Entladekosten bis an den Verbringungsort

1 vgl. Wagner, Gert R., Zollhandbuch 2009 für Ausbildung und Praxis, Düsseldorf 2009, S. 66
2 vgl. Wagner, Gert R., Zollhandbuch 2009 für Ausbildung und Praxis, Düsseldorf 2009, S. 67

Minusfaktoren (-)	Montagekosten Zölle und andere Einfuhrabgaben Vervielfältigungsrechte Zahlungen für Vertriebs- oder Wiederverkaufsrechte Beförderungskosten nach Einfuhr in die EU	MINUSFAKTOREN
	ZOLLWERT	

Bei diesem Rechenschema setzt man voraus, dass die Plusfaktoren noch nicht im Rechnungspreis enthalten sind. Minusfaktoren müssen getrennt ausgewiesen oder ausweisbar sein und dürfen noch nicht im Rechnungspreis enthalten sein.

Die Bedeutung der Transportkosten bei der Zollwertermittlung

Die Transportkosten in Abhängigkeit vom Verkehrsträger spielen bei diesem Schema zur Zollwertberechnung eine besondere Rolle. Als Verbringungsort wird der Ort bezeichnet, an dem die eingeführten Waren über die EU-Grenze gebracht werden.

VERBRINGUNGSORT

EU-GRENZE

Verkehrsträger	Beförderungskosten
Lkw	Der Anteil der Transportkosten innerhalb der EU muss gesondert ausgewiesen werden.
Bahn	Die Transportkosten sind im CIM-Frachtbrief nach den durchfahrenen Ländern aufgeteilt.
Luft	Der Verbringungsort lässt sich nicht genau feststellen. Deshalb wird die Strecke zwischen dem Abgangsflughafen außerhalb der EU und dem Zielflughafen innerhalb Europas aufgeteilt. Die Festlegung der jeweiligen Streckenanteile erfolgt sehr pauschal in Prozentsätzen, die dem Anhang 25 ZK-DVO entnommen werden können. Nach dieser Verordnung entfallen z. B. für einen Flug von Seoul/Korea nach Frankfurt/Main 83 % der Luftfrachtkosten auf den Streckenanteil außerhalb der EU.
Seeschiff	Da die Seehäfen in Europa an der EU-Außengrenze liegen, gelten die Kosten für die Seebeförderung als außerhalb des Zollgebiets der EU entstanden.
Postverkehr	Die gesamten Postgebühren bis zum Bestimmungsort werden in die Zollwertermittlung einbezogen. Es findet also keine Aufteilung statt.

Die Bedeutung der Incoterms 2000 bei der Berechnung des Zollwerts

Lieferklausel	Lieferort	Zollwertrechtliche Bedeutung
EXW, FCA, FAS, FOB ... benannter Lieferort	Der **Lieferort liegt außerhalb** des Zollgebiets der Gemeinschaft.	Im Rechnungspreis sind nicht alle Beförderungskosten enthalten. Die entstandenen Kosten vom benannten Lieferort bis zum Ort des Verbringens (OdV) sind dem Rechnungspreis **hinzuzurechnen**.
CFR, CIF ... benannter Lieferort	der **Lieferort** oder Entladehafen ist **mit dem Ort des Verbringens identisch** (Beispiel: CIF Rotterdam)	Im Rechnungspreis sind alle Beförderungskosten enthalten. Der Rechnungspreis ist **nicht zu berichtigen.**

LIEFERORT AUSSERHALB

LIEFERORT MIT DEM ORT DES VERBRINGENS IDENTISCH

Lieferklausel	Lieferort	Zollwertrechtliche Bedeutung
CFR, CIF benannter Lieferort	Der **Lieferort** oder Entladehafen ist **nicht mit dem Ort des Verbringens identisch**.	Der benannte Lieferort liegt außerhalb des Zollgebiets der Gemeinschaft: Die entstandenen Kosten vom benannten Lieferort bis zum OdV sind dem Rechnungspreis **hinzuzurechnen.** Der benannte Lieferort liegt innerhalb des Zollgebiets der Gemeinschaft: Die im Rechnungspreis enthaltenen anteiligen Beförderungskosten können vom OdV bis zum Lieferort vom Rechnungspreis **abgezogen werden.**
CPT, CIP, DAT, DAP, DDP benannter Lieferort im Einfuhrland	Der **Lieferort liegt innerhalb** des Zollgebiets der Gemeinschaft.	Die im Rechnungspreis enthaltenden anteiligen Beförderungskosten vom OdV bis zum Lieferort können vom Rechnungspreis **abgezogen werden.**

LIEFERORT NICHT MIT DEM ORT DES VERBRINGENS IDENTISCH

LIEFERORT LIEGT INNERHALB

Quelle: www.zoll.de

Fälle, in denen kein Transaktionswert ermittelt werden kann

BEI GEBRAUCHTEN WAREN ODER BEI GESCHENKEN

Ist ein Transaktionswert nicht zu ermitteln, z. B. weil keine Handelsrechnung oder ein ähnlicher Beleg vorgelegt werden kann, sind die nachfolgend aufgeführten Methoden zur Zollwertfeststellung anzuwenden. Ein solches Vorgehen kann bei gebrauchten Waren oder bei Geschenken notwendig werden. In der überwiegenden Mehrzahl der Einfuhren wird eine Handelsrechnung vorgelegt. Man bezeichnet diese Fälle als Normalfall. Die Darstellung in diesem Buch beschränkt sich auf diese Normalfälle.

Es ist jeweils zu prüfen, ob die erstgenannte Methode anwendbar ist. Danach ist zur nächsten Stufe vorzugehen.

- Transaktionswert für gleiche Waren oder
- Transaktionswert für gleichartige Waren oder
- ein nach bestimmten Kriterien berichtigter Verkaufspreis im Einfuhrland (sog. Deduktive Methode) oder
- ein aus den Herstellungskosten errechneter Wert oder
- der nach der sogenannten Schlussmethode geschätzte Wert.

Umrechnungskurs

UMRECHNUNGSKURS

Der zum Zeitpunkt der Zollwertermittlung geltende Umrechnungskurs ist der Internetseite www.zoll.de zu entnehmen. Für Luftfrachtsendungen erfolgt die Umrechnung nach IATA-Kursen, wenn diese zur Berechnung von Luftfrachtkosten angewendet werden.

Anmeldung der Angaben über den Zollwert D.V.1

D.V.1

10.000,00 EUR

Übersteigt der Zollwert der anzumeldenden Waren 10.000,00 EUR, ist der Vordruck „Anmeldung der Angaben über den Zollwert D.V.1" abzugeben.

EUROPÄISCHE GEMEINSCHAFT

ANMELDUNG DER ANGABEN ÜBER DEN ZOLLWERT D. V. 1

1 Verkäufer (Name oder Firma, Anschrift)

Cho Byung Tae Corp
100 Kangnam Goo
Pusan
South Korea

2 (a) Käufer (Name oder Firma, Anschrift)

ATS Schmidt GmbH
Nopitschstraße 168
90441 Nürnberg

2 (b) Zollwertanmelder (Name oder Firma, Anschrift)

i.A. u. i.V.
Spedition EUROCARGO
Hafenstraße 1
90137 Nürnberg

FÜR AMTLICHE ZWECKE

3 Lieferungsbedingung (z. B. FOB New York)

FCA Pusan Incoterms 2010

WICHTIGER HINWEIS
Mit Unterzeichnung und Vorlage dieser Anmeldung übernimmt der Zollwertanmelder die Verantwortung bezüglich der Richtigkeit und Vollständigkeit der auf diesem Vordruck und sämtlichen mit ihm zusammen vorgelegten Ergänzungsblättern gemachten Angaben und bezüglich der Echtheit aller als Nachweis vorgelegten Unterlagen. Der Zollwertanmelder verpflichtet sich auch zur Erteilung aller zusätzlichen Informationen und zur Vorlage aller weiteren Unterlagen, die für die Ermittlung des Zollwerts der Waren erforderlich sind.

4 Nummer und Datum der Rechnung

499, 20.. .07.27

5 Nummer und Datum des Vertrags

C 1003, 20.. .05.10

6 Nummer und Datum der früheren Zollentscheidungen zu den Feldern 7 bis 9

Zutreffendes ankreuzen [X]

	JA	NEIN
7 (a) Sind Käufer und Verkäufer VERBUNDEN im Sinne von Artikel 143 der Verordnung (EWG) Nr. 2454/93 ?*) - Falls NEIN, weiter zu Feld 8	☐	☒
(b) Hat die Verbundenheit den Preis der eingeführten Waren BEEINFLUSST?	☐	☐
(c) (Antwort freigestellt) Kommt der Transaktionswert der eingeführten Waren einem der Werte in Artikel 29 Abs. 2b der Verordnung (EWG) 2913/92 SEHR NAHE? Falls JA, Einzelheiten angeben	☐	☐
8 (a) Bestehen EINSCHRÄNKUNGEN bezüglich der Verwendung und des Gebrauchs der Waren durch den Käufer, ausgenommen solche, die - durch das Gesetz oder von den Behörden in der Gemeinschaft auferlegt oder gefordert werden, - das Gebiet abgrenzen, innerhalb dessen die Waren weiterverkauft werden können, - sich auf den Wert der Waren nicht wesentlich auswirken?	☐	☒
(b) Liegen hinsichtlich des Kaufgeschäfts oder des Preises BEDINGUNGEN vor oder sind LEISTUNGEN zu erbringen, deren Wert im Hinblick auf die zu bewertenden Waren nicht bestimmt werden kann?	☐	☒

Art der Einschränkungen, Bedingungen oder Leistungen angeben.
Falls der Wert im Hinblick auf die zu bewertenden Waren bestimmt werden kann, Betrag im Feld 11b angeben.

	JA	NEIN
9 (a) Hat der Käufer unmittelbar oder mittelbar LIZENZGEBÜHREN für die eingeführten Waren nach den Bedingungen des Kaufgeschäfts zu zahlen?	☐	☒
(b) Ist das Kaufgeschäft mit einer Vereinbarung verbunden, nach der ein Teil der Erlöse aus späteren WEITERVERKÄUFEN, sonstigen ÜBERLASSUNGEN oder VERWENDUNGEN unmittelbar oder mittelbar dem Verkäufer zugute kommt?	☐	☒

Falls JA zu (a) oder auch (b): Die Umstände angeben und, wenn möglich, die Beträge in den Feldern 15 und 16 angeben.

*) PERSONEN GELTEN NUR DANN ALS VERBUNDEN, WENN
(a) sie der Leitung des Geschäftsbetriebs der jeweils anderen Person angehören;
(b) sie Teilhaber oder Gesellschafter von Personengesellschaften sind;
(c)sie sich in einem Arbeitgeber-/Arbeitnehmerverhältnis zueinander befinden;
(d) eine beliebige Person unmittelbar oder mittelbar 5 % oder mehr der im Umlauf befindlichen stimmberechtigten Anteile oder Aktien beider Personen besitzt oder kontrolliert;
(e) eine von ihnen unmittelbar oder mittelbar die andere kontrolliert;
(f) beide von ihnen unmittelbar oder mittelbar von einer dritten Person kontrolliert werden;
(g) sie zusammen unmittelbar oder mittelbar eine dritte Person kontrollieren oder
(h) sie Mitglieder derselben Familie sind.
Die Tatsache, dass ein Käufer und ein Verkäufer miteinander verbunden sind, schließt die Anwendung des Transaktionswerts nicht unbedingt aus (siehe Artikel 29 Abs. 2 der Verordnung (EWG) Nr. 2913/92 und Anhang 23 zu der VO (EWG) Nr. 2454/93).

Auf das Merkblatt "Zollwert" (Vordruck 0466) wird hingewiesen.

Hinweis nach § 4 Abs. 3 Bundesdatenschutzgesetz
Zu den Angaben in diesem Vordruck sind Sie nach Artikel 178 der Verordnung (EWG) Nr. 2454/93 und nach § 11 Abs. 1 Umsatzsteuergesetz verpflichtet.

10 (a) Anzahl der beigefügten Ergänzungsblätter D. V. 1 BIS

10 (b) Ort, Datum, Unterschrift

Nürnberg, 22.08.20..

0464/1 Anmeldung der Angaben über den Zollwert + - III B 2 - (2005)

		Ware (Pos.) 1	Ware (Pos.)	Vermerke der Zollstelle
A. Grundlage der Berechnung	11 (a) Nettopreis in der RECHNUNGSWÄHRUNG (Tatsächlich gezahlter Preis oder Preis im maßgebenden Bewertungszeitpunkt)	24.000,00		
	Nettopreis in NATIONALER WÄHRUNG (Umrechnungskurs 1,200)	20.000,00	0,00	
	(b) Mittelbare Zahlungen (siehe Feld 8b) (Umrechnungskurs)			
	12 Summe A in NATIONALER WÄHRUNG	20.000,00	0,00	
B. HINZURECHNUNGEN: Kosten in NATIONALER WÄHRUNG, die NICHT in A enthalten sind *) Gegebenenfalls NACHSTEHEND frühere Zollentscheidungen hierzu angeben	13 Kosten, die für den Käufer entstanden sind (a) Provisionen (ausgenommen Einkaufsprovisionen)			
	(b) Maklerlöhne			
	(c) Umschließungen und Verpackungen			
	14 Gegenstände und Leistungen, die vom Käufer unentgeltlich oder zu ermäßigten Preisen für die Verwendung im Zusammenhang mit der Herstellung und dem Verkauf zur Ausfuhr der eingeführten Waren geliefert werden Die aufgeführten Werte sind ggf. entsprechend aufgeteilt (a) In den eingeführten Waren enthaltene Materialien, Bestandteile und dergleichen			
	(b) Bei der Herstellung der eingeführten Waren verwendete Werkzeuge, Gußformen und dergleichen			
	(c) Bei der Herstellung der eingeführten Waren verbrauchte Materialien			
	(d) Für die Herstellung der eingeführten Waren notwendige Techniken, Entwicklungen, Entwürfe, Pläne und Skizzen, die außerhalb der Gemeinschaft erarbeitet wurden			
	15 Lizenzgebühren (siehe Feld 9a)			
	16 Erlöse aus Weiterverkäufen, sonstigen Überlassungen oder Verwendungen, die dem Verkäufer zugute kommen (siehe Feld 9b)			
	17 Lieferungskosten bis (Ort des Verbringens)			
	(a) Beförderung	2.400,00		
	(b) Ladekosten und Behandlungskosten			
	(c) Versicherung	200,00		
	18 Summe B	2.600,00	0,00	
C. ABZÜGE: Kosten in NATIONALER WÄHRUNG, die in A ENTHALTEN sind *)	19 Beförderungskosten nach Ankunft am Ort des Verbringens			
	20 Zahlungen für den Bau, die Errichtung, Montage, Instandhaltung oder technische Unterstützung nach der Einfuhr			
	21 Andere Zahlungen (Art)			
	22 Zölle und Steuern, die in der Gemeinschaft wegen der Einfuhr oder des Verkaufs der Waren zu zahlen sind			
	23 Summe C	0,00	0,00	
24 ANGEMELDETER WERT (A + B - C)		22.600,00	0,00	

*) Wenn Beträge in AUSLÄNDISCHER WÄHRUNG zu zahlen sind, hier den Betrag in ausländischer Währung und den Umrechnungskurs unter Bezug auf jede Ware und Zeile angeben.

Bezug	Betrag	Umrechnungskurs
1	2.880,00	1,200

Zusätzliche Angaben

0464/2 Anmeldung der Angaben über den Zollwert + - III B 2 - (2005)

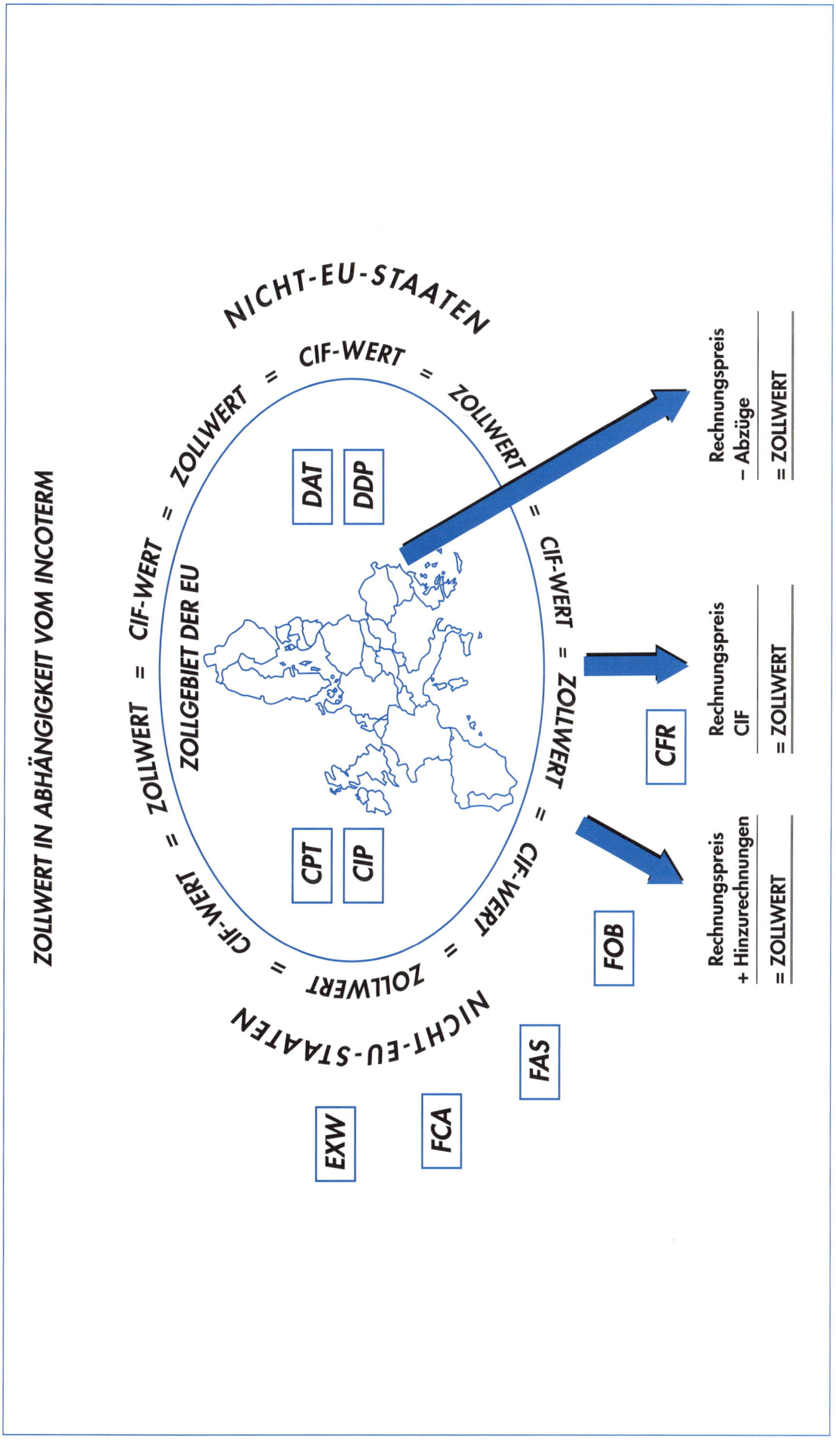
ZOLLWERT IN ABHÄNGIGKEIT VOM INCOTERM
NICHT-EU-STAATEN
ZOLLWERT = CIF-WERT = ZOLLWERT = CIF-WERT = ZOLLWERT = CIF-WERT = ZOLLWERT = CIF-WERT = ZOLLWERT = CIF-WERT = ZOLLWERT
ZOLLGEBIET DER EU
DAT
DDP
CPT
CIP
EXW
FCA
FAS
FOB
CFR
Rechnungspreis
+ Hinzurechnungen
= ZOLLWERT
Rechnungspreis
CIF
= ZOLLWERT
Rechnungspreis
– Abzüge
= ZOLLWERT

Aufteilung der Luftfrachtkosten bei der Ermittlung des Zollwerts

Die Luftfrachtkosten sind nach den im Amtsblatt der Europäischen Union vom 29.05.2003 veröffentlichten Vorschriften aufzuteilen. Danach sind die in den Zollwert einzubeziehenden Luftfrachtkosten abhängig von Zonen, denen bestimmte Flughäfen zugeordnet sind.

Abflugzone (Drittland)	Prozentsätze der in den Zollwert einzubeziehenden Luftfrachtkosten für die Ankunftszone EG
Amerika	
Zone A	70
Kanada: Gander, Halifax, Mocton, Montreal, Ottawa, Quebec, Toronto (für andere Flughäfen siehe Zone B) **Vereinigte Staaten von Amerika:** Akron, Albany, Atlanta, Baltimore, Boston, Buffalo, Charleston, Chicago, Cincinnati, Lousville, Memphis, Millwaukee, Minneapolis, Nashville, New Orleans, New York, Philadelphia, Pittsburgh, St. Louis, Washington DC (für andere Flughäfen siehe Zonen B und C)	
Zone B	78
Kanada: Edmonton, Vancouver, Winnipeg (für andere Flughäfen siehe Zone A) **Vereinigte Staaten von Amerika:** Albuquerque, Austin, Billings, Dallas, Denver, Houston, Las Vegas, Los Angeles, Miami, Oklahoma, Phoenix, Portland, Puerto Rico, Salt Lake City, San Francisco, Seattle (für andere Flughäfen siehe Zonen A und C) **Mittelamerika** (alle Länder) **Südamerika** (alle Länder)	
Zone C	89
Vereinigte Staaten von Amerika: Anchorage, Fairbanks, Honolulu, Juneau (für andere Flughäfen siehe Zonen A und B)	
Afrika	
Zone D	33
Algerien, Ägypten, Lybien, Marokko, Tunesien	
Zone E	50
Äthopien, Benin Burkina Faso, Cote d'Ivoire, Dschibuti, Gambia, Ghana, Guinea, Guinea-Bissau, Kamerun, Kap Verde, Liberia, Mali, Mauretanien, Niger, Nigeria, Senegal, Sierra Leone, Sudan, Togo, Tschad, Zentralafrikanische Republik	
Zone F	61
Äquatorialguinea, Burundi, Gabun, Kenia, Demokratische Republik Kongo, Kongo (Brazzaville), Ruanda, Sao Tomé und Principe, Seychellen, Somalia, St. Helena, Tansania, Uganda	
Zone G	74
Angola, Botswana, Komoren, Lesotho, Madagaskar, Malawi,	

Abflugzone (Drittland)	Prozentsätze der in den Zollwert einzubeziehenden Luftfrachtkosten für die Ankunftszone EG
Mauritius, Mosambik, Namibia, Sambia, Simbabwe, Republik Südafrika, Swasiland	
Asien	
Zone H	27
Armenien, Aserbaidschan, Georgien, Iran, Irak, Israel, Jordanien, Kuwait, Libanon, Syrien	
Zone I	43
Bahrain, Muscat und Oman, Katar, Saudi-Arabien, Vereinigte Arabische Emirate, Jemen (Arabische Republik)	
Zone J	46
Afghanistan, Bangladesch, Bhutan, Indien, Nepal, Pakistan	
Zone K	57
Kasachstan, Kirgistan, Tadschikistan, Turkmenistan, Usbekistan Russland: Nowosibirsk, Omsk, Perm, Sverdlovsk (für andere Flughäfen siehe Zonen L, M und O)	
Zone L	70
Brunei, China, Indonesien, Kambodscha, Laos, Macauo, Malaysia, Malediven, Mongolei, Myanmar, Philippinen, Singapur, Sri Lanka, Taiwan, Thailand, Vietnam Russland: Irkutsk, Kirensk, Krasnoiarsk (für andere Flughäfen siehe Zonen K, M, und O)	
Zone M	83
Japan, Nordkorea, Südkorea Russland: Khabarovsk, Wladiwostok (für andere Flughäfen siehe Zonen K, L und O)	
Australien und Ozeanien	
Zone N	79
Australien und Ozeanien	
Europa	
Zone O	30
Island Russland: Gorky, Kuibychev, Moskau, Orel, Rostov, Wolgograd, Woronei (für andere Flughäfen sie Zonen K, L und M) Ukraine	
Zone P	15
Albanien, Belarus, Bosnien-Herzegowina, Bulgarien, Färöer, frühere jugoslawische Republik von Mazedonien, Moldawien, Norwegen, Rumänien, Serbien, Montenegro, Türkei	
Zone Q	5
Kroatien, Schweiz	

6.4.2 Einfuhrumsatzsteuer

EUSt-Wert

Vorsteuer

Neben Zöllen und Verbrauchssteuern ist die Einfuhrumsatzsteuer eine weitere Einfuhrabgabe. Der Regelsatz entspricht der Umsatzsteuer und beträgt in Deutschland 19 % des Einfuhrumsatzsteuerwertes (EUSt-Wert). Für bestimmte Güter, z. B. Lebensmittel, Bücher, Zeitschriften, Kunstgegenstände, wird der ermäßigte Steuersatz von 7 % erhoben. Steuerpflichtig ist die Einfuhr von Gegenständen aus einem Nicht-EU-Land in das Zollgebiet der EU. Die Einfuhrumsatzsteuer kann – sofern die Voraussetzungen vorliegen – als Vorsteuer abgezogen werden und stellt damit keinen Kostenfaktor für Unternehmen dar.

Bei der Berechnung des EUSt-Wertes geht man grundsätzlich vom Zollwert aus. Hinzugerechnet werden folgende Werte, sofern sie nicht bereits im Zollwert enthalten sind:

	ZOLLWERT
+	Im Ausland geschuldete Beträge an Einfuhrabgaben, Steuern und sonstige Abgaben (z. B. gezahlte, drittländische Ausfuhrzölle),
+	Beträge an Zöllen und andere EG-Einfuhrabgaben sowie besondere Verbrauchssteuern, z. B. auf Mineralöle oder Tabakwaren, die auf die eingeführten Gegenstände anfallen,
+	Beförderungskosten von der EG-Grenze bis zum ersten Bestimmungsort im Gemeinschaftsgebiet, also dem Ort, an dem die grenzüberschreitende Beförderung endet.
=	**EUST-WERT**

Quelle: www.zoll.de

Beispiel:

Greifen wir das Beispiel der Einfuhr von Scheibenwischern aus Südkorea wieder auf.

Ermittlung des Zollwertes	FCA-Rechnungspreis	24.000,00 USD	20.000,00 EUR
	+ Seefracht bis Hamburg	2.880,00 USD	2.400,00 EUR
	+ Transportversicherung	240,00 USD	200,00 EUR
	= Zollwert		22.600,00 EUR
Berechnung des Zollbetrages	Zollwert · Zollsatz = Zollbetrag 22.600 · 0,03 = 678,00 EUR		678,00 EUR
Ermittlung des EUSt-Wertes	Zollwert + Zoll + Beförderungskosten innerhalb der EU		22.600,00 EUR 678,00 EUR 600,00 EUR
	Bemessungsgrundlage für die Einfuhrumsatzsteuer = EUSt-Wert		23.878,00 EUR
Berechnung des EUSt-Betrages	EUSt-Wert · EUSt-Satz = EUSt-Betrag 23.878,00 · 0,19 = 4536,82 EUR		4.536,82 EUR
Zoll **+ Einfuhrumsatzsteuer (EUSt)**			678,00 EUR 4.536,82 EUR
Summe Eingangsabgaben			5.214,82 EUR

Zahlung der Eingangsabgaben

Eine Zollschuld entsteht in den häufigsten Fällen, wenn der Anmelder das Zollverfahren „Überführung in den freien Verkehr" beantragt und das Zollamt die Zollanmeldung angenommen hat. Wenn ein Spediteur im Auftrag eines Kunden, jedoch in eigenem Namen, eine Zollanmeldung abgibt, wird er ebenfalls zum Zollschuldner.

ZOLLSCHULD

Das Zollamt teilt dem Zollschuldner im Rahmen eines Bescheids die geschuldeten Abgabenbeträge sowie eine Zahlungsfrist mit. Der Zollschuldner kann bar, unbar oder durch Verrechnung bezahlen. Gewerblichen Zollschuldnern wird grundsätzlich eine Frist von 10 Tagen ab Mitteilung des Abgabenbetrags eingeräumt.

ZAHLUNGSFRIST

Bei der Überführung in den zollrechtlich freien Verkehr können die Zollämter Erleichterungen durch einen Zahlungsaufschub gewähren. Eine erhebliche Erleichterung stellt der laufende Zahlungsaufschub dar, den der Zollschuldner beantragen muss. Die Zahlung erfolgt erst zu einem späteren Zeitpunkt. Dabei werden alle Einfuhren zusammengefasst, die innerhalb eines bestimmten Zeitraums durchgeführt wurden. Ein solcher laufender Zahlungsaufschub ist beim Hauptzollamt zu beantragen. Dieses bewilligt den laufenden Zahlungsaufschub, falls die Voraussetzungen vorliegen. Der Aufschubnehmer muss eine Sicherheit hinterlegen, die z. B. im Rahmen einer Bankbürgschaft beigebracht werden kann. Die Höhe der Sicherheit hängt von der Höhe der gestundeten Eingangsabgaben ab, wobei der Aufschubnehmer selbst dafür sorgen muss, dass eine ausreichende Sicherheit vorhanden ist. Mit der Bewilligung erhält der Aufschubnehmer einen Aufschubnehmerausweis, den er bei der Zollabfertigung vorlegen muss. Mit der Abwicklung der Einfuhrverzollung über das System ATLAS hat der Aufschubnehmerausweis an Bedeutung verloren. Die Zollverwaltung prüft über das EDV-System ATLAS, ob ausreichende Sicherheiten für den Zahlungsaufschub gegeben sind. Die Zollbehörden erfassen und stunden die in einem Kalendermonat aufgelaufenen Beträge. Spätestens bis zum 16. des Folgemonats muss der Aufschubnehmer die gestundeten Beträge bezahlen.

ZAHLUNGSAUFSCHUB

BEANTRAGEN

SICHERHEIT

BANKBÜRGSCHAFT

AUFSCHUBNEHMERAUSWEIS

KALENDERMONAT

16. DES FOLGEMONATS

6.5 Was ist der elektronische Zolltarif (EZT)?

Im Zusammenhang mit der Einfuhr von Waren in die EU, ist zu prüfen, ob Einfuhrabgaben zu erheben sind. Damit die Wareneinfuhr reibungslos und einheitlich durchgeführt werden kann, schuf man ein System, mit dem die Vielzahl und Komplexität der verschiedensten Waren und Güter erfasst werden. Man nennt dieses systematisch aufgebaute Warenverzeichnis Nomenklatur, in der die Warenbeschreibungen in einer 11-stelligen Codenummer verschlüsselt sind. Daraus kann man neben den Sätzen für Einfuhrabgaben weitere Informationen gewinnen, die bei der Grenzüberschreitung von Waren von Bedeutung sind. Dazu gehören z. B.

NOMENKLATUR

- Verbote und Beschränkungen
- Ein- und Ausfuhrgenehmigungen oder Lizenzen
- Gesonderte außenhandelsstatistische Angaben
- Zusätzliche Unterlagen
- Meldepflichtige Maßnahmen

Die deutschen Zollbehörden verwenden hierfür den sog. elektronischen Zolltarif (EZT), den die Zollbeteiligten in Form einer CD erwerben können, die ständig in aktualisierter Version veröffentlicht wird. Seit Januar 2006 steht eine kostenlose Onlineversion zur Verfügung.

ELEKTRONISCHER ZOLLTARIF (EZT)

Der EZT ist wie folgt aufgebaut:

Nomenklatur	Maßnahmenteil
• Codenummer • Warenbeschreibung	• Verbote und Beschränkungen • Sätze der Abgaben

Die Nomenklatur ist wie folgt gegliedert:

„Abschnitte
(z. B. Waren pflanzlichen Ursprungs – Abschnitt II)

Kapitel, ggf. auch noch Teilkapitel
(z. B. Gemüse, Pflanzen, Wurzeln und Knollen, die zu Ernährungszwecken verwendet werden – Kap. 07)

Positionen
(z. B. Gemüse, getrocknet, auch in Stücke oder Scheiben geschnitten, als Pulver oder sonst zerkleinert, jedoch nicht weiter zubereitet – Pos. 0712)

Unterpositionen
(z. B. Judasohrpilze Upos. 071232)"[1]

HARMONISIERTES SYSTEM (HS)

Die ersten 6 Stellen des 11-stelligen Codes basieren auf dem Harmonisierten System (HS) der Weltzollorganisation (WCO). Mit dem HS kommt man zu einer einheitlichen Bezeichnung und Codierung der Waren. Es wird von 179 Staaten angewendet. Die Stellen 7 und 8 stellen die Kombinierte Nomenklatur (KN) der Europäischen Gemeinschaft dar. Die 8-stellige Codenummer zeigt Zollsätze, Verbote und Beschränkungen oder Einfuhrgenehmigungstatbestände an. Die Erweiterung der Codenummer auf die neunte und zehnte Stelle zeigt verschlüsselt gemeinschaftliche Maßnahmen an wie z. B. Antidumpingregelungen, Zollaussetzungen oder Zollkontingente[1]. Die elfte Stelle ist für nationale Zwecke reserviert. Sie verschlüsselt Umsatzsteuersätze oder nationale Verbote und Beschränkungen.

Anzumerken ist, dass in einer Einfuhranmeldung immer die 11-stellige Warennummer anzugeben ist, während in einer Ausfuhranmeldung die 8-stellige Warennummer genügt.

Erläuterung der 11-stelligen Code-Nummer	
Beispiel:	Chinesische Mu-Err-Pilze (Judasohrpilze)
Codenummer	0712 3100 000
07	Kapital – Harmonisiertes System
0712	Position Harmonisiertes System
0712 31	Unterposition – Harmonisiertes System
0712 3100	Unterposition – Kombinierte Nomenklatur
0712 3100 00	Unterposition TARIC
0712 3100 000	Codenummer – Elektronischer Zolltarif

[1] vgl. www.zoll.de

TARIC-Code 0712310000

Ursprungs-/Bestimmungsland China - CN (720)

Verarbeitungserzeugnisse aus Obst und Gemüse

0712 Gemüse, getrocknet, auch in Stücke oder Scheiben geschnitten, als Pulver oder sonst zerkleinert, jedoch nicht weiter zubereitet

- 0712 31 Pilze, Judasohrpilze (Auricularia spp.), Zitterpilze (Tremella spp.) und Trüffeln

- - **0712 31 Pilze der Gattung Agaricus**

- - 0712 32 Judasohrpilze (Auricularia spp.)

- - 0712 33 Zitterpilze (Tremella spp.)

- - 0712 39 andere

Nomenklaturgruppe(n) Als Anreiz konzipierte Sonderregelung – Arbeitnehmerrechte (APS)

Keine Handelsbeschränkung

Einfuhr

Drittlandszollsatz : 12.80 % Verordnung/Beschluss R2031/01

Zollpräferenz (SPGL): 9.30 % Verordnung/Beschluss R0980/05

6.6 Welche Bedeutung haben Warenursprung und Präferenzen?

Zur Förderung des gegenseitigen Warenaustauschs hat die EU mit vielen Ländern Abkommen geschlossen. Darüber hinaus gewährt die EU aus politischen Gründen mehr als 170 Ländern einseitig Vorteile bei der Einfuhr von Waren in die EU.

PRÄFERENZZOLLSÄTZE

Präferenz bedeutet eine bevorzugte Behandlung. Im Zollrecht äußert sich diese Vorzugsbehandlung in der Anwendung sogenannter Präferenzzollsätze bei der Einfuhr von Waren in die EU. Entweder wird ein ermäßigter Zollsatz gewährt oder die Einfuhr ist zollfrei.

Im Rahmen einer Zollpräferenz werden nicht alle Waren erfasst. Deshalb muss für jede Ware über den Zolltarif der Europäischen Gemeinschaft ermittelt werden, ob ein ermäßigter Zollsatz oder eine Zollfreiheit in Betracht kommt.

PRÄFERENZABKOMMEN

Da die Mehrzahl der Präferenzabkommen auf Gegenseitigkeit beruht, ist es möglich, für Waren aus der EU Präferenzen bei der Einfuhr in die Partnerländer zu erhalten.

Sowohl bei der Einfuhr als auch bei der Ausfuhr ist die Zollverwaltung in die Abwicklung von Zollpräferenzen eingebunden. Bei der Einfuhr prüft die Zollverwaltung, ob die Voraussetzungen für die Inanspruchnahme einer Zollpräferenz vorliegen. Bei der Ausfuhr stellt sie für den Exporteur die erforderlichen Dokumente aus, mit denen die Ware im Bestimmungsland zollbegünstigt eingeführt werden kann.

---

1 Zum Beispiel für bestimmte Lebensmittel; eine gewisse Menge kann zollfrei oder zollbegünstigt eingeführt werden. Ist das Kontingent erschöpft, gibt es keine Zollbegünstigung mehr.

Man unterscheidet:

NICHT PRÄFERENZIELLER URSPRUNG
ZOLLPRÄFERENZEN

Nicht präferenzieller Ursprung	Zollpräferenzen
Der Warenursprung, d. h. das Herstellungsland der Ware, ist von Bedeutung zur Wahrung wirtschaftspolitischer Interessen der EU.	Der Ursprung der Waren führt zu einer bevorzugten Behandlung der Waren bei der Einfuhr.
Merkmale für EU-Ursprung: • Waren, die in der EU vollständig erzeugt wurden • Waren, die in der EU wesentlich be- und verarbeitet wurden • Entscheidend für den Nachweis einer wesentlichen Be- und Verarbeitung innerhalb der EU ist der sogenannte Tarifsprung im Zolltarif. Die bearbeitete Ware wird im Zolltarif einer anderen Tarifstelle (erste vier Ziffern) zugeordnet als die importierte oder unbearbeitete Ware.	Die Ursprungsregeln sind in den jeweiligen Abkommen der Präferenzregelung festgelegt. Sie stimmen nicht mit der Definition des nicht präferenziellen Ursprungs überein. Der präferenzielle Ursprung gilt jeweils nur für eine ganz bestimmte Präferenzregelung und kann nicht auf andere Präferenzregelungen übertragen werden. Nachweispapier: Warenverkehrsbescheinigungen, bescheinigt durch die Zollbehörden
Nachweispapier: Ursprungszeugnis, ausgestellt durch eine IHK	Nachweispapier: Warenverkehrsbescheinigungen, bescheinigt durch die Zollbehörden

URSPRUNGSZEUGNIS
WARENVERKEHRSBESCHEINIGUNGEN

6.6.1 Präferenznachweise

Man unterscheidet förmliche und vereinfachte Präferenznachweise.

WARENVERKEHRSBESCHEINIGUNG EUR.1
WARENVERKEHRSBESCHEINIGUNG A.TR
URSPRUNGSZEUGNIS FORM A

Förmliche Präferenznachweise	Vereinfachte Präferenznachweise
Warenverkehrsbescheinigung EUR.1	Ursprungserklärung auf der Rechnung
Warenverkehrsbescheinigung A.TR	Warenverkehrsbescheinigung EUR.2 (im Postverkehr mit Algerien und Syrien)
Ursprungszeugnis Form A	

Ein Präferenznachweis kann grundsätzlich bei einer Zollstelle (einem Zollamt) mit einem ausgefüllten Formblatt beantragt werden. Der Antrag kann durch den Ausführer gestellt werden, der sich auch vertreten lassen kann. Zusammen mit dem amtlichen Antragsformular sind Nachweise einzureichen, die zur Bestimmung des Warenursprungs von Bedeutung sind, z. B. Einfuhrpapiere, Eingangsrechnungen, Ausgangsrechnungen, Lieferantenerklärungen, Kalkulationsunterlagen, Stücklisten.

PRÄFERENZREGELUNG

Die jeweilige Präferenzregelung schreibt vor, welche Warenverkehrsbescheinigung zu verwenden ist. In den meisten Fällen ist die Warenverkehrsbescheinigung EUR.1 vorgesehen. Die Warenverkehrsbescheinigung A.TR wird im Warenverkehr mit der Türkei verwendet. Das Ursprungszeugnis Form A wird im Warenaustausch mit Entwicklungsländern (APS)[1] verlangt.

1 APS = allgemeines Präferenzsystem, Liste der APS-Staaten als Anhang zum Merkblatt zum Ausfüllen des Einheitspapiers

Einen vereinfachten Präferenznachweis füllt der Ausführer in eigener Verantwortung und ohne Mitwirkung des Zollamtes aus. Jeder Ausführer kann bis zu einer in der jeweiligen Präferenzregelung bestimmten Wertgrenze (häufig 6.000,00 EUR) eine Ursprungserklärung auf der Rechnung abgeben, indem der vorgegebene Wortlaut zwingend übernommen wird. Außerdem ist eine Ursprungserklärung auf der Rechnung handschriftlich zu unterschreiben.

VEREINFACHTER PRÄFERENZNACHWEIS

WERTGRENZE

6.000,00 EUR

URSPRUNGSERKLÄRUNG AUF DER RECHNUNG

Wortlaut der Lieferantenerklärung (Fußnoten können weggelassen werden.)[1]

Erklärung

Der Unterzeichner erklärt, dass die in diesem Dokument aufgeführten ....1)

Waren Ursprungserzeugnisse ....2) sind und den Ursprungsregeln für den Präferenzverkehr mit ....3) entsprechen.

Er verpflichtet sich den Zollbehörden alle von ihnen zusätzlich verlangten Belege zur Verfügung zu stellen.

....4)

....5)

....6)

Fußnoten:

1) Sind nur bestimmte der aufgeführten Waren betroffen, so sind sie eindeutig zu kennzeichnen; auf diese Kennzeichnung ist mit folgendem Vermerk hinzuweisen:

> . . . dass die in diesem Dokument aufgeführten und . . . gekennzeichneten Waren . . .

2) Gemeinschaft, Mitgliedstaat oder Partnerstaat

3) Partnerstaat oder Partnerstaaten

4) Ort und Datum

5) Name und Stellung in der Firma

6) Unterschrift

Die Warenverkehrsbescheinigung EUR.2 ist nur für den Warenverkehr mit Syrien und Algerien vorgesehen und darf nur im Postverkehr verwendet werden.

WARENVERKEHRSBESCHEINIGUNG EUR.2

[1] vgl. www.zoll.de

WARENVERKEHRSBESCHEINIGUNG

1. Ausführer/Exporteur (Name, vollständige Anschrift, Staat)

EUR. 1 NR. A 639395

Vor dem Ausfüllen Anmerkungen auf der Rückseite beachten

2. Bescheinigung für den Präferenzverkehr zwischen

....

und

....

(Angabe der betreffenden Staaten, Staatengruppen oder Gebiete)

3. Empfänger (Name, vollständige Anschrift, Staat) (Ausfüllung freigestellt)

4. Staat, Staatengruppe oder Gebiet, als dessen bzw. deren Ursprungswaren die Waren gelten

5. Bestimmungsstaat, -staatengruppe oder -gebiete

6. Angaben über die Beförderung (Ausfüllung freigestellt)

7. Bemerkungen

8. Laufende Nr.; Zeichen, Nummern, Anzahl und Art der Packstücke 1); **Warenbezeichnung**

9. Rohgewicht (kg) oder andere Maße (l, m³, usw.)

10. Rechnungen (Ausfüllung freigestellt)

1) Bei unverpackten Waren ist die Anzahl der Gegenstände oder „lose geschüttet" anzugeben.

11. SICHTVERMERK DER ZOLLBEHÖRDE

Die Richtigkeit der Erklärung wird bescheinigt

Ausfuhrpapier: 2)

Art/Muster .... Nr. ....

vom ....

Zollbehörde ....

Ausstellender/s Staat/Gebiet ....

Bundesrepublik Deutschland

Stempel

....

(Ort und Datum)

....

(Unterschrift)

12. ERKLÄRUNG DES AUSFÜHRERS/ EXPORTEURS

Der Unterzeichner erklärt, dass die vorgenannten Waren die Voraussetzungen erfüllen, um diese Bescheinigung zu erlangen.

....

(Ort und Datum)

....

(Unterschrift)

2) in der **Bundesrepublik Deutschland** vom Ausführer auszufüllen.

WARENVERKEHRSBESCHEINIGUNG

1. Ausführer (Name, vollständige Anschrift, Staat)
Michael Bayer
Spezialmaschinen GmbH & Co. KG
Nürnberger Str. 20
91322 Gräfenberg

A.TR. Nr. **L** 936015

2. Frachtpapier (Ausfüllung freigestellt)
Nr. ______ vom ______

3. Empfänger (Name, vollständige Anschrift, Staat) (Ausfüllung freigestellt)
FU Tekstil San. Ltd. Sti.
Aegean Free Zone
Ege Serbest Bölgesi
TR-35410 Izmir/Gaziemir

Türkei

4.
ASSOZIATION
zwischen der
EUROPÄISCHEN WIRTSCHAFTSGEMEINSCHAFT
und der
TÜRKEI

5. Ausfuhrstaat
Germany

6. Bestimmungsstaat [1]
Turkey

[1] Anzugeben ist der Mitgliedstaat oder „Türkei"

7. Angaben über die Beförderung (Ausfüllung freigestellt)
by truck

8. Bemerkungen

9. Laufende Nr.

10. Zeichen, Nummern, Anzahl und Art der Packstücke (bei lose geschütteten Waren je nach Fall Name des Schiffes, Waggon- oder Kraftwagennummer); Warenbezeichnung
Spare Parts for spreading machine and automatic
cutting system according to
invoice no. 22031303 dt. 04.04.02

Packing:
1 cardboard box, 18 x 15 x 14 cm, net 1,0 kg, gross 1,5 kg

11. Rohgewicht (kg) oder andere Maße (hl, m³ etc.)

12. BESCHEINIGUNG DER ZOLLSTELLE
Die Richtigkeit der Erklärung wird bescheinigt.
Ausfuhrpapier: [2])
Art/Muster ______ Nr. ______
vom ______
Zollstelle: ______
Ausstellender Staat: ______
______
(Ort und Datum)
______
(Unterschrift)

Stempel

[2]) Nur auszufüllen, wenn im Ausfuhrstaat erforderlich

13. ERKLÄRUNG DES AUSFÜHRERS
Der Unterzeichner erklärt, daß die vorgenannten Waren die Voraussetzungen erfüllen, um diese Bescheinigung zu erlangen.

Gräfenberg, 28.04.20..
(Ort und Datum)

i.A Muster

ORIGINAL 087347

1. Goods consigned from (Exporter's business name, address, country)
KOLVIN INDUSTRIES COMPANY
NANYUE VILLAGE, LONGGANG TOWN
BAOAN, SHENZHEN, GUANGDONG
PROVINCE, P. R. CHINA

Reference No. BL482/03/0031

GENERALIZED SYSTEM OF PREFERENCES
CERTIFICATE OF ORIGIN
(Combined declaration and certificate)
FORM A
Issued in THE PEOPLE'S REPUBLIC OF CHINA
(country)
See Notes overleaf

2. Goods consigned to (Consignee's name, address, country)
SPERBER GMBH
NORDWESTRING 88
90419 NÜRNBERG

3. Means of transport and route (as far as known)
FROM SHEN ZHEN TO HONG KONG
BY TRUCK
ON/AFTER MAR. 23, 20…
THENCE TRANSHIPPED TO GERMANY
BY SEA

4. For official use
THIS IS TO CERTIFY THAT THE GOODS STATED IN THIS CERTIFICATE HAD NOT BEEN SUBJECTED TO ANY PROCESSING DURING THEIR STAY/TRANSHIPMENT IN HONG KONG.
SIGNATURE:
DATE: 28 Mar. 20…
CHINA INSPECTION COMPANY LIMITED

5. Item number	6. Marks and numbers of packages	7. Number and kind of packages; description of goods	8. Origin criterion (see Notes overleaf	9. Gross weight or other quantity	10. Number and date of invoices
		167 CTNS INFRARED MASSAGER MG 20 VERSION 643.00	"W" 90.19	1,002PCS	KM 030140
	MASSAGEGERÄT MASSAGER 6 ST/PC. MG 20 634.00 EAN NR. 42 11125 64300 3				MAR 23, 20…
		TOTAL: ONE HUNDRED AND SIXTY SEVEN (167) CTNS ONLY ***			

11. Certification
It is hereby certified, on the basis of control carried out, that the declaration by the exporter is correct

SHEN ZHEN MAR 23, 20…
Place and date, signature and stamp of certifying authority

12. Declaration by the exporter
The undersigned hereby declares that the above details and statements are correct; that all the goods were produced in

CHINA

and that they comply with the origin requirements specified for those goods in the Generalized System of Preferences for goods exported to

GERMANY
(importing country)

SHENZHEN MAR 23, 20…
Place and date, signature of authorized signatory

6.6.2 Ermächtigter Ausführer

Viele Präferenzregelungen sehen das vereinfachte Verfahren „Ermächtigter Ausführer" vor. Ermächtigte Ausführer haben folgende Vorrechte:

ERMÄCHTIGTER AUSFÜHRER

Vorrechte für „Ermächtigte Ausführer"
• „Ursprungserklärungen auf der Rechnung ohne Wertgrenze ausstellen oder
• vorausbehandelte Warenverkehrsbescheinigungen EUR.1 verwenden (gilt nur für den Warenverkehr EG-Tunesien und EG-Marokko) bzw. vorausbehandelte Warenverkehrsbescheinigungen A.TR. verwenden (gilt nur für den Warenverkehr EG-Türkei)."[1]

6.7 Was sind Versandverfahren?

Werden Nichtgemeinschaftswaren in das Zollgebiet der Gemeinschaft eingeführt, ist zwar grundsätzlich eine unmittelbare Verzollung und Zahlung von Einfuhrabgaben bei Grenzübertritt vorgesehen. Die meisten Waren sind jedoch zur wirtschaftlichen Verwendung bei Empfängern im Binnenland bestimmt. Mit den Versandverfahren wurden Möglichkeiten geschaffen, die Verzollung erst am endgültigen Bestimmungsort vorzunehmen.

Kennzeichnend für das Versandverfahren ist, dass die Waren unverzollt befördert werden, mit der Konsequenz, dass eigentlich zu zahlende Einfuhrabgaben ausgesetzt werden. Um das Risiko, dass Abgaben nicht entrichtet werden, einzuschränken, werden die Waren unter zollamtlicher Überwachung befördert. Für Transporte im Rahmen eines Versandverfahrens ist eine Sicherheit zu leisten, außerdem müssen die beförderten Waren fristgerecht und unverändert an der Bestimmungsstelle gestellt werden.

ZOLLAMTLICHER ÜBERWACHUNG

SICHERHEIT

FRISTGERECHT UND UNVERÄNDERT AN DER BESTIMMUNGSSTELLE GESTELLT

Das Versandverfahren gehört zu den Zollverfahren und es ist eine Zollanmeldung dafür abzugeben. Die Person, die bei den Zollbehörden ein Versandverfahren anmeldet, wird als Hauptverpflichteter bezeichnet und ist für die ordnungsgemäße Erledigung des Verfahrens verantwortlich. Damit treffen sie sämtliche mit dem Versandverfahren verbundenen Pflichten.

HAUPTVERPFLICHTETER

Es gibt folgende Arten von Versandverfahren:

Versandverfahren			
Gemeinschaftliches Versandverfahren	Gemeinsames Versandverfahren	Beförderung mit Carnet TIR	Beförderung mit Carnet ATA

6.7.1 Das gemeinschaftliche Versandverfahren

GEMEINSCHAFTLICHE VERSANDVERFAHREN

- Beförderung von Nichtgemeinschaftswaren, Beginn und Ende der Beförderung innerhalb des Zollgebiets der EU, externes gemeinschaftliches Versandverfahren T1
- Beförderung von Gemeinschaftswaren, Beginn und Ende der Beförderung innerhalb des Zollgebietes der EU, Gebiet eines EFTA-Staates wird berührt, internes gemeinschaftliches Versandverfahren T2

NICHTGEMEINSCHAFTSWAREN

EXTERNES GEMEINSCHAFTLICHES VERSANDVERFAHREN T1

GEMEINSCHAFTSWAREN

INTERNES GEMEINSCHAFTLICHES VERSANDVERFAHREN T2

Kennzeichnend für das gemeinschaftliche Versandverfahren ist:

- Der Transport beginnt und endet in einem EU-Staat.
- Ob das Versandverfahren T 1 (Nichtgemeinschaftsware) oder T 2 (Gemeinschaftsware) angewendet wird, hängt vom Status der transportierten Ware ab.

[1] vgl. www.zoll.de

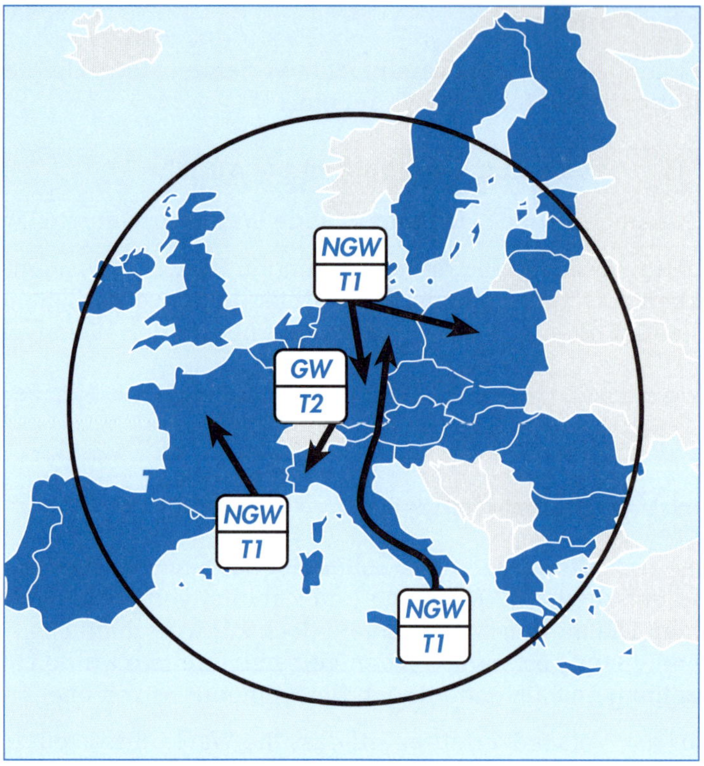

NGW = Nichtgemeinschaftsware
GW = Gemeinschaftsware

GEMEINSAME VERSANDVERFAHREN

6.7.2 Das gemeinsame Versandverfahren

NICHTGEMEINSCHAFTSWAREN

GEMEINSCHAFTSWAREN

KENNZEICHEN

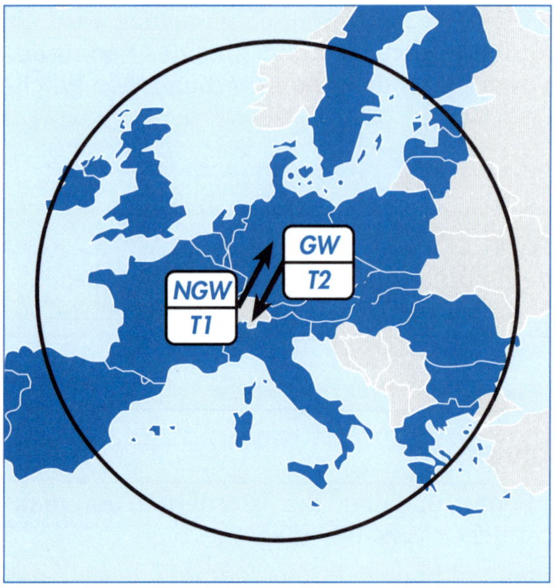

- Beförderung von Nichtgemeinschaftswaren zwischen Staaten der EU und EFTA-Staaten, Versandverfahren T1
- Beförderung von Gemeinschaftswaren zwischen Staaten der EU und EFTA-Staaten, Versandverfahren T2

Kennzeichen für das gemeinsame Versandverfahren:

- Der Transport beginnt in einem EU-Staat und endet in einem EFTA-Staat.
- Der Transport beginnt in einem EFTA-Staat und endet in einem EU-Staat.
- Der Status der transportierten Ware bestimmt, ob das Versandverfahren T1 oder T2 vorliegt.

6.7.3 Versandverfahren und Verkehrsart

Die Mehrzahl der Versandverfahren wird im Straßenverkehr abgewickelt. Für die Verkehrsträger Eisenbahnverkehr, Luftverkehr und Schiffsverkehr gelten besondere Regelungen, die hier jedoch nicht dargestellt werden.

NCTS (NEW COMPUTERIZED TRANSIT SYSTEM)

Im Straßenverkehr werden seit dem 01. Mai 2004 Versandverfahren nur noch im Rahmen des NCTS (New Computerized Transit System) durchgeführt. Eine Anmeldung mit dem Einheitspapier (T1/T2) ist seitdem nicht mehr möglich.

Die Abgangsstelle nimmt die Anmeldung für das Versandverfahren entgegen (elektronisch), prüft und überlässt nach einer gewissen Wartezeit die Waren.

6.7.4 Sicherheit

SICHERHEIT

Ein Versandverfahren wird nur zugelassen, wenn eine entsprechende Sicherheit geleistet wurde. Sie soll das Risiko abdecken, dass mögliche Abgaben nicht entrichtet werden, wenn ein Versandverfahren nicht ordnungsgemäß abgewickelt wird.

Sicherheitsleistung		
Einzelsicherheit für ein einzelnes Versandverfahren		**Gesamtbürgschaft für mehrere Versandverfahren**
Barsicherheit	Hinterlegung eines Geldbetrages bei der Abgangsstelle	Eine Bank bürgt für den Hauptverpflichteten, z. B. einen Spediteur. Banken halten für die Bürgschaftserklärung Vordrucke bereit. Die Gesamtbürgschaft muss beim zuständigen Hauptzollamt beantragt werden, das eine Bürgschaftsbescheinigung nach dem Vordruck TC 31 ausstellt. Zugelassene Versender benötigen immer eine Gesamtbürgschaft.
Bürgschaftsleistung	Bürgschaftserklärung für ein Versandverfahren an das Hauptzollamt	
Einzelsicherheit	Ausstellung von Sicherheitstiteln im Wert von je 7.000,00 EUR je Titel durch Personen, die zur Ausgabe von Sicherheitstiteln berechtigt sind (zuständige Behörde: OFD Nürnberg)	

BARSICHERHEIT

BÜRGSCHAFTSLEISTUNG

EINZELSICHERHEIT

Hauptverpflichteten, die über Jahre hinweg Einfuhrverzollungen durchführen und mit den Zollbehörden einwandfrei zusammengearbeitet haben sowie keinerlei Verstöße gegen Zoll- und Abgabenvorschriften aufweisen, kann das zuständige Hauptzollamt die Befreiung von der Sicherheitsleistung aussprechen. Diese Freistellung von einer Sicherheitsleistung wird durch den Vordruck TC 33 dokumentiert.

BEFREIUNG VON DER SICHERHEITSLEISTUNG

TC31 – BÜRGSCHAFTSBESCHEINIGUNG

1. Gültig bis einschließlich	Tag | Monat | Jahr	**2.** Nummer
3. Hauptverpflichteter (Name und Vorname bzw. Firma, vollständige Anschrift und Land)		
4. Bürge (Name und Vorname bzw. Firma, vollständige Anschrift und Land)		
5. Stelle der Bürgschaftsleistung (Bezeichnung, vollständige Anschrift und Land)		
6. Referenzbetrag Währungscode:	in Ziffern	in Buchstaben

7. Die Stelle der Bürgschaftsleistung bescheinigt, dass der oben genannte Hauptverpflichtete eine Gesamtbürgschaft geleistet hat, die für gemeinschaftliche/gemeinsame Versandverfahren in den nachstehenden Zollgebieten gültig ist, deren Namen nicht gestrichen sind:

EUROPÄISCHE GEMEINSCHAFT UNGARN ISLAND NORWEGEN POLEN
SLOWAKISCHE REPUBLIK SCHWEIZ TSCHECHISCHE REPUBLIK ANDORRA (*) SAN MARINO (*)

8. Besondere Vermerke

9. Gültigkeit verlängert bis einschließlich
Tag Monat Jahr

(Ort) ________ den ________
(Unterschrift und Stempel der Stelle der Bürgschaftsleistung)

(Ort) ________ den ________
(Unterschrift und Stempel der Stelle der Bürgschaftsleistung)

0362 Bürgschaftsbescheinigung (Gesamtbürgschaft)

Zur Inanspruchnahme einer Gesamtbürgschaft ist folgender Auftrag zu stellen.

VSF Z 35 15 Abschnitt B

1. Antragsteller (Name oder Firma, Anschrift, Bearbeiter, Telefon)		Eingangsstempel
Zollnummer:	Zollnummer beantragt am:	**Zutreffendes ankreuzen** ☒ **oder ausfüllen**
Antrag auf Bewilligung der Vereinfachung ☐ **Inanspruchnahme einer Gesamtbürgschaft** ☐ **Befreiung von der Sicherheitsleistung**		Vor dem Ausfüllen die Hinweise und Erläuterungen beachten!

☐	**nur für Waren ohne erhöhtes Betrugsrisiko** **(andere als in Anhang 44c ZK-DVO / Anhang I Anlage I Übereinkommen genannt)**
☐	**für alle Waren** **(Waren mit erhöhtem Betrugsrisiko gemäß Anhang 44c ZK-DVO / Anhang I Anlage I Übereinkommen und andere Waren)**
☐	**getrennt nach** **- Waren ohne erhöhtes Betrugsrisiko und** **- Waren mit erhöhtem Betrugsrisiko**
2.	Rechtsform des Antragstellers
3.	Ggf. Steuerlicher Beauftragter (Name, Anschrift)
4.	Zuständiges Finanzamt, Steuernummer
	Ggf. Umsatzsteuer-Identifikationsnummer
5.	Art der gewerblichen Tätigkeit
6.	Ort der Hauptbuchhaltung
7.	Ich führe Aufzeichnungen, die die Durchführung von Kontrollen ermöglichen. Ort, an dem sich die Unterlagen befinden (genaue Anschrift)
8.	Ich nehme das Versandverfahren regelmäßig in Anspruch (Anzahl/Monat): Ich kann den Verpflichtungen aus dem Versandverfahren nachkommen.
9.	Ich habe keine schweren oder wiederholten Verstöße gegen die Zoll- oder Steuervorschriften begangen.
10.	Bereits bewilligte Vereinfachungen oder Vergünstigungen (Art, Zollstelle, Datum, Geschäftszeichen/ Bewilligungsnummer)

0351/1 - E - Antrag auf Bewilligung der Inanspruchnahme einer Gesamtbürgschaft (GE) bzw. Befreiung von der Sicherheitsleistung (BE) **(2009)**

	Angaben zu den beförderten Waren und zu der voraussichtlichen Anzahl der Versandverfahren
11.	Für die Berechnung des Referenzbetrages mache ich folgende Angaben über die durchschnittlichen Beförderungen während einer Woche:

Waren ohne erhöhtes Betrugsrisiko (einschl. Waren mit erhöhtem Betrugsrisiko, wenn die Mindestmengen gemäß Anhang 44c ZK-DVO/Anhang I Anlage I Übereinkommen nicht überschritten werden)

Warenart (handelsübliche Bezeichnung)	Anzahl der Versandverfahren je Woche	Wert in EUR je Versandverfahren	Mögliche Abgabenbelastung je Woche

Waren mit erhöhtem Betrugsrisiko (in größeren als in Anhang 44c ZK-DVO/Anhang I Anlage I Übereinkommen angegebenen Mengen)

Warenart (handelsübliche Bezeichnung)	Anzahl der Versandverfahren je Woche	Bemessungsgrundlagen je Versandverfahren	Mögliche Abgabenbelastung je Woche

12. **Voraussetzungen für die Inanspruchnahme der Gesamtbürgschaft, die Reduzierung des Bürgschaftsbetrags oder die Befreiung von der Sicherheitsleistung**

Neben den allgemeinen Bewilligungsvoraussetzungen erfülle ich auch die folgenden zusätzlichen Voraussetzungen:

Finanzielle Lage

☐ Meine finanzielle Lage ist gesund. Ich habe keine ungedeckten Zoll- und/oder Steuerschulden und bin nicht insolvenzgefährdet.

Ausreichende Erfahrung mit dem Versandverfahren

☐ Ich habe als Hauptverpflichteter das Versandverfahren seit regelmäßig in Anspruch genommen und ordnungsgemäß angewendet.

☐ Ich übermittle die Daten der Versandanmeldungen ohne Verwendung von Ladelisten EDV-gestützt an die Abgangsstelle(n).

Zusammenarbeit mit den zuständigen Behörden

☐ Ich mache in den Versandanmeldungen zur besseren Kontrolle zusätzliche Angaben, die nicht obligatorisch sind (z. B.)

☐ Ich melde Waren nur bei einer einzigen Abgangsstelle zur Überführung in das Versandverfahren an.
Name der Zollstelle:

☐

0351/2 - E - Antrag auf Bewilligung der Inanspruchnahme einer Gesamtbürgschaft (GE)
bzw. Befreiung von der Sicherheitsleistung (BE) **(2009)**

	Kontrolle über die Beförderungen Die Beförderungen im Versandverfahren erfolgen unter Einhaltung eines hohen Sicherheitsstandards aufgrund: ☐ ISO-Zertifizierung ☐ Standardrouten ☐ GPS-Ausrüstung ☐ ☐ ☐ ☐ Ich führe die Beförderungen selbst durch. ☐ Die Beförderungen erfolgen durch Warenführer im Rahmen von Langzeitverträgen. ☐ Ich beauftrage Vermittler, die vertraglich an Warenführer gebunden sind.
	Ausreichende finanzielle Leistungsfähigkeit ☐ Ich verfüge über ausreichende Mittel, um den nicht durch den Bürgschaftsbetrag gesicherten Teil des Referenzbetrages abzudecken. Beigefügter Nachweis:
13.	**Ich beantrage die Reduzierung des Bürgschaftsbetrages** - für Waren ohne erhöhtes Betrugsrisiko auf ☐ 50% ☐ 30% des Referenzbetrages. - für Waren mit erhöhtem Betrugsrisiko auf ☐ 50% ☐ 30% des Referenzbetrages. - für alle Waren auf ☐ 50% ☐ 30% des Referenzbetrages.
14.	**Verschiedenes**
	Mir ist bekannt, dass die Voraussetzungen für eine Bewilligung für alle Waren ohne Geltungsbeschränkung nach den strengeren Vorschriften für die Waren mit erhöhtem Betrugsrisiko geprüft werden und eine Befreiung von der Sicherheitsleistung dafür nicht in Betracht kommt.
	Meine Aufzeichnungen bzw. Handels- und Buchhaltungsunterlagen erlauben mir die Überwachung der Einhaltung des Referenzbetrages und die Durchführung wirksamer Kontrollen. ☐ Ein Muster habe ich dem Antrag beigefügt.
	Ich bitte um Ausstellung von Ausfertigung(en) der TC31-Bürgschaftsbescheinigung bzw. TC33-Bescheinigung über die Befreiung von der Sicherheitsleistung. Nachweis für das Bedürfnis:
15.	Ich bestätige die Richtigkeit der gemachten Angaben und die Echtheit der beigefügten Unterlagen. Ort, Datum, rechtsverbindliche Unterschrift **Anlagen** 1 Durchschrift des Antrags ☐ Auszug aus dem Handelsregister ☐ weitere Unterlagen

Hinweise und Erläuterungen:

1. Der Antrag ist gemäß § 24 Absatz 7 Zollverordnung bei dem Hauptzollamt zu stellen, in dessen Bezirk Ihre Buchführung überwiegend erfolgt (Hauptbuchhaltung).
2. Dem Antrag ist ggf. ein Auszug aus dem Handelsregister beizufügen.
3. Es empfiehlt sich, den Antrag mit dem zuständigen Sachbearbeiter des Hauptzollamts zu besprechen.
4. Steuerlicher Beauftragter (lfd. Nr. 3 des Antrags) ist der/die Angehörige Ihres Betriebs oder Unternehmens, der/die mit der Wahrnehmung der Pflichten im Zusammenhang mit der beantragten Bewilligung beauftragt wird (§ 214 Abgabenordnung).
5. Die Angaben zu den Warenbeförderungen (lfd. Nr. 11 des Antrags) können auch auf gesondertem Blatt gemacht werden.

Hinweis nach § 4 Absatz 3 Bundesdatenschutzgesetz

Diesen Antrag stellen Sie freiwillig.
Die verlangten Angaben sind für eine sachgerechte Entscheidung nach Artikel 372 ff. VO (EWG) Nr. 2454/93 (ZK-DVO) erforderlich.

0351/3 - E - Antrag auf Bewilligung der Inanspruchnahme einer Gesamtbürgschaft (GE) bzw. Befreiung von der Sicherheitsleistung (BE) **(2009)**

6.7.5 Ablauf eines gemeinschaftlichen/gemeinsamen Versandverfahrens

Im Speditionsalltag einer internationalen Spedition sind gemeinschaftliche/gemeinsame Versandverfahren nichts Außergewöhnliches. Ein solches Versandverfahren läuft nach folgenden Strukturen ab.

Gemeinschaftliches/gemeinsames Versandverfahren		
Stufe 1	Gestellung	Die Abgangsstelle prüft die Ware (Beschau).
Stufe 2	Beförderungsstrecke	Die Abgangsstelle legt eine verbindliche Route für die Beförderung der Waren fest.
Stufe 3	Frist	In Abhängigkeit von der Beförderungsstrecke wird eine Frist für die Gestellung bei der Bestimmungsstelle bestimmt.
Stufe 4	Nämlichkeitssicherung	Bei Beförderungen im Versandverfahren muss die Nämlichkeit der Waren gesichert sein. Das bedeutet, es werden Vorkehrungen getroffen, die Manipulationen an den zu befördernden Waren unmöglich bzw. erkennbar machen. Die häufigste Form ist der Verschluss. Die eingesetzten Beförderungsmittel bzw. Behälter sollen als verschlusssicher anerkannt sein. In diesem Fall erfolgt ein sogenannter Raumverschluss, das heißt, das Fahrzeug oder der Behälter wird verplombt. Außerdem benötigt das Fahrzeug eine Zollverschlussanerkenntnis. Bei kleineren Gegenständen kann ein Packstückverschluss durchgeführt werden oder man fertigt eine Beschreibung des zu befördernden Gegenstandes an.
Stufe 5	Gestellung bei der Bestimmungsstelle	

GESTELLUNG

BEFÖRDERUNGSSTRECKE

FRIST

NÄMLICHKEITSSICHERUNG

RAUMVERSCHLUSS

PACKSTÜCKVERSCHLUSS

BESCHREIBUNG DES ZU BEFÖRDERNDEN GEGENSTANDES

GESTELLUNG BEI DER BESTIMMUNGSSTELLE

6.7.6 NCTS (New Computerized Transit System)

Das NCTS ist ein Verfahren zur Abwicklung des gemeinschaftlichen/gemeinsamen Versandverfahrens mithilfe der elektronischen Datenverarbeitung. Ziel der Umstellung vom papiergestützten Verfahren mit den Einheitspapieren T1 und T2 auf ein computergestütztes System war, Versandverfahren weniger betrugsanfällig zu machen. Außerdem sollten die Verfahrensabläufe beschleunigt sowie die Leistungsfähigkeit und Effizienz der Abläufe gesteigert werden.

NCTS (NEW COMPUTERIZED TRANSIT SYSTEM)

Abwicklung von Versandverfahren mit NCTS	
Teilnehmereingabe (vereinfachtes Verfahren)	„Idealfall“ • Elektronische Übermittlung der Versandanmeldung an die Abgangsstelle • Automatische Entgegennahme und Annahme der Versandanmeldung • Keine Gestellung der Ware erforderlich (zugelassener Versender) • Überlassung der Ware (evtl. nach Fristablauf) • Ausdruck des Versandbegleitdokuments (VBD) im Betrieb des zugelassenen Versenders • Vorabankunftsanzeige an Bestimmungsstelle • Vorabdurchgangsanzeige an Durchgangszollstelle(n) • Vorlage des Versandbegleitdokuments bei Bestimmungsstelle und Gestellung der Waren bei Bestimmungsstelle/zugelassenem Empfänger • Eingangsbestätigung der Bestimmungsstelle an Abgangsstelle

TEILNEHMEREINGABE (VEREINFACHTES VERFAHREN)

Abwicklung von Versandverfahren mit NCTS	
Teilnehmereingabe (Normalverfahren)	• Elektronische Übermittlung der Versandanmeldung an Abgangsstelle • Gestellung der Waren bei der Abgangsstelle (Beteiligter/Teilnehmer kein zugelassener Versender) • Automatische Entgegennahme und Annahme der Versandanmeldung • Überlassung der Waren (evtl. nach Fristablauf) • Ausdruck des Versandbegleitdokuments bei der Abgangsstelle • Vorabankunftsanzeige an Bestimmungsstelle • Vorabdurchgangsanzeige an Durchgangszollstelle(n) • Vorlage des Versandbegleitdokuments bei Bestimmungsstelle und Gestellung der Waren bei Bestimmungsstelle/zugelassenem Empfänger • Eingangsbestätigung der Bestimmungsstelle an Abgangsstelle
Benutzereingabe (Normalverfahren)	• Versandanmeldung in Papierform • Gestellung der Waren bei der Abgangsstelle • Erfassung der Anmeldung im IT-System durch Abgangsstelle • Überlassung der Ware (evtl. nach Fristablauf) • Ausdruck des Versandbegleitdokuments bei der Abgangsstelle • Vorabankunftsanzeige an Bestimmungsstelle • Vorabdurchgangsanzeige an Durchgangszollstelle(n) • Vorlage des Versandbegleitdokuments bei Bestimmungsstelle und Gestellung der Waren bei Bestimmungsstelle/zugelassenem Empfänger • Eingangsbestätigung der Bestimmungsstelle an Abgangsstelle

TEILNEHMEREINGABE (NORMALVERFAHREN)

BENUTZEREINGABE

6.7.7 Vereinfachungsverfahren

Zugelassener Versender

ZUGELASSENER VERSENDER

Ein zugelassener Versender
- kann Versandverfahren durchführen, ohne die Waren gestellen zu müssen, und
- die Nämlichkeitssicherung selbst vornehmen.

Die Bewilligung des Status „zugelassener Versender" erfolgt durch das Hauptzollamt, das folgende Vorgaben festlegt:

Vorgaben für die Bewilligung zum zugelassenen Versender
• Abgangsstelle(n)
• Gestellungsorte
• Anzeigefrist für gemeinschaftliche/gemeinsame Versandverfahren
• Maßnahmen zur Nämlichkeitssicherung
• Ausgeschlossene Warenarten
• Weitere Pflichten, z. B. das Führen bestimmter Aufzeichnungen

Voraussetzungen:

SICHERHEITSLEISTUNG

- Sicherheitsleistung in Form einer Gesamtbürgschaft (TC 31) oder Befreiung von einer Sicherheitsleistung für gemeinschaftliche/gemeinsame Versandverfahren (TC 33)
- Teilnahmevoraussetzung für die ATLAS-Teilnehmereingabe

Der Status „zugelassener Versender" kann erteilt werden, wenn man folgenden Antrag stellt.

VSF Z 35 15 Abschnitt F

1. Antragsteller (Name oder Firma, Anschrift, Bearbeiter, Telefon)		Eingangsstempel
Zollnummer	Zollnummer beantragt am:	**Zutreffendes ankreuzen** [X] **oder ausfüllen**
2. Kontaktperson (Bearbeiter) Name: Telefon: Telefax: E-Mail:		Vor dem Ausfüllen die Hinweise und Erläuterungen beachten!
Antrag auf Bewilligung der Vereinfachung "Status eines zugelassenen Versenders" im gemeinschaftlichen/gemeinsamen Versandverfahren		

3.	Steuerlicher Beauftragter (Name, Anschrift) - siehe auch 4. der Hinweise und Erläuterungen
4.	Zuständiges Finanzamt, Steuernummer
5.	Art der gewerblichen Tätigkeit
6.	Ort der Hauptbuchhaltung (genaue Anschrift)
7.	Ich führe Aufzeichnungen, die die Durchführung von Kontrollen ermöglichen. Ort, an dem sich die Unterlagen befinden (genaue Anschrift)
8.	Ich nehme das Versandverfahren regelmäßig in Anspruch. Ich kann den Verpflichtungen aus dem Versandverfahren nachkommen.
9.	Ich habe keine schweren oder wiederholten Verstöße gegen die Zoll- oder Steuervorschriften begangen.
10.	Bereits erteilte Bewilligungen (Art, Zollstelle, Datum, Geschäftszeichen/Bewilligungsnummer) siehe auch 6. der Hinweise und Erläuterungen **DE/** ______ **/GE/** ______ vom __________ oder beantragt am __________ **DE/** ______ **/BE/** ______ vom __________ oder beantragt am __________
11.	Mir ist bekannt, dass Warenbeförderungen von und nach San Marino und Andorra nur im gemeinschaftlichen Versandverfahren ohne Berührung eines EFTA-Landes erfolgen dürfen.
12.	Orte, an denen die Waren gestellt und Kontrollen durchgeführt werden können.

Orte (genaue Bezeichnung und Anschrift)	Zuständige Abgangsstelle(n)
☐ Aufstellung siehe Anlage	

0356/1 Antrag auf Bewilligung des Status eines zugelassenen Versenders (ZV) **(2009)**

13.	Nämlichkeitssicherung - siehe auch 5. der Hinweise und Erläuterungen Bei Raum- und Packstückverschluss wird die Nämlichkeit der Waren durch besondere, selbstschließende Verschlüsse gesichert.
14.	Ausfallkonzept (Notfallverfahren)
14a.	Verwendung des Einheitspapiers - siehe auch 7. der Hinweise und Erläuterungen Art der Vereinfachung ☐ Vorabstempelung des Einheitspapiers durch die zuständige Abgangsstelle ☐ Verwendung von Einheitspapieren mit eingedrucktem Sonderstempelabdruck ☐ Verwendung eines Metall-Sonderstempels zum Selbstabstempeln der Einheitspapiere Das besondere Bedürfnis für die Verwendung des Metall-Sonderstempels habe ich dargestellt (Anlage beigefügt). Mir ist bekannt, dass ich die Kosten des Sonderstempels oder des Klischees für den Sonderstempeleindruck der zugelassenen Druckerei zu tragen habe.
14b.	☐ Ich erstelle die Exemplare Nrn. 1, 4 und 5 im Wege der elektronischen oder automatischen Datenverarbeitung und beantrage die Freistellung von der Unterschriftsleistung in Feld 50 der Versandanmeldung. Ich verpflichte mich, bei allen Versandverfahren, die unter Verwendung von Versandanmeldungen mit dem mir bewilligten Sonderstempeleindruck oder -abdruck versehen sind, als Hauptverpflichteter einzutreten.
15.	Ich bestätige die Richtigkeit und Vollständigkeit der Angaben.
16.	Ort, Datum, rechtsverbindliche Unterschrift **Anlagen** 1 Durchschrift des Antrags ☐ Auszug aus dem Handelsregister ☐ Vordruck 3700 " Bestellung eines Beauftragten/Betriebsleiters" ☐ Weitere Unterlagen

Hinweise und Erläuterungen:

1. Der Antrag ist gemäß § 24 Absatz 7 Zollverordnung bei dem Hauptzollamt zu stellen, in dessen Bezirk Ihre Buchführung überwiegend erfolgt (Hauptbuchhaltung).
2. Dem Antrag ist ein Auszug aus dem Handelsregister beizufügen.
3. Es empfiehlt sich, den Antrag mit dem zuständigen Sachbearbeiter des Hauptzollamtes zu besprechen.
4. Steuerlicher Beauftragter ist der Angehörige Ihres Betriebs oder Unternehmens, den Sie mit der Wahrnehmung der Pflichten im Zusammenhang mit der Bewilligung "Zugelassener Versender" beauftragt haben (§ 214 Abgabenordnung).
5. Der zuständige Sachbearbeiter des Hauptzollamts nennt Ihnen auf Anfrage die zugelassenen Typen und Lieferfirmen der Verschlüsse.
6. Voraussetzung zur Erteilung der Bewilligung des Status eines zugelassenen Versenders ist u. a., dass Ihnen Inanspruchnahme einer Gesamtbürgschaft bzw. Befreiung von der Sicherheitsleistung bewilligt wurde.
7. Das Notfallverfahren wird in den Fällen, in denen das NCTS als Regelverfahren nicht zur Anwendung kommen kann, nach den Vorschriften der Verfahrensanweisung ATLAS in der jeweils gültigen Fassung angewendet.

Hinweis nach § 4 Absatz 3 Bundesdatenschutzgesetz

Diesen Antrag stellen Sie freiwillig.

Die verlangten Angaben sind für eine sachgerechte Entscheidung nach Artikel 372 ff. VO (EWG) Nr. 2454/93 (Zollkodex-DVO) erforderlich.

0356/2 Antrag auf Bewilligung des Status eines zugelassenen Versenders (ZV) **(2009)**

Zugelassener Empfänger

ZUGELASSENER EMPFÄNGER

Der zugelassene Empfänger kann im gemeinschaftlichen/gemeinsamen Versandverfahren und seit 2005 auch im Carnet-TIR-Verfahren Waren in seinem Betrieb oder an einem anderen festgelegten Ort empfangen.

Vorteile „zugelassener Empfänger"
• Eine Gestellung bei der Bestimmungsstelle ist nicht erforderlich.
• Der zugelassene Empfänger darf Plomben entfernen.

GESTELLUNG NICHT ERFORDERLICH

PLOMBEN ENTFERNEN

Er übernimmt damit Aufgaben, die eigentlich den Zollbehörden zugewiesen sind.

Um den Status „zugelassener Empfänger" zu erhalten, sind folgende Informationen über ein offizielles Antragsformular an das Hauptzollamt zu geben:

Er muss jedoch die Zollbehörden über die empfangenen Zollsendungen informieren und die Zustimmung zum Verbleib der Waren von den Zollbehörden einholen, bevor die Waren einer endgültigen Verwendung, z. B. der Überführung in den zoll- und steuerrechtlich freien Verkehr, zugeführt werden. Die Bewilligung des Status „zugelassener Empfänger" wird durch das Hauptzollamt erteilt.

VSF Z 35 15 Abschnitt G

1. Antragsteller (Name oder Firma, Anschrift, Bearbeiter, Telefon)			Eingangsstempel
Zollnummer		Zollnummer beantragt am:	**Zutreffendes ankreuzen [X] oder ausfüllen**
Antrag auf Bewilligung der Vereinfachung Status eines zugelassenen Empfängers im gemeinschaftlichen/gemeinsamen Versandverfahren ☐ Es besteht bereits eine Bewilligung vom ______________ **- DE/** ______ **/ZE/** ______ **-**			Vor dem Ausfüllen die Hinweise und Erläuterungen beachten!
2.	Rechtsform des Antragstellers		
3.	Steuerlicher Beauftragter (Name, Anschrift)		
4.	Zuständiges Finanzamt, Steuernummer		
5.	Art der gewerblichen Tätigkeit		
6.	Ort der Hauptbuchhaltung		
7.	Ich führe Aufzeichnungen, die die Durchführung von Kontrollen ermöglichen. Ort, an dem sich die Unterlagen befinden (genaue Anschrift)		
8.	Ich erhalte regelmäßig Waren, die dem gemeinschaftlichen/gemeinsamen Versandverfahren unterliegen (Anzahl/Monat):		
9.	Ich habe keine schweren oder wiederholten Verstöße gegen die Zoll- oder Steuervorschriften begangen.		
10.	Andere, bereits bewilligte Vereinfachungen oder Vergünstigungen (Art, Zollstelle, Datum, Geschäftszeichen/Bewilligungsnummer)		
11.	☐ Ich möchte für den Datenaustausch mit der jeweiligen Bestimmungsstelle Informatikverfahren einsetzen. ☐ Zertifizierte Software der Firma ______________________________ liegt vor.		
12.	☐ Ich beabsichtige, für den Datenaustausch mit der jeweiligen Bestimmungsstelle Informatikverfahren einzusetzen, wenn diese für den Austausch der Versanddaten zwischen den Zollbehörden auch Informationstechnologie und Datennetze einsetzt.		
13.	☐ Ich setze für den Datenaustausch mit der jeweiligen Bestimmungsstelle kein Informatikverfahren ein. Mir ist bewusst, dass deshalb spätestens nach Ablauf einer Übergangsfrist (voraussichtlich 2004) das Vorliegen der Bewilligungsvoraussetzungen für die Vereinfachung "Status eines zugelassenen Empfängers" erneut geprüft werden wird.		

0358/1 - E - Antrag auf Bewilligung des Status eines zugelassenen Empfängers (ZE) **(2009)**

14.	Orte der Übergabe der Waren (genaue Anschrift) ☐ Aufstellung siehe Anlage	zuständige Bestimmungsstellen (genaue Bezeichnung)
15.	Orte der Verwahrung - soweit abweichend vom Übergabeort - ☐ Aufstellung siehe Anlage	
16.	**Sonstiges**	
17.	Ich bestätige die Richtigkeit und Vollständigkeit der Angaben.	
18.	Ort, Datum, rechtsverbindliche Unterschrift	**Anlagen** 1 Durchschrift des Antrags ☐ Auszug aus dem Handelsregister ☐ weitere Unterlagen

Hinweise und Erläuterungen:

1. Der Antrag ist gemäß § 24 Absatz 7 Zollverordnung bei dem Hauptzollamt zu stellen, in dessen Bezirk Ihre Buchführung überwiegend erfolgt (Hauptbuchhaltung).
2. Dem Antrag ist ggf. ein Auszug aus dem Handelsregister beizufügen.
3. Es empfiehlt sich, den Antrag mit dem zuständigen Sachbearbeiter des Hauptzollamts zu besprechen.
4. Steuerlicher Beauftragter (lfd. Nr. 3 des Antrags) ist der/die Angehörige Ihres Betriebs oder Unternehmens, der/die mit der Wahrnehmung der Pflichten im Zusammenhang mit der beantragten Bewilligung beauftragt wird (§ 214 Abgabenordnung).

Hinweis nach § 4 Absatz 3 Bundesdatenschutzgesetz
Diesen Antrag stellen Sie freiwillig.
Die verlangten Angaben sind für eine sachgerechte Entscheidung nach Artikel 372 ff. VO (EWG) Nr. 2454/93 (Zollkodex-DVO) erforderlich.

0358/2 - E - Antrag auf Bewilligung des Status eines zugelassenen Empfängers (ZE) **(2009)**

6.7.8 Versandverfahren mit Carnet TIR

Carnet TIR (Transports Internationaux Routiers) im grenzüberschreitenden Verkehr mit Straßenfahrzeugen

Das Versandverfahren mit Carnet TIR (Transports Internationaux Routiers) ist im grenzüberschreitenden Verkehr mit Straßenfahrzeugen und im multimodalen Verkehr mit Containern anwendbar, sofern die Container auf einem Teil der Transportstrecke mit Straßenfahrzeugen befördert werden. Zurzeit nehmen 67 Staaten – einschließlich EU-Mitgliedsstaaten – am „TIR Übereinkommen 1975" teil. Ein Versandverfahren Carnet TIR kann jedoch nicht mit allen Mitgliedsparteien durchgeführt werden, da nur 57 über einen national zugelassenen, bürgenden Verband verfügen. In der unten dargestellten Karte kann man in den mit dunkler Farbe hinterlegten Staaten Carnet-TIR-Transporte tatsächliche durchführen, während die grau unterlegten Staaten lediglich Vertragsparteien des TIR Abkommens sind, z. B. US.

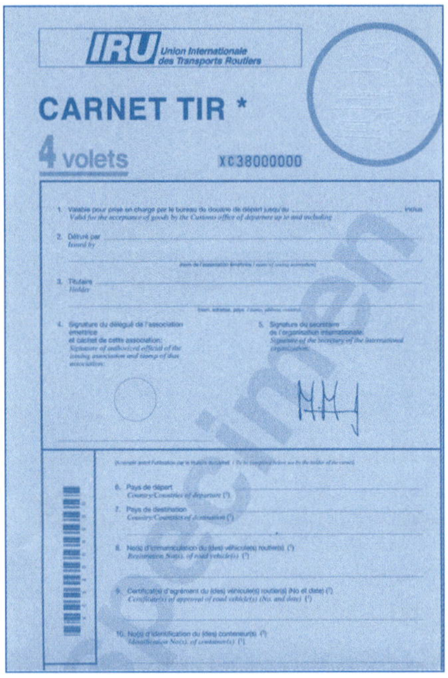
IRU Union Internationale des Transports Routiers
CARNET TIR *
4 volets
XC38000000

Mit dem Carnet TIR können Waren durch eine beliebige Zahl von Mitgliedsstaaten befördert werden. Es ist jedoch nicht anwendbar für Warentransporte ausschließlich innerhalb des Gebiets der EU. Das Carnet-TIR-Verfahren ist im Rahmen eines Abkommens geregelt, dem die in unten stehender Grafik dargestellten Staaten angehören. Aus deutscher Sicht kann man mit Lastkraftwagen im Carnet-TIR-Verfahren in sämtliche europäische Staaten sowie nach Russland, Kasachstan, Iran, Türkei, Libanon, Israel sowie Tunesien und Marokko gelangen.

Zollverschlussanerkenntnis

Für einen Straßentransport im Versandverfahren Carnet TIR können nur Fahrzeuge mit einer Zollverschlussanerkenntnis eingesetzt werden, einer Bescheinigung des Fahrzeugherstellers, die eine zollsichere Beförderung bescheinigt. Es sind nur feste Aufbauten, z. B. Koffer oder Plane und Spriegel, zugelassen. Die Planen dürfen keinen Abstand der Ösen für die Zollschnur von mehr als 30 cm aufweisen. Als weitere Voraussetzung benötigen die eingesetzten Fahrzeuge Schilder mit der Aufschrift TIR, und zwar vorne und hinten. Die Schilder haben ein Format von ca. 40 cm x 30 cm und tragen die Aufschrift TIR in weißen Buchstaben auf blauem Grund. Bei Containertransporten muss ebenfalls die zollsichere Beförderung der Güter gewährleistet sein.

Persönlich keine Sicherheit
Nationaler Verband bürgt

Im Gegensatz zum gemeinschaftlichen/gemeinsamen Versandverfahren muss der Transportunternehmer persönlich keine Sicherheit vorweisen, sondern ein nationaler Verband bürgt für Zölle und Abgaben. Allerdings muss der Transportunternehmer sowohl von den Zollbehörden als auch vom ausgebenden nationalen Verband für Transporte im Carnet-TIR-Verfahren zugelassen sein.

IRU

Die IRU (International Road Transport Union) in Genf stellt die Carnets TIR aus. Ausgegeben werden sie jedoch von den ihr angeschlossenen nationalen Verbänden. Ausgabestellen für die Bundesrepublik Deutschland sind die Landesorganisationen des Bundesverbandes Güterkraftverkehr, Logistik und Entsorgung (BGL) e.V. in Frankfurt am Main sowie die Arbeitsgemeinschaft zur Förderung und Entwicklung des internationalen Straßenverkehrs (AIST) in Berlin.

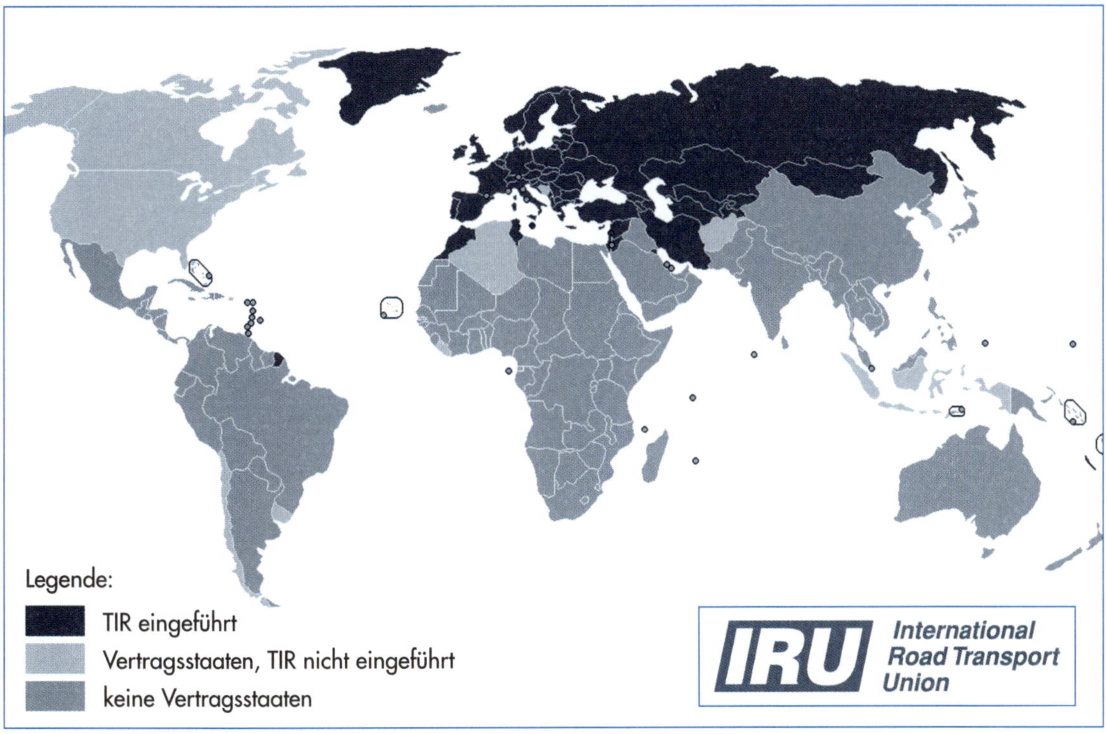

Mitgliedsstaaten des Carnet-TIR-Verfahrens
Quelle: IRU

Das Carnet-TIR-Verfahren wird an einer Abgangszollstelle eröffnet. Die Waren dürfen nicht umgeladen werden und grenzüberschreitend zu einer Bestimmungszollstelle nur mit zollsicher hergerichteten Straßenfahrzeugen transportiert werden. An der Bestimmungszollstelle wird das Verfahren beendet. An den Durchgangszollstellen an den Grenzen sind die Beförderungsmittel und das dazugehörige Carnet TIR vorzuführen. Eine Zollbeschau findet jedoch nicht statt, was zu einer erheblichen Beschleunigung des Grenzübertritts und damit zu erheblichen Erleichterungen führt.

Abgangszollstelle
zollsicher
Bestimmungszollstelle
Zollbeschau findet nicht statt

Die Gültigkeit eines Carnets TIR ist auf eine einzige Beförderung beschränkt, wobei ein solcher Transport bis zu vier Abgangs- und Bestimmungszollstellen umfassen kann.

auf eine einzige Beförderung beschränkt bis zu vier Abgangs- und Bestimmungszollstellen

Es ist möglich, im Carnet-TIR-Verfahren Gemeinschaftswaren und Nichtgemeinschaftswaren zu befördern, jedoch nicht ausschließlich innerhalb der EU.

Ein Carnet TIR ist wie folgt aufgemacht:

Aufmachung eines Carnet TIR
• 2 Umschlagblätter
• 1 gelbes Blatt (nicht für Zollzwecke)
• Benötigte Anzahl von Trennabschnitten 1 und 2 (weiß und grün)
• 1 Protokoll (gelb) für Umladungen und weitere Ereignisse während des Transports

Für die Abgangszollstelle, Durchgangszollstellen und Bestimmungszollstelle in jedem Vertragsstaat und für jede weitere Abgangs- oder Bestimmungszollstelle sind jeweils zwei Trennabschnitte erforderlich, deren untere Teile als Stammblätter im Carnet TIR verbleiben müssen.

zwei Trennabschnitte
Stammblätter

Die Abgangszollstelle prüft, ob die Voraussetzungen für das Carnet-TIR-Verfahren erfüllt sind, insbesondere wird geprüft, ob die Zollverschlussanerkenntnisse bzw. Zulassungstafeln noch gültig sind. Ebenso werden die Fahrzeuge und Behälter im Hinblick auf technische Vorrichtungen zur Zollsicherheit untersucht. Die Abgangszollstelle kontrolliert die Waren und prüft das Carnet TIR auf Gültigkeit sowie darauf, ob es vollständig ausgefüllt ist. Liegen keine Verstöße vor, legt man die Zollverschlüsse an und trägt die Kennzeichen der Zollplomben in alle im Carnet TIR vorhandenen weißen und grünen Trennabschnitte ein.

Die Durchgangszollstellen prüfen, ob die vorhandenen Zollverschlüsse unversehrt und ob Fahrzeuge und Behälter noch in zollsicherem Zustand sind. Eine Beschau findet nur in Ausnahmefällen bei Verdacht auf Unregelmäßigkeiten statt. Darin liegt der eigentliche Vorteil der Verwendung eines Carnets TIR.

Treffen Fahrzeug und Waren an der Bestimmungszollstelle ein, entfernt diese die Zollverschlüsse und händigt dem Fahrzeugführer das Carnet TIR aus. Das Carnet-TIR-Verfahren ist damit beendet.

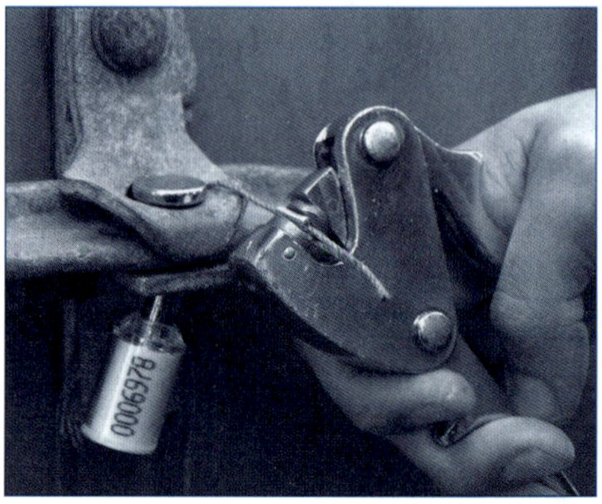
Quelle: dpa

Jede beteiligte Zollstelle entnimmt dem Carnet TIR einen Trennabschnitt und sendet einen Teilabschnitt (Nr. 2, grün) als Erledigungsempfangsbescheinigung an die letzte Abgangs- bzw. Eingangszollstelle.

Erhält die deutsche Abgangszollstelle keine Erledigungsbescheinigung, informiert sie den Inhaber des Carnets und den bürgenden Verband. Damit ist ein Such- und Mahnverfahren in Gang gesetzt, in dem die Beteiligten aufgefordert werden die Gestellung der Waren bei einer Bestimmungszollstelle nachzuweisen.

UNFALL

Grundsätzlich können nur Zollbehörden Zollverschlüsse entfernen. Kommt es während des Transports zu Ereignissen (z. B. Unfall), bei denen Zollverschlüsse verletzt, Fahrzeuge oder Behälter beschädigt werden, ist unverzüglich eine Zollbehörde zu informieren. Diese nimmt das im Carnet TIR vorgesehene Protokoll auf. Falls keine Zollstelle in der Nähe ist, kann eine andere zuständige Behörde (z. B. die Polizei) den Vorfall protokollieren.

BESONDERER EREIGNISSE

Sollte es aufgrund besonderer Ereignisse notwendig werden, die Waren auf ein anderes Straßenfahrzeug oder in einen anderen Behälter umzuladen, muss die zuständige Behörde eingeschaltet werden. Droht durch das unvorhergesehene Ereignis Gefahr, darf der Fahrzeugführer zunächst in eigener Regie handeln. Jedoch sind die zuständigen Behörden sofort zu unterrichten, sobald die dringendsten Sicherungsmaßnahmen vorgenommen wurden.

6.7.9 Carnet ATA

WAREN VORÜBERGEHEND EINGEFÜHRT

Im Zollrecht gilt das Prinzip, dass aus dem Ausland eingeführte Waren zu verzollen sind. Die Einfuhrabgaben hängen von Art und Beschaffenheit der Waren ab und werden von jedem Land individuell festgelegt. Sollen Waren nur vorübergehend eingeführt werden, wird die Verzollung ausgesetzt. Die ausländischen Zollbehörden wollen jedoch eine Sicherheit dafür, dass die Einfuhrabgaben bezahlt werden, falls die Waren nicht wieder ausgeführt werden sollten. Dazu müssten für jeden einzelnen Gegenstand der Zolltarif ermittelt, die Abgaben berechnet und der zu zahlende Betrag in Landeswährung als Kaution bar bei den Zollbehörden hinterlegt werden.

CARNET-ATA

Zur Vereinfachung dieser umständlichen und zeitraubenden Vorgehensweise wurde das Carnet-ATA-Verfahren entwickelt.

ZOLLPASSIERSCHEINHEFT

VORÜBERGEHENDE, ABGABENFREIE EINFUHR VON WAREN

VORÜBERGEHENDE VERWENDUNG VON WAREN

Das Carnet ATA ist ein Zollpassierscheinheft für die vorübergehende, abgabenfreie Einfuhr von Waren im internationalen Handel und in der internationalen kulturellen Tätigkeit, insbesondere für die vorübergehende Verwendung von Waren im Messe- und Ausstellungsbereich sowie für wissenschaftliche und kulturelle Zwecke.

Anwendungsbereiche

Anwendungsbereiche für die Ausstellung eines Carnet ATA:

• Messe- und Ausstellungsgüter
• Berufsausrüstungsgegenstände
• Warenmuster
• Waren zu wissenschaftlichen/kulturellen Zwecken
• Waren zu sportlichen Veranstaltungen

MESSE- UND AUSSTELLUNGSGÜTER
BERUFSAUSRÜSTUNGSGEGENSTÄNDE
WARENMUSTER
WAREN ZU WISSENSCHAFTLICHEN/KULTURELLEN ZWECKEN
WAREN ZU SPORT-. LICHEN VERANSTALTUNGEN

Ein Carnet ATA kann nur für Gebrauchsgüter, nicht jedoch für Verbrauchsgüter angewendet werden.

GEBRAUCHSGÜTER

Gültigkeit

Ein Carnet ATA hat eine Gültigkeitsdauer von bis zu einem Jahr. Anerkannt wird es bei allen Vertragsparteien des ATA-Abkommen. Zurzeit kann ein Carnet ATA in 61 Ländern der Erde verwendet werden. Neben den europäischen Staaten sind die Vereinigten Staaten von Amerika und China Vertragsstaaten.

GÜLTIGKEITSDAUER BIS ZU EINEM JAHR

Sicherheit

Wie bei jedem Versandverfahren ist auch beim Carnet ATA eine Sicherheit erforderlich. Carnet-ATA-Verfahren werden über eine internationale Bürgenkette abgewickelt. In jedem Staat, der an dem Carnet-ATA-Verfahren teilnimmt haftet ein sog. „Bürgender Verband" selbstschuldnerisch gegenüber der Zollverwaltung für eventuell anfallende Einfuhrabgaben. Der „Bürgende Verband" für Deutschland ist der Deutsche Industrie- und Handelskammertag (DIHK).

SICHERHEIT
INTERNATIONALE BÜRGENKETTE
BÜRGENDER VERBAND
DEUTSCHE INDUSTRIE- UND HANDELSKAMMERTAG (DIHK).

Ausstellung eines Carnet ATA

In Deutschland werden Carnets ATA von den Industrie- und Handelskammern ausgestellt, d. h. der Vordruck wird vom Antragsteller ausgefüllt und von der IHK unterschrieben sowie abgestempelt. Dafür werden Vordruckkosten und Carnetgebühren erhoben. Daneben wird ein Versicherungsentgelt fällig, das prozentual vom Gesamtwert des Carnets berechnet wird. Bei der Abfertigung am Zollamt fallen keine Gebühren an, es sei denn die Abfertigung findet außerhalb der Öffnungszeiten oder des Amtsplatzes statt.

VORDRUCKKOSTEN UND CARNETGEBÜHREN
VERSICHERUNGSENTGELT

Ein grünes Umschlagblatt schützt die Einlageblätter, die zweigeteilt sind. Das Stammblatt (kleinerer Teil) ist fest mit dem Umschlagblatt verbunden, während der größere untere Teil, der Trennabschnitt, herausgetrennt wird, sobald eine Zollabfertigung stattfindet. Die Zollstelle behält das Trennblatt ein und trägt auf dem Stammblatt das Ergebnis der Abfertigung ein. Damit wird der Weg der Waren dokumentiert. Die IHK stellt bei der Ausgabe die Einlageblätter individuell je nach Verwendungszweck zusammen.

Einlageblätter	Verwendungszweck	Waren
Gelb	Ausfuhr und Wiedereinfuhr	Gemeinschaftswaren
Weiß	Einfuhr und Wiederausfuhr	Nichtgemeinschaftswaren
Blau	Versand	Beförderung von Nichtgemeinschaftswaren in der oder durch die EU

Deckblatt eines Carnet A.T.A., unausgefüllt, Kopie:

ISSUING ASSOCIATION
Association émettrice
Ausgebender Verband

DIHK

INTERNATIONAL GUARANTEE CHAIN
CHAINE DE GARANTIE INTERNATIONALE
INTERNATIONALE BÜRGSCHAFTSKETTE

ICC W.C.F.

A.T.A. CARNET FOR TEMPORARY ADMISSION OF GOODS
CARNET A.T.A. POUR L'ADMISSION TEMPORAIRE DES MARCHANDISES
CARNET A.T.A. FÜR DIE VORÜBERGEHENDE EINFUHR VON WAREN

CUSTOMS CONVENTION ON THE A.T.A. CARNET FOR THE TEMPORARY ADMISSION OF GOODS / *CONVENTION DOUANIERE SUR LE CARNET A.T.A. POUR L'ADMISSION TEMPORAIRE DES MARCHANDISES* / ZOLLÜBEREINKOMMEN ÜBER DAS CARNET A.T.A. FÜR DIE VORÜBERGEHENDE EINFUHR VON WAREN

(Before completing the Carnet, please read Notes on cover page 3 / *Avant de remplir le carnet, lire la notice en page 3 de la couverture* / Bitte erst die Anleitung auf Seite 3 des Umschlagblattes lesen, dann das Carnet ausfüllen)

A T A C A R N E T — *C A R N E T A T A*

A. HOLDER AND ADDRESS / *Titulaire et adresse* / Inhaber und Anschrift

G. FOR ISSUING ASSOCIATION USE / *Réservé a l'association émettrice* / Vom ausgebenden Verband auszufüllen

FRONT COVER / *Couverture* / Vorderes Umschlagblatt

a) CARNET No. / *Carnet N°* / Carnet Nr. **DE**

NUMBER OF CONTINUATION SHEETS: / *Nombre de feuilles supplémentaires:* / Anzahl der Zusatzblätter: __________

B. REPRESENTED BY* / *Représenté par** / Vertreten durch*

b) ISSUED BY / *Delivré par* / Ausgegeben durch

C. INTENDED USE OF GOODS / *Utilisation prévue des marchandises* / Beabsichtigte Verwendung der Waren

c) VALID UNTIL / *Valable jusqu'au* / Gültig bis

year *année* Jahr	**month** *mois* Monat	**day (inclusive)** *jour (inclus)* Tag (einschließlich)

TO BE RETURNED TO THE ISSUING CHAMBER IMMEDIATELY AFTER USE
Das Carnet nach Verwendung umgehend zurück an die ausgebende IHK

P. THIS CARNET MAY BE USED IN THE FOLLOWING COUNTRIES / CUSTOMS TERRITORIES UNDER THE GUARANTEE OF THE ASSOCIATIONS LISTED ON PAGE FOUR OF THE COVER: / *Ce carnet est valable dans les pays / territoires douaniers ci-après, sous la garantie des associations reprises en page quatre de la couverture:* / Dieses Carnet ist in nachstehenden Ländern / Zollgebieten unter Bürgschaft der Verbände gültig, die auf Seite vier des Umschlags aufgelistet sind.

ALGERIA (DZ)
ANDORRA (AD)
AUSTRALIA (AU)
AUSTRIA (AT)
BELARUS (BY)
BELGIUM (BE)
BULGARIA (BG)
CANADA (CN)
CHINA (CN)
IVORY COAST (CI)
CROATIA (HR)
CYPRUS (CY)
CZECH REPUBLIC (CZ)
DENMARK (DK)
ESTONIA (EE)
FINLAND (FI)
FRANCE (FR)
GERMANY (DE)
GIBRALTAR (GI)
GREECE (GR)
HONG KONG (HK)
HUNGARY (HU)
ICELAND (IS)
INDIA (IN)
IRELAND (IE)
ISRAEL (IL)
ITALY (IT)
JAPAN (JP)
KOREA (KR)
LATVIA (LV)
LEBANON (LB)
LITHUANIA (LT)
LUXEMBOURG (LU)
MACEDONIA (MK)
MALAYSIA (MY)
MALTA (MT)
MAURITIUS (MU)
MONGOLIA (MN)
MOROCCO (MA)
NETHERLANDS (NL)
NEW ZEALAND (NZ)
NORWAY (NO)
POLAND (PL)
PORTUGAL (PT)
ROMANIA (RO)
RUSSIAN FEDERATION (RU)
SENEGAL (SN)
SINGAPORE (SG)
SLOVAKIA (SK)
SLOVENIA (SI)
SOUTH AFRICA (ZA)
SPAIN (ES)
SRI LANKA (LK)
SWEDEN (SE)
SWITZERLAND (CH)
THAILAND (TH)
TUNISIA (TN)
TURKEY (TR)
UNITED KINGDOM (GB)
UNITED STATES OF AMERICA (US)

SERBIEN (CS)

THE HOLDER OF THIS CARNET AND HIS REPRESENTATIVE WILL BE HELD RESPONSIBLE FOR COMPLIANCE WITH THE LAWS AND REGULATIONS OF THE COUNTRY / CUSTOMS TERRITORY OF DEPARTURE AND THE COUNTRIES / CUSTOMS TERRITORIES OF IMPORTATION. / *A charge pour le titulaire et son représentant de se conformer aux lois et règlements du pays / territoire douanier de depart et des pays / territoires douaniers d'importation.* / Der Carnetinhaber und sein Vertreter haben die Gesetze und sonstigen Vorschriften des Ausgangslandes/Ausgangszollgebietes und der Einfuhrländer/Einfuhrzollgebiete zu beachten.

H. CERTIFICATE BY CUSTOMS AT DEPARTURE / *Attestation de la douane, au départ* / Bescheinigung der Zollbehörden bei Abgang

a) IDENTIFICATION MARKS HAVE BEEN AFFIXED AS INDICATED IN COLUMN 7 AGAINST THE FOLLOWING ITEMS NO(S) OF THE GENERAL LIST / *Apposé les marques d'identification mentionnées dans la colonne 7 en regard du (des) numéro(s) d'ordre suivant(s) de la liste générale* / Die in Spalte 7 vermerkten Nämlichkeitsmittel wurden an den in der Allgemeinen Liste unter folgende(r)(n) Nummer(n) aufgeführten Waren angebracht

b) GOODS EXAMINED* / *Vérifié les marchandises** / Die Waren wurden beschaut*

YES / *Oui* / Ja ☐ **NO** / *Non* / Nein ☐

c) REGISTERED UNDER REFERENCE NO* __________
*Enregistré sous le numéro**
Eingetragen unter Nr.*

d) __________ __________ / __________ / __________

CUSTOMS OFFICE *Bureau de douane* Zollamt	**PLACE** *Lieu* Ort	**DATE (YEAR / MONTH / DAY)** *Date (année / mois / jour)* Datum (Jahr / Monat / Tag)	**SIGNATURE AND STAMP** *Signature et timbre* Unterschrift und Stempel

I. SIGNATURE OF AUTHORISED OFFICIAL AND STAMP OF THE ISSUING ASSOCIATION / *Signature du délégué et timbre de l'association émettrice* / Unterschrift des Beauftragten und Stempel des ausgebenden Verbandes

PLACE AND DATE OF ISSUE (year / month / day)
Lieu et date d'emission (année / mois / jour)
Ort und Ausgabedatum (Jahr / Monat / Tag)

J.

X __________ **X**
SIGNATURE OF HOLDER / *Signature du titulaire* / Unterschrift des Inhabers

*) If applicable / * *S'il y a lieu* / * Soweit zutreffend

6.8 Welche Besonderheiten gelten für die Lagerung?

6.8.1 Zolllagerverfahren

Steht bei der Verbringung der Waren in das Zollgebiet der EU die endgültige zollrechtliche Bestimmung noch nicht fest oder sollen im Interesse des Zollbeteiligten keine Einfuhrabgaben entrichtet werden, besteht die Möglichkeit, die eingeführten Waren (Nichtgemeinschaftswaren) in das Zolllagerverfahren zu überführen. Es gibt keine Beschränkung der Lagerdauer.

ZOLLLAGERVERFAHREN

Nach Beendigung des Zolllagerverfahrens können die Waren

- wieder ausgeführt werden (Transitfunktion),
- in ein anderes Zollverfahren überführt werden (Kreditfunktion).

TRANSITFUNKTION

KREDITFUNKTION

Wegen der unterschiedlichen wirtschaftlichen Bedürfnisse der Einlagerer sind sechs Lagertypen möglich:

Öffentliche Zolllager	
Lagertyp A	Lagerung von Waren für verschiedene Einlagerer an einem Ort, z. B. Kühlhäuser, Güterverkehrszentren, Distributionszentren Lagerhalter: verantwortlich für Einhaltung der Vorschriften Einlagerer: verantwortlich für Überführung in das Verfahren
Lagertyp B	Regelungen für Lagertyp A gelten entsprechend. Unterschied: Der Einlagerer ist verantwortlich für Einhaltung der Vorschriften und die Überführung in das Verfahren.
Lagertyp F	Eingerichtet und unterhalten von den Zollbehörden Zollbehörde ist Lagerhalter

Private Zolllager	
Lagertyp C	Der Zugriff auf eingelagerte Ware ist nur unter Mitwirkung der Zollbehörde möglich. Beendigung des Lagerverfahrens durch Zollanmeldung zu einer neuen zulässigen zollrechtlichen Bestimmung Bei Überführung in den zollrechtlich freien Verkehr: Zollwert zum Zeitpunkt der Überführung in den zollrechtlich freien Verkehr, d. h. bei Entnahme aus dem Lager
Lagertyp D	Überführung in den zollrechtlich freien Verkehr im Anschreibeverfahren Zollwert der Waren berechnet zum Zeitpunkt der Überführung in das Zolllagerverfahren, d. h. bei Einlagerung Entnahme der Waren: keine Mitwirkung einer Zollstelle erforderlich
Lagertyp E	Lagerung der Waren nicht unbedingt an einem als Zolllager zugelassenen Ort, sondern in Lagereinrichtungen des Bewilligungsinhabers Lagerung an Orten, die entsprechend den wirtschaftlichen Bedürfnissen des Lagerhalters zur Lagerung genutzt werden (auch Transportmittel)

LAGERTYP D

In der Bundesrepublik Deutschland sind vor allem die privaten Zolllager von Bedeutung, wobei insbesondere der Lagertyp D von Speditions- und Logistikdienstleistern am häufigsten genutzt wird.

VOM ZUSTÄNDIGEN HAUPTZOLLAMT BEWILLIGT

Ein Zolllager muss vom zuständigen Hauptzollamt bewilligt werden. Es ist ein schriftlicher Antrag zu stellen. Das Hauptzollamt prüft, ob die persönlichen (z. B. ordnungsgemäße kaufmännische Buchführung), sachlichen (z. B. Nämlichkeit der eingelagerten Waren während der Lagerung feststellbar) und wirtschaftlichen Voraussetzungen (z. B. wirtschaftliches Bedürfnis) vorliegen, und erteilt die Bewilligung innerhalb eines Zeitraums von 60 Tagen.

SICHERHEIT

BANKBÜRGSCHAFT

Beim Zolllager Typ D hat der Lagerhalter eine Sicherheit in Form einer Bankbürgschaft zu leisten. Die Höhe orientiert sich an den Eingangsabgaben, die im Durchschnitt in 1,5 Monaten zu leisten sind.

Beispiel für ein privates Zolllager Typ D:

Die Spedition Sebastian S., Augsburg, hat für den Computerhersteller Fujitsu Siemens die Beschaffungslogistik übernommen. Die für die Fertigung von Computern erforderlichen Komponenten stammen von Zulieferern aus Taiwan, China, Malaysia usw. und werden im Zolllager der Spedition Sebastian S. zunächst gelagert bis sie dann „just in time" für den Fertigungsprozess vom Computerhersteller abgerufen werden. Einfuhrabgaben für die Computerkomponenten werden erst fällig, wenn sie das Zolllager der Spedition Sebastian S. verlassen.

6.8.2 Vorübergehende Verwahrung

Sollen Güter nur vorübergehend verwahrt werden, können die Zolllager des Typs A, C oder D dafür eingesetzt werden, ohne die Güter in das Zolllagerverfahren zu überführen. Man spricht in diesem Zusammenhang von einem Verwahrungslager.

VERWAHRUNGSLAGER

6.9 Was ist bei der Veredelung zu beachten?

6.9.1 Aktive Veredelung

AKTIVEN VEREDELUNG

BEARBEITUNG

VERARBEITUNG

AUSBESSERUNG

Bei der aktiven Veredelung werden Nichtgemeinschaftswaren zur

- Bearbeitung,
- Verarbeitung oder
- Ausbesserung (Reparatur)

in das Zollgebiet der EU eingeführt, um im Anschluss an diese Aktivitäten wieder ausgeführt zu werden. Einfuhrabgaben fallen nicht an, es sei denn, die eingeführten Güter fließen in den Wirtschaftskreislauf der Gemeinschaft. Diese Zollbegünstigung soll die Wettbewerbsfähigkeit europäischer Unternehmen in Drittländern sowie den Absatz heimischer Produkte in Drittländern fördern. Die Aktive Veredelung ist ein Zollverfahren mit wirtschaftlicher Bedeutung und muss beim Hauptzollamt beantragt und durch dieses genehmigt werden. Man unterscheidet zwei Abwicklungsarten:

Nichterhebungsverfahren	Verfahren der Zollrückvergütung
• Keine Erhebung von Einfuhrabgaben • Keine Anwendung handelspolitischer Maßnahmen	• Bei der Einfuhr der Vorprodukte zunächst Erhebung der Eingangsabgaben und Anwendung handelspolitischer Maßnahmen • Bei der Wiederausfuhr der Veredelungserzeugnisse Erstattung der Einfuhrabgaben

Beispiel für eine aktive Veredelung:

Ein aus Japan stammender Landrover-Jeep wird in einem 20-Fuß-Container von Tokio via Hamburg nach Ulm zu einem bekannten Autotuningunternehmen transportiert. Dort wird das Fahrzeug entsprechend der Vorgaben des Auftraggebers verändert, z. B. tiefergelegt, und anschließend im Container wieder nach Japan zurückbefördert.

6.9.2 Passive Veredelung

PASSIVE VEREDELUNG · BEARBEITUNG, VERARBEITUNG ODER AUSBESSERUNG (VEREDELUNG) · DIFFERENZVERZOLLUNG · MEHRWERTVERZOLLUNG

Bei der passiven Veredelung werden **Gemeinschaftswaren** vorübergehend in ein Drittland **ausgeführt** und nach einem Prozess der Bearbeitung, Verarbeitung oder Ausbesserung (Veredelung) wieder in das Zollgebiet der EU **eingeführt**. Diese in einem Drittland hergestellten Fertigwaren enthalten die aus der EU stammenden Vorprodukte, die nicht mit Einfuhrabgaben belegt werden sollen. Besteuert wird somit die Differenz zwischen den für die veredelten Produkte zu entrichtenden Zölle und dem Zoll für die verwendeten Vorprodukte. Man spricht hier von der Differenzverzollung. Alternativ können die Abgaben aus der Basis der Veredelungskosten berechnet werden (Mehrwertverzollung).

Ebenso wie bei der aktiven Veredelung sind für das Zollverfahren passive Veredelung ein Antrag beim Hauptzollamt sowie ein positiver Bescheid durch dieses notwendig.

Beispiel für eine passive Veredelung:

Ein namhafter deutscher Herrenausstatter aus dem Raum Stuttgart liefert hochwertige Stoffe (Textilien) in die Türkei. Dort werden diese Stoffe zugeschnitten und zu Herrenanzügen verarbeitet. Anschließend kommen die Qualitätsanzüge zurück nach Deutschland, um an markenbewusste Kunden verkauft zu werden.

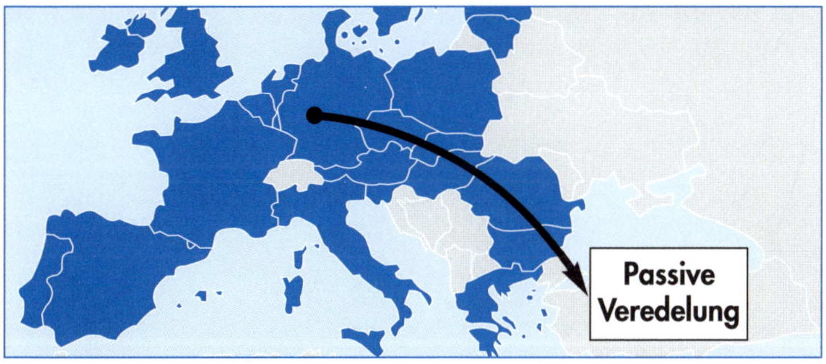

6.10 Welche Besonderheiten gibt es bei dem Verfahren „vorübergehende Verwendung"?

Beispiel:

Das New York Philharmonic Orchestra befindet sich auf Konzerttournee in Europa. Die erste Station ist München. Das Orchester bringt seine eigenen Instrumente (Nichtgemeinschaftswaren) mit, für die jedoch keine Eingangsabgaben erhoben werden. Eine Zollabfertigung auf dem Flughafen München wird aber stattfinden. Die Spedition EUROCARGO, die mit der Zollabwicklung beauftragt wurde, beantragt das Zollverfahren „vorübergehende Verwendung".

Nichtgemeinschaftswaren, die in das Zollgebiet der Gemeinschaft verbracht werden, sind vollständig oder teilweise von Eingangsabgaben befreit, wenn folgende Voraussetzungen vorliegen:

- Die Nichtgemeinschaftswaren werden zu einem bestimmten Zweck vorübergehend oder befristet im Zollgebiet der EU verwendet.
- Sie werden während ihrer Verwendung in der EU nicht verändert.
- Es besteht von vornherein die Absicht, sie wieder aus dem Zollgebiet der Gemeinschaft auszuführen.

Vollständig von Eingangsabgaben befreit sind z. B.

- Berufsausrüstungen,
- Ausstellungs- bzw. Messewaren oder
- Bestimmte Beförderungsmittel (z. B. Pkw eines Reisenden).

Eine teilweise Befreiung gibt es z. B. für folgende Geräte:

- Hebekran für eine bestimmte Baustelle
- Flaschenabfüllanlage, die nur eine Saison benötigt wird
- Datenverarbeitungsgeräte für ein Projekt zur Entwicklung von Software.[1]

Für das Zollverfahren „vorübergehende Verwendung" muss ein Antrag gestellt werden, der durch die Zollbehörden bewilligt werden muss. Zur Vereinfachung des Verfahrens kann ein Carnet A.T.A. verwendet werden.

---

[1] vgl. www.zoll.de

Fallstudie 1: Berechnung von Eingangsabgaben

Situation:

Sie sind Mitarbeiter der Spedition EUROCARGO, Nürnberg. Ihr Kunde, die Meyer GmbH und Co., beauftragt Sie mit der Zollabwicklung einer Sendung aus China und reicht folgende Handelsrechnung ein.

FOOK TIN TECHNOLOGIES LTD.
4/F., Eastern Ctr., 1065 King's Rd., Quarry Bay, Hong Kong
Tel. (0086/852) 2960-7288, Fax: (0086/852) 2565-9672

FOR ACCOUNT AND RISK OF MESSRS.	INVOICE NO.: BIS0300179 DATE: 2010/4/28
MEYER GMBH & CO. NOPITSCHSTRASSE 46, 90441 NUERNBERG, GERMANY ATTN: MS KERSTIN MUELLER	SAILING ON OR ABOUT: 2004/4/28 SHIPPED PER: CMA CGM BAUDE-LAIRE PORT OF LOADING: HONG KONG FINAL DESTINATION: HAMBURG
	REMARKS:

MARKS & NOS.	DESCRIPTION & QUANTITY	UNIT PRICE	AMOUNT
		FOB HK BY SEA	
01/MEYER PERSONENWAAGE BATHROOM SCALES 4 ST/PC. PS 06 SILVER 724.01 EAN NR 42 11125 7240 1 6 762.200-0303	SO No.: BSC0300400 MODEL FSM PS 06 03A 2,680 PC ORDER NO. 36075 CTN NO. 1-670	USD 8.460	USD 22,672.80
DITTO 4 ST/PC., PS 07 SILVER 726.02 EAN NR: 42 11125 7260 10 762.201-0303	SO No. BSC0300401 MODEL FSM-PS07-03a 2,820 PC PLASTIC BATHROOM SCALES ORDER NO. 36075 CTN NO. 1-705	USD 8.500	USD 23,970.00

TOTAL US DOLLARS FORTY-SIX THOUSAND SIX HUNDRED FORTY-TWO AND CENTS EIGHTY ONLY USD 46,642.80

TOTAL ONE (1) X 40' CONTAINER CONTAINING ONE THOUSAND THREE HUNDRED SEVENTY FIVE (1375) CTNS ONLY.

PLS PRESENT DOCUMENTS THROUGH:

STADTSPARKASSE NUERNBERG
LORENZER PLATZ 12
D 90402 NUERNBERG

For and on behalf of
FOOK TIN TECHNOLOGIES LTD
Wang
Director

Angaben über Transportkosten:

Seefracht Hongkong – Hamburg inkl. Löschkosten	2.473,00 EUR
Transportversicherung Fracht Hamburg – Nürnberg Umrechnungskurs	132,00 EUR 628,00 EUR 1,18720
Zollsatz	1,7 %

Aufgabe 1

Füllen Sie den Vordruck D.V.1 zur Ermittlung des Zollwertes aus (S. 327 f.).

Aufgabe 2

Füllen Sie die Zollanmeldung für diesen Vorgang aus (S. 329).

Aufgabe 3

Ermitteln Sie die Eingangsabgaben.

EUROPÄISCHE GEMEINSCHAFT

ANMELDUNG DER ANGABEN ÜBER DEN ZOLLWERT D. V. 1

1 Verkäufer (Name oder Firma, Anschrift)

FÜR AMTLICHE ZWECKE

2 (a) Käufer (Name oder Firma, Anschrift)

2 (b) Zollwertanmelder (Name oder Firma, Anschrift)

3 Lieferungsbedingung (z. B. FOB New York)

WICHTIGER HINWEIS
Mit Unterzeichnung und Vorlage dieser Anmeldung übernimmt der Zollwertanmelder die Verantwortung bezüglich der Richtigkeit und Vollständigkeit der auf diesem Vordruck und sämtlichen mit ihm zusammen vorgelegten Ergänzungsblättern gemachten Angaben und bezüglich der Echtheit aller als Nachweis vorgelegten Unterlagen. Der Zollwertanmelder verpflichtet sich auch zur Erteilung aller zusätzlichen Informationen und zur Vorlage aller weiteren Unterlagen, die für die Ermittlung des Zollwerts der Waren erforderlich sind.

4 Nummer und Datum der Rechnung

5 Nummer und Datum des Vertrags

6 Nummer und Datum der früheren Zollentscheidungen zu den Feldern 7 bis 9

Zutreffendes ankreuzen ☒

7 (a) Sind Käufer und Verkäufer VERBUNDEN im Sinne von Artikel 143 der Verordnung (EWG) Nr. 2454/93 ?*) - Falls NEIN, weiter zu Feld 8 ☐ JA ☐ NEIN

(b) Hat die Verbundenheit den Preis der eingeführten Waren BEEINFLUSST? ☐ JA ☐ NEIN

(c) (Antwort freigestellt) Kommt der Transaktionswert der eingeführten Waren einem der Werte in Artikel 29 Abs. 2b der Verordnung (EWG) 2913/92 SEHR NAHE? ☐ JA ☐ NEIN
Falls JA, Einzelheiten angeben

8 (a) Bestehen EINSCHRÄNKUNGEN bezüglich der Verwendung und des Gebrauchs der Waren durch den Käufer, ausgenommen solche, die
- durch das Gesetz oder von den Behörden in der Gemeinschaft auferlegt oder gefordert werden,
- das Gebiet abgrenzen, innerhalb dessen die Waren weiterverkauft werden können,
- sich auf den Wert der Waren nicht wesentlich auswirken? ☐ JA ☐ NEIN

(b) Liegen hinsichtlich des Kaufgeschäfts oder des Preises BEDINGUNGEN vor oder sind LEISTUNGEN zu erbringen, deren Wert im Hinblick auf die zu bewertenden Waren nicht bestimmt werden kann? ☐ JA ☐ NEIN
Art der Einschränkungen, Bedingungen oder Leistungen angeben.
Falls der Wert im Hinblick auf die zu bewertenden Waren bestimmt werden kann, Betrag im Feld 11b angeben.

9 (a) Hat der Käufer unmittelbar oder mittelbar LIZENZGEBÜHREN für die eingeführten Waren nach den Bedingungen des Kaufgeschäfts zu zahlen? ☐ JA ☐ NEIN

(b) Ist das Kaufgeschäft mit einer Vereinbarung verbunden, nach der ein Teil der Erlöse aus späteren WEITERVERKÄUFEN, sonstigen ÜBERLASSUNGEN oder VERWENDUNGEN unmittelbar oder mittelbar dem Verkäufer zugute kommt? ☐ JA ☐ NEIN

Falls JA zu (a) oder auch (b): Die Umstände angeben und, wenn möglich, die Beträge in den Feldern 15 und 16 angeben.

*) PERSONEN GELTEN NUR DANN ALS VERBUNDEN, WENN
(a) sie der Leitung des Geschäftsbetriebs der jeweils anderen Person angehören;
(b) sie Teilhaber oder Gesellschafter von Personengesellschaften sind;
(c) sie sich in einem Arbeitgeber-/Arbeitnehmerverhältnis zueinander befinden;
(d) eine beliebige Person unmittelbar oder mittelbar 5 % oder mehr der im Umlauf befindlichen stimmberechtigten Anteile oder Aktien beider Personen besitzt oder kontrolliert;
(e) eine von ihnen unmittelbar oder mittelbar die andere kontrolliert;
(f) beide von ihnen unmittelbar oder mittelbar von einer dritten Person kontrolliert werden;
(g) sie zusammen unmittelbar oder mittelbar eine dritte Person kontrollieren oder
(h) sie Mitglieder derselben Familie sind.

Die Tatsache, dass ein Käufer und ein Verkäufer miteinander verbunden sind, schließt die Anwendung des Transaktionswerts nicht unbedingt aus (siehe Artikel 29 Abs. 2 der Verordnung [EWG] Nr. 2913/92 und Anhang 23 zu der VO [EWG] Nr. 2454/93).

Auf das Merkblatt "Zollwert" (Vordruck 0466) wird hingewiesen.

Hinweis nach § 4 Abs. 3 Bundesdatenschutzgesetz
Zu den Angaben in diesem Vordruck sind Sie nach Artikel 178 der Verordnung (EWG) Nr. 2454/93 und nach § 11 Abs. 1 Umsatzsteuergesetz verpflichtet.

10 (a) Anzahl der beigefügten Ergänzungsblätter D. V. 1 BIS

10 (b) Ort, Datum, Unterschrift

		Ware (Pos.)	Ware (Pos.)	Vermerke der Zollstelle
A. Grundlage der Berechnung	11 (a) Nettopreis in der RECHNUNGSWÄHRUNG (Tatsächlich gezahlter Preis oder Preis im maßgebenden Bewertungszeitpunkt)			
	Nettopreis in NATIONALER WÄHRUNG (Umrechnungskurs ______)			
	(b) Mittelbare Zahlungen (siehe Feld 8b) (Umrechnungskurs ______)			
	12 Summe A in NATIONALER WÄHRUNG			
B. HINZU-RECHNUNGEN: Kosten in NATIONALER WÄHRUNG, die NICHT in A enthalten sind *) Gegebenenfalls NACHSTEHEND frühere Zollentscheidungen hierzu angeben	13 Kosten, die für den Käufer entstanden sind (a) Provisionen (ausgenommen Einkaufsprovisionen)			
	(b) Maklerlöhne			
	(c) Umschließungen und Verpackungen			
	14 Gegenstände und Leistungen, die vom Käufer unentgeltlich oder zu ermäßigten Preisen für die Verwendung im Zusammenhang mit der Herstellung und dem Verkauf zur Ausfuhr der eingeführten Waren geliefert werden. Die aufgeführten Werte sind ggf. entsprechend aufgeteilt. (a) In den eingeführten Waren enthaltene Materialien, Bestandteile und dergleichen			
	(b) Bei der Herstellung der eingeführten Waren verwendete Werkzeuge, Gussformen und dergleichen			
	(c) Bei der Herstellung der eingeführten Waren verbrauchte Materialien			
	(d) Für die Herstellung der eingeführten Waren notwendige Techniken, Entwicklungen, Entwürfe, Pläne und Skizzen, die außerhalb der Gemeinschaft erarbeitet wurden			
	15 Lizenzgebühren (siehe Feld 9a)			
	16 Erlöse aus Weiterverkäufen, sonstigen Überlassungen oder Verwendungen, die dem Verkäufer zugute kommen (siehe Feld 9b)			
	17 Lieferungskosten bis (Ort des Verbringens)			
	(a) Beförderung			
	(b) Ladekosten und Behandlungskosten			
	(c) Versicherung			
	18 Summe B			
C. ABZÜGE: Kosten in NATIONALER WÄHRUNG, die in A ENTHALTEN sind*)	19 Beförderungskosten nach Ankunft am Ort des Verbringens			
	20 Zahlungen für den Bau, die Errichtung, Montage, Instandhaltung oder technische Unterstützung nach der Einfuhr			
	21 Andere Zahlungen (Art)			
	22 Zölle und Steuern, die in der Gemeinschaft wegen der Einfuhr oder des Verkaufs der Waren zu zahlen sind			
	23 Summe C			
24 ANGEMELDETER WERT (A + B – C)				

*) Wenn Beträge in AUSLÄNDISCHER WÄHRUNG zu zahlen sind, hier den Betrag in ausländischer Währung und den Umrechnungskurs unter Bezug auf jede Ware und Zeile angeben.

Bezug	Betrag	Umrechnungskurs

Zusätzliche Angaben

0464/4 Anmeldung der Angaben über den Zollwert + - III B 2 - (2005)

EUROPÄISCHE GEMEINSCHAFT

6

Exemplar für das Bestimmungsland

A BESTIMMUNGSSTELLE

1 ANMELDUNG XXXXX

2 Versender/*Ausführer* Nr.

3 Vordrucke

4 Ladelisten XXXXX

5 Positionen

6 Packst. insgesamt XXXXXXX

7 Bezugsnummer

8 Empfänger Nr.

9 Verantwortlicher für den Zahlungsverkehr Nr.

XXXXXXXXXXXXXXXXXXXXXXXXXXXXXXXXXX

10 *Letztes Herkunftsland* XXX

11 *Hand./Erz.-Land*

12 *Angaben zum Wert* XXXXXXXXXXXXXXX

13 *G. L. P.* XXXXX

14 Anmelder/Vertreter Nr.

15 Versendungs-/*Ausfuhrland*

15 Vers./*Ausf.* L.Code a b XX

17 Bestimm. L.Code a b

16 Ursprungsland

17 Bestimmungsland XXXXXXXXXXXXXXXX

18 Kennzeichen und Staatszugehörigkeit des Beförderungsmittels bei der Ankunft

19 Ctr.

20 Lieferbedingung

21 Kennzeichen und Staatszugehörigkeit des grenzüberschreitenden aktiven Beförderungsmittels

22 Währung u. in Rechn. gestellter Gesamtbetr.

23 Umrechnungskurs

24 Art des Geschäfts

25 Verkehrszweig an der Grenze

26 Inländischer Verkehrszweig

27 Entladeort

28 Finanz- und Bankangaben XXXXXXXXXXXXXXXXXXXXXXXXXXXXXXXXXXX

6

29 Eingangszollstelle

30 Warenort

31 Packstücke und Warenbezeichnung

Zeichen und Nummern - Container Nr. - Anzahl und Art

32 Positions-Nr.

33 Warennummer

34 Urspr.land Code a b XX

35 Rohmasse (kg)

36 *Präferenz*

37 VERFAHREN

38 Eigenmasse (kg)

39 *Kontingent*

40 Summarische Anmeldung/Vorpapier

41 Besondere Maßeinheit

42 *Artikelpreis*

43 *B. M. Code* X

44 Besondere Vermerke/Vorgelegte Unterlagen/Bescheinigungen u. Genehmigungen

☐ Hinsichtlich aller angemeldeten Waren zum vollen Vorsteuerabzug berechtigt.

Code B. V. XXX

45 *Berichtigung* XXXXXXXXXX

46 Statistischer Wert

47 Abgabenberechnung

Art	Bemessungsgrundlage	Satz	Betrag	ZA
		Summe:		

48 Zahlungsaufschub

49 Bezeichnung des Lagers

B ANGABEN FÜR VERBUCHUNGSZWECKE

50 Hauptverpflichteter Nr.

Unterschrift:

C ABGANGSSTELLE

XXXXXXXXXXXXXXXXXXXXXXXXXXXXXXXXXXXXXXXXXXXXXXXX

vertreten durch

Ort und Datum:

51 Vorgesehene Durchgangszollstellen (und Land)

XXXXXXXXXXX | XXXXXXXXXXX | XXXXXXXXXXX | XXXXXXXXXXX | XXXXXXXXXXX | XXXXXXXXXXX

52 Sicherheit nicht gültig für XXXXXXXXXXXXXXXXXXXXXXXXXXXXXXXXXXXXXXXXXXXXXX

Code XX

53 Bestimmungsstelle (und Land) XXXXXXXXXXXXXXXXXXXXXXXX

J PRÜFUNG DURCH DIE BESTIMMUNGSSTELLE

54 Ort und Datum:

Unterschrift und Name des Anmelders/Vertreters:

0737 Einheitspapier (Bestimmung - Eingang/Einfuhr -) - III B 1 - **(2005)**

Formularverlag CW Niemeyer GmbH & Co KG

Fallstudie 2: Import elektronischer Steuermodule aus Südkorea

Situation:

Die Firma Eduard Beyer e.Kfm. in 90411 Nürnberg, Kilianstraße 220, hat in Pusan/Südkorea bei der Firma Huang & Liu Ltd. elektronische Steuermodule für medizinische Apparaturen gekauft, um diese in Deutschland in eigene Produkte einzubauen.

Vereinbart ist FOB Pusan lt. Incoterms 2010. Da rechtzeitig disponiert wurde, können die elektronischen Bauteile auf dem Seeweg von Pusan mit dem Seeschiff „Hanjin Keelung" zum italienischen Containerhafen Gioia Tauro transportiert werden. Die weggerechte Verpackung wird von der Firma Huang & Liu garantiert. Die Verladung erfolgt LCL über unseren Korrespondenzspediteur Cho Hanjuk in Pusan.

Wert der Sendung FOB Pusan: 120 000,00 USD

Gewicht einschließlich Verpackung: 1 200 kg

Sie sind Mitarbeiter/-in der Spedition EUROCARGO, Nürnberg, und sollen diesen Auftrag logistisch betreuen. Die Sendung wird in Gioia Tauro durch den italienischen Korrenspondenzspedituer Ambrosetti übernommen, der auch den Weitertransport nach Nürnberg organisiert.

Die Seefracht von Pusan nach Gioia Tauro (Italien) beträgt 0,4 % ad valorem vom FOB-Wert; die Bahnfracht von Gioia Tauro nach Nürnberg beläuft sich im Sammelgutverkehr auf 1.050,00 EUR. Die Seetransportversicherung wird mit 0,5 % des FOB-Wertes berechnet, die Transportversicherung von Genua nach Nürnberg lt. DB-Auskunft mit 0,15 % des reinen Warenwertes von 119.000,00 USD.

Die Kosten des Umschlags in Nürnberg und Zufuhr zur Firma Beyer werden mit netto 180,00 EUR in Rechnung gestellt. In Gioia Tauro fallen THC von 265,00 EUR an.

Umrechnungskurse:

1 EUR = 1,2256 USD   1 SZR = 1,1982 EUR

Der Zollsatz beträgt 4,5 %. Die Einfuhrverzollung soll in Nürnberg stattfinden.

Aufgabe 1

Ermitteln Sie

a) den Zollwert,

b) die Zollschuld,

c) den EUSt-Wert,

d) die EUSt.

Aufgabe 2

Welches Zollverfahren muss der Korrespondenzspediteur in Gioia Tauro beantragen, damit die Überführung in den steuerrechtlich freien Verkehr in Nürnberg durchgeführt werden kann?

Aufgabe 3

Sie sollen für die Firma Beyer den Zollantrag auf Überführung in den zollrechtlich freien Verkehr übernehmen. Welche Dokumente müssen Sie dem Zollamt vorlegen und welche Bedeutung kommt diesen Papieren zu?

Fallstudie 3: Wasserkocher aus Shenzhen

Situation:

Ein Container mit 2000 Wasserkochern, hergestellt in Shenzhen, China, soll über Hamburg nach Nürnberg gebracht werden. Der Verkäufer in China und der Käufer in Nürnberg haben sich nach den Incoterms 2010 auf FCA Hongkong geeinigt. Der Preis FCA Hongkong beträgt pro Wasserkocher 12,00 USD. Der Verlauf und die Seefracht wurden mit 1.600,00 USD in Rechnung gestellt. Für die Transportversicherung wurden 75,00 USD berechnet. Ihr Kunde, die Asia Import GmbH, Nürnberg, beauftragt Sie, die Importabwicklung durchzuführen. Außerdem möchte er wissen, welche Eingangsabgaben anfallen. Die Zollabfertigung zum zollrechtlich freien Verkehr soll in Nürnberg stattfinden. Laut EZT beträgt der Drittlandszollsatz für diese Ware aus China 1,8 %. Einfuhrbeschränkungen gibt es keine. Neben der Handelsrechnung und den Transportdokumenten liegt ein Certificate of Origin vor. Sie beauftragen ein Logistikunternehmen in Hamburg mit der Zollabwicklung in Hamburg. Dafür werden 150,00 EUR in Rechnung gestellt. Der Frachtführer berechnet für den Transport des Containers nach Nürnberg 714,00 EUR.

Aufgabe

Beschreiben Sie Ihre Aktivitäten in der Spedition EUROCARGO, Nürnberg, und teilen Sie Ihrem Kunden die Höhe der Eingangsabgaben mit.

Wiederholungsfragen

1 Wie wird die Einfuhr von Waren in die EU kontrolliert?

2 In welchen Rechtsgrundlagen ist das Zollrecht der Europäischen Union festgelegt?

3 Welche Zollverfahren gibt es?

4 Erläutern Sie den Status eines „zuverlässigen Wirtschaftsbeteiligten". Welche zollrelevanten Vorrechte genießt er?

5 Grenzen Sie das Zollgebiet der Europäischen Gemeinschaft ab.

6 Unterscheiden Sie Gemeinschaftswaren und Nichtgemeinschaftswaren.

7 Erläutern Sie, was unter „Gestellung" zu verstehen ist.

8 Beschreiben Sie das Zollabwicklungssystem ATLAS.

9 Stellen Sie Phasen des Zollverfahrens „Überführung in den zollrechtlich freien Verkehr" dar.

10 Unterscheiden Sie die Formen der Zollanmeldung.

11 Erläutern Sie die „summarische Zollanmeldung".

12 Welche Angaben sollte eine Handelsrechnung aufweisen?

13 Welche Einfuhrabgaben können bei der Einfuhr von Waren in das Zollgebiet der Gemeinschaft erhoben werden?

14 Warum spielt der Transaktionswert bei der Zollberechnung eine wichtige Rolle?

15 Erläutern Sie das Schema zur Ermittlung des Zollwertes.

16 Welche Bedeutung haben die Transportkosten bei der Zollwertermittlung?

17 Erläutern Sie die Bedeutung der Incoterms bei der Berechnung des Zollwertes.

18 Ab welchem Warenwert ist die „Anmeldung der Angaben über den Zollwert D.V.1" abzugeben?

19 Erläutern sie das Verfahren zur Berechnung des EUST-Wertes.

20 Bei der Zahlung der Eingangsabgaben besteht die Möglichkeit des Zahlungsaufschubs. Was versteht man darunter?

21 Was ist der elektronische Zolltarif (EZT)?

22 Was versteht man unter „VuB"?

23 Welchen Zweck sollen die VuB erfüllen?

24 Welche Präferenznachweise gibt es, wer stellt sie aus und welchen Zweck erfüllen sie?

25 Beschreiben Sie das externe und interne gemeinschaftliche Versandverfahren.

26 Grenzen Sie das gemeinschaftliche vom gemeinsamen Versandverfahren ab.

27 Für welche Verkehrsarten kann das gemeinschaftliche/gemeinsame Versandverfahren angewendet werden?

28 Welche Formen der Sicherheitsleistung sind möglich?

29 In welchen Fällen ist eine Befreiung von der Sicherheitsleistung möglich?

30 Erläutern Sie das System NCTS.

31 Welche Vereinfachungen gelten für einen zugelassenen Versender?

32 Welche Vorteile hat ein zugelassener Empfänger?

33 Welche Voraussetzungen prüft das Hauptzollamt, bevor es den Status „zugelassener Versender" und „zugelassener Empfänger" zuerkennt?

34 Für welche Verkehrsträger gilt das Versandverfahren „Carnet TIR"?

35 Wer bürgt im Versandverfahren „Carnet TIR"?

36 Welche Institution stellt in Deutschland ein Carnet TIR aus?

37 Welche Rolle spielen die Zollämter im Ablauf des Versandverfahrens „Carnet TIR"?

38 Welche Voraussetzungen sind an Fahrzeuge zu stellen, die im Carnet-TIR-Verfahren eingesetzt werden?

39 Aus welchen Teilen besteht ein Carnet-TIR-Dokument?

40 Erläutern Sie die Vorteile eines Carnet-TIR-Dokuments.

41 Wie viele Beförderungen kann man mit einem Carnet TIR durchführen?

42 Für welche Zwecke wird ein Carnet A.T.A. ausgestellt?

43 Welche Institution stellt ein Carnet A.T.A. aus?

44 Wie lange ist ein Carnet A.T.A. maximal gültig?

45 Wer bürgt im Rahmen des Versandverfahrens Carnet A.T.A.?

46 Welches Zolllagerverfahren ist für eine Spedition von Bedeutung? Begründen Sie Ihre Antwort.

47 Erläutern Sie das Zollverfahren „passive Veredelung" an einem Beispiel?

48 Beschreiben Sie das Zollverfahren „aktive Veredelung" und nennen Sie Beispiele.

49 Die Asia Import GmbH importiert 10000 wissenschaftliche Taschenrechner aus Taiwan. Laut Handelsrechnung beträgt der Stückpreis CPT Frankfurt HKD 27,85. Der Umrechnungskurs war 12,01. Die Luftfrachtkosten belaufen sich auf 950,00 USD. Wie hoch ist der Zollwert?

50 Die Medicorp GmbH, Nürnberg, importiert medizinische Geräte aus den USA. Der Rechnungsbetrag FCA New York beläuft sich auf 8.137,00 USD. Laut AWB wurden 350,00 USD Luftfracht bis Frankfurt/Main bezahlt. Die Warennummer für die eingeführten Produkte ist 9018 2390 00 und der Zollsatz dafür 1,1 %. Berechnen Sie die Eingangsabgaben bei einem Kurs von 1,18720 und 19 % EUST, wenn in Frankfurt/Main die Importverzollung stattfindet.

51 Die Bauma GmbH, Nürnberg, kauft eine numerisch gesteuerte Horizontal-Drehmaschine aus der Schweiz FCA Zürich zum Preis von 89.500,00 CHF. Der Frachtführer berechnet für die Transportkosten 1.000,00 EUR, davon entfallen 150,00 EUR auf den Streckenanteil innerhalb der Schweiz. Laut EZT beträgt der Zollsatz 3 %, bei Vorlage einer EUR.1 besteht Zollfreiheit. Die Bauma GmbH erhält ein EUR.1-Präferenzpapier. Berechnen Sie die Eingangsabgaben bei einem Kurs von 1,5908 CHF und 19 % EUST (Überführung in den zollrechtlich freien Verkehr in Nürnberg).

52 Die Noris-Sport GmbH, Nürnberg, kauft 150 Sporttaucheruhren mit eingebautem Tiefenmesser in Guangzhou, Guangdong Province, China. Der Rechnungspreis CIP Nürnberg beträgt 2.480,00 USD. Laut Frachtdokument belaufen sich die Kosten für den Lufttransport von Guangzhou nach Nürnberg auf 536,00 USD. Wie hoch sind die Eingangsabgaben bei einem von Kurs 1,2834 und 19 % EUSt.

Stichwortverzeichnis

I

K

L

M

N

O

P

R

S

T

U

V

W

Z